BIBLIOTHÈQUE
DE L'ÉCOLE
DES HAUTES ÉTUDES

PUBLIÉE SOUS LES AUSPICES

DU MINISTÈRE DE L'INSTRUCTION PUBLIQUE

SCIENCES PHILOLOGIQUES ET HISTORIQUES

QUATRE-VINGT-DIXIÈME FASCICULE

LE POÈME DE GUDRUN

PAR ALBERT FÉCAMP

PARIS
ÉMILE BOUILLON, ÉDITEUR
67, RUE RICHELIEU, 67

1892

IMPRIMERIE GÉNÉRALE DE CHATILLON-SUR-SEINE. — PICHAT ET PEPIN.

LE
POÈME DE GUDRUN

LE
POÈME DE GUDRUN

SES ORIGINES

SA FORMATION ET SON HISTOIRE

PAR

Albert FÉCAMP

ANCIEN ÉLÈVE DE L'ÉCOLE PRATIQUE DES HAUTES ÉTUDES,
BIBLIOTHÉCAIRE UNIVERSITAIRE,
CHARGÉ DE COURS COMPLÉMENTAIRE
A LA FACULTÉ DES LETTRES DE MONTPELLIER

PARIS
ÉMILE BOUILLON, ÉDITEUR
67, RUE RICHELIEU, 67

1892

LE
POÈME DE GUDRUN

INTRODUCTION

CHAPITRE I

LE CYCLE DES LÉGENDES DE LA MER DU NORD.

Vers le temps où se formait le cycle de la grande légende héroïque allemande, cycle commun à tous les peuples d'origine germanique, il s'en constituait un autre plus restreint, qui resta toujours renfermé sur un terrain plus borné et vécut d'une existence indépendante du premier. C'est le cycle des légendes de la mer du Nord.

Tandis que l'un embrasse dans son vaste ensemble et dans ses ramifications multiples les destinées et les croyances de toutes les peuplades germaniques jusqu'après l'époque critique des invasions, tandis que la grandeur des événements qu'il résume en a fait le patrimoine commun de tous les Germains et en a favorisé la diffusion dans tous les pays du Nord, l'autre cycle, retraçant des croyances particulières à certaines peuplades, des événements dont le contre-coup fut insensible pour le reste de la race, demeura toujours confiné sur les bords de cette mer du Nord, où il était né, jusqu'au jour où, par une destinée extraordinaire, des deux légendes, qui survécurent seules à sa disparition graduelle, l'une, le *Beowulf*, trouva en Angleterre un poëte anglo-saxon pour la fixer, l'autre, la *Gudrun*, alla recevoir sa dernière forme au fond de la Styrie, à l'autre extrémité du territoire germanique et presque au pied des Alpes.

De bonne heure les nations scandinaves, frisonnes, saxonnes furent en rapports tantôt pacifiques, tantôt hostiles les unes avec les autres ; de bonne heure elles se trouvèrent portées, dans leurs courses aventureuses, jusqu'aux Iles Britanniques, où une partie d'entre elles finirent par se fixer. La mer du Nord, dès les premiers temps de l'immigration des Germains sur ses côtes, devint comme un grand lac, dont les bords n'avaient plus de secrets pour aucun de leurs habitants.

On connaît assez la vie aventureuse de ces pirates normands ou Rois des mers (Saekongr, Vikingr), devenus la terreur des populations de l'Europe occidentale au moyen âge. Essaim innombrable et sans cesse renaissant, ils passent sur les vagues la meilleure partie de leur existence. Préférant aux jouissances et aux bienfaits de la paix la piraterie, le pillage et les combats incessants, chassés au reste, pour la plupart, de leur pays, s'il faut en croire la tradition, par une loi implacable, qui déshérite les puînés (1), ou tout au moins exclus, en tant que rejetons d'unions illégitimes, de toute participation à l'héritage paternel, contraints aussi, à l'époque de la réunion des petits États, de céder la place à un rival plus puissant qu'eux, il ne reste le plus souvent à ces guerriers de profession, à ces roitelets minuscules qu'un seul moyen de vivre : se grouper autour d'un chef renommé, monter avec lui sur un navire et aller, sous sa conduite, chercher fortune dans des contrées plus riches, sous un ciel moins inhumain.

« Tout chef, qui se trouve à l'étroit sur son domaine ou qui en est expulsé par quelque rival, se fait guerrier errant et pirate avec les *kämpe* ou champions dévoués à sa personne ; qui ne peut être roi de terre se fait roi de mer, et, poussé par l'attrait des aventures, plus d'un roi de terre échange volontairement sa royauté pour l'autre (2). »

Dès le IVe siècle, sous la domination romaine, les allées et venues incessantes de ces pirates du Nord, dont une partie, sous le nom de Saxons, s'est cantonnée sur les côtes de la Gaule, depuis l'embouchure du Rhin jusqu'à celle de la Loire, forcent

---

1. L'existence de cette loi a été niée à l'aide d'arguments d'un grand poids, entre autres par K. von Amira (*Die Anfänge des Normannischen Rechts*, dans S. Z., 39, 241-268), après avoir été formellement admise par J. Steenstrup dans son *Inledning i Normannertiden* (Copenhague, 1876, in-8°). Il ne nous appartient point de prendre parti dans cette discussion d'un ordre tout juridique ; mais, si la susdite loi n'a pas existé formellement, la densité d'une population toujours croissante dans un pays de ressources très limitées a dû forcément l'introduire de bonne heure dans la pratique.

2. Cf. H. Martin, *Histoire de France*, 2e éd., II, 425-426.

les Romains à prendre des mesures de défense et à les resserrer dans ce qu'on a appelé le Litus Saxonicum (1).

Des relations suivies existaient donc déjà à ce moment entre les peuplades établies sur les diverses côtes de la mer du Nord : depuis combien de temps, c'est ce qu'il est difficile de déterminer ; toutefois, en remontant beaucoup plus haut et jusqu'aux premières années de l'ère chrétienne, nous trouvons la mention d'une population batave, adonnée au commerce, les « Galedin », qui, chassée de son pays par une inondation, aurait émigré en Angleterre et se serait fixée dans l'île de Wight (2).

Strabon parle déjà d'inondations, qui auraient contraint les Cimbres à émigrer, et des relations commerciales qui existaient entre l'Angleterre et le continent, entre autres, par les bouches du Rhin (3).

A dater de ce moment, et l'impulsion une fois donnée, l'Angleterre est devenue et restera pendant de longues années le premier but des courses des pirates nordiques. Parties des bouches de l'Elbe et de l'Eider, des rives du Jütland et de la Séelande danoise, des troupes abordent de toutes parts sur les côtes de la Grande-Bretagne, s'établissent dans les anses, remontent le cours des fleuves et peu à peu prennent pied dans toute l'île.

Venus au secours de Vortigern, le héros de la légende bretonne, Hengist et Horsaa fondent en 449 le royaume de Kent ; de 477 à 490, le saxon Ælla s'empare du Sussex, Cerdic du Wessex ; et, en 495, ils conquièrent Wight. En 560, les Anglo-Saxons fondent le royaume de Deira ; en 547, ils avaient fondé celui de Bernicie (4).

Une période de calme semble alors se produire : le Nord paraît avoir rejeté son trop plein et retrouvé son équilibre. Ce ne devait point être pour longtemps. Les Normands ne tardent pas à succéder aux Saxons.

Au IXe siècle les incursions recommencent. En 805, Ragnar

---

1. Cf. A. Longnon, *Géographie de la Gaule au* VIe *siècle*, p. 172, et la *Notitia dignitatum* (éd. Böcking, *Notitia Occidentis*, p. 106-108 et 546 sqq.), qui, écrite au commencement du Ve siècle, relate des faits devenus constants à tout le moins dès le milieu ou à la fin du IVe.

2. Cf. Warrington, *History of Wales*, p. 6 (Post Chr., 40-45); Davies, *Celtic researches*, p. 155 et 200.

3. Cf. Strabon (éd. Müller et Dübner, Paris, Didot, 1853, in-4°), p. 84, 32 ; 166, 11 ; 167, 8 ; 243, 21.

4. Cf. Lingard, *Histoire d'Angleterre*, trad. fr., 2e éd., p. 91 ; 97-121 ; 235 ; 238 ; 251-253.

Lodbrog débarque en Angleterre ; en 867 les Danois s'établissent à l'embouchure de la Tyne ; bientôt toute l'Angleterre est entre leurs mains ; les côtes fourmillent de leurs innombrables escadres et, en 1017, le danois Canut finit par réunir l'île entière sous sa domination et par monter sur le trône d'Angleterre.

Les Orcades aussi attirent de bonne heure les pirates du Nord ; avec leurs îles innombrables, où chaque troupe peut se cantonner et se défendre au besoin, avec leurs anses aussi sûres et multipliées que faciles d'accès, elles deviennent bientôt le rendez-vous de tous les rois de mer. Puis les contrées plus méridionales excitent aussi leurs convoitises, et, d'étape en étape, le IXe siècle les voit infester toute l'Europe occidentale, sans en excepter le bassin de la Méditerranée.

Leurs incursions, d'abord passagères, prennent, à mesure qu'elles se renouvellent, un caractère plus durable et plus stable. Après avoir pillé et rançonné un pays, ils s'établissent aux bouches du fleuve, qui leur y a donné accès, et, de ce point de ralliement, s'élancent à de nouvelles courses.

Dans ces expéditions, les rudes champions du Nord emportent avec eux tout ce qui leur rappelle la patrie, leurs légendes, leurs chants populaires, leurs scaldes, qui, soldats au moment du combat, célèbrent, dans les instants de repos, les dieux germains, la gloire des ancêtres et les exploits des chefs fameux, morts ou vivants. Au milieu des longues orgies, quand l'hydromel coule à larges flots, le chantre inspiré retrace les souvenirs et les croyances de la nation, et le guerrier, se levant aux sons de la harpe, énumère ses hauts faits ou lance un défi hautain à son ennemi.

Parfois toute la famille a pris place à bord ; mais le plus souvent c'est dans les hasards des combats que le guerrier trouvera une femme. Aussi l'enlèvement d'une jeune fille célèbre par sa beauté ou par sa naissance est-il le sujet le plus aimé de leurs chants, de même que le mobile le plus fréquent de leurs expéditions.

Quel guerrier n'aurait fait des prodiges de valeur pour enlever une fille de roi, dont les attraits étaient proclamés par la renommée ? Qui d'entre eux ne se fût surpassé pour mériter son amour ? Les histoires de ce genre abondent dans les récits légendaires du Nord : citons, comme un des exemples les plus frappants, celle d'Harald Harfager. Épris de la beauté de Gidda, fille d'Éric d'Hadaland, il envoie des messagers demander en son nom la main de la jeune princesse. Mais Gidda refuse de condescendre aux désirs d'Harald et répond que jamais elle ne consentira à l'épouser, s'il ne se rend digne d'elle, en acquérant sur la Norwège entière une autorité égale à celle qu'exerce Gormon sur le Danemark. Loin de s'offenser d'une réponse si hautaine, Harald jure de mériter par ses exploits la main de Gidda; et en effet, l'amour excitant au plus haut degré son ambition, il conquiert en peu de temps la Norwège entière : tout plie sous ses efforts et Gidda, fière de la gloire de son amant, n'hésite plus à se donner à lui (1).

Mais, le plus souvent, le roi de mer ne s'inclinait pas aussi bénévolement devant un refus. Plus d'une fois, s'il condescendait à briguer la main d'une jeune princesse, à demander l'assentiment des parents, ses propositions hautaines avaient plutôt l'air d'un ordre. Éprouvait-il un refus, à l'amour venait se joindre le désir de la vengeance; il avait reçu un affront, il n'avait plus de repos jusqu'à ce qu'il eût lavé cet outrage et conquis la belle dédaigneuse à la force de son poing. S'il réussissait alors dans son expédition, c'était pour lui double victoire ; il avait vengé son honneur et satisfait son amour. Car, ainsi que le remarque Depping (2), il n'y avait guère de Chimènes en Scandinavie, et, le plus souvent, le mariage d'un roi de mer avec une jeune princesse était le résultat d'un combat à mort contre le père de celle-ci.

Ces luttes incessantes, ce va-et-vient continuel eurent pour résultat de confondre peu à peu jusqu'à un certain point des peuplades diverses, sinon par la race, du moins par la nationalité, et il se forma rapidement entre elles un fonds commun de mythes et de légendes, d'autant plus facilement accepté et propagé, qu'à de faibles nuances près tous avaient la même religion ; tous, du moins, reconnaissaient Odin (le Wuotan ou Wòdan allemand) comme leur dieu suprême.

Enfin les mœurs de ces barbares, hospitaliers jusqu'au milieu de leurs courses les plus furieuses, ne devaient pas peu contribuer à la diffusion et à l'accroissement de ce patrimoine commun. Au sein même des horreurs de la guerre, ils étaient sensibles aux charmes de la poésie, et, semblables aux peuples de

---

1. Torfœus, *Norvegiæ histor.*, II, 1, cap. 3-6, cité par Capefigue, *Invasions des Normands*, p. 76.

2. *Expéditions maritimes des Normands*, I, 54; cf. également Saint-Marc Girardin, *Cours de littérature dramatique*, 7ᵉ éd., II, 358 sqq.

l'Orient, ils étaient passionnés pour les récits et les contes. C'était une coutume religieusement observée parmi eux de raconter, partout où l'on s'arrêtait, les légendes que l'on connaissait. Il n'y avait pas de plus noble manière de reconnaître l'hospitalité reçue, et cette habitude commune à tous les peuples du Nord, comme à ceux de l'antiquité en général, subsistait encore parmi les Normands français longtemps après leur soumission et leur assimilation à la population primitive. Nous en avons la preuve, entre autres, dans ce passage du *Fabliau du Sacristain de Cluny* :

> Usage est en Normandie
> Que qui herbergiez est qu'il die
> Fable ou chanson die à l'hoste [1].

C'est grâce à ces échanges réciproques que, par exemple, les faits principaux du poème de *Beowulf* et du *Chant du Voyageur* (2) furent introduits, dès le viiie ou ixe siècle, par les Danois chez les Anglo-Saxons, que mainte légende allemande, comme celle de *Thidrek* ou *Dietrich de Berne* pénétra en Scandinavie, que la légende d'*Hilde* au contraire passa des côtes de la Séelande danoise à celles de la Frise et de la Séelande hollandaise, et, plus tard, des bouches de l'Escaut et du Rhin en Autriche et en Styrie.

Puis, comme il arrive toujours en pareil cas, des événements réels, particuliers à telle ou telle peuplade, vinrent s'ajouter au fonds commun, et les récits des mêmes faits, diversifiés selon le goût ou les souvenirs personnels de chaque nation, allèrent s'écartant de plus en plus les uns des autres, à mesure que ces nations, prenant une assiette plus fixe, virent des lignes de démarcation plus tranchées s'établir entre elles. Il devait d'autant plus fatalement en être ainsi, que, moins heureux que d'autres cycles, celui des légendes de la mer du Nord n'avait pas de centre important, autour duquel elles pussent se grouper et se coordonner.

1. Cité par K. Maurer, *Islands und Norwegens Verkehr mit dem Süden im 9. bis 11. Jahrhundert* (Z. Z., II, 446-453).

2. Ces légendes et d'autres semblables étaient populaires en Grande-Bretagne dès le ixe siècle : cf. par exemple, ces passages des *Annales d'Asser*, qui vont jusque vers 910-914 et qui ont été écrites dans les premières années du xe siècle au plus tard : (Le roi Alfred) saxonica poemata die noctuque solers auditor relatu aliorum sæpissime audiens docilis memoriter retinebat... et : Saxonicos libros recitare et maxime carmina saxonica memoriter dicere non desinebat (ap. Thom. Gale, *Histor. britton. script. quindecim*).

Divers de dates et d'origine, les débris épars de la poésie de ces peuples mobiles n'avaient ni un Charlemagne, ni un Dietrich, ni un Artus, qui pût les concentrer et les retenir autour de son nom.

Bientôt enfin vint pour ces souvenirs l'instant fatal; l'introduction du christianisme leur porta le coup de grâce. Dès 995 (pour ne parler que des populations tout à fait septentrionales, de celles qui, le plus longtemps soustraites aux influences du dehors, avaient dû conserver le plus fidèlement les traditions communes), dès 995 Olaf Tryggvason essaie de l'implanter en Norwège ; dès l'an 1000 il est formellement et légalement accueilli en Danemark. A partir de ce moment, outre que le clergé catholique fait une guerre acharnée aux légendes païennes, la vie des peuples du Nord change du tout au tout. Au témoignage d'Adam de Brême (1), un grand nombre de rois de mer renoncent à leurs courses de pirates ; des peines sévères menacent, à leur retour dans la patrie, ceux qui s'obstinent à continuer cette vie d'aventures. Les nationalités s'étant du reste définitivement constituées sur le continent, ceux qui voudraient rester fidèles à l'existence errante et vagabonde de leurs ancêtres ne trouvent plus la même inertie passive dans les contrées autrefois ouvertes sans défense à leurs incursions; ils se casent donc peu à peu le long du rivage ; ils acceptent le christianisme avec l'investiture des terres qu'ils occupent, et, sous l'influence des nouvelles relations qui s'établissent entre eux et la population primitive du sol, ils s'intéressent bientôt à d'autres récits, oublient ou dénaturent ceux que leur ont légués leurs pères. Ainsi devait forcément s'arrêter la propagation des vieilles légendes du Nord, ainsi devaient périr la plupart d'entre elles. Heureuses celles qu'une curiosité trop rare recueillait à temps pour les sauver de l'oubli !

Dans cette disparition presque universelle, au milieu de ce dépérissement général, la légende de *Beowulf* d'un côté, celle d'*Hilde et de Gudrun* de l'autre forment une heureuse et brillante exception. Longtemps conservée dans la mémoire des populations frisonnes et flamandes, cette dernière a eu la bonne fortune de servir de base à un poème allemand, qui, pour nous être parvenu dans une rédaction tardive, n'en occupe pas moins un rang éminent dans la littérature allemande. Le poème de *Gudrun*,

1. *Gesta hamburg. Eccles.*, IV, cap. 30, p. 381-382, cité par K. Maurer, *ibid.*, p. 454-455.

de l'avis de tous les historiens littéraires, ne le cède en effet qu'aux *Nibelungen* pour la grandeur de la conception, l'intérêt des événements et la vigueur du style ; dans le détail et pour le fini de la composition artistique, il leur est même supérieur en plus d'un endroit.

De plus, il a pour nous un charme que n'ont pas les *Nibelungen* : dans ces derniers, en effet, l'histoire a absorbé la légende, à tel point que l'on a discuté et que l'on discutera longtemps encore la tentative de ceux qui leur attribuent une origine mythologique ; dans la *Gudrun*, au contraire, nous nous retrouvons en pleine mythologie germanique ; sous le manteau chrétien et chevaleresque que lui a imposé le moyen âge, on aperçoit presque inaltérées les légendes et les traditions païennes les plus antiques. A travers les transformations que lui a fait subir le changement parallèle des mœurs, des idées et des relations sociales, on distingue encore nettement les mœurs, les idées, les coutumes d'un âge primitif.

Pour peu que l'on soulève le voile moderne, on se trouve reporté aux conceptions naïves de ces époques reculées, où les premiers Germains prirent possession des îles et des anses de la mer du Nord. Descendus des hauteurs de l'Asie centrale et poussés en avant par le flot toujours croissant qui se formait derrière eux, peut-être, avant d'arriver à ces rivages brumeux, n'avaient-ils jamais vu la mer : le poème de *Gudrun* nous permet de retrouver l'impression que fit sur leur imagination jeune et novice encore l'aspect de cet océan sans bornes, tour à tour sombre et lumineux, calme et agité, séducteur et terrible.

Nul doute que le cycle de légendes auquel se rattache la *Gudrun* ne fût autrefois très important et que cette légende elle-même, celle d'Hilde surtout, ne fût très répandue. Nous en avons encore la preuve indirecte dans les nombreuses allusions faites par notre poète à des événements, qu'il se contente malheureusement d'évoquer, en passant, à l'esprit de ses auditeurs, soit qu'il jugeât inutile d'interrompre son récit par l'énumération de faits bien connus de ses contemporains, soit qu'il se contentât de répéter, sous la forme concise où ils lui étaient parvenus, des faits dont il ignorait lui-même les détails précis (1). Il semble-

---

1. Cf. str. 9, 166, 338 : *also ist uns geseit;* str. 549 : *jâ saget man daz;* str. 22, 288, 1500 : *so wir hœren sagen;* str. 197 : *davon man das mære wol erkennet;* str. 1686 : *daz man lung davon sayte maere;* str. 617 : *davon man noch den recken wol erkennet,* etc. — Toutes les citations sont faites d'après l'édition de E. Martin.

rait même, s'il fallait prendre tout à fait à la lettre le passage où il s'appuie sur un livre (1), que certaines légendes de ce cycle avaient fait, dès avant lui, l'objet de poèmes écrits.

En tout cas, plus d'un passage tendrait à prouver que les chants, ou du moins une partie des chants accueillis et fondus dans le poème qui nous est resté, existaient d'une manière indépendante à l'époque où l'ouvrage reçut sa première forme épique. Un auteur écrivant d'un seul jet n'eût point usé de transitions aussi primitives que celles-ci : *Nû lâzen disiu maere* [str. 563, 1.], ou : *sich huoben ander maere* [str. 617, 2]. Ce sont précisément ces brusques passages d'un récit à un autre qui ont fourni à Müllenhoff et à Etmüller leurs plus forts arguments pour restaurer dans la *Gudrun* les chants primitifs.

Quoi qu'il en soit et bien qu'on ait voulu considérer ces diverses références à la tradition orale ou écrite comme des termes de remplissage (2), certains passages montrent d'une manière irréfutable l'existence d'autres chants, où étaient célébrés les exploits de tel ou tel personnage de notre *Gudrun*, exploits que le poète rappelle en passant, à la façon épique, mais qu'il néglige comme ne pouvant rentrer dans le cadre de son œuvre et comme n'ayant pas un rapport assez direct avec l'action générale du poème.

Ainsi, strophe 640, quand Hartmut fait demander la main de Gudrun, Hilde signifie au messager du prétendant son refus en ces termes :

« Dame Hilde dit : « Comment serait-elle sa femme ? Mon père
» Hagen a donné à son père l'investiture de cent et trois villes (3)
» dans le pays de Garadine ; mes amis ne pourraient sans honte
» recevoir un fief des mains de Ludwig.
» Il régnait dans le pays des Frideschottes ; il eut le malheur
» de s'attirer à juste titre la haine du frère du roi Otte, qui te-

---

1. Str. 505 : *Als diu buoch uns kunt tuont*.
2. Ce que contredit tout au moins d'une façon implicite, mais péremptoire, la violence avec laquelle le poète, dans la str. 288, proteste contre l'exagération d'un fait qu'il déclare reproduire selon la tradition, mais sans y croire.
3. Ce nombre semble jouir d'une faveur particulière auprès des poètes allemands du moyen âge ; on le rencontre fréquemment pour indiquer, comme ici, une grande quantité. — Sur l'emploi des nombres en général dans l'épopée allemande au moyen âge, cf. *Kudrun*, éd. Martin, str. 39, 4 ; J. Grimm, *Rechtsalterthümer*, 3e éd., 220 et R. von Muth, *Untersuchungen und Excurse* (1878), p. 21-34.

» nait aussi un fief de mon père Hagen. Alors il quitta le pays
» et par là il excita aussi le mécontentement du roi.

» Bref, vous pouvez le dire à Hartmut, jamais elle ne devien-
» dra sa femme; il n'a pas besoin de se flatter de l'espoir que
» ma fille l'aimera jamais; s'il lui faut des reines pour son
» pays, qu'il s'adresse ailleurs (1). »

De même, lorsqu'on vient annoncer à Hetel que Ludwig et Hartmut ont pillé son royaume et enlevé Gudrun, il explique ainsi à ses compagnons d'armes la cause d'une agression aussi subite :

« Alors le roi Hetel parla : « C'est parce que je lui ai refusé
» ma fille, la belle Gudrun; je sais bien qu'il a reçu en fief la
» Normandie de mon beau-père Hagen; aussi n'aurais-je pu sans
» déshonneur lui accorder la main de ma fille (2). »

Sans doute, les événements auxquels il est fait allusion ici sont loin d'être rappelés en termes clairs; sans doute ce roi Otte, dont il était question plus haut, n'est connu dans aucune autre légende, sauf une apparition insignifiante dans le *Biterolf et Dietleib* (3). Mais, de ce que nous n'en savons pas plus sur les faits rappelés incidemment par Hilde et par Hetel, s'en suit-il que notre poète les ait inventés ?

Lorsque J. Grimm, dans les *Altdeutsche Wälder* (4), recueillait les allusions au chant d'Horand devant Hilde (allusions si fréquentes dans la littérature allemande du moyen âge, et qui prouvent la faveur dont jouissait autrefois la légende d'Horand en Allemagne comme dans les pays plus septentrionaux), le poème de *Gudrun* n'avait pas encore été retrouvé. A quelle légende pouvaient bien s'appliquer ces passages ? C'est ce que J. Grimm se demandait sans trouver de réponse à la question : Hilde ne lui était connue que par Saxo et Snorri; et dans leurs récits Horand n'apparaît pas. Lui est-il venu pour cela la pensée de mettre en doute la réalité des traditions évoquées et par Boppo, et par l'auteur du *Weinschwelg*, et par celui du *Combat de la Wartburg*, et par celui de *Salomon et Morolf*? Loin de là, il se contenta d'observer que les faits rappelés par ces poètes n'étaient pas arrivés jusqu'à nous; il n'hésita pas à en admettre, malgré cela, l'existence et quelques mois plus tard la découverte du ma-

1. Str. 610-612.
2. Str. 819.
3. *Deutsches Heldenbuch* (Leipzig, 1866-1870, 5 vol. in-8°), Tome I : *Biterolf und Dietleib*, v. 1239.
4. J. Grimm, *Altdeutsche Wälder* (1816), III, 31 sqq.

nuscrit de la *Gudrun* venait lui donner raison. N'est-il pas admissible que le même fait se soit produit au sujet du roi Otte, bien que nous n'ayons guère l'espoir de retrouver désormais quelque autre trace de la légende spéciale dont il a pu être l'objet ?

N'est-ce point chose encore plus vraisemblable en ce qui touche le *vieux* Wate ? Il n'apparaît dans notre poème qu'à titre de personnage secondaire, mais deux passages de la *Gudrun* prouvent que lui aussi avait une légende bien remplie et qu'avant de venir jouer son rôle dans notre poème il avait accompli maint exploit et sur terre et sur mer.

Lorsque, mandé par Hetel, il arrive à la cour d'Hegelingen, le roi le reçoit en ces termes :

« Seigneur Wate, soyez le bienvenu ; voilà bien des années que je ne vous ai vu, depuis le temps où, assis l'un près de l'autre, nous combinions le plan de mainte expédition contre nos ennemis (1). »

De même, lorsqu'à la prière d'Hilde, il consent à panser les blessés du combat de Wâleis, le poète rappelle, comme une chose connue de tous, que Wate possédait, par un don surnaturel, de profondes connaissances en médecine : « on avait entendu dire » depuis longtemps que Wate avait été initié aux secrets de » l'art de guérir par une ondine (2). » Comme nous le verrons plus tard, cette ondine n'était autre que sa mère Wàchilt, et l'on sait que, dans la mythologie germanique, l'art de guérir est l'apanage des Alfes et autres génies intermédiaires entre les dieux et les hommes, mais plus spécialement encore des génies marins, dont fait partie Wàchilt.

Au reste, s'il pouvait subsister quelque doute à ce sujet, la grande quantité d'allusions à la légende de Wate que l'on rencontre dans les diverses littératures du Nord, mais en particulier dans la littérature anglo-saxonne et anglaise, suffirait à nous convaincre.

On a conclu, avec moins de preuves et sur le vu d'une simple allusion, à l'existence de mainte épopée perdue dans notre littérature du moyen âge, et le plus souvent on a eu raison de le faire. Aussi ne pouvons-nous que nous associer aux regrets exprimés par Walter Scott, Tyrwhitt et Weber, lorsqu'ils déplorent la perte de la *Geste* de Wate. Peut-être Walter Scott va-t-il

1. Str. 236.
2. Str. 529.

un peu loin en prétendant que le *roman* de Wate était originaire des frontières de l'Écosse et nous n'oserions pas non plus certifier avec Conybeare que sa *romance* était écrite en anglo-saxon (1).

Mais, sans être aussi affirmatif, on ne peut s'empêcher de remarquer que voilà un héros cité un peu partout dans les pays septentrionaux, introduit dans mainte légende à titre épisodique ou secondaire, mais en raison de certaines qualités typiques, de certains attributs traditionnels qui semblent inhérents à sa nature mythique. N'y a-t-il pas là toute raison de supposer qu'alors même que ses aventures n'auraient point fait l'objet d'un poème, au sens étroit du mot, sa légende existait tout d'une pièce, bien constituée, vivace et indépendante, au moins dans les temps les plus reculés, parmi les peuples riverains de la mer du Nord ?

On le voit, rien qu'au point de vue mythologique, notre poème et par ce qu'il a conservé et par ce qu'il nous engage à rechercher, offre une vaste et attrayante carrière à l'étude de quiconque s'intéresse aux vieilles légendes du Nord et spécialement aux antiques traditions maritimes des Germains.

Il a encore un autre attrait à une époque où il semble que la portion jusqu'ici réputée la plus ancienne et la plus pure de la mythologie germanique menace ruine (2).

En cherchant à faire revivre les fictions sous lesquelles les Germains ont symbolisé les impressions diverses que fit sur eux leur première connaissance avec la mer, nous aurons occasion de constater que c'est peut-être, de tout le patrimoine mythologique du Nord, la partie qui est restée la plus indemne de toute influence étrangère, classique ou chrétienne ; c'est là, dans le poème de *Gudrun* et dans les diverses légendes qu'il a successivement absorbées, que nous trouverons reproduites avec le plus de naïveté et de fidélité les croyances primitives de la portion maritime de la race germanique, ses mœurs si curieuses et si différentes de celles des Germains de la terre ferme, sa vie errante et agitée, pleine d'imprévu, de hardiesse et de grandeur.

Le fait est, à un autre point de vue, d'autant plus digne

1. Cf. Fr. Michel, *Wade* (1837), p. 6 sqq.
2. Cf. les travaux récents de Chr. Bang, *Voluspa und die Sibyllinischen Orakel*, übersetzt von J. C. Pœstion (Wien, 1880, in-8°) et de S. Bugge, *Studien über die Entstehung der nordischen Götter-und Heldensagen*, übersetzt von O. Brenner (München, Kaiser, 1881-1889, in-8°); cf. aussi *Revue Critique*, 1880, 1er semestre, p. 82.

d'attention que cette peinture si vraie, si vive, si animée de l'existence des pirates du Nord, nous la devons, selon toute vraisemblance, à un poète né bien loin des rivages de l'Océan ; que le chantre dont nous allons étudier l'œuvre, eut assez de génie pour s'inspirer, au pied des Alpes et peut-être plus loin encore dans le fond de l'Autriche, de tout un monde d'idées et de légendes complètement étranger au milieu dans lequel il vivait; qu'il a su enfin rendre, avec un art merveilleux et sans les affaiblir, ces échos qui lui venaient de si loin.

CHAPITRE II

ANALYSE DU POÈME DE GUDRUN.

I. AVENTURES D'HAGEN.

1re Aventure (1) En Irlande vivait un roi puissant, Sigeband, fils de Gêre et d'Ute. Resté, après la mort de son père, maître d'un grand royaume et cédant aux instances de sa mère, il avait pris pour femme Ute de Norwège. De ce mariage naquit un fils, Hagen. Idole de ses parents, il fut élevé avec tout le soin possible et on ne négligea rien pour le préparer à devenir plus tard un chevalier accompli. Il était à peine âgé de sept ans et faisait déjà concevoir les plus belles espérances, lorsqu'un fatal événement vint changer en tristesse la joie qu'il causait à ses parents.

Un jour que le roi et la reine étaient assis sur la terrasse du palais, Ute, ne pouvant cacher plus longtemps les désirs secrets de son cœur, parla en ces termes à son époux :

« Lorsque j'étais encore jeune fille, ô roi, écoutez mes paroles
» sans déplaisir, dans mon pays des Frideschottes, je voyais
» tous les jours les vassaux de mon père se disputer de nobles
» récompenses ; jamais je n'ai rien vu de tel ici.

» Un roi aussi riche que vous devrait se montrer plus sou-
» vent au milieu de ses vassaux ; je les entendais eux-mêmes
» l'avouer ; il devrait fréquemment paraître avec eux dans les
» tournois ; ainsi il s'honorerait, lui et le royaume dont il a
» hérité (2). »

Ute n'a pas de peine à convaincre son époux et Sigeband fait annoncer dans son royaume et dans les contrées voisines son intention d'organiser une fête splendide dès le retour du printemps : tournois, jeux, festins, musique, chants, récits, distributions de riches présents, rien n'y doit manquer. Aussi de

---

1. Nous avons indiqué en marge le début de chacune des 32 aventures dont se compose le poème.
2. Str. 30, 31.

toutes parts son invitation est-elle accueillie avec empressement et les plus nobles chevaliers d'Irlande et de Norwège sont bientôt réunis à sa cour avec tous leurs vassaux. Somptueusement reçus, les hôtes se livrent aux divertissements les plus variés. Depuis dix jours déjà la fête durait, depuis dix jours chacun banquetait, buvait, riait et s'amusait; cependant le moment approchait où la joie universelle allait faire place à la plus amère tristesse.

Au milieu de l'entrain général, les chevaliers auxquels étaient confiées l'éducation et la garde du jeune Hagen se relâchèrent de leur vigilance. Un jongleur déployait ses talents devant le roi et ses convives; chacun se précipitait pour admirer son adresse. Tout à coup un bruit sinistre retentit et fait trembler la forêt voisine; un oiseau monstrueux s'abat sur le jeune Hagen, resté sous la garde d'une seule des suivantes de la reine. C'était un griffon, qui, saisissant l'enfant dans ses serres, l'enlève au plus haut des airs et disparaît avec sa proie.

La terrible nouvelle se répand bientôt de proche en proche et remplit d'effroi cette réunion tout à l'heure si gaie. Bien que frappés dans leurs plus chères affections, Sigeband et Ute n'oublient pas un instant les devoirs de l'hospitalité; mais c'est en vain qu'ils s'efforcent de retenir leurs convives; ceux-ci comprennent qu'après un tel malheur toute continuation des fêtes est impossible; ils se retirent, comblés de présents, mais le cœur brisé par la tristesse.

Cependant Hagen n'était pas mort; le griffon l'avait emporté dans son aire, située sur une île lointaine et déserte, pour le livrer en pâture à ses petits. L'un d'eux le saisit et s'envole sur un arbre pour le dévorer; mais, cédant sous ce double fardeau, la branche sur laquelle il s'était posé casse et, dans sa chute, il laisse échapper l'enfant. *2ᵉ* Avent.

Égratigné et meurtri, celui-ci tombe au milieu des broussailles et s'y tient coi; puis, lorsqu'il est sûr que le griffon a renoncé à le trouver, il se glisse dans l'herbe jusqu'à une caverne qu'il a aperçue non loin de là.

Dans cette caverne se trouvaient déjà trois princesses, que les griffons avaient aussi enlevées et qui avaient également échappé d'une manière miraculeuse à la mort. D'abord effrayées à l'approche d'Hagen, qu'elles prennent pour un nain malfaisant ou pour un monstre marin, elles l'accueillent avec empressement, quand il leur a expliqué son aventure et donné l'assurance *qu'il est chrétien.*

Élevé et soigné par elles, partageant l'humble nourriture qu'elles trouvent avec bien de la peine parmi les plantes, les baies et les racines de la forêt, il grandit et acquiert une force surprenante.

Un jour, un vaisseau poussé par la tempête fait naufrage en vue de la côte, l'équipage est englouti et Hagen aperçoit de la caverne le corps d'un des marins, que la mer a rejeté tout armé sur le rivage. A cet aspect son instinct chevaleresque se réveille : s'élancer, dépouiller le cadavre, revêtir sa cotte de mailles et s'emparer de ses armes, tout cela est pour lui l'affaire d'un instant, et pourtant il a déjà trop tardé. Un bruit sinistre se fait entendre dans les airs, c'est l'un des griffons qui l'a aperçu et qui fond sur lui. Surpris à l'improviste, Hagen ne se déconcerte pas et, quand sa main inexpérimentée a épuisé contre le monstre toutes les flèches qu'il vient de trouver, il se précipite sur lui l'épée à la main. La lutte est longue et acharnée, mais Hagen en sort vainqueur ; tous les autres griffons, qui surviennent successivement, ont le même sort et tombent jusqu'au dernier sous ses coups.

Plein de joie, étonné lui-même de sa force et de sa bravoure, Hagen appelle les jeunes filles et tous quatre abandonnent cette sombre caverne, où ils ont végété jusqu'ici : dès lors ils peuvent jouir en paix et en liberté de l'air et de la lumière, qui leur avaient fait si longtemps défaut. Quant à la nourriture, elle ne leur manquera pas non plus ; Hagen ne tarde pas à déployer à la chasse une adresse et une agilité surprenantes ; aucun oiseau n'échappe à ses flèches et les bêtes de la forêt ne peuvent le dépasser à la course.

Sa vigueur croît de jour en jour avec une rapidité merveilleuse ; une fois, entre autres, un monstre horrible l'attaque au bord de la mer : c'était un *gabilun*. Hagen l'abat d'un seul coup d'épée, le dépouille, se revêt de sa peau et boit son sang, ce qui lui donne la force de douze hommes. Il a bientôt l'occasion d'en fournir une nouvelle preuve ; un lion s'était approché de lui, il l'étreint et le dompte, et le fier animal le suit désormais avec la docilité d'un chien.

Cependant, il ne pouvait toujours rester dans cette île déserte ; il se résout à gagner avec les jeunes filles le bord de la mer, dans l'espoir d'y apercevoir quelque vaisseau. Après avoir erré pendant vingt-quatre jours dans les bois, ils arrivent à la côte et voient en effet un navire que les vents contraires retenaient en vue de l'île. Il hèle les matelots, et, en dépit de la tempête et du bruit des flots, sa voix formidable parvient jusqu'à eux.

Tout d'abord, en voyant le héros enveloppé dans sa peau de bête et les jeunes filles vêtues de mousse, l'équipage les prend pour des monstres marins. Mais, quand ils ont affirmé *qu'ils sont chrétiens*, le capitaine s'approche en barque et consent à les laisser monter sur son navire.

C'était un comte de Salmê ; après leur avoir fait donner des vêtements et de la nourriture, il les questionne sur leur patrie et sur les aventures, à la suite desquelles ils se trouvaient dans cette île déserte. 3ᵉ Avent.

Nous apprenons ainsi que les trois jeunes filles sont de race royale : l'une est Hilde, fille du roi des Indes ; l'autre Hildebourg, fille du roi de Portugal ; la troisième enfin, dont le poète ne nous dit pas le nom, est fille du roi de l'Iserland.

Quant à notre jeune héros, à peine a-t-il dit qui il est, que le comte de Salmê (ou de Garadê, car il porte indifféremment et alternativement ces deux noms) cherche à lui enlever ses armes. Il se trouve, en effet, qu'il a été en guerre avec le père d'Hagen et qu'il a eu beaucoup à souffrir des incursions des Irlandais dans son pays. Aussi se félicite-t-il du hasard qui a fait tomber entre ses mains un otage d'un tel prix. Il l'annonce même brutalement à Hagen.

A ces mots, la fureur de ce dernier se déchaîne ; il ordonne impérieusement au comte et à l'équipage de faire voile sur-le-champ pour l'Irlande, et, sur leur refus, ayant pour la première fois conscience de sa force surhumaine, il se jette sur les hommes auxquels le comte avait commandé de l'enchaîner, en saisit trente par les cheveux et les lance par dessus bord. Les autres effrayés n'ont rien de plus pressé que de se soumettre, et, après une heureuse et courte traversée, on arrive en Irlande.

Parvenu en vue des côtes, Hagen envoie une ambassade à la cour d'Irlande pour annoncer son retour. Mais Sigeband a reconnu ses ennemis de Garadê ; il craint une ruse et refuse d'abord de croire à la réalité de leur mission. Alors ceux-ci s'adressent à la reine, et, à un signe qu'ils doivent lui transmettre sur la recommandation d'Hagen, Ute reconnaît que c'est bien son fils qui les envoie. En effet, Hagen porte encore au cou *la croix d'or*, que sa mère y avait attachée, lorsqu'il était petit. Pleins de joie à cette nouvelle inespérée, Sigeband et Ute se rendent donc, suivis de toute leur cour, sur le rivage au devant d'Hagen.

Le roi souhaite la bienvenue au héros ; et pourtant il n'est pas encore convaincu. Quant à la reine, il lui suffit de voir la croix pendue au cou d'Hagen pour que toute incertitude s'éva- 4ᵉ Avent.

Fécamp, *Gudrun*.

nouisse. Alors ce sont de part et d'autre des transports de joie : Sigeband et Ute ne peuvent se lasser de contempler, dans toute la beauté et la vigueur de l'adolescence, ce fils qu'ils ont si longtemps pleuré. Mais Hagen n'est pas égoïste ; il faut que tous les nouveaux arrivés participent à l'allégresse de la famille royale et de la cour. Les trois jeunes princesses reçoivent de brillants habits, et, grâce à l'intervention d'Hagen, Sigeband se réconcilie avec le comte de Garadê, promet de réparer tout le dommage causé à ses gens par les Irlandais et conclut avec lui un traité d'alliance. Bien plus, il l'invite à venir à la cour d'Irlande avec ses compagnons et à prendre part aux réjouissances qui vont avoir lieu pour célébrer le retour d'Hagen. Naturellement cette offre est acceptée avec empressement et tout le monde se rend à Bâlian, capitale du royaume de Sigeband. Quinze jours durant, les fêtes les plus splendides retiennent les nouveaux alliés d'Hagen et de Sigeband ; ce laps de temps écoulé, le comte de Garadê et sa suite quittent l'Irlande, comblés de présents par Sigeband et pleins de reconnaissance pour Hagen, dont ils admirent à la fois la force, la vaillance et la magnanimité.

Cependant, notre jeune héros a repris avec ardeur son éducation chevaleresque si tôt et si longtemps interrompue ; en peu de temps il est devenu le seigneur le plus accompli de la cour d'Irlande ; il ne lui manque plus que d'être armé chevalier ; c'est ce qui ne tarde pas à avoir lieu ; cette cérémonie est l'occasion de nouvelles fêtes dans lesquelles il épouse l'une des jeunes filles sauvées par lui, Hilde des Indes. La princesse d'Iserland se marie avec le roi de Norwège, qui l'a remarquée pendant les fêtes ; elle prend avec lui le chemin du Nord et disparaît dès lors du poème ; quant à Hildebourg, elle reste à la cour d'Irlande.

Quelque temps après Sigeband abdique en faveur d'Hagen, qui, par sa vaillance et sa justice, devient un souverain aimé de ses peuples et craint au loin de ses ennemis. Pour comble de bonheur, Hilde des Indes ne tarde pas à lui donner une fille, que, du nom de sa mère, on appelle également Hilde. A peine âgée de douze ans, la jeune princesse est déjà d'une beauté qui devient célèbre au loin ; aussi de toutes parts les princes demandent-ils à l'envi sa main. Mais Hagen repousse dédaigneusement leurs prétentions ; bien plus, dans son orgueil farouche, il va jusqu'à faire pendre leurs ambassadeurs ; il est bien décidé à ne donner la main de sa fille qu'à un prince aussi fort et aussi puissant que lui.

II. AVENTURES D'HETEL ET D'HILDE.

En Danemark vivait un roi puissant nommé Hetel ; ses Etats 5º Avent. étaient vastes et florissants et sa domination s'étendait sur de nombreuses villes fortes. Une foule empressée de vassaux aussi fidèles que braves ornait sans cesse sa cour. Mais une chose manquait à son bonheur ; ayant perdu tout enfant ses père et mère, il sentait, malgré le mouvement continuel de la cour, tout le poids de la solitude, et ses vassaux eux-mêmes voyaient avec peine le trône de Danemark privé d'une reine : aussi lui conseillaient-ils tous de se choisir une épouse. Mais il avait beau chercher dans tous les Etats voisins, nulle part il ne trouvait une jeune princesse qui lui semblât digne de lui et « qu'il crût pouvoir, sans honte, asseoir sur le trône d'Hegelingen. »

« Alors Morung de Nifland, le jeune héros, dit : « J'en con-
» nais une aussi noble et plus belle, à ce qu'on m'a rapporté,
» qu'aucune autre sur terre ; nous ferons volontiers tous nos
» efforts pour qu'elle devienne ta femme. »

« Il demanda qui elle était et comment on l'appelait. Morung
» reprit : « Elle s'appelle Hilde ; elle est d'Irlande, issue de race
» royale ; son père se nomme Hagen ; si elle vient dans ce pays,
» tu goûteras une joie et un bonheur sans mélange (1). »

Hilde est bien en effet telle que l'a dépeinte Morung et nulle autre ne pourrait plus complètement réaliser les désirs d'Hetel et de ses vassaux ; mais le jeune roi sait comment Hagen traite les ambassadeurs des princes qui envoient solliciter la main de sa fille, et, pour rien au monde, il ne consentirait à causer, afin de satisfaire un caprice, la mort d'un de ses vassaux. Toutefois, sur l'avis de Morung, il mande près de lui Horand, roi de Danemark, qui connaît *de visu* la cour d'Irlande.

Horand et Frute, qui arrive avec lui, trouvent également l'entreprise téméraire : cependant ils pensent que, si Wate voulait s'en charger avec eux, elle pourrait réussir. Wate est donc mandé à son tour. Il arrive à la hâte, suivi d'une nombreuse escorte et convaincu qu'Hetel, attaqué par quelque puissant ennemi, se trouve dans une situation critique. Mais à peine a-t-il appris ce qu'on attend de lui qu'il entre dans une colère terrible. Il n'a pas de peine à deviner qui a inspiré à Hetel cette résolution ; Frute seul a pu suggérer cette idée. Toutefois, telle est sa fidélité de vassal que, tout en donnant libre carrière à sa mauvaise hu-

1. Str. 211, 212.

meur, il ne songe pas un instant à refuser ses services au roi. Il est prêt à se charger du message, mais à une condition, c'est que Frute et Horand l'accompagneront. Assurés du concours et de la direction de Wate, ceux-ci n'hésitent plus.

Il s'agit maintenant de savoir comment on s'y prendra : car avec Hagen on ne peut procéder par les voies ordinaires ; la ruse seule peut faire réussir cette tentative. Frute, qui dans notre poème personnifie la prudence et l'adresse, a bientôt imaginé un plan de campagne. Les trois héros se donneront pour de riches marchands, qui ont dû fuir précipitamment la colère d'Hetel ; puis, par des largesses bien entendues, ils gagneront tout d'abord la faveur et la confiance d'Hagen. Ils trouveront bien alors le moyen de parvenir jusqu'à Hilde ; le reste dépendra de la tournure que prendront les événements.

Horand approuve de suite ce plan : mais Wate s'en déclare moins satisfait. Le commerce ne lui va guère, à lui vieux guerrier blanchi dans les combats. Il n'a confiance qu'en son épée. Qu'il soit fait néanmoins selon que Frute et Horand le désirent, mais à une condition : pour l'heure du danger, il cachera dans les flancs d'un des navires que l'on va fréter une troupe de guerriers d'élite, tous choisis par lui.

Ces diverses combinaisons obtiennent le plein assentiment d'Hetel, qui se hâte d'équiper plusieurs navires. Rien n'est oublié pour donner à l'expédition tout le luxe et l'éclat que comporte son but apparent : chevaux, vivres, marchandises rares, bijoux étincelants, pierres précieuses, encombrent le vaisseau principal. Entre temps, Wate n'a pas négligé non plus la part qu'il s'est réservée dans les préparatifs, et, lorsque les héros mettent à la voile, le navire est aussi soigneusement garni à l'intérieur pour parer à une attaque possible, qu'orné à l'extérieur pour éblouir les yeux d'Hagen et de ses vassaux.

Poussés par un vent favorable, nos héros arrivent rapidement en vue des côtes d'Irlande. A peine ont-ils abordé que Frute, fidèle à sa mission, débarque et étale sur le rivage les étoffes précieuses dont le navire est chargé. Quant à Wate, sa nature chevaleresque perce de suite, pour ainsi dire, à son insu : il envoie des présents à Hagen et lui fait demander un *sauf-conduit* pour lui et ses compagnons. Hagen l'accorde, non sans avoir manifesté quelque défiance. Mais Horand et Irolt ont facilement raison de ses soupçons : ils lui exposent que les étrangers sont de riches seigneurs, qui, réduits à fuir leur pays pour se soustraire à la colère d'Hetel, ont emporté à la hâte avec eux leurs biens les plus précieux, et, désormais sans foyer et sans abri, se livrent au commerce (1).

Au reste, la magnificence des nouveaux venus a déjà frappé d'étonnement tous les Irlandais : il n'est bruit que des riches étrangers débarqués sur le rivage, chacun veut les voir et accourt sur le bord de la mer pour contempler les trésors inappréciables étalés par Frute. Par une largesse pleine d'à-propos, celui-ci achève de se concilier la faveur générale : il donne ses marchandises plutôt qu'il ne les vend. On ne parle plus d'autre chose à la cour; bref, Hagen est assailli des sollicitations de la reine et de la jeune Hilde, qui veulent voir les nobles étrangers, et il les invite à venir à Bâlian, sa capitale.

Frute s'est admirablement acquitté de son rôle : celui de Wate va commencer. Dès l'arrivée des Danois à la cour, c'est sur lui que tous les regards se sont portés. Vêtu d'habits magnifiques, les cheveux ornés de tresses dorées, il s'avançait en tête du cortège d'un pas majestueux : son air imposant et fier trahissait en lui le guerrier et lui acquit dès l'abord la sympathie d'Hagen.

On les questionne sur leur pays, et là encore Wate, par ses réponses moitié plaisantes, moitié bourrues, excite au plus haut point la curiosité des femmes. Présenté à la reine et à la jeune Hilde, il produit sur elles une impression mêlée de crainte et d'intérêt; « la jeune fille aurait eu peur de l'embrasser, tant il
» avait la barbe épaisse, mais elle prenait plaisir à l'inter-
» roger. »

« Dame Hilde et sa fille commencèrent en plaisantant à
» demander à Wate, s'il lui était agréable de se trouver dans la
» compagnie de belles dames, ou s'il préférait être dans un
» combat au plus fort de la mêlée.
» Alors Wate, le vieux héros, répondit : « Une seule chose
» me convient; bien que je n'aie jamais eu jusqu'ici autant de
» plaisir à m'asseoir auprès des belles dames, une chose m'est
» cependant encore plus agréable, c'est de me voir environné
» d'une troupe de braves guerriers, et, quand l'heure est venue,
» de m'élancer au combat. »
« A ces mots, l'aimable jeune fille éclata de rire; elle voyait
» bien qu'il n'était pas à son aise auprès des belles dames. Puis

---

1. Cette confidence n'est pas de trop pour préparer l'attitude de Wate, auquel, comme il l'a dit et comme il ne tardera pas à le prouver, ce rôle de marchand ne convient guère.

» on continua encore longtemps d'échanger ainsi des plaisan-
» teries dans la salle. Dame Hilde et sa fille s'adressèrent aux
» gens de Morung ;

« Elles s'informèrent du vieux héros : « Quel est son nom;.
» a-t-il aussi des serviteurs, des villes fortes et un fief? A-t-il
» dans son pays une femme et des enfants? Je parie qu'il em-
» brasse et qu'il caresse rarement ceux qu'il a laissés à la mai-
» son. »

« Alors un des vassaux reprit : « Il a une femme et des en-
» fants dans son pays; mais il risque volontiers ses biens et sa
» vie pour l'honneur; il l'a prouvé plus d'une fois. C'est un
» vaillant héros, il s'est montré tel depuis sa jeunesse (1). »

Vaincu lui-même par tant de magnificence unie à tant de noblesse, Hagen ne sait quelles fêtes organiser en l'honneur de ses hôtes. Un jour, entre autres, il demande à Wate s'il a déjà vu une joûte, et, avec une gaucherie charmante, celui-ci, restant à moitié dans son rôle, fait l'étonné à cette question et déclare qu'il verrait volontiers ce que le roi lui propose, qu'il apprendrait même avec plaisir à combattre à la manière des chevaliers. Sans tarder, le roi saisit une armure et déclare qu'il va sur-le-champ donner à Wate sa première leçon d'armes. Mais ici Wate achève presque de se trahir, et, dès les premières passes, le roi s'aperçoit qu'il a affaire à un rude champion; il déclare en riant qu'il n'a jamais vu d'élève faire d'aussi rapides progrès. Toutefois Wate est assez prudent pour lui laisser l'apparence de la supériorité, et le roi n'en conçoit que plus d'estime pour lui.

Les voies ainsi préparées, le plus difficile reste à faire; il faut gagner secrètement Hilde, lui faire savoir par ruse la mission véritable, dont les a chargés Hetel et lui faire agréer la demande du roi d'Hegelingen. Ce sera l'œuvre d'Horand : c'est à lui, en apparence le moins fort des trois, qu'est réservé le plus beau triomphe.

6ᵉ Avent.   Un soir, le roi de Danemark se mit à chanter, et sa voix résonnait si mélodieusement que tous les assistants en furent charmés; le farouche Hagen lui-même, attendri par la douceur de ces accents suaves, déclare que rien de si beau n'a jamais frappé son oreille. L'impression n'est pas moins vive sur la reine et sur la jeune Hilde, et, lorsque, le lendemain matin, continuant ses exploits, Horand fait de nouveau résonner dans la cour du

1. Str. 343-347.

palais ses mélodies enchanteresses, tout ce qui dormait, se levant à la hâte, se précipite pour l'écouter (1).

Mais la jeune Hilde surtout (et c'est bien elle qu'Horand avait en vue) se sent pénétrer d'une douce langueur, qu'elle n'avait jamais connue jusqu'ici; elle voudrait que le noble héros ne cessât jamais de chanter sous la fenêtre de son appartement; enfin, poussée par un irrésistible désir, dont elle-même ne se rend pas compte, elle le fait mander secrètement le soir dans la partie du palais qui lui est réservée.

A sa prière de répéter devant elle ses plus belles mélodies, Horand répond d'abord par un habile refus et trouve moyen d'introduire de suite dans la conversation une allusion à son souverain.

« Si j'osais chanter devant vous, belle dame, il m'en coûterait
» la tête; ce serait le prix de mon audace, si votre père Hagen
» l'ordonnait. Ah! si c'était dans notre pays, Dieu m'en est té-
» moin, rien ne pourrait me détourner de votre service (2). »

Cependant il entonne une mélodie d'Amilê, que seuls les Elfes connaissent et dont le pouvoir est irrésistible sur toute la nature. Hilde complètement fascinée lui prend la main, le remercie avec effusion et veut le combler des plus riches présents. Mais Horand, toujours attentif à son rôle, se refuse à rien accepter, si ce n'est une ceinture qu'a portée la jeune fille : « Si quelqu'un
» me blâme d'avoir accepté un présent trop considérable, qu'il
» songe que je la porte à mon seigneur : ce sera le plus beau
» cadeau et la plus précieuse nouvelle qu'il puisse recevoir (3). »

Cette seconde allusion à Hetel produit enfin sur Hilde l'effet désiré; elle reprend :

« Quel est ton maître? Comment s'appelle-t-il? Porte-t-il une
» couronne? Possède-t-il un royaume en propre? A cause de
» toi je me sens animée de bienveillance envers lui. » — Alors
» le brave Danois répondit : « Je n'ai jamais vu un roi aussi
» riche. »

» Il continua : « Si tu veux ne pas nous trahir, belle jeune
» fille, je te le dirai volontiers, c'est à cause de toi que notre
» maître nous a fait partir, nous a envoyés ici, dans les états et
» à la cour de ton père (4). »

Le moment si impatiemment attendu est arrivé : Horand s'ac-

1. Cf. plus loin, Liv. II, chap. 3, la traduction complète de ce passage.
2. Str. 296.
3. Str. 400.
4. Str. 401 et suiv.

quitte envers Hilde du message d'Hetel. Il répond à toutes ses questions, calme toutes ses inquiétudes. Elle peut, sans déroger, agréer son amour : Hetel est un prince aussi puissant que brave, aussi noble que riche : à sa cour douze chanteurs non moins habiles qu'Horand lui-même font sans cesse retentir les salles des plus douces mélodies; mais, quelle que soit leur adresse, Hetel les surpasse tous dans cet art divin.

Ainsi séduite et circonvenue, la jeune fille cède; une seule chose la tourmente encore : comment arriver à obtenir pour cette union le consentement d'Hagen? comment oser même lui présenter la demande d'Hetel? Alors Horand se découvre complètement à elle : une troupe d'élite est cachée dans le vaisseau, qu'Hilde paraisse seulement sur le rivage et les amis d'Hetel sauront bien la mener, sans qu'Hagen puisse s'y opposer, vers celui qui l'attend anxieusement. Sans plus réfléchir, Hilde donne son approbation au plan que lui développe Horand, et celui-ci, fier de son succès, se retire à la hâte, secrètement reconduit par le chambellan d'Hilde, et va annoncer à ses compagnons l'heureux résultat de son audacieuse tentative.

Rien ne les retenant plus dès lors à la cour d'Irlande, le lendemain matin les Danois vont trouver Hagen et lui annoncent qu'il leur faut prendre congé de lui. Le roi, qui ne s'attendait à rien moins qu'à une telle nouvelle, cherche en vain à les retenir: il leur rappelle la faveur avec laquelle il les a accueillis, les honneurs dont il les a comblés; il leur en promet de plus grands encore. Mais, tout en manifestant leur vive gratitude, les Danois lui représentent que leur résolution est inébranlable. Hetel, revenu à de plus justes sentiments, a levé l'interdit jeté naguère sur eux, il les rappelle : leur pays leur est enfin rouvert, ils vont retrouver leurs familles et revoir leurs amis. Rien de plus naturel que de tels sentiments ; aussi Hagen n'insiste plus : il n'a plus qu'une seule pensée : répondre à la libéralité qu'ont jadis montrée ses hôtes, les combler à son tour de présents aussi riches que ceux qu'ils ont prodigués lors de leur arrivée.

Mais ni les étoffes précieuses, ni les bijoux, ni l'or, ni les chevaux qu'il leur offre ne peuvent les tenter. Trop fiers pour accepter aucun don, ils ne demandent au roi qu'un dernier et suprême honneur avant la séparation : qu'Hagen vienne, accompagné de la reine et de sa fille et suivi de toute son escorte, contempler les richesses immenses accumulées dans leur vaisseau, c'est la seule faveur qu'ils lui demandent, aucune autre ne pourra leur être plus agréable ni les rendre plus fiers. Hagen y consent volontiers et l'on prend jour pour le lendemain.

Pendant la nuit les héros préparent tout pour l'enlèvement : 7ᵉ Avent. toutes les richesses que renferment les navires sont débarquées et étalées sur le rivage, en apparence afin de les disposer pour la visite du roi, mais en réalité pour alléger d'autant la flotte et rendre la fuite plus rapide. A l'heure dite, le roi arrive suivi de toute sa cour et accompagné de son épouse et de sa fille. Tandis qu'on a détourné son attention en lui faisant visiter l'un des vaisseaux de transport, et celle de la reine en soumettant à son examen les étoffes et les pierres précieuses amoncelées sur le rivage, la jeune Hilde est conduite avec ses suivantes et les chevaliers de son escorte sur le navire principal. Tout à coup, sur un signe de Wate, ces derniers sont refoulés vers le rivage ou jetés par dessus bord. Le roi, témoin de ce tumulte soudain, comprend enfin le piège qu'on lui a tendu et tremble pour sa fille chérie : il se précipite vers le navire et une légion de chevaliers armés s'élancent à l'instant sur ses traces. Mais il est déjà trop tard : la troupe si longtemps tenue cachée par Wate fait irruption sur le pont, l'ancre est levée, les voiles sont hissées. Vainement Hagen, dont la fureur ne connaît plus de bornes, réclame à grands cris sa lance, vainement il la brandit contre les ravisseurs ; elle retombe dans la mer et les héros d'Hegelingen disparaissent, jetant au roi comme adieu une dernière plaisanterie ironique. Morung du haut du tillac leur dit d'un air railleur :

« Ne vous hâtez pas trop, quelque ardeur qui vous pousse au combat ; fussiez-vous mille chevaliers bien armés, il vous faudrait faire le plongeon ; alors vous pourriez aller redire aux autres s'il fait bon au fond de la mer (1). »

Hagen, dont la flotte est à sec sur le rivage, en est réduit à les regarder fuir, le cœur débordant d'une rage impuissante.

La traversée des Hegelingen s'effectue heureusement et rapidement, et l'on voit bientôt apparaître les côtes de Wâleis. Wate envoie alors en avant quelques-uns de ses hommes pour prévenir Hetel de leur retour et du succès de leur expédition. Le roi accueille avec une joie exubérante ce message, qui vient enfin le tirer de son incertitude et calmer ses soucis. Il se met sur-le-champ en route avec une brillante escorte pour venir recevoir sa fiancée à son entrée sur la terre d'Hegelingen. Entre

---

1. Str. 448.

temps, Wate et ses compagnons ont débarqué sur la côte de Wâleis et l'on décide d'y rester quelques jours, tant pour se reposer des fatigues de la traversée, que pour fêter dignement l'arrivée de la jeune princesse dans les états sur lesquels elle est appelée à régner.

8ᵉ Avent.
Mais le lendemain, vers le soir, une flotte, qu'Horand reconnaît de suite pour celle d'Hagen, paraît à l'horizon. A cette nouvelle, Hetel songe tout d'abord à mettre Hilde en sûreté ; il la fait conduire sous bonne escorte à bord de l'un des vaisseaux ; puis il se prépare au combat et harangue ses troupes. Sur ces entrefaites, les Irlandais sont arrivés en vue du rivage ; une lutte furieuse s'engage, l'eau se teint du sang des combattants ; enfin le roi d'Irlande et les siens réussissent à prendre pied sur le bord. Hagen et Hetel ne tardent pas à se rencontrer face à face : après un duel acharné, Hetel est blessé, mais le flot mouvant des guerriers le sépare d'Hagen, qui se trouve bientôt vis-à-vis du terrible Wate. Hagen à son tour est blessé par le vieux héros ; serré de près par lui, il reçoit un coup terrible que son casque n'amortit qu'à moitié et qui l'étourdit. Il chancelle et va succomber : à ce moment, sur les instances d'Hilde qui, du haut du vaisseau, suit avec angoisse les péripéties de la lutte, Hetel intervient, sépare les deux combattants, se fait reconnaître d'Hagen et lui offre la paix. A mesure que la lutte devenait plus ardente, Hagen, à la colère qui l'animait, avait senti se mêler peu à peu une profonde estime pour des adversaires si valeureux. Il est bien certain maintenant d'avoir affaire non à des brigands, mais à un roi aussi puissant et aussi brave que luimême, à des guerriers aussi courageux que ses propres vassaux. Il n'a donc plus aucune raison de repousser les offres d'Hetel ni de craindre une mésalliance. La paix est facilement conclue, et les deux rois, tout à l'heure acharnés l'un contre l'autre, confondent amicalement leurs troupes, que l'ardeur même déployée dans la lutte a préparées à ce rapprochement. Il y a bien eu quelques blessés : mais Wate se révèle sous un aspect nouveau ; initié par une nixe aux secrets des plantes, il a bientôt pansé les plaies des héros et achevé de faire disparaître les dernières traces de la lutte. Toutefois, dans sa franchise mêlée de bonhomie et de brusquerie, il refuse de donner ses soins à Hagen, avant d'avoir reçu de lui l'assurance formelle qu'il pardonne à sa fille et qu'il l'accorde de bon cœur à Hetel.

Alors aux combats succèdent les fêtes : Hagen accompagne Hilde à la capitale d'Hetel, où le mariage est célébré ; puis, au bout de douze jours, il repart pour l'Irlande, charmé de voir sa fille reine d'un si puissant empire, épouse d'un si vaillant héros. A son retour à Bâlian, il annonce à Hilde des Indes l'heureuse issue de son expédition et lui fait un tableau enchanteur de la brillante destinée de leur fille ; sa joie et son contentement se résument dans une seule exclamation, qui termine son récit : « s'il avait d'autres enfants, il n'aspirerait qu'à les marier tous dans le pays d'Hegelingen. »

Du reste, Hilde ne sera pas isolée dans ce pays nouveau pour elle ; outre ses suivantes, sa fidèle Hildebourg est restée auprès d'elle et continue vis-à-vis de la jeune princesse le rôle de compagne fidèle et dévouée, qu'elle a déjà joué autrefois vis-à-vis d'Hilde des Indes dans l'île des Griffons, et plus tard à la cour d'Irlande.

III. AVENTURES DE GUDRUN.

Après les fêtes, Wate, Morung, Horand et Irolt regagnent respectivement leurs États. Hetel, dès ce moment, passe avec Hilde des jours pleins de joie, entrecoupés de temps à autre par quelques guerres qu'il a à soutenir et d'où il revient toujours victorieux. Enfin, pour comble de bonheur, Hilde lui donne deux enfants : un fils, Ortwin, dont l'éducation est confiée à Wate, qui en fera un chevalier accompli ; une fille, Gudrun, qui ne tarde pas à surpasser en beauté sa mère et sa grand'mère mêmes. Aussi, dès qu'elle arrive à l'adolescence, les princes accourent-ils de toutes parts à la cour d'Hegelingen, pour briguer à l'envi sa main. Mais Hetel éconduit tous les prétendants ; comme autrefois Hagen, il n'en trouve aucun digne de lui. Siegfried lui-même, le puissant roi de Morland, n'est pas plus heureux que les autres. Bien qu'il ait réussi, par sa bravoure chevaleresque, à faire sur la jeune fille une impression favorable, il essuie également un refus de la part d'Hetel, et se retire irrité et proférant tout haut des menaces qu'il ne tardera pas à mettre à exécution. 9ᵉ Avent.

Après Siegfried, un prince non moins illustre vient à son tour présenter sa demande. Le renom de la beauté merveilleuse de Gudrun a pénétré jusqu'en Normandie : sur le conseil de sa mère Gerlinde, Hartmut d'Ormanie se décide, lui aussi, à briguer la main de la jeune princesse. En vain, son vieux père, le roi Ludwig, lui représente les difficultés de l'entreprise et lui 10ᵉ Avent.

prédit qu'il court au devant d'un affront ; en vain, il lui rappelle l'humeur altière d'Hetel et de son beau-père Hagen. Soutenu par sa mère, Hartmut reste inébranlable dans sa résolution, et Ludwig finit par céder à ses instances. Soixante héros, chargés de présents de toute sorte, reçoivent mission d'aller porter au roi Hetel une lettre d'Hartmut, dans laquelle il lui demande la main de sa fille. Somptueusement reçus à la cour d'Hegelingen, ils n'en échouent pas moins dans leur démarche. Le malheur veut qu'autrefois Ludwig, père d'Hartmut, ait reçu l'investiture d'un fief des mains d'Hagen, père d'Hilde. D'après les idées de l'époque, ce seul fait constitue pour le prétendant une infériorité irrémédiable vis-à-vis de celui dont il aspire à devenir le gendre, et Gudrun ne saurait, sans déroger, entrer dans la famille d'un prince dont le père a naguère prêté serment à un roi étranger. Hilde l'annonce en termes hautains aux ambassadeurs d'Hartmut (1) et c'est avec cette réponse humiliante qu'ils reviennent à la cour de Normandie.

11ᵉ Avent. Sans se laisser décourager par l'insuccès de ceux qui l'ont précédé, Herwig de Séelande se présente à son tour ; mais sa demande a le même sort que celles des autres prétendants. Hetel la repousse, bien qu'Herwig ait plus que tous les autres réussi à plaire à Gudrun. Il se retire donc, non moins froissé que ses prédécesseurs et décidé, sitôt qu'il le pourra, à se venger de l'affront qu'il a subi.

Cependant, Hartmut avait reçu, avec une douleur facile à concevoir, la réponse que lui rapportaient ses messagers. Toute la famille royale de Normandie avait profondément ressenti l'injure faite à leur honneur : mais, loin de décourager Hartmut, ce refus n'avait réussi qu'à surexciter son désir et il avait juré d'arriver, quoi qu'il dût lui en coûter, à posséder Gudrun.

Quelques années se passent : un jour de nobles étrangers arrivent à la cour d'Hegelingen ; ils y reçoivent l'accueil magnifique et empressé qu'Hetel réserve à tous ses hôtes, connus et inconnus. Au bout de quelques jours, Hartmut (car c'est lui escorté de ses vassaux) est mis en présence de Gudrun et peut se convaincre, par lui-même, qu'on n'avait rien exagéré en lui vantant la beauté incomparable de la jeune princesse. Il trouve moyen de lui faire savoir qui il est et dans quel but il a tenté cette démarche périlleuse. Son air chevaleresque, l'éclat de sa suite, sa constance, la hardiesse même de sa tentative, tout est

---

1. Cf. ci-dessus, p. 9-10, les paroles que leur adresse Hilde.

fait pour produire sur Gudrun une profonde et favorable impression. Mais elle n'ignore pas les raisons pour lesquelles ses parents ont une première fois rejeté les propositions d'Hartmut, elle est de trop noble race pour déchoir, et sa fierté lui interdit, en dépit de toute inclination, de songer jamais à une alliance avec Hartmut. Elle le fait donc prier, pour son propre repos, de quitter au plus vite le royaume d'Hegelingen, s'il tient à sa vie et à celle de ses compagnons. Déçu une seconde fois dans son espoir, Hartmut abandonne donc le pays d'Hetel, bien décidé à n'y revenir qu'à la tête d'une armée et à conquérir Gudrun par la force des armes, puisque tout moyen d'obtenir de bon gré sa main a échoué. A peine rentré en Normandie, il prépare donc tout pour une prochaine expédition.

Il est devancé par Herwig, qui, à la tête de trois mille hommes, 12ᵉ Avent. envahit le pays d'Hegelingen et, un beau matin, se présente sous les murs de la capitale d'Hetel. Un violent combat s'engage; Hetel et Herwig y font chacun de leur côté des prodiges de valeur et se trouvent bientôt face à face.

« Plus d'une fois, le vaillant Herwig fait jaillir des casques
» une gerbe d'étincelles; la belle Gudrun, la fille du roi, le
» suit des yeux; elle ne peut en détacher ses regards; le héros
» lui paraissait vaillant; cela lui faisait plaisir et peine tout à
» la fois (1) ».

Les deux guerriers ne tardent pas à se reconnaître pour des adversaires dignes l'un de l'autre :

« Quand le roi Hetel s'aperçut que le fier Herwig était si
» merveilleusement brave, il pensa en lui-même tout en com-
» battant : ceux qui ne m'ont pas souhaité d'avoir ce héros pour
» ami, ceux-là l'ont bien mal connu; aucun bouclier ne résiste
» à la vigueur de ses coups (2) ».

Alors Gudrun, qui, du haut de la terrasse du palais, a suivi toutes les péripéties de la lutte, intervient et les décide à conclure une trêve. Herwig paraît à la cour, suivi d'une nombreuse et brillante escorte. Après avoir reçu de la bouche même de Gudrun l'aveu de son amour, il s'adresse à Hetel, qui, ayant apprécié sa puissance et sa valeur, n'a plus d'objection à opposer à l'union des deux amants. Les fiançailles ont lieu sur-le-champ; mais, sur la demande d'Hilde, on convient que Gudrun passera encore un an à la cour d'Hegelingen, avant que le mariage ne soit célébré.

1. Str. 644.
2. Str. 648.

13ᵉ Avent. Siegfried n'a pas plutôt appris les fiançailles de Gudrun et d'Herwig, que, poussé par le dépit, il envahit les états de son heureux rival à la tête de quatre-vingt mille hommes. Herwig résiste avec courage ; mais, accablé par le nombre, il est contraint de se retirer dans une forteresse, et, pendant que l'ennemi met la Séelande à feu et à sang, il envoie prévenir Gudrun de la situation critique à laquelle il se trouve réduit.

Gudrun n'a pas besoin de beaucoup d'instances pour décider son père à voler au secours de son fiancé. Hetel réunit à la hâte ses vassaux et débarque quelques jours après en Séelande, accompagné de son fils Ortwin et suivi de Wate, d'Horand, de Frute et de Morung. Pendant douze jours ce n'est qu'une suite non interrompue de combats ; enfin les troupes combinées d'Hetel et d'Herwig mettent l'armée de Siegfried en déroute et l'acculent dans une forteresse au bord d'un grand fleuve, où ils l'assiègent.

14ᵉ Avent. Aussitôt Hetel envoie des messagers à Matelâne, sa capitale, pour faire savoir le succès de leurs armes, mettre fin à l'anxiété de ceux qui sont restés au pays et annoncer un prochain retour.

Mais Hartmut, qui, depuis son échec, entretenait toujours des espions dans le pays d'Hegelingen, a été averti jour pour jour de ce qui se passait. Instruit des fiançailles de Gudrun, instruit de l'absence d'Hetel, il juge l'occasion propice pour mettre à exécution les projets de vengeance qu'il nourrit depuis longtemps dans son cœur. Gerlinde et Ludwig entrent avec empressement dans ses vues et les deux rois apparaissent subitement à la tête d'une nombreuse armée dans le pays d'Hegelingen.

15ᵉ Avent. La capitale d'Hetel, privée de ses meilleurs défenseurs, n'est pas en état de résister aux Normands. Toutefois, avant d'en venir à la violence, Hartmut essaie d'une dernière tentative amicale. Il envoie encore une fois deux de ses barons à la cour d'Hegelingen, avec mission d'assurer Gudrun de la constance de son amour et de lui demander sa main. Il serait heureux de la voir se décider de bonne grâce à la lui accorder : mais il est bien résolu, si elle persiste dans son dédain, à user de la force et à profiter des avantages que lui offrent les circonstances.

Quelque désagréable que soit leur arrivée, les envoyés d'Hartmut sont reçus à Matelâne avec tous les égards dus à de nobles étrangers. Introduits devant Hilde et Gudrun, ils exposent l'objet de leur démarche. Inutile de dire la réponse de Gudrun. Un seul mot la résume : elle appartient tout entière et pour toujours à Herwig, à qui elle a engagé sa foi.

A peine les messagers sont-ils rentrés au camp et ont-ils fait part de l'insuccès de leur mission, que, sans perdre un instant, Hartmut et Ludwig font avancer leurs troupes et investissent Matelâne.

Entraînés par une bravoure inconsidérée, les défenseurs de la forteresse font une sortie et viennent offrir la bataille en rase campagne à l'armée innombrable des Normands. Mais ils sont écrasés par la supériorité numérique de leurs adversaires et refoulés dans la forteresse, dont ils ne parviennent pas à défendre l'entrée. Matelâne est pillée, la bannière d'Hartmut flotte sur le palais d'Hetel, et Gudrun, accompagnée d'Hildebourg et de soixante-deux autres jeunes filles, est emmenée en captivité par les Normands, qui se retirent chargés de butin.

Hilde, d'une fenêtre du palais, suit leur départ d'un œil désolé, en se tordant les mains dans son désespoir impuissant. Il ne lui reste qu'à faire parvenir au plus vite à Hetel et à Herwig la nouvelle de ces tristes événements et de l'affreux malheur qui les frappe tous les trois dans leurs plus chères affections.

Hetel n'a pas plus tôt appris ce qui s'est passé, qu'il rassemble les chefs de l'armée et leur fait connaître le désastre arrivé au pays d'Hegelingen : un cri unanime de vengeance s'élève de toutes parts. Mais, avant de se mettre à la poursuite des Normands, il faut en finir avec les Mores. Wate, toujours fertile en expédients, a bientôt trouvé le moyen de les amener à composition. Sur son conseil, on feint de préparer tout à grand bruit et ostensiblement, pour livrer le lendemain un assaut décisif à la forteresse dans laquelle ils se sont réfugiés. Dès l'aube, on commence même l'attaque avec une fureur qui leur donne le change : ils sentent bien que c'en est fait d'eux et que ce jour verra l'anéantissement définitif de leur armée.

16º Avent.

Or, selon ce qui avait été convenu entre les chefs, pendant qu'il donnait le signal de la lutte, Hetel faisait proposer une dernière fois à Siegfried de conclure la paix, alors qu'il en était temps encore. Les Mores ont prouvé, par leur longue et vaillante résistance, qu'ils n'étaient pas moins braves que leurs adversaires ; aussi Hetel est-il prêt à tout oublier, et l'attaque injuste contre Herwig et les dévastations commises en Séelande : il n'exige qu'une chose, que Siegfried devienne désormais son allié fidèle.

Devant une proposition aussi honorable, Siegfried, qui a pleine conscience de la situation désespérée de son armée, n'hésite pas : il jure un attachement inébranlable aux deux rois et la lutte prend fin sur-le-champ.

Alors Hetel lui fait part du malheur arrivé à sa famille et à son royaume : Siegfried se déclare prêt à le suivre et à l'assister dans ses projets de vengeance contre les Normands. Mais les rois confédérés n'ont pas de vaisseaux pour se mettre à la poursuite de Ludwig et d'Hartmut. C'est encore Wate qui les tire d'embarras. Une troupe de pèlerins fait justement relâche non loin de là, on s'empare des soixante-dix vaisseaux qui les ont amenés, et, sans s'inquiéter de leurs gémissements et de leurs imprécations, on met aussitôt à la voile ; Hetel devait plus tard chèrement expier ce sacrilège.

17ᵉ AVENT.

Cependant les Normands, après avoir quitté à la hâte le pays d'Hegelingen, où ils craignaient à chaque instant de voir reparaître Hetel, regagnaient tranquillement la Normandie, heureux du succès de leur entreprise et se félicitant du riche butin qu'ils avaient enlevé. Après quelques jours de navigation, se croyant désormais hors de toute atteinte, ils avaient abordé sur une île, le Wülpensand, située à peu de distance de la Normandie, et ils étaient descendus à terre pour se refaire des fatigues de la lutte et du voyage et pour se préparer à rentrer triomphalement à Cassiâne, capitale du royaume de Ludwig.

Un soir, une flotte apparaît tout à coup à l'horizon ; en voyant la croix peinte sur les voiles, les Normands se figurent d'abord que ce sont des pèlerins ; mais bientôt les vaisseaux deviennent plus visibles, on aperçoit distinctement ce qui s'y passe et les Normands reviennent de leur erreur : le tumulte qui règne sur le pont des navires, les casques et les armes qui y brillent de toutes parts ne leur laissent plus de doute : ce sont les armées d'Hetel et d'Herwig.

En effet, à peine arrivés à portée de la côte, les Danois et leurs alliés se précipitent sur le rivage ; Herwig n'attend même pas que l'on ait jeté l'ancre et s'élance dans la mer pour atteindre plus vite les ravisseurs de sa fiancée. En vain, les Normands disputent le terrain pied à pied ; en vain, leurs traits volent serrés comme des flocons de neige et teignent la mer du sang des assaillants ; l'armée tout entière aborde, une lutte furieuse, implacable, s'engage et ne s'arrête que lorsque l'obscurité sépare les combattants.

18ᵉ AVENT.

Le lendemain matin, Hetel et Ludwig se rencontrent enfin face à face. Après maint coup d'éclat accompli de part et d'autre, Hetel est mortellement frappé et tombe pour ne plus se relever.

A cette vue, Gudrun, captive dans le camp des Normands, pousse un cri lamentable ; de leur côté, les vassaux d'Hetel se précipitent pour le venger : la rage de Wate ne connaît plus de bornes ; le carnage redouble et dure toute la journée. Mais la nuit vient surprendre les combattants et, à mesure qu'elle devient plus épaisse, la confusion se met dans les rangs de l'armée d'Hegelingen : croyant avoir affaire aux Normands, les Danois et leurs alliés s'attaquent et se massacrent les uns les autres. Alors Herwig fait cesser le combat, sauf à le reprendre dès que l'aurore aura paru.

Mais, pendant la nuit, les Normands, effrayés à la vue des vides causés dans leurs rangs par cette lutte acharnée, effrayés à l'idée de se retrouver le lendemain en face d'adversaires rendus encore plus furieux et plus implacables par la perte de leur roi et de tant de leurs compagnons, s'embarquent sans bruit et mettent secrètement à la voile. Les plus terribles menaces imposent silence à Gudrun et à ses suivantes ; et, quand le jour paraît, les Hegelingen et leurs alliés ne trouvent plus personne en face d'eux : Hartmut et Ludwig ont disparu avec leurs captives.

Ortwin veut, sans tarder, s'élancer de nouveau sur leurs traces ; Wate et tous les autres ne demandent qu'à le suivre. Seul, Frute fait entendre les conseils de la prudence : les Normands ont déjà une avance considérable, ils sont sur le point d'atteindre leur pays ; à peine pourra-t-on les rejoindre avant leur débarquement, et l'armée des rois alliés a subi des pertes trop considérables pour songer à attaquer, le cas échéant, Ludwig et Hartmut dans leurs propres états. On se résigne donc à attendre.

Tout d'abord on s'occupe d'ensevelir les morts : on rend les derniers devoirs à tous sans exception, ennemis aussi bien qu'amis. Toutefois, on enterre séparément les chrétiens et les païens : une place à part est également réservée aux Normands. Puis, à la mémoire d'Hetel, des Danois et de leurs alliés tombés sur le Wülpensand et en expiation du crime commis lorsqu'on a ravi aux pèlerins leurs vaisseaux, on y fonde un couvent que l'on dote richement et dans lequel on laisse un grand nombre de moines avec mission de prier pour les morts : après quoi les princes et leurs vassaux reprennent tristement le chemin de Matelâne.

Il s'agit maintenant d'apprendre à Hilde la funèbre nouvelle 19ᵉ Avent. de la mort d'Hetel et de la défaite de ses armées ; Wate seul ose se charger de cette pénible et délicate mission. Son entrée dans la forteresse fait déjà pressentir tous les malheurs qu'il va avoir à raconter : lui d'ordinaire si bruyant au retour d'une expédition, il arrive morne et silencieux. Aussi, avant d'avoir pu l'interroger, Hilde ne soupçonne déjà que trop ce qu'il va lui répondre. Wate ne peut que confirmer ses tristes pressentiments. Hetel est mort, mort aussi l'honneur d'Hegelingen ; Gudrun est irrévocablement perdue. La douleur d'Hilde ne connaît plus de bornes.

Avant de songer à rien d'autre, Wate rappelle qu'on a une lourde faute à expier, une injustice à réparer. On rend aux pèlerins leurs vaisseaux et on les dédommage abondamment de tout le mal qu'on leur a causé.

Puis, les chefs se réunissent en conseil et délibèrent avec Hilde sur les résolutions que commande la situation. Tous seraient prêts à recommencer de suite la guerre, et Hilde, qui a l'honneur de sa race à venger, mais qui aspire par dessus tout à tirer sa chère Gudrun de la captivité, donnerait volontiers son assentiment à ce projet. Néanmoins Wate et Frute s'y opposent : la fleur des guerriers d'Hegelingen a été fauchée ; il faut attendre qu'une nouvelle génération soit en état de porter les armes. L'expédition vengeresse et libératrice ne doit être entreprise qu'avec toutes chances de succès. On est bien forcé de se rendre à leurs raisons, et Hilde se résigne à attendre le moment désiré. D'ici là, elle fera équiper une flotte nombreuse et solide, et la pourvoira de tout ce qui est nécessaire à une armée. Les choses ainsi convenues, tous prennent congé d'Hilde, promettant de s'assembler au premier signal. Avant de quitter Matelâne, Siegfried lui-même demande à être averti de l'époque de l'expédition ; il ne se le fera pas dire deux fois et accourra se joindre à ses alliés. Après leur départ, Hilde envoie de riches offrandes au couvent bâti sur le Wülpensand, elle y fait construire une église et un hôpital.

20e Avent. Entre temps, les Normands approchaient de leur pays : quand, du pont de son navire, Ludwig aperçoit ses forteresses, il les montre avec orgueil à Gudrun ; il veut lui faire admirer les riches et vastes plaines sur lesquelles elle est appelée à régner ; qu'elle consente à donner sa main à Hartmut, et tout cela lui appartient.

« Alors la fille d'Hilde lui répondit : « Laissez-moi en repos ; plutôt que d'aimer Hartmut, je préférerais être morte ; il n'est pas d'une race qui puisse m'inspirer de l'amour ; oui, j'aime mieux perdre la vie, plutôt que d'avoir jamais de l'amitié pour lui (1). »

Furieux de cette réponse hautaine, le vieux roi la saisit par les cheveux et la lance à la mer : mais Hartmut s'y jette à sa suite et la ramène saine et sauve, non sans laisser violemment éclater l'indignation que lui cause la brutalité de son père.

Cependant, avertie par des messagers qu'on a envoyés en avant, Gerlinde est accourue sur le rivage au-devant des héros, avec sa fille Ortrun et toute sa suite. Hartmut débarque, conduisant Gudrun par la main ; il la présente d'abord à sa sœur, la belle et douce Ortrun ; et Gudrun, heureuse, au milieu de sa détresse, de rencontrer un visage sympathique, l'embrasse tendrement. Gerlinde s'avance et veut faire de même ; mais autant Gudrun s'est sentie instinctivement attirée vers Ortrun, autant, au premier aspect, Gerlinde lui inspire de répulsion. Elle la repousse d'un air farouche, lui reprochant amèrement d'être la cause de son malheur.

Au milieu de la joie universelle causée en Normandie par le retour de la flotte, Gudrun reste morne et désolée ; tous ceux qui l'entourent sont pour elle un objet d'aversion ; Ortrun est la seule vers laquelle elle se sente portée.

Hartmut conduit Gudrun dans une de ses forteresses, et ordonne qu'on la traite avec tous les égards dus à sa future épouse. Puis, après avoir encore une fois tenté en vain de la fléchir, il part pour une expédition, la laissant à la garde de sa mère qui se fait forte de lui inspirer d'autres sentiments. Gerlinde essaie d'abord d'employer la douceur : mais en vain ; alors elle s'abandonne à ses instincts mauvais et la maltraite d'une façon odieuse, elle la sépare de ses compagnes et la condamne aux travaux les plus humiliants. Mais rien n'y fait, trois ans et demi durant, elle l'opprime sans parvenir à la dompter. Au bout de ce temps, Hartmut, que plusieurs expéditions avaient retenu loin du pays, revient et il est tout indigné de trouver Gudrun dans un tel état ; mais ses recommandations restent lettre morte, il est forcé de repartir, et Gerlinde n'en continue pas moins à humilier sa captive : elle l'oblige à balayer les chambres, à entretenir les poêles, et cela toujours sans plus de succès : Gudrun reste inébranlable.

Son exil durait depuis neuf ans, lorsqu'Hartmut reparaît encore à la cour et fait une nouvelle tentative ; repoussé avec non

1. Str. 939.

moins d'énergie, il finit par s'irriter de cette obstination invincible, et menace même Gudrun de la prendre de force; mais, avec une noble fierté, la jeune fille le défie de se déshonorer en mettant ses menaces à exécution : elle lui rappelle les lois de la chevalerie, qui veulent qu'homme et femme ne se marient que d'un consentement mutuel; en effet, Hartmut n'ose passer outre, et, changeant de tactique, il ordonne formellement d'en revenir à l'emploi de la douceur. On rend à Gudrun ses vêtements et ses parures; on la réunit à ses compagnes; puis, Hartmut décide Ortrun à s'interposer : seule elle a su inspirer de la sympathie à Gudrun, seule elle peut, par ses conseils, entreprendre de la fléchir.

21ᵉ Avent. Mais les bons traitements qui succèdent à ces longues années de souffrance, les soins et les attentions dont on l'entoure, les représentations amicales d'Ortrun, rien ne peut modifier la résolution de Gudrun : Hartmut la retrouve aussi inflexible que jamais. Alors, dans son dépit, il l'abandonne définitivement à Gerlinde et la persécution reprend avec plus de violence : comme dernier degré d'abaissement, la vieille reine la condamne à aller tous les jours laver le linge au bord du rivage. Hildebourg, touchée de l'humiliation à laquelle on abaisse sa jeune maîtresse, ne peut retenir l'indignation dont son cœur déborde, et Gerlinde ayant ironiquement répondu que, si elle prend tant de part aux peines de Gudrun, il lui est loisible de les partager, la jeune fille accueille avec empressement cette permission : cela dure encore ainsi cinq ans et demi.

22ᵉ Avent. Pendant ces longues années, Hilde n'avait pas perdu un seul instant de vue le but désormais unique de sa vie, la délivrance de sa fille. Attendant patiemment que la jeunesse du pays eût grandi, elle s'était, dans l'intervalle, constamment occupée d'équiper la flotte et de préparer tout ce qui était nécessaire à l'expédition. Enfin l'heure de la revanche a sonné, elle avertit tout d'abord Herwig qui arrive sur-le-champ; Horand, Frute, Wate ne tardent pas à le suivre. Ortwin n'a pas plutôt reçu la nouvelle du rassemblement, qu'il se met en route avec ses fidèles guerriers. Avant le départ, Hilde place sous la protection des chefs de l'armée ce cher fils, qui entreprend sa première campagne, et l'on met à la voile sous le commandement d'Horand. On fait une courte halte au Wülpensand, pour permettre aux fils de ceux qui y sont tombés d'aller visiter le tombeau de leurs pères; c'est là que Siegfried rejoint l'expédition. Mais, à leur départ du Wülpensand, les confédérés sont saisis par des vents contraires et poussés vers la montagne aimantée, dont Wate leur raconte la légende (1). Ils y sont longtemps retenus par un calme désespérant ; enfin un bon vent du nord s'élève, les délivre et les amène après quelques jours de navigation en vue des côtes d'Ormanie. Ils abordent près d'une montagne, au pied de laquelle s'étend une vaste forêt, dont l'épaisseur les dérobera aux yeux de leurs ennemis jusqu'au moment de l'attaque.

Aussitôt qu'on a jeté l'ancre, on débarque les armes et les chevaux et l'on se prépare au combat. Mais, avant de se lancer à l'assaut, les chefs de l'armée jugent prudent de faire reconnaître le terrain. Ortwin et Herwig s'offrent à aller à la découverte et se mettent en route, après avoir fait jurer à leurs amis de les délivrer, s'ils tombent au pouvoir des Normands, de les venger, s'ils périssent. *23ᵉ Avent.*

On était arrivé au carême, et le printemps ramenait des jours plus doux : une après-midi, tandis que Gudrun et Hildebourg s'acquittent de leur tâche pénible sur le rivage, un ange, envoyé de Dieu, leur apparaît sous la forme d'un oiseau et leur annonce l'approche de leur délivrance. Après avoir donné à Gudrun des nouvelles de sa mère, de son frère, de son fiancé et de tous ses amis, il s'envole en lui promettant que le lendemain matin elle verra arriver deux messagers. Toutes préoccupées de cette heureuse nouvelle, les deux jeunes filles sont moins attentives à leur ouvrage ; et, le soir en rentrant au palais, elles sont durement réprimandées par Gerlinde. *24ᵉ Avent.*

Mais, le lendemain matin, par un de ces changements si fréquents au printemps, il était tombé de la neige ; Gudrun envoie Hildebourg prier Gerlinde de leur permettre de mettre des souliers pour aller au rivage ; mais la vieille reine repousse impitoyablement leur demande, et elles partent nu-pieds pour le bord de la mer.

A peine y étaient-elles arrivées, qu'elles voient apparaître une barque montée par deux hommes ; elles ne doutent pas que ce ne soient les deux messagers annoncés par l'oiseau ; néanmoins, n'écoutant que sa pudeur, Gudrun, honteuse d'être surprise dans un costume aussi misérable et dans une occupation aussi humiliante, entraîne Hildebourg et s'enfuit. Mais les deux inconnus les menacent, si elles ne reviennent, de s'emparer des riches habits qu'elles lavent : en même temps ils les rassurent et leur adressent de bonnes paroles ; les deux jeunes filles se déci- *25ᵉ Avent.*

---

1. Pour plus de détails sur cet épisode, cf. ci-après, Livre II, chap. IV.

dent donc à retourner sur leurs pas. Alors les deux héros commencent par s'informer des maîtres du pays; puis, voyant les jeunes filles grelotter sous les haillons qui les couvrent à peine, ils leur offrent leurs manteaux. Mais Gudrun repousse cette offre. Ils demandent ensuite aux belles laveuses si elles n'ont pas entendu parler d'une certaine Gudrun, qu'Hartmut aurait enlevée autrefois dans une expédition et ramenée captive en Normandie. Sur leur réponse affirmative, Herwig fait remarquer à Ortwin, combien l'une des jeunes filles ressemble à Gudrum.

A ce nom d'Ortwin, Gudrun a reconnu ses libérateurs; voulant éprouver la fidélité d'Herwig, elle se fait passer pour une des compagnes de Gudrun, enlevée avec elle par les Normands, et raconte que Gudrun est morte. Cette nouvelle inopinée frappe les deux héros au cœur et leurs yeux se remplissent de larmes. A cette vue, elle leur demande s'ils ont connu cette Gudrun dont la mort les impressionne si fort. Alors Herwig montre son anneau: il était le fiancé de celle dont il vient d'apprendre la fin malheureuse. En reconnaissant ce signe, qui lui rappelle un passé si cher, Gudrun cesse de feindre et montre à son tour l'anneau qu'Herwig lni donna autrefois: la reconnaissance s'achève au milieu d'embrassements réciproques.

Cependant Ortwin, avec une brutalité quelque peu déplacée, émet le doute que Gudrun soit restée si longtemps fidèle à son fiancé : elle a dû, de gré ou de force, devenir la femme d'Hartmut. A cette insinuation, la fierté de Gudrun se révolte et, d'une voix entrecoupée de sanglots, elle fait le récit des souffrances qu'elle a eu à endurer, et raconte aux héros la cause de l'état humiliant auquel ils la trouvent réduite: c'est précisément pour punir sa constance inébranlable qu'on l'a condamnée à ces vils travaux.

En entendant cela, Herwig ne peut se contenir plus longtemps, il presse Ortwin de partir et d'emmener les deux jeunes filles. Mais Ortwin s'y oppose; d'abord, cela serait contraire aux lois de l'honneur chevaleresque; il serait indigne de lui de dérober lâchement celles qu'on a loyalement enlevées par la force, les armes à la main; puis, il faut songer aux autres suivantes de Gudrun dont le sort serait compromis par sa fuite.

Ces paroles, dont Gudrun comprend toute la justesse, ne laissent pas que de retentir douloureusement au fond de son cœur. Mais Herwig lui apprend que toute l'armée est dans le voisinage. L'aurore du jour suivant verra la prise de Cassiâne et la délivrance des captives ; sur cette assurance, on se sépare et les deux héros rejoignent à la hâte le camp des Hegelingen : un plus long séjour sur le rivage pourrait dévoiler leur présence aux Normands.

Gudrun suit d'un œil inquiet la barque qui emporte ses libérateurs : rappelée à son travail par Hildebourg, elle refuse de s'abaisser désormais à ces viles occupations et, dans un élan d'orgueil, lance à la mer le linge qu'elle devait laver.

A leur retour au palais, Gerlinde les réprimande durement sur le peu d'activité qu'elles ont déployé dans leur travail ; elle réclame les vêtements précieux qu'elle avait remis à Gudrun, et, sur la réponse de celle-ci, qui déclare qu'elle les a trouvés trop lourds et les a abandonnés sur le rivage, elle s'apprête à la faire fustiger en punition de sa négligence.

A la pensée de subir ce traitement indigne, la fierté de Gudrun se révolte : elle défie Gerlinde d'abaisser à ce point *celle qui est destinée prochainement à régner sur la Normandie* et menace de faire cruellement expier leur audace à ceux qui oseraient la toucher. Gerlinde, toujours à l'affût du moment où Gudrun fléchira dans sa résistance, prend ces paroles pour un commencement de conversion et Gudrun n'a garde de la tirer d'erreur : elle se déclare prête à se conformer aux désirs d'Hartmut. On envoie chercher le jeune héros qui arrive aussi heureux que surpris.

Alors tout change : on rend à Gudrun son escorte ; on l'entoure de soins et d'attentions ; toutes sont conduites au bain et somptueusement parées. Par une nouvelle ruse, Gudrun conseille à Hartmut d'envoyer de toutes parts et sur-le-champ des messagers à ses vassaux pour les inviter « aux fêtes qui vont être célébrées. » Plein d'illusion, Hartmut y consent volontiers, et il expédie de suite la fleur de ses chevaliers dans toutes les directions, ce qui, dans la pensée de Gudrun, doit affaiblir d'autant la force de résistance des Normands pour l'attaque du lendemain.

Cette métamorphose subite surprend les compagnes de Gudrun : convaincues que leur jeune maîtresse a définitivement succombé aux longs tourments dont on l'a accablée, elles s'abandonnent à la douleur. Mais, rentrée dans ses appartements et restée seule avec elles, Gudrun leur dévoile l'heureuse nouvelle et rit à haute voix avec elles de l'erreur des Normands.

Ce rire est rapporté à Gerlinde, qui commence à concevoir des doutes sur ce brusque revirement, mais qui ne parvient pas à faire partager son inquiétude à Hartmut.

La nuit est avancée et chacun ne songe plus qu'à se livrer au repos. Quant à Gudrun, avant de se mettre au lit, elle promet une riche récompense à celle de ses suivantes qui lui annoncera le lever de l'aurore : elle veut être debout avec le jour pour voir apparaître l'armée d'Hegelingen.

26ᵉ Avent. En quittant Gudrun et Hildebourg, Ortwin et Herwig avaient regagné le camp : ils font part aux chefs de l'armée du résultat de leur reconnaissance, et l'on tient conseil sur ce qu'il y a à entreprendre. Conformément à l'avis de Wate, on profite du beau temps et de la clarté de la lune pour faire voile sur-le-champ et, avant le lever de l'aurore, toute la flotte des princes alliés est déjà à l'ancre devant la forteresse de Ludwig : silencieusement l'armée débarque et se range en ordre de bataille.

A peine le premier rayon du jour perce-t-il à travers les fenêtres du palais, qu'une suivante de Gudrun aperçoit les guerriers rangés au pied des murs, et court faire part de sa découverte à Gudrun. Du haut de la tour, le veilleur les a également aperçus : il donne l'alarme ; Ludwig se précipite au balcon de ses appartements et, prenant la troupe qui s'étale dans la plaine pour des pèlerins, il fait appeler Hartmut.

27ᵉ Avent. Mais celui-ci n'a pas plutôt rejoint Ludwig sur la terrasse, qu'il reconnaît, au milieu des rangs de ces prétendus pèlerins, l'étendard d'Hegelingen : plus de doute, ce sont leurs ennemis qui viennent tirer vengeance de l'échec subi naguère et de la honte infligée à leurs armes. Passant en revue les troupes échelonnées sous les murs, il montre à son père les guerriers de Wate, les Sarrasins de Siegfried, les Danois d'Horand et d'Ortwin, les Séelandais d'Herwig, et lui nomme successivement tous leurs autres alliés. Puis, il donne des ordres pour préparer une vigoureuse sortie contre les assaillants.

Gerlinde intervient : il lui semblerait plus prudent et plus sûr d'attendre l'ennemi derrière les remparts et de soutenir un siège pour lequel on a toutes les ressources nécessaires. Mais Hartmut repousse loin de lui une telle suggestion, comme indigne de son honneur ; il entraîne son père, et tous deux, se mettant à la tête des Normands, s'élancent hors de la forteresse. Un combat acharné s'engage. Gudrun en suit les péripéties du haut de la terrasse du palais.

En apercevant Hartmut, Ortwin se jette furieux à sa rencontre ; mais il est encore trop jeune pour soutenir la lutte contre un tel adversaire ; il est blessé et ne doit son salut qu'à l'intervention d'Horand. Celui-ci, du reste, n'est pas plus heureux et il est également atteint par Hartmut. Rien ne résiste aux Normands. Herwig lui-même, qui s'est attaqué à Ludwig, reçoit un coup d'épée qui le renverse ; et c'en serait fait de lui, si ses vassaux ne le dérobaient à son adversaire et ne l'emportaient à l'écart.

Cependant, il ne tarde pas à reprendre ses sens et rougit de sa défaite; quelle honte pour lui, si, des fenêtres du palais, Gudrun a été témoin de sa retraite humiliante! Aussi, à peine remis de sa chute, il rentre dans la mêlée et se retrouve bientôt en face de Ludwig. Le combat reprend avec plus de fureur que jamais et se termine rapidement par la mort de Ludwig, à qui Herwig emporte la tête d'un coup de sa redoutable épée. *28e Avent.*

En apprenant cet échec fatal, Hartmut reconnaît trop tard la justesse des conseils de Gerlinde, il veut se replier avec ses troupes, mais il n'est plus temps ; on s'est avancé trop loin, Wate lui barre le passage et une nouvelle lutte s'engage entre les deux héros.

A la nouvelle de la mort de Ludwig, Gerlinde éclate en plaintes et en imprécations : brûlant du désir de se venger à tout prix, elle donne l'ordre de massacrer Gudrun et sa suite.

Aux cris des jeunes filles, Hartmut devine ce qui se passe, et fait fuir l'assassin envoyé par Gerlinde, en le menaçant du gibet, s'il touche à Gudrun et à ses compagnes. Au même instant, Ortrun se précipite en pleurs aux pieds de Gudrun : elle a déjà perdu son père, Hartmut ne résiste plus qu'avec peine aux attaques incessantes de Wate; qu'au moins Gudrun lui conserve son frère et l'arrache aux étreintes du terrible Wate.

Gudrun s'avance donc sur le bord de la terrasse et appelle à grands cris l'un des chefs danois : Herwig se présente et ne l'a pas plutôt reconnue, qu'il s'empresse d'acquiescer à sa demande. Mais Wate n'est pas homme à lâcher ainsi sa proie ; irrité de l'intervention de cet importun, qui cherche à le séparer de son adversaire, et, dans son aveugle colère, ne reconnaissant pas Herwig, il le renverse d'un formidable coup d'épée et fait Hartmut prisonnier.

Désormais rien ne l'arrête plus ; après avoir confié le héros normand à ses vassaux qui l'emmènent sur l'un des navires, Wate, se mettant à la tête des Hegelingen, force l'entrée de la forteresse et prend le palais d'assaut. Sa rage ne connaît plus de bornes : partout où il passe, on pille et on massacre, sans même épargner les enfants au berceau. Ortrun, effrayée de ce carnage, a cherché avec ses suivantes asile auprès de Gudrun ; Gerlinde aussi vient se mettre sous sa protection. Malgré son *29e Avent.*

juste ressentiment, Gudrun ne la repousse pas; elle fait preuve de la même bonté envers l'infidèle Hergard, qui, sur ce sol étranger, avait noué des relations coupables avec l'échanson du roi de Normandie. Mais Gerlinde est trahie par une de ses suivantes et tombe sous la main du terrible Wate. En vain Gudrun s'interpose en faveur de celle dont elle n'a éprouvé que des humiliations ; Wate repousse brutalement sa jeune maîtresse, entraîne Gerlinde et lui coupe la tête ainsi qu'à Hergard.

Enfin, las de carnage, les héros vainqueurs se rassemblent auprès de Gudrun. On tient conseil et l'on décide qu'une partie de l'armée restera dans la forteresse avec Gudrun, sa suite et les prisonniers, tandis que l'autre fera une incursion dans l'intérieur de la Normandie. Horand demeure donc à la garde de Cassiâne, pendant que le reste des troupes confédérées envahit le pays, met tout à feu et à sang et pille tout sur son passage.

Au retour, on charge le butin sur les navires, Gudrun s'embarque avec Ortrun, leurs suivantes, Hartmut et les prisonniers, et l'on repart pour Matelâne, laissant la Normandie à la garde d'Horand et de Morung.

30ᵉ Avent. Prévenue de leur arrivée, Hilde accourt pleine de joie au devant d'eux. On lui présente sa fille qu'elle reconnaît à peine après une si longue séparation ; elle l'embrasse tendrement, et salue ensuite avec enthousiasme tous les héros vainqueurs : Wate, Ortwin, Herwig, etc.... Sur les instances de Gudrun, elle se décide, bien qu'avec peine, à recevoir amicalement Ortrun, puis vient le tour d'Hildebourg.

Durant cinq jours, on se repose au milieu des réjouissances et des fêtes. Gudrun, dont la générosité éclate en toute circonstance, intercède si bien auprès de sa mère, qu'Hilde finit par pardonner même à Hartmut; sur sa promesse de ne pas chercher à s'enfuir, il est mis en liberté avec les siens.

Cependant, Herwig brûle du désir de revoir ses états; après une si longue absence, il lui tarde de rentrer dans son royaume. Néanmoins, il reste encore quelque temps à Matelâne pour y célébrer son mariage avec Gudrun. Ici se manifeste une fois de plus la noblesse des sentiments qui animent Gudrun; son frère Ortwin est aussi en âge de se marier : telle est la force de persuasion de la jeune princesse, qu'elle amène son frère et sa mère à choisir Ortrun comme épouse pour le jeune roi. De même, elle offre à Hartmut la main d'Hildebourg qu'il accepte avec empressement. Reste Siegfried, on convient de lui donner pour femme la sœur d'Herwig; Wate et Frute vont la chercher en

Séelande et la ramènent à Matelâne, où cette dernière union est aussi consommée sur-le-champ.

De grandes fêtes, de brillants tournois ont lieu à cette occasion dans la capitale d'Hegelingen. Les princes rivalisent de bravoure, de générosité et de magnificence. Enfin, les réjouissances terminées, Hartmut quitte Matelâne avec sa nouvelle épouse et reprend le chemin de la Normandie, dont Hilde a consenti à lui rendre l'apanage. Horand retourne alors en Danemark. 31e Avent.

Siegfried aussi prend congé de ses alliés et repart pour le Morland avec la sœur d'Herwig. Enfin Ortwin et Herwig font leurs adieux à Hilde, à laquelle Gudrun promet d'envoyer trois fois par an des messagers, et se séparent, après avoir conclu une alliance offensive et défensive et s'être juré de rester toujours unis. 32e Avent.

LIVRE PREMIER

RECHERCHES SUR L'ORIGINE ET LA COMPOSITION DU POÈME.

CHAPITRE I

SÉPARATION DES TROIS PARTIES ; LA PREMIÈRE EST APOCRYPHE.

Comme on le voit par l'analyse qui précède, notre poème se compose en réalité de trois parties distinctes, qui ne sont unies l'une à l'autre par aucun lien intime.

Dans les quatre premières Aventures, il n'est question que d'Hagen, fils de Sigeband, de ses destinées merveilleuses, de son enlèvement par le griffon, de son retour miraculeux et de son mariage avec Hilde des Indes, la jeune princesse arrachée par lui à la mort imminente dont il était lui-même menacé.

Dans la seconde partie (Aventures 5 à 8), nous voyons se dérouler l'histoire de la fille d'Hagen et d'Hilde des Indes. Appelée Hilde comme sa mère, elle est, dès l'âge de douze ans, d'une beauté tellement irrésistible, que tous les princes de l'univers se disputent sa main. Elle se laisse enlever par les émissaires d'Hetel, roi d'Hegelingen ; et, après un combat acharné entre ses ravisseurs et son père, qui s'est mis à leur poursuite, on fait la paix et la querelle se termine par un mariage.

C'est seulement dans la troisième partie que nous voyons apparaître l'héroïne véritable du poème. Fille d'Hetel et d'Hilde II, Gudrun, dont la beauté éclipse celle de sa mère elle-même, est fiancée à Herwig, roi de Danemark ; mais elle est enlevée, avant le mariage, par Hartmut, roi des Normands, qui lui aussi avait brigué sa main, et dont les démarches avaient échoué. Après une longue et douloureuse captivité, elle est délivrée par les siens et finit par épouser son fiancé Herwig, non sans avoir amené une réconciliation générale entre tous les peuples, qui avaient pris part à cette grande lutte.

On le voit, chacune de ces parties forme à elle seule un tout complet ; elle est animée d'un esprit particulier et a en elle-même sa raison d'être, indépendamment des faits qui peuvent précéder ou suivre. Les aventures d'Hilde II, par exemple, n'offriraient pas un tableau moins complet, si on les détachait du cadre dans lequel le poète nous les offre.

C'est qu'en effet nous touchons ici du doigt l'un des principaux défauts de presque tous les grands poèmes, que nous a légués le moyen âge allemand. Comme le dit très bien M. Bossert (1), « la formation épique, dans les poèmes du moyen âge, » est incomplète; c'est un développement qui n'est point arrivé à » terme. Nous sommes en présence de fragments d'épopée, réu- » nis par l'analogie des sujets, plutôt que d'épopées véritables. »

Ce n'est point à dire pourtant qu'on doive faire à notre auteur un reproche individuel de ce manque d'unité, qu'il nous faut bien constater dans son œuvre. Il était de son temps, il en a suivi les errements et a tout simplement composé son poème sur le modèle des productions en vogue.

On avait tiré de chaque héros tout ce que sa légende pouvait fournir; il fallait du nouveau pour continuer de charmer et de retenir les auditeurs; abandonner ces figures consacrées par la tradition et le succès était dangereux; il y fallait bien de l'imagination et, sorti du cercle habituel de ses chants, le poète eût bientôt vu sa veine se tarir.

On se mit donc, pour ainsi dire, à glaner autour des grands noms de la légende héroïque, à raconter leurs enfances dans nos poèmes du moyen âge, à leur créer des généalogies dans ceux de l'Allemagne.

Sitôt qu'un héros est devenu célèbre dans la légende ou dans la poésie, on lui cherche des ancêtres, on s'occupe de lui dresser un arbre généalogique. Se rencontre-t-il une légende qui offre quelque analogie avec le récit principal ? on la soude sans hésiter à l'histoire du héros; quand il ne s'en trouve pas, on en forge de toutes pièces, et, pour garnir les branches du nouvel arbre généalogique, on emprunte de ci et de là des noms plus ou moins fameux déjà. Mais jamais un poète du moyen âge n'entreprend de raconter les aventures d'un héros, avant de nous avoir fait connaître, au moins en résumé, les destinées de ses parents (2).

1. A. Bossert, *La Littérature allemande au moyen âge* (Paris, Hachette, 1871, in-8º), p. 119.

2. Cf., pour l'application de ce procédé dans la littérature française du moyen âge, P. Meyer, *Bibl. de l'Ecole des Chartes*, T. 28 (1867), p. 42, et G. Paris, *Histoire poétique de Charlemagne*, Livre I, chap. IV.

Nous pourrions citer, comme un des exemples les plus frappants de cette tendance, la légende du Saint-Graal. Dans le *Grand Saint-Graal*, par exemple, tous les gardiens du Graal ont leur arbre généalogique qui les fait dûment et authentiquement descendre de Joseph d'Arimathie ou de ses compagnons. Mais, pour rester dans le domaine de la littérature allemande, que fait Wolfram d'Eschenbach, avant de retracer les épreuves multiples de Parcival? Il nous entretient tout au long de son père Gamuret et de sa mère Herzéloïde. De même, ouvrons Gotfried de Strasbourg : ce n'est qu'après avoir assisté aux aventures de Rivalin et de Blanchefleur, que nous arrivons à celles de Tristan. On pourrait multiplier les exemples ; ceux-ci nous semblent suffisants.

Le procédé employé est le même dans tous ces poèmes ; la ressemblance est frappante jusque dans le sans-gêne avec lequel l'auteur, une fois son introduction achevée, se débarrasse de personnages devenus superflus. Le père de Parcival est mort peu avant sa naissance ; le jour où le jeune héros part à son tour pour chercher aventures, sa mère meurt de chagrin. De même, à la nouvelle que Rivalin vient de périr dans une bataille, Blanchefleur s'affaisse muette de douleur ; quatre jours durant, elle reste étendue sans mouvement; au bout de ce temps elle expire en donnant le jour à Tristan.

Il n'en va pas autrement dans notre poème. Du moment où Hilde II est mariée à Hetel, où, par conséquent, la cour de ce dernier va devenir le point central autour duquel gravitera la nouvelle action, Hagen fait ses adieux ; il disparaît et on n'entend plus parler de lui ; en même temps s'évanouit toute la prétendue généalogie de Gudrun. Désormais, il ne sera plus question ni de Sigeband, ni d'Ute, ni de leurs ancêtres, ni de la cour d'Irlande. Antérieurement déjà la troisième des jeunes princesses sauvées par Hagen, la fille du roi d'Iserland, avait disparu avec la même soudaineté. Remarquée par le roi de Norwège pendant les fêtes données à l'occasion du mariage d'Hilde et d'Hagen, elle l'épouse sur-le champ et prend avec lui le chemin du Nord, sans qu'il en soit plus jamais question (1).

---

1. Dans les Sagas islandaises le conteur agit encore plus simplement et plus franchement : dès qu'un héros est devenu inutile à l'action, il s'en débarrasse par cette courte mention : celui-ci est désormais hors de la Saga. Cf. X. Marmier, *Lettres sur l'Islande* (éd. de Bruxelles, 1837, in-16), p. 259. — Scherer, *Geschichte der deutschen Litteratur*, p. 70, cite un fait du même genre dans le *Ruodlieb*.

Dans les poèmes, que nous avons cités plus haut, cette espèce d'introduction, réduite aux proportions que sait lui donner un poète habile, n'a rien de choquant ; elle sert même en quelque sorte à préparer et à augmenter l'intérêt que doit inspirer le héros principal. Sa destinée semble comme marquée par avance dans celle de ses parents, et, si parfois il en résulte un peu de monotonie, on la pardonne volontiers à l'écrivain.

Malheureusement notre poème, comme on le verra plus tard, a eu une existence très accidentée et, grâce à la maladresse du dernier interpolateur qui l'a remanié, nous y trouvons non plus un nouvel exemple, mais, si j'ose dire, la caricature des usages, auxquels nous venons de faire allusion.

Non content de transmettre le poème sous la forme commune à toutes les œuvres épiques de la même époque, tel qu'il était venu entre ses mains et tel que nous le retrouverons après l'élimination de la première partie, il a cru se distinguer en remontant dans la généalogie de l'héroïne bien plus haut que n'avait fait aucun de ses devanciers. Pour cela il n'a point eu de grands efforts à faire, il lui a suffi d'exagérer un peu la méthode suivie par tous les poètes du moyen âge.

Ramassant çà et là des lambeaux de contes de fées, de superstitions populaires, de traditions héroïques dérobées au cycle des *Nibelungen* et au roman du *Duc Ernest*, et les entremêlant de quelques lieux communs, de quelques descriptions aussi interminables que rebattues, il en a composé cette histoire insipide d'Hagen et d'Hilde I, qu'il donne pour parents à Hilde II et pour grands-parents à Gudrun. Puis, en si beau chemin, son zèle ne s'est pas arrêté là : avec un soin minutieux, il a dressé au début du poème un arbre généalogique des ancêtres de Gudrun et a fait défiler devant nous, dans une énumération aussi monotone que ridicule, les parents d'Hagen, Sigeband et Ute II, et ses grands-parents, Gère et Ute I. Ainsi, plus heureuse qu'aucune autre héroïne du moyen âge, Gudrun peut remonter, *teste poeta*, jusqu'à la cinquième génération de sa famille.

Il est inutile d'insister sur la puérilité d'un tel procédé ; il suffirait à lui seul pour faire rejeter cette première partie comme apocryphe. Jamais un poète, même pour obéir aux coutumes les plus respectables et les plus invétérées, n'a manqué à ce point à toutes les règles de l'art ; jamais un écrivain intelligent, capable de livrer à la postérité une œuvre aussi fortement conçue et aussi attachante que l'ensemble des deux dernières parties, ne l'aurait ainsi défigurée comme à plaisir dès le début. Il fallait toute la présomption et l'incapacité d'un scribe de second ordre, pour gâter par ce prologue interminable l'un des ouvrages les plus vivants et les mieux coordonnés, qui existent dans la littérature allemande du moyen âge.

Au reste, la manière dont il a accolé ce conte à la suite du poème donne déjà la mesure de son talent et de son intelligence. C'est par une simple juxtaposition qu'il l'a doté de cet appendice hétérogène : il n'a pas même songé à faire disparaître, à l'aide des plus légères modifications, les traces de la soudure qu'il opérait ; et, en dépit de l'introduction ajoutée par lui, la strophe 204 a conservé mot pour mot la forme sous laquelle elle ouvrait autrefois le poème ; elle commence en ces termes, début ordinaire d'un récit :

Ein helt der was erwahsen in Tenelant (1).

Tout au plus a-t-il essayé de relier son élucubration au reste de l'ouvrage à l'aide de quelques allusions placées dans les dernières strophes de la 4ᵉ Aventure : mais il est loin d'avoir eu la main heureuse et, au lieu de dissimuler les additions opérées par lui, il n'est arrivé qu'à les rendre plus visibles.

Reportons-nous en effet aux strophes 199 et suivantes, nous y trouvons une peinture détaillée de la beauté d'Hilde II et de l'orgueil farouche de son père Hagen. Or, le même tableau se trouve reproduit presque intégralement, mais en termes beaucoup plus expressifs, quelques strophes plus loin (2), dans l'entretien d'Hetel avec Morung, Horand et ses autres vassaux. Dans ce dernier passage, Hilde et Hagen sont même présentés par le poète avec des détails tels qu'il a cru certainement les placer ici pour la première fois sous les yeux du lecteur : et l'on ne peut que rendre hommage à la netteté avec laquelle il les fait, dans l'espace de quelques vers, apparaître subitement à nos regards.

Est-il donc supposable, qu'au moment de nous donner une

---

1. C'est-à-dire : un héros avait grandi en Danemark, etc... Cette entrée en matière, qu'on retrouve du reste en quelques autres endroits du poème et qui a fourni à M. Müllenhoff un de ses principaux arguments pour diviser la *Gudrun* en romances ou *lieds* originairement séparés, rappelle par sa naïveté le début de tous nos contes : il y avait une fois un héros... — (De tous les commentateurs de la *Gudrun*, M. Müllenhoff est celui qui a fait le mieux ressortir le peu de liaison des trois parties entre elles ; cf. son édition, p. 5 et suiv.).

2. Cf. Str. 211 sqq., au début de la 5ᵉ Aventure.

telle preuve de son talent comme peintre et comme narrateur, il ait, de propos délibéré, gâté l'effet qu'il pouvait à bon droit espérer de cette vigoureuse entrée en matière ? C'est cependant ce qu'il aurait fait, s'il fallait lui attribuer la paternité des strophes 199 et suivantes. Après l'allusion contenue dans ces strophes, par lesquelles le scribe clôt la première partie, non seulement la description qui ouvre la 5ᵉ Aventure perd toute sa valeur, mais elle devient une répétition oiseuse, une maladresse qui jure avec l'art déployé par le poète dans tout le cours de son ouvrage.

Et, dans cette hypothèse, ce ne serait pas la seule inconséquence qu'on aurait à lui reprocher. Les contradictions les plus choquantes ont été accumulées comme à plaisir dans cette première partie. Obéissant à un besoin inconscient de rattacher au reste du poème, par le plus d'artifices possible, cette production médiocre de son cerveau en détresse, notre scribe n'a trouvé rien de mieux que d'y introduire, autant que faire se pouvait, les personnages appartenant à l'ouvrage primitif. Après Hagen et Hilde, Hildebourg a donc dû aussi venir y jouer son rôle.

Ce n'était pas assez que, par une inadvertance du poète, Hildebourg eût vécu d'abord à la cour d'Irlande, eût accompagné Hilde II à la cour d'Hegelingen et fût devenue la compagne de Gudrun, toujours jeune, toujours du même âge que les princesses aux côtés desquelles elle est élevée et dont elle partage les jeux, les joies et les douleurs. Bien loin de remarquer et de pallier la faute échappée à son prédécesseur, notre scribe réussit à l'aggraver encore. Grâce à lui, Hildebourg devient la compagne d'Hilde I, partage sa captivité dans l'Ile des Griffons, est, comme elle, délivrée par Hagen et le suit plus tard à la cour d'Irlande (1). Enfin, en opposition complète avec tous les autres

---

1. Il faut croire pourtant que l'un des derniers interpolateurs a été frappé de ces contradictions accumulées, car il a essayé, avec assez de maladresse et de timidité il est vrai, de les atténuer en supposant qu'Hildebourg *était bien plus jeune qu'Hilde I* et avait été élevée par elle dans l'Ile des Griffons. Cf. Str. 484-485. — Au reste, ce mépris de toute chronologie semble inhérent à la nature même de l'épopée germanique et à la façon dont elle s'est constituée. On en trouve un autre exemple dans notre poème à propos d'Ortwin. Quand l'expédition libératrice met à la voile, il nous est représenté comme un jeune guerrier qui fait ses premières armes, et Hilde, en le recommandant aux chefs de l'armée, dit expressément qu'il vient à peine d'atteindre sa vingtième année (Str. 1113); pourtant, quatorze ans plus tôt, il avait vaillamment com-

passages du poème, où elle est appelée « la noble fille d'Ibernie (1) », il lui donne pour père le roi de Portugal (2), changement qui s'explique facilement, si l'on songe aux sources auxquelles il a puisé la plupart de ses matériaux et à la tendance qui pousse toujours les écrivains d'une époque de décadence à faire étalage de leur érudition. A partir du XIIe siècle en effet, les romans d'aventure commençaient à être en vogue, et, avec eux, les récits merveilleux et l'énumération de contrées lointaines et de royaumes fabuleux. De plus, dès cette époque, les guerres avec les Sarrasins avaient donné une certaine célébrité au Portugal, et, plus d'une fois, des pèlerins allemands avaient pris part aux croisades contre ces infidèles.

Enfin, dernier détail, mais non le moins caractéristique : on ne trouve pas, dans toute la suite du poème, la plus petite allusion aux aventures merveilleuses qu'aurait eues Hagen dans sa jeunesse. Et pourtant Hagen joue un rôle des plus importants dans la seconde partie ; maintes fois, à propos des combats qu'il livre, l'occasion se présenterait de rappeler ceux bien autrement terribles qu'il a eu autrefois à soutenir. Une telle comparaison, outre qu'elle s'offrirait d'elle-même à l'esprit, est tout à fait dans les habitudes du poème épique ; nous pourrions en citer plusieurs exemples dans les deux parties suivantes, à propos d'autres personnages qui pourtant jouent un rôle moins considérable dans notre poème (3). Comment donc expliquer ce

battu à Wâleis (Str. 698). — De même, dans les *Nibelungen*, c'est une Chriemhilde toujours jeune et belle qui nous apparaît à la cour d'Etzel. Combien d'années cependant se sont écoulées, depuis que le renom de sa beauté, parvenu jusqu'à Xanten, avait enflammé l'âme de Siegfried ! Pour s'en tenir aux données du poème, elle avait été dix ans sa femme et elle le pleurait depuis vingt-six ans, quand, pour le venger, elle se décida à donner sa main au roi des Huns. — M. Rœdiger (H. Z., 31, 282-287) a supposé qu'Hildeburg-Ortrun ne faisaient qu'une seule personne à l'origine et s'étaient dédoublées postérieurement ; cela expliquerait l'anachronisme ; mais le fait nous semble peu probable.

1. Cf. Str. 1267, 1339, 1650, etc...
2. Cf. Str. 118.
3. Nous avons déjà cité plus haut (p. 11) les termes dans lesquels Hetel souhaite la bienvenue à Wate lors de son arrivée à la cour d'Hegelingen. Ces paroles peuvent faire allusion à des événements imaginaires ; on l'a prétendu et aucun témoignage explicite ne permet de prouver le contraire. Toujours est-il qu'elles n'en montrent pas moins la tendance, qui pousse le poète épique à rappeler, sous forme d'allusion, les faits accomplis antérieurement par le ou les héros qu'il met

silence à son égard, sinon encore une fois par le motif tout simple que ces prétendues aventures lui ont été attribuées après coup ?

A toutes ces raisons il resterait à ajouter celles qu'on peut tirer de l'examen de cette première partie considérée en elle-même et dans ses éléments constitutifs. Il y aurait également lieu de faire valoir les arguments que fournit la métrique du poème. Mais cette dernière question nous entraînerait trop loin pour le moment; elle sera examinée plus tard, lorsque nous étudierons la versification de l'ouvrage entier. Quant à la première, elle fera l'objet du chapitre suivant. Quoi qu'il en soit, nous nous pensons amplement autorisés, dès maintenant, à rejeter cette partie, comme étant un tissu de fables, qui n'ont rien de commun avec les données primitives de notre poème et qu'a interpolées tardivement un scribe, désireux de renchérir sur ses modèles et de faire montre de son savoir.

C'est la première et non la moins insipide des Robinsonades, dont les siècles suivants et le nôtre ont usé et abusé.

Au reste, nous n'avons pas à regretter ce récit. Sa présence en tête du poème de *Gudrun* ne peut que déparer l'ouvrage entier au point de vue esthétique; et, au point de vue des éléments mythologiques, que nous espérons retrouver dans le poème, sa suppression ne nous prive, comme nous le verrons ci-après, d'aucune donnée vraiment nationale et antique.

en scène. Et cela est si vrai que notre scribe lui-même a usé, comme nous l'avons vu plus haut, de ce procédé habituel pour donner, au moins en un point, une apparence d'authenticité à son récit apocryphe. Nous voulons parler de l'allusion aux aventures d'Hildebourg dans l'Ile des Griffons, si toutefois c'est à lui et non à d'autres interpolateurs qu'il faut faire honneur de cet essai de correction.

CHAPITRE II

ORIGINE ORIENTALE ET ÉLÉMENTS CONSTITUTIFS DE LA PREMIÈRE PARTIE.

H. von der Hagen a relevé tous les passages de la *Gudrun* imités des *Nibelungen* (1); leur nombre est très considérable ; mais c'est surtout dans la première partie de notre poème que ces emprunts (pour ne pas dire ces plagiats) abondent. Ils forment presque les trois quarts du nombre total signalé par H. v. d. Hagen. Sans doute, une bonne partie des coïncidences indiquées ont leur explication toute simple dans la nature même du style épique : mais, dans la première partie, ce n'est pas seulement une similitude générale de style que nous trouvons, nous avons affaire à une copie servile. Situations et noms des personnages, tournures, épithètes, expressions, membres de phrases et jusqu'à des vers entiers ont passé directement des *Nibelungen* dans ce prologue.

C'est le cas tout d'abord pour le début de notre poème :

« En Irlande vivait un roi riche et puissant, il s'appelait Sigeband ; son père se nommait Gère et sa mère Ute, etc.... »

La deuxième aventure du *Chant des Nibelungen* débute d'une façon absolument identique (2) :

« En Néerlande vivait le fils d'un roi puissant ; son père s'appelait Sigemund et sa mère Sigelinde, etc.... »

Mais ce n'est là que le premier et le moindre emprunt de notre scribe. Après avoir indroduit le père de son héros, il restait à lui créer une généalogie ; nous avons indiqué plus haut le procédé généralement employé dans ce cas par les poètes du moyen âge, lorsque leur propre imagination se trouvait en défaut, ou qu'ils voulaient donner plus d'éclat à leur héros et plus de créance à ses exploits, en le rattachant à des héros déjà con-

---

1. Au sujet de l'influence des *Nibelungen* sur le poëme de *Gudrun*, cf. un article tout récent de E. Kettner, *Der Einfluss des Nibelungenliedes auf die Gudrun* (Z. Z., 23, 145-217.).

2. Cf. *Das Nibelungenlied*, éd. p. K. Bartsch (Leipzig, Brockhaus, 1866, in-8°), str. 20.

nus. Il nous reste à montrer que notre scribe n'a pas agi autrement que la plupart de ses contemporains.

Deux noms s'imposaient tout d'abord à lui par la légende même à laquelle son récit devait servir de prologue : c'étaient ceux d'Hagen et d'Hilde sa fille. Nulle part, ni dans Snorri, ni dans Saxo Grammaticus, ni dans la *Saga d'Högni et d'Hedhin*, on ne fait mention de l'épouse d'Hagen, à plus forte raison de ses parents et de ses aïeux. Le plus vaste champ était donc ouvert à sa fantaisie : on ne peut pas dire qu'il ait abusé de cette latitude. Il a été au plus près, et trois noms, en tout et pour tout, empruntés au cycle des *Nibelungen*, lui ont suffi pour dresser son arbre généalogique tout entier.

Gêre, le père de Sigeband et le grand-père d'Hagen, nous est connu par la plupart des poèmes de la grande légende héroïque. Dans les *Nibelungen*, il porte le titre de *margrave*, il est parent des rois de Burgondie : c'est lui qui va inviter Siegfried et Chriemhilde aux fêtes que Günther et Brünhilde préparent à Worms (1). Dans le *Biterolf et Dietleib*, auquel, nous le verrons plus tard, notre poème doit plus d'un emprunt, il s'appelle le *duc* Gêre ; il est parmi les champions de Günther ; il est désigné pour combattre contre Wolfhart, mais celui-ci refuse un tel adversaire comme n'étant pas assez illustre. Enfin, c'est lui qui conduit les vassaux de Studenfuss. Dans un autre passage du poème, nous trouvons un prince Gêre, père de Gotelinde, qui n'est cité qu'une seule fois et qui paraît bien être le même personnage 2).

Nous le retrouvons parmi les champions de Dietrich de Berne dans la *Fuite de Dietrich* et avec le titre de *margrave*, comme dans les *Nibelungen* (3). Enfin, dans le poème de la *Mort d'Alphart*, il apparaît comme frère de Studenfuss, qui combat pour Ermenrich contre Hildebrand, et il est tué dans la lutte par Eckehart (4). Notons de plus que, dans le *Rosengarten C*, le poète lui assigne l'Irlande pour patrie (5).

1. Cf. *Nibelungenlied*, str. 9; 741-777.
2. Cf. *Deutsches Heldenbuch*, I : *Biterolf und Dietleib*, v. 9649 ; 7779-7784; 9884; 10149; 10154; 6089 ; et W. Grimm, *Die deutsche Heldensage* (1829), p. 131 et 346.
3. Cf. *Deutsches Heldenbuch*, II : *Dietrichs Flucht*, v. 8312 et W. Grimm, *Heldensage*, p. 202.
4. Cf. *Deutsches Heldenbuch*, II : *Alpharts Tod*, str. 358 sqq., 375 sqq. et W. Grimm, *Heldensage*, p. 136 et 238.
5. Cf. *Kudrun*, éd. par K. Müllenhoff (1845), Préface, p. 84.

On sait qu'il a réellement existé un margrave Géro. Il vivait sous Otton Ier et, comme mainte figure marquante de la même époque, il a passé de l'histoire dans la grande légende héroïque. Introduit d'abord dans les *Nibelungen*, il a été transporté de là dans les autres poèmes que nous venons d'examiner (1).

C'est bien là en effet un de ces héros, comme les chanteurs de la grande légende nationale aimaient à en grouper autour des figures principales. Personnage peu important au point de vue de l'action, il pouvait facilement faire partie de ce cortège de champions plus ou moins obscurs, plus ou moins vaguement déterminés, que les poètes se plaisaient à énumérer partout où une lutte sérieuse allait s'engager. Notre scribe avait donc toute latitude pour lui faire prendre place dans sa généalogie, sans choquer aucune tradition formellement reçue.

Quant à Ute, que notre auteur lui donne pour épouse, elle était au contraire très célèbre dans la légende héroïque. C'est la mère des rois de Burgondie et de Chriemhilde (2). Malgré cela, la femme d'Hildebrand porte le même nom (3), et, dans la *Wilkina-Saga*, la mère d'Hagen s'appelle aussi Oda (forme nordique équivalente à l'ancien allemand Uota) (4). Or, au témoignage de Biörn (5), en ancien nordique, *oda* signifie la grande aïeule, l'aïeule par excellence, et J. Grimm a prouvé, par diverses considérations littéraires et phonétiques, qu'on se l'est en effet toujours représentée dans la légende héroïque comme la mère du héros, qui formait le centre du cycle. Rien donc de

---

1. Cf. L. von Leutsch, *Markgraf Géro. Ein Beitrag zum Verständniss der deutschen Reichsgeschichte unter den Ottonen*, etc... (Leipzig, Serig, 1828, in-8°) et R. Köpke dans les *Jahrbücher des deutschen Reichs* (Berlin, Duncker, in-8°), I (1838), 2ᵉ partie, 118-124. — *Géro* est la forme du nom en ancien-haut-allemand.

2. Cf. *Nibelungenlied*, str. 7 et passim; *diu Klage*, éd. p. K Bartsch (Leipzig, 1875, in-8°), str. 28.

3. Cf. W. Grimm, *Heldensage*, p. 24, 63, 114, 190 et 240 ; *Wolfram von Eschenbach, Wilhelm von Orunse*, éd. p. K. Lachmann, 439, 10-19.

4. Cf. *Wilkina-Saga*, éd. p. Peringskjöld (Stockholm, 1715, in-fol.), p. 235 (cap. 151).

5. Cf. J. Grimm, *Uota, Ano, Ato* (H. Z., I, 21-26). — Cf. encore les mots *odal* (fundus avitus), *odaldraugr* (qui jure hereditario aliquid possidet), etc., dans lesquels la signification d'ancêtre, aïeul est encore sensible. Faut-il en rapprocher le mot *Edda*? Les lois phonétiques du nordique ne le permettent guère et cependant, pour le sens, la parenté des deux mots semble bien incontestable.

plus facile encore pour notre scribe que d'en faire la femme de Gére et la grand'mère d'Hagen.

Il semble même avoir eu pour ce nom un goût tout particulier, ou plutôt il était bien à court de souvenirs légendaires, car il ne s'est pas donné la peine d'en chercher un autre pour l'épouse de Sigeband. Elle aussi s'appelle Ute ; seulement, distinction bien digne de notre scribe, elle s'appelle Ute *de Norwège*.

Nous arrivons donc au père d'Hagen, à Sigeband. Lui encore appartient au même groupe de légendes et se retrouve à peu près dans les mêmes poèmes. Le cycle des *Nibelungen* connaît trois Sigeband, faisant partie tous trois de ces catalogues arbitraires de champions, dont nous avons parlé plus haut.

Dans la *Fuite de Dietrich*, dans la *Mort d'Alphart* et dans la *Bataille de Ravenne*, Sigeband est au nombre des champions de Dietrich (1). Un Sigeband de Méran apparaît aussi dans la *Fuite de Dietrich* (2), il est envoyé par Sigehère en Normandie comme ambassadeur pour demander en mariage la fille du roi Ballus. Enfin, dans la *Bataille de Ravenne*, on rencontre, parmi les champions d'Ermenrich, un troisième héros du même nom, Sigeband d'Ierland (3). W. Grimm a rapproché avec raison ce dernier du Sigeband de la *Gudrun* (4). Dans notre poème en effet il s'appelle aussi Sigeband d'Irlande, ou, comme porte le manuscrit, d'Eyrland. Enfin, J. Mone a rassemblé une série de témoignages qui prouvent que, dès le xii° siècle, ce nom était devenu populaire en Bavière (5).

Restait, pour compléter l'arbre généalogique, à donner une épouse à Hagen, auquel, nous l'avons dit, aucune des formes primitives de la légende n'en attribue nommément. A moins de

---

1. Cf. W. Grimm, *Heldensage*, p. 192.
2. Cf. id. ibid., p. 192.
3. Cf. id. ibid., p. 211.
4. Cf. id. ibid., p. 332. — Cf. encore K. Müllenhoff, *Zeugnisse und Excurse zur deutschen Heldensage* (1865), p. 317.
5. *Untersuchungen zur Geschichte der teutschen Heldensage* (1836), p. 83. — On peut, selon toute vraisemblance, faire pour Sigeband la même remarque que pour Gére. Un seul personnage historique ou légendaire a donné naissance, dans les divers poèmes, aux trois héros, qui ne diffèrent que par leur lieu d'origine et par le parti dans lequel on les a rangés. Sur Gére et Sigeband, cf. encore J. Haupt, *Untersuchungen zur Gudrun* (1866 ; 2° éd., 1874), p. 3-14, où, au milieu des arguments les plus étranges et des assertions les plus hasardées, il y a, çà et là, quelques bonnes remarques à glaner.

tomber dans l'absurde et de se condamner pour la suite à des équivoques sans fin, notre scribe ne pouvait plus guère employer une troisième fois le nom d'Ute. Mais il n'a pas pour cela abandonné son procédé : fidèle à ses errements, il a tout simplement pris le nom d'Hilde, que lui offrait la seconde partie du poème, et ainsi la femme d'Hagen s'est appelée Hilde comme sa fille. Mais ici encore il pouvait arriver que l'on confondît les deux Hilde. Notre scribe s'est hâté d'obvier à ce danger : tandis que l'héroïne de la seconde partie du poème est née en Irlande, sa mère est *fille du roi des Indes*. Nous verrons dans un instant pourquoi les Indes ont été choisies de préférence à tout autre pays.

En résumé donc, deux noms d'hommes, Gère et Sigeband, un seul nom de femme, qui, avec celui d'Hilde emprunté au poème primitif, suffit aux quatre générations de la ligne féminine, voilà à quoi se réduisent tous les efforts d'imagination de notre scribe.

Après ce coup d'œil jeté sur les personnages, examinons les faits mêmes qui remplissent les quatre premières aventures. A peine les parents de Sigeband nous ont-ils été présentés que Gère disparaît aussi subitement qu'il était venu. Dès la strophe 5, il meurt ; Sigeband lui succède et la reine conseille à son fils de se chercher une épouse.

Il semble que les poètes du moyen âge aient eu de la peine à se figurer un roi occupant seul le trône : dans leur idée, quelque chose manquait à la majesté royale, tant qu'une reine n'était pas assise à son côté. Aussi voyons-nous très souvent, dans les poèmes allemands de l'époque, la mère ou les proches d'un jeune roi lui conseiller, dès son avénement au trône, de se chercher une femme. Et tout d'abord, sans sortir de notre poème, reportons-nous aux premières strophes de la deuxième partie. A peine avons-nous fait connaissance avec Hetel, qu'il nous apparaît entouré de ses cousins et de ses vassaux, qui le pressent de faire un choix et de placer enfin une reine sur le trône d'Hegelingen : nous n'aurions, pour multiplier les exemples, qu'à ouvrir les *Nibelungen*, le *Roi Rother*, le poème d'*Ortnit*. C'est donc encore ici un lieu commun qu'a repris notre scribe et il n'a réussi qu'à reproduire, dans une fastidieuse répétition, un motif déjà traité par le poème primitif.

Naturellement, Sigeband suit le conseil de sa mère : il demande la main d'Ute (de Norvège). Il l'obtient ; et nous assistons à l'arrivée de la jeune princesse et aux fêtes données à l'occasion de ses fiançailles avec Sigeband. Puis, ce dernier est armé chevalier, sans cela il n'aurait pu décemment l'épouser : or, bien qu'il eût déjà pris en main le gouvernement du royaume, il lui manquait encore, du moins au dire de notre scribe, cette consécration suprême de tout héros du moyen âge. De là prétexte à de nouvelles fêtes et, pour l'auteur, prétexte à de nouvelles descriptions, qui ne lui coûtent pas plus d'effort que tout le reste. Il emprunte simplement à divers passages des *Nibelungen* et la liste des divertissements, et le tableau des solennités, en les copiant servilement, cela va sans dire (1).

Puisque nous sommes sur ce chapitre des fêtes et des tournois, disons, pour n'avoir plus à y revenir, que notre scribe en abuse d'une manière vraiment irritante. Nous n'avons encore parcouru que les vingt-cinq premières strophes environ, et déjà nous avons assisté aux fêtes des fiançailles, au tournoi donné lorsque Sigeband est armé chevalier, aux cérémonies de son mariage avec Ute.

Deux strophes plus loin, nous avons franchi plusieurs années, et, à l'instigation d'Ute, Sigeband invite ses vassaux et les princes voisins à ces fêtes, pendant lesquelles Hagen est enlevé par le griffon.

Puis, lorsqu'Hagen sera de retour en Irlande, pendant quinze jours les fêtes recommenceront de plus belle ; enfin, il en sera encore de même, lorsqu'après quelque temps il sera à son tour armé chevalier, épousera Hilde (des Indes) et prendra en main le gouvernement du royaume.

Ce n'est pas seulement leur retour, pour ainsi dire périodique, qui rend ces fêtes monotones. Ce qui choque surtout, c'est que l'auteur n'a pas su varier, en quoi que ce fût, ses descriptions. Partout nous voyons constammment les mêmes moyens mis en œuvre : la beauté des dames, la multitude des vassaux, la bravoure des chevaliers, l'éclat des armures, la richesse des costumes et enfin la libéralité du couple royal en font tous les frais. Les vêtements et les riches parures distribuées aux dames tiennent surtout une grande place dans les préoccupations de notre scribe. Dans son ardeur à les décrire, il y revient sans cesse, il ne peut s'en détacher, il en parle à tort et à travers.

Ainsi, strophe 149, lorsque les gens de Garadê, envoyés par Hagen pour annoncer à Sigeband son retour, arrivent à la cour

---

1. Sur ce motif favori des chanteurs errants, la réception des convives, cf. une étude intéressante de M. E. Kettner, *Der Empfang der Gäste* (1883).

d'Irlande une des premières, recommandations qu'ils font à Ute est de ne pas oublier, en venant au devant d'Hagen, d'apporter de riches vêtements *pour les jeunes filles*. Quel ne doit pas être l'étonnement de la reine à ce conseil, qui semble tomber des nues ! Car notons que les messagers, dans leur hâte, n'ont pas encore dit à Ute un seul mot des princesses qu'Hagen ramène, après les avoir délivrées.

Combien différent est le style du poète primitif! Là aussi des fêtes sont célébrées, soit quand Hetel se marie, soit quand Gudrun est fiancée à Herwig. Mais le poète a conscience de la vaste carrière qu'il lui faut fournir : il se contente de les indiquer avec sobriété, et, sans s'attarder à des amplifications banales, il s'attache à faire sans cesse progresser l'action et entraîne le lecteur à sa suite.

Une seule fois, il entre dans de plus amples détails : c'est lorsqu'après le retour de l'expédition libératrice Gudrun amène une réconciliation générale entre les deux partis, et finit par épouser son fiancé Herwig. Sa douceur, sa persuasion ont rapproché les ennemis d'hier : Hilde elle-même n'a pu résister aux prières de sa fille, elle a dû déposer tout ressentiment. En même temps que les noces de Gudrun et d'Herwig, on célèbre celles d'Hartmut et d'Hildebourg, celles d'Ortwin et d'Ortrun. Il est donc bien naturel qu'au moment de clore son poème l'auteur nous arrête un moment sur cette idylle, destinée à nous reposer des scènes de carnage auxquelles nous venons d'assister : il tient à adoucir, par la vue de son bonheur présent, l'impression douloureuse que pourrait laisser en nous le souvenir des épreuves si longues et si terribles de Gudrun.

Revenons à notre première partie : comme nous le disions plus haut, c'est sur les conseils de sa femme, Ute de Norwège, que Sigeband organise les réjouissances au milieu desquelles Hagen disparaîtra. Ce passage est relativement assez bien réussi. Le poète a su nous montrer la reine partagée entre le regret qu'elle éprouve de ne pas revoir dans sa nouvelle patrie les brillantes joutes chevaleresques, auxquelles elle était habituée à la cour de son père, et la crainte d'humilier et d'offenser le roi son époux, en lui faisant part de ses réflexions.

Sigeband, de son côté, nous apparaît sous les plus aimables couleurs : l'excès seul de son bonheur domestique a pu assoupir un moment ses instincts chevaleresques. Un mot de la reine suffit pour les réveiller en lui, et, avec la meilleure grâce du monde, il s'empresse d'accéder à ses vœux.

Malheureusement, ici encore nous ne pouvons laisser à notre scribe l'honneur d'avoir imaginé et retracé cette scène ; ce motif était, pour ainsi dire, devenu banal dans les légendes du cycle héroïque. Sans aller plus loin que les *Nibelungen* (car c'est, pour sûr, encore là que notre auteur a puisé), c'est à l'instigation de Brünhilde que Günther invite Siegfried à venir à sa cour ; c'est poussé par Chriemhilde que plus tard Etzel (Attila) engage les frères de cette dernière à une grande fête (1).

Nous arrivons enfin à la partie principale du récit, à l'enlèvement d'Hagen, qui forme comme le pivot de toute l'action dans les quatre premières aventures. Nous n'avons pas à rechercher ici l'origine et le mode de propagation en Occident de la légende des griffons. Nous renverrons nos lecteurs, pour ce qui concerne spécialement son introduction dans la littérature allemande, à l'excellente préface mise par M. K. Bartsch en tête de son édition du *Duc Ernest* (2). Qu'il nous suffise de dire que notre scribe a tout simplement changé de modèle et qu'après avoir copié les *Nibelungen*, il s'est mis à copier le *Duc Ernest*.

Ce poème est peut-être, après les *Nibelungen*, celui de tous les ouvrages allemands qui a eu la plus forte influence sur les diverses rédactions de la *Gudrun*. Nous aurons occasion de voir plus tard combien la peinture du séjour de Gudrun chez les Normands doit de traits au récit des souffrances qu'endura la reine Adélaïde à Côme ; de même, le conte de la montagne de Givers, dont nous aurons à nous occuper plus loin, n'est pas sans quelque analogie avec les aventures d'Ernest dans l'Ile aimantée : pour le moment, bornons-nous à ce qui concerne les griffons.

Dès 1180, il existait une rédaction allemande des aventures du *Duc Ernest*, et cette rédaction jouit durant de longues années d'une vogue immense. Pendant les XIIIe, XIVe et XVe siècles, les rajeunissements de l'ouvrage se succèdent avec une rapidité presque unique dans l'histoire de la littérature allemande. Pareil bonheur n'est guère échu qu'au *Wolfdietrich*, aux petits poèmes du *Livre des Héros* et avant tout à l'épopée satirique de *Reincke Fuchs* et au recueil de *Maximes* de Freidank (3).

1. On retrouve d'autres exemples d'une situation analogue dans le *Roi Rother* (éd. de Massmann), v. 1530 sqq.., et dans la *Kaiserchronik* (Ms. de Vorau), str. 397, 15.

2. Wien, Braumüller, 1869, in-8° ; cf. le compte-rendu de M. G. Paris, dans la *Revue Critique*, 1869, n° 40.

3. Cf. R. von Raumer, *Geschichte der germanischen Philologie* (München, 1870, in-8°), p. 4 sqq. — Outre le poème de *Gudrun*, ceux d'*Henri-*

Or, en quittant le pays de Grippia, Ernest arrive dans la mer *bêtée*, où se trouve la montagne aimantée. Tout vaisseau qui passe à une certaine distance de l'île est irrésistiblement attiré par l'aimant qui agit sur ses ferrements. Celui d'Ernest n'échappe pas à cette attraction et le voilà comme rivé dans une mer immobile. Les jours se passent, les vivres s'épuisent, la famine décime les compagnons du duc, et, sous les yeux des survivants, des griffons viennent enlever les cadavres et les portent dans leur aire à leurs petits. Alors une idée lumineuse jaillit dans le cerveau d'Ernest : il se fait coudre, ainsi que trois de ses compagnons, dans des peaux de bœufs : les griffons arrivent et les emportent. Mais, grâce aux peaux dont ils sont enveloppés, Ernest et ses compagnons n'éprouvent aucune atteinte de leurs serres ; arrivés à l'aire, ils se dégagent, échappent aux griffons et se mettent à errer dans la forêt.

Les aventures d'Hagen se rapprochent beaucoup de celles d'Ernest. Comme lui, il est enlevé (involontairement, il est vrai) par un griffon et porté à l'aire du monstre ; comme lui, il s'échappe et erre dans la forêt voisine. Mais, auparavant, il a trouvé et délivré trois jeunes princesses, parmi lesquelles *la fille du roi des Indes*. Or, lorsqu'il est arrivé à l'Ile aimantée, le duc Ernest quittait le pays de Grippia, où il avait lutté contre le roi et ses sujets, peuple au bec d'oiseau, pour délivrer *la fille du roi des Indes*, que le roi de Grippia venait d'enlever à son père. Nul doute que la similitude (qui du reste repose sur une étymologie populaire) des noms de *Griffon* et *Grippia* (et de plus le fait que les habitants de Grippia ont un bec d'oiseau) n'ait amené la confusion, à la suite de laquelle notre scribe fait enlever Hagen et la fille du roi des Indes par les mêmes Griffons (1). En résumé, Hagen et Ernest passent, dans un ordre un peu différent, par la même série d'aventures, et l'on voit facilement du même coup pourquoi, dans sa généalogie, notre poète fait de la pre-

au-Lion et de *Reinfried de Brunswick* ont largement puisé aussi dans le *Duc Ernest*. La littérature française elle-même en a subi l'influence et l'on en retrouve des traces dans *Huon de Bordeaux*. Cf. à ce sujet, outre le compte-rendu de M. G. Paris cité plus haut, la préface de H. von der Hagen, en tête de son édition du *Duc Ernest* dans ses *Deutsche Gedichte des Mittelalters*, I, (Berlin, 1808, in-4°), et le compte-rendu de cet ouvrage par W. Grimm dans les *Heidelberger Jahrbücher*, 1809, V, 2e partie, 210-224.

(1) Cf. H. von der Hagen, *Deutsche Gedichte des Mittelalters*, I, Préface du *Duc Ernest*, p. XI.

mière Hilde, qu'il donne pour femme à Hagen, *la fille du roi des Indes.*

Après sa victoire sur les griffons et au cours de ses pérégrinations dans la forêt, Hagen est un jour attaqué par un monstre horrible, un *gabilûn*. Il en triomphe facilement, le tue, le dépouille et se revêt de sa peau. Puis il boit son sang, ce qui lui donne la force de douze hommes. Il a bientôt occasion de l'employer : un lion se présente à lui, il l'étreint, le dompte et le force à suivre docilement ses pas.

On a beaucoup discuté sur la signification du mot *gabilûn* : quelle est son origine et quel animal désigne-t-il? Les uns ont cru y voir une corruption d'un diminutif français *cavalot*, petit cheval (1) ; à tort, selon nous : la bête féroce qui attaque Hagen n'a rien de commun avec un cheval, ce cheval eût-il des ailes comme Pégase. Ainsi que l'a très bien montré M. F. Liebrecht (2), nous avons affaire à une espèce de monstre ailé semblable au dragon, si commun dans les légendes germaniques. Il est probable que le scribe a emprunté ce mot au poème du *Roi Rother*, composé avant 1150 par un chanteur errant, et écrit en Bavière, c'est-à-dire à peu près dans la même contrée où le poème de *Gudrun* a reçu sa dernière forme (3).

Quoi qu'il en soit, le combat même et la propriété merveilleuse attribuée au sang du monstre rappellent, point pour point, la lutte de Siegfried contre le dragon, dont le sang le rend invulnérable, lorsqu'il s'y est baigné.

D'autre part, la présence du lion nous reporte à la légende d'*Henri-au-Lion*, où nous retrouvons un mélange identique d'éléments empruntés au *Duc Ernest* et au cycle des *Nibelungen*. Au cours de ses aventures, non moins merveilleuses que celles d'Er-

1. Cf. San Marte, *Gudrun*, p. 229. J. Grimm (H. Z., II, 1) l'a rapproché du grec κάμπος, ἱππόκαμπος ; mais il partait de l'idée fausse qu'Hagen le rencontrant au bord de la mer, le gabilûn doit être un monstre marin, semblable à celui qui effraie les chevaux d'Hippolyte.

2. Cf. P. G., I, 479-480. — M. O. Jänicke a proposé (H. Z., XVI, 323), une autre explication ; il rapproche les deux mots *gabilûn* et *caméléon*. Mais quel rapport peut-il y avoir jamais eu entre le monstre terrible qui attaque Hagen et un animal aussi inoffensif que le caméléon ? De toute manière, et c'est ce qui ressort le plus clairement des diverses discussions, les rares poètes du moyen âge qui connaissent le gabilûn en font un monstre ailé et nullement un monstre marin.

3. Cf. *König Rother*, éd. p. H. Rückert (Leipzig, Brockhaus, 1871, in-8°), V. 4938.

nest, sur lesquelles elles sont en partie calquées, Henri-au-Lion se trouve un jour réduit à la famine sur son vaisseau. Lui seul survit avec un de ses domestiques. Comme Ernest, il se fait coudre dans une peau de bœuf, s'échappe, lorsque le griffon qui l'a emporté arrive à son aire, et se cache dans la forêt voisine. Là il aide un lion à triompher d'un dragon : l'animal reconnaissant s'attache à lui et le suit dès lors docilement : c'est de là que lui est venu son nom d'*Henri-au-Lion*.

Tout nous donne donc lieu de supposer que notre poète ou bien ne connaissait que vaguement les légendes de Siegfried (1) et d'Henri-au-Lion, ou bien, ce qui est plus vraisemblable, n'a réussi qu'à donner une nouvelle preuve de son peu d'habileté, en essayant d'en fusionner les éléments. Car la présence du lion, qui suit le héros immédiatement après sa victoire sur le gabilûn, s'explique aussi peu dans notre poème qu'elle est naturelle dans celui d'*Henri-au-Lion*. Délivré du dragon, grâce à l'intervention d'Henri, le lion s'attache à lui par reconnaissance. Dans la *Gudrun*, au contraire, on ne sait pas au juste ce que vient faire ce lion qui apparaît tout à coup. Hagen le dompte-t-il à la force du poignet ? La seule strophe où il soit question de lui semblerait le donner à entendre : mais comme de toute manière il n'en est plus question par la suite, ce trait, destiné à rehausser les exploits d'Hagen, en les rapprochant de ceux d'Henri-au-Lion, se trouve être en fin de compte une nouvelle maladresse du scribe.

Quant au reste des aventures d'Hagen dans l'île des Griffons, on l'a dit avec raison, c'est une véritable robinsonade. Aventures de chasse, aventures de pêche, emploi de peaux de bêtes, des feuilles et de la mousse pour se faire des habits, cuisine rustique, longues courses dans les forêts et au bord de la mer, enfin arrivée du vaisseau libérateur, rien n'y manque. De même son retour avec les pèlerins de Garadê, sa reconnaissance avec sa mère, quand il arrive en Irlande, son mariage avec Hilde, tout cela n'offre rien de bien particulier, ni rien surtout que l'auteur n'ait pu trouver dans les récits d'aventures en vogue à l'époque où il a remanié le poème de *Gudrun*.

Deux points seulement méritent encore de fixer notre attention : ce sont, d'une part, les passages qui nous permettent quelques hypothèses vraisemblables touchant la personnalité du

---

1. Ce qui n'est guère supposable pour la légende de Siegfried, qu'il trouvait narrée tout au long dans les *Nibelungen*.

poète, et d'autre part les divers noms géographiques disséminés dans ce prologue. Commençons par ces derniers.

L'action se passe à la cour d'Irlande : l'auteur n'avait rien à changer à cette désignation qui lui était fournie par le poème primitif. Certains critiques ont bien essayé, en torturant les textes, de trouver une autre signification au mot *Eyrlant, Eyerlanndt* que fournit le manuscrit (1). Mais celle-ci est tellement simple, tellement naturelle et concorde si bien avec la suite des faits racontés dans la seconde partie, qu'il n'y a aucune raison pour la repousser. D'autre part, la capitale du royaume de Sigeband s'appelle Bâlian : or, ce nom n'est pas sans quelque analogie avec celui de Ballyghan, que portent, suivant L. Ettmüller (2), un assez grand nombre de localités irlandaises. Enfin, le vaisseau dont Hagen force l'équipage à le ramener dans le royaume paternel appartient à un comte de Garadê et vient de Salmê : quelques strophes plus loin le chef du navire s'appelle lui-même comte de Salmê, de sorte que Salmê et Garadê semblent ne faire qu'un. Quelle est l'origine du nom de Salmê, où doit-on se figurer ce pays? C'est ce qu'on a cherché en vain (3). Mais, pour Garadê, J. Grimm et K. Müllenhoff l'ont, avec toute vraisemblance, rapproché de Cardighan (4), et cela nous reporte encore dans le voisinage de l'Irlande. Le pays de Cardighan est, en effet, une étroite bande de terre, située en face de l'Irlande, à l'extrémité sud-ouest du Pays-de-Galles, et formant encore aujourd'hui un comté. De plus, et ceci nous explique comment le scribe a pu avoir connaissance de ce nom, Cardighan est célèbre dans les romans de la Table-Ronde : c'est le royaume d'Artus, dont la capitale est Karidœl (5).

Enfin, dans la *Bataille de Ravenne*, où apparaît le Sigeband d'Ierland, dont nous avons parlé plus haut, le passage dans

---

1. Cf., entre autres, J. Mone, *Heldensage*, p. 51.

2. Préface de son édition de *Gudrun*, p. IX (*Gudrunlieder*, 1841). — Ce rapprochement est tout au moins plus vraisemblable que celui qu'on a proposé avec Balinghem, petit village près d'Ardres (cité deux fois dans la *Chronique de Guines et d'Ardre* [éd. de Godefroy Menilglaise], p. 85 et 335).

3. Dans le poème de *Salman et Morolt*, Salmê est un nom de femme : notre scribe aurait-il pris le Pirée pour un homme?

4. Cf. H. Z., I, 8 et K. Müllenhoff, *Kudrun*, Préface, p. 105.

5. Le nom de Caradoc revient à chaque instant dans les romans de la Table-Ronde.

lequel il est cité nous reporte également vers les Iles Britanniques ; car il est conçu en ces termes :

« L'un s'appelait Seigneur Helperich de Lunders (Londres), l'autre était un riche prince né en Irlande, Sigeband était le nom du noble héros (1). »

Or, si l'on songe que la *Bataille de Ravenne* n'est guère postérieure à la *Gudrun* que de vingt ou trente ans, on sera forcément amené à reconnaître que les auteurs des deux poèmes ont été chercher Sigeband d'Irlande à une seule et même source, sans doute dans quelque légende du cycle d'Artus, venue en Allemagne par l'intermédiaire des poètes français : bref, dans ce pays d'Ierland aussi bien que dans celui d'Eyrland, tous deux ont bien eu l'Irlande en vue. Dans la *Gudrun*, en effet, le pays du comte de Salmê ou de Garadè est situé non loin de l'Irlande et les sujets du comte ont eu souvent à souffrir des incursions des Irlandais.

Il fallait bien du reste que le scribe eût trouvé ces désignations, si complètement en accord avec la géographie, dans quelque légende originaire de la Grande-Bretagne ; car, en général, celles qu'il a inventées manquent absolument de netteté et d'exactitude. On voit que, vivant, selon toute apparence, au fond de la Styrie ou de la Bavière, il n'avait qu'une idée très confuse des contrées où doit se passer l'action imaginée par lui.

Ainsi, l'épouse de Sigeband, Ute II, est fille du roi de Norwège, et, lorsqu'elle vient à la cour d'Irlande, son navire arrive poussé par le vent d'*ouest* et il est monté par des gens du pays des Frideschottes. Faut-il entendre par Norwège une des stations établies par les Norwégiens sur les côtes écossaises et par suite les Norwégiens de la *Gudrun* ne font-ils qu'un avec les Frideschottes ? Ou bien l'auteur a-t-il voulu réellement parler de la Norwège scandinave ? C'est ce qu'on ne peut guère décider. De toute manière, il n'a qu'une notion très imparfaite de la situation respective dans laquelle se trouvent les royaumes de Sigeband et du père d'Ute II, puisqu'il fait naviguer celle-ci de l'ouest vers l'est pour se rendre dans le pays de son fiancé.

Parmi les trois jeunes filles sauvées par Hagen, nous avons vu plus haut pourquoi l'une est fille du roi des Indes et l'autre fille du roi de Portugal. La troisième, à laquelle le poète n'a pas même donné de nom, épouse à la fin de la quatrième aventure

---

1. *Deutsches Heldenbuch*, II : *Rabenschlacht*, str. 248. — Cf. San Marte, *Gudrun*, p. 251-253.

un prince de Norwège et disparaît avec lui. Tout ce que le poète nous apprend sur elle, c'est qu'elle était fille du roi de l'Iserland. Les uns ont voulu voir dans ce mot l'Islande, d'autres une contrée située aux bouches de l'Escaut. Il est probable que c'est encore un nom pris par le scribe, sans grand souci de l'exactitude, dans quelque légende contemporaine. Nous ne nous arrêterons donc pas plus longtemps à discuter ces données, desquelles, en tout état de cause, il y a bien peu de résultats positifs et assurés à tirer.

Nous arrivons enfin à un motif qui appartient bien en propre à notre scribe. Après les récits de fêtes, entremêlés par lui avec tant de profusion aux exploits d'Hagen, ce qui occupe le plus de place dans les quatre premières aventures, ce qui obsède avec le plus d'insistance l'esprit du poète, ce sont les cérémonies religieuses, les formules de piété, les maximes édifiantes, les invocations à la Providence, les louanges de la bonté divine opposée à la dureté de cœur, à la perversité des hommes.

Ces préoccupations religieuses nous amènent à supposer que la première partie de la *Gudrun* est l'œuvre d'un de ces clercs errants, plus zélés qu'habiles, qui parcouraient les couvents, les villes et les villages, refaisant ou plutôt gâtant trop souvent les poèmes qu'ils accommodaient partout au goût de leurs auditeurs.

Nous n'irons pas accuser l'auteur de manquer à la couleur locale ; le moyen âge n'a jamais su ce que c'était. Mais on ne peut s'empêcher d'avouer, qu'introduites dans un poème essentiellement païen ses préoccupations religieuses se font jour en maint endroit d'une façon vraiment comique. Ainsi, le fils de Sigeband est *baptisé* sous le nom d'Hagen ; quand l'enfant, échappé aux serres du griffon, se glisse dans la caverne et y trouve les trois jeunes filles, celles-ci effrayées le prennent d'abord pour un nain malfaisant : elles ne se rassurent qu'en l'entendant affirmer qu'il est *chrétien*. Les gens de Garadê, qui accueillent Hagen et ses compagnes, ne s'y décident qu'après s'être assurés qu'il est *chrétien* ; eux-mêmes sont des *pèlerins* : « *Êtes-vous baptisé* » ? lui crie le comte de Salmê, avant d'accoster au rivage et de le laisser monter dans sa barque. Naturellement, lorsqu'Hagen épouse Hilde, le mariage est célébré à l'église, *selon les coutumes chrétiennes*.

Enfin, comme nous le faisions remarquer tout à l'heure, le moindre événement est accompagné d'une réflexion sur la bonté de Dieu. Quand Hagen est enlevé par le griffon, c'est que « le *diable* avait envoyé ses messagers en Irlande ». La reine, en cette triste circonstance, fait preuve d'une grande résignation ; elle console son époux en lui rappelant qu'un tel malheur n'a pu arriver sans la permission de Dieu et qu'il faut se soumettre aux décrets du ciel. Au reste, la bonté divine se manifeste de suite à l'égard d'Hagen et, grâce à elle, il échappe sain et sauf aux serres du griffon. Nous ne poursuivrons pas plus loin l'énumération des circonstances où elle continue à protéger notre héros. Il nous suffit d'avoir indiqué avec quelle naïve bonhomie le scribe transporte ses sentiments, très louables du reste, dans un milieu où ils n'avaient que faire.

De ces considérations diverses, de cet examen auquel nous avons, à tous les points de vue, soumis la première partie du poème, il résulte, jusqu'à l'évidence, que nous avons devant nous une élucubration aussi peu poétique que possible, aussi maigre que mal combinée, et rattachée après coup à l'ouvrage primitif. Tout donc nous autorise, comme nous le disions à la fin du chapitre précédent, à la séparer du poème original qu'elle dépare. C'est à l'examen de celui-ci que désormais nous consacrerons exclusivement la suite de cette étude.

CHAPITRE III

ORIGINE DES DEUX DERNIÈRES PARTIES ;
ELLES ONT EXISTÉ PRIMITIVEMENT A L'ÉTAT INDÉPENDANT ;
LA LÉGENDE D'HILDE EST D'ORIGINE MYTHOLOGIQUE, CELLE DE GUDRUN
D'ORIGINE INCERTAINE.

Débarrassé de cet appendice parasite, le poème de *Gudrun* s'offre à nous sous la forme commune à la plupart des œuvres épiques du moyen âge. C'est assez dire qu'ici encore nous avons affaire à deux ou plusieurs légendes originairement séparées, qu'a réunies et fondues en un tout uniforme un poète, habile sans doute, mais trop faible encore pour triompher des difficultés inhérentes à la forme lâche et imparfaite de l'épopée germanique et pour donner à son œuvre cette unité de conception, cette homogénéité, qui semblent le privilège des auteurs de l'antiquité classique.

Nous avons déjà fait observer plus haut à quel point chacune des parties de la *Gudrun* possède en elle-même son unité propre, est inspirée d'un souffle particulier. Tandis que les aventures d'Hilde II nous offrent un drame sanglant analogue à celui des *Nibelungen*, dans la partie consacrée à Gudrun nous sentons partout l'esprit plus doux du christianisme opposé à l'esprit rude et farouche du paganisme, l'esprit d'apaisement et de réconciliation substitué à l'esprit de vengeance et de haine.

Si maintenant nous passons à l'examen de la forme extérieure, tout en rendant hommage à l'art plus raffiné du poète, nous devrons aussi reconnaître que maints traits épars témoignent encore de l'indépendance antérieure des deux légendes et permettent de saisir les procédés employés par l'auteur dans leur fusion. Moins violents et moins primitifs que ceux mis en usage par le scribe, auquel nous devons la première partie, ils n'en sont pas moins restés visibles, en dépit des efforts tentés par le poète pour les dissimuler.

C'est d'abord la singulière destinée prêtée à Hildebourg dans tout le poème et sur laquelle nous avons déjà assez insisté plus haut pour n'avoir pas à y revenir longuement. Nous assistons, pour ainsi dire, *de visu* à la réunion et à la fusion de diverses légendes originairement étrangères les unes aux autres.

Hildebourg était anciennement l'objet d'une légende particulière et très répandue; c'est ce qu'atteste, indépendamment des traits épars dans notre poème (1), la légende d'Herbort et d'Hildebourg dans le *Biterolf et Dietleib* (2), où elle joue le principal rôle. Comment a-t-elle été mêlée à notre légende ; comment surtout, en s'y confondant, a-t-elle perdu le rôle principal que lui assigne celle d'Herbort? C'est ce qu'il est difficile d'expliquer : tout ce qu'on peut affirmer avec certitude, comme nous le verrons plus loin, c'est qu'Hildebourg était dans l'origine étrangère à la 2e partie de la *Gudrun* et qu'elle n'a été introduite que très tard dans la 3e, d'où le poète, par une inspiration peu heureuse, l'a fait passer ensuite dans tout son ouvrage.

Même incertitude, au reste, et mêmes contradictions en ce qui touche la personnalité d'Horand et celle d'Ortwin. La strophe 564 nous représente Horand comme le Seigneur de Gîvers, et cependant, d'après la strophe 1126, quand la flotte se trouve poussée vers Gîvers par les vents contraires, une terreur indicible s'empare de l'équipage. Dans ce dernier passage, Gîvers nous est dépeint comme un lieu d'épouvante, où les navigateurs ne pénètrent que pour leur malheur. Une mer noire et sans bornes retient les vaisseaux sur ses eaux immobiles; la sonde n'en peut trouver le fond : dans cette situation désespérée, les meilleurs matelots n'entrevoient plus la possibilité de sortir vivants des profondeurs mystérieuses de cet océan *inexploré*, tous se tordent les mains, pleurent de désespoir et ne voient plus aucune chance de retour. Comment admettre cette terreur unanime, si Horand règne à Gîvers même et comment s'imaginer qu'un seul et même poète eût pu commettre une telle inconséquence dans une œuvre issue d'un seul jet de son cerveau?

De même, d'après la strophe 1113, quand l'armée libératrice part pour la Normandie, Ortwin est représenté comme un tout jeune homme qui prend part pour la première fois à une campagne ; c'est bien ainsi que nous nous le figurons d'après la strophe 1096, qui nous le montre, au moment où les ambassadeurs

---

1. Au nombre de ces allusions à la légende particulière d'Hildebourg nous ne comptons naturellement pas celles que J. Grimm (*Die deutsche Heldensage*, p. 326) avait voulu voir dans les str. 484-485 : nous avons déjà exprimé ci-dessus notre opinion sur l'origine toute récente de ces strophes et sur leur introduction arbitraire dans le poème.

2. Pour plus de détails, cf. la dernière partie du présent chapitre.

de sa mère arrivent, charmant ses loisirs par la chasse au faucon. On le sait, cette chasse, exempte de dangers et de fatigues, était abandonnée, dans les temps héroïques du moins, aux femmes et aux enfants (1). Et pourtant la strophe 698 nous l'avait déjà fait voir marchant à la tête de troupes puissantes contre Siegfried de Morland et venant au secours d'Herwig ; et, dans la strophe 885, il nous apparaissait brûlant du désir de venger la mort de son père et attaquant le redoutable Ludwig de Normandie, exploit qu'on ne peut prêter qu'à un héros ayant déjà fait ses preuves et jouissant de toute la force d'un homme mûr.

D'autre part, tous les documents encore existants dans lesquels se retrouvent quelques traces, emprunts ou mentions de nos légendes, témoignent d'une façon non moins évidente de leur indépendance primitive.

Tous les poèmes anglo-saxons ou nordiques du VIIIe ou IXe siècle, qui contiennent quelque allusion à notre ouvrage, ne se rapportent en effet qu'à la seconde partie (2). L'*Edda* de Snorri reproduit la légende d'Hilde II presque sous forme de mythe et ne reproduit qu'elle ; Snorri ignore complètement notre troisième partie. A son tour, Saxo Grammaticus, dans son *Histoire Danoise*, fidèle à son système évhémériste, nous retrace les mêmes faits, sous forme d'événements historiques et sans qu'il soit en rien question de Gudrun.

Quant aux témoignages, que l'on a cru recueillir dans des ouvrages allemands des XIIe et XIIIe siècles et dans lesquels on a voulu voir des allusions à notre poème tout entier, ils ne peuvent, pour deux raisons, être pris en considération. Les uns ne s'appliquent qu'à la deuxième partie et ont principalement pour objet le chant d'Horand. Tel est surtout le passage du *Combat de la Wartbourg*, qui nous représente Horand chantant devant Hilde (3). Il ne prouve qu'une chose, c'est qu'à l'époque où fut composé le *Combat de la Wartbourg*, Horand avait déjà sa place et son rôle marqués dans l'enlèvement d'Hilde par les messa-

1. Ainsi Biterolf encore tout jeune [*Biterolf und Dietleib*, v. 2225 sqq. ; 2263] s'éloigne du château sous prétexte d'aller à la chasse au faucon. — Cf. Weinhold, *Die deutschen Frauen in dem Mittelalter* (Wien, 1851, in-8°), p. 344-345.

2. Sur les diverses rédactions de cette légende, cf. le chapitre suivant.

3. Les allusions au chant d'Horand sont du reste excessivement nombreuses dans la littérature allemande du moyen âge et il en sera question plus loin d'une manière toute spéciale.

gers d'Hetel. De la troisième partie, pas un mot ; qu'elle ait existé ou non, l'auteur du *Combat de la Wartbourg* n'a pas même l'air de le savoir.

Pour ce qui est des autres allusions, elles sont tirées de poèmes, qui tous, à l'exception de la *Chanson d'Alexandre*, du *Biterolf et Dietleib* et de la *Plainte*, sont postérieurs à la *Gudrun* elle-même, dont on place généralement la composition (sous sa seconde forme, c'est-à-dire comprenant les deux dernières parties) entre 1190 et 1200 (1) ; d'où il suit qu'en fin de compte elles s'expliqueraient facilement par des emprunts ou des allusions de poètes, qui auraient connu notre ouvrage dans sa rédaction définitive.

Voyons d'abord le passage si souvent cité et commenté de la *Chanson d'Alexandre* par le moine Lamprecht : en l'examinant de près, on arrive à se convaincre que, de toute manière, il ne fait allusion qu'à la légende d'Hilde II et ne peut, en aucun cas, s'appliquer à celle de Gudrun.

La *Chanson d'Alexandre*, composée dans la première moitié du XIIe siècle, nous est parvenue dans deux rédactions distinctes, que, pour plus de clarté, nous devons mettre l'une et l'autre sous les yeux de nos lecteurs, en reproduisant dans chacune d'elles le passage qui concerne notre poème. Racontant le combat de Darius et d'Alexandre à Arbelles, Lamprecht le compare aux batailles les plus gigantesques qui aient jamais été livrées de mémoire d'homme, et, entre autres, à la lutte sur le Wülpensand. La rédaction la plus ancienne, fournie par le manuscrit de Vorau, est conçue en ces termes :

« On parle du combat qui eut lieu sur le Wülpenwert et dans
» lequel le père d'Hilde succomba entre Hagen et Wate ; il ne
» peut se comparer à celui-là (c'est-à-dire à celui d'Arbelles) ; il
» n'y eut aucun héros, ni Herwig, ni Wolfwin, qui livra là un
» combat gigantesque comparable à celui du roi Alexandre (2). »

1. Ou, selon d'autres, au plus tard avant 1213. Nous aurons naturellement à revenir plus loin sur cette question.

2. Le manuscrit de Vorau a été publié par J. Diemer (*Deutsche Gedichte des XI. und XII. Jahrhunderts*, Wien, Braumüller, 1849, in-8°). Le passage traduit ci-dessus se trouve à la page 220, ligne 21 et suiv. Il est ainsi conçu :

> man sagèt von dem sturm
> der ûf Wolfenwerde gescach.
> dâ Hilten vater tôt gelach,
> zewisken Hagenen unde Waten.

Dans le manuscrit de Strasbourg, qui est de date beaucoup plus récente, on lit, à propos de la même comparaison, ce qui suit :

« Nous avons entendu parler d'une mêlée des peuples, qui eut
» lieu sur le Wülpenwert et dans laquelle le père d'Hilde suc-
» comba entre Hagen et Wate ; il ne peut se comparer à celui-
» là ; ni Herwig, ni Wolfram, ni aucun autre héros ne pourrait
» lui être comparé, tant Alexandre était terrible (1). »

Qu'une allusion à des passages de notre poème soit contenue dans ces vers, c'est ce qui est évident. Nous y retrouvons plusieurs noms de personnes et de lieu que nous connaissons déjà : Hilde, Hagen, Wate, Herwig, le Wülpensand ou Wülpenwert. Un seul d'entre les guerriers nommés est inconnu au poème de *Gudrun*, c'est Wolfram ou, selon l'autre leçon, Wolfwin. J. Grimm (2), qui ne connaissait pas la leçon du manuscrit de Vorau, l'avait déjà, sans hésiter, changé en Ortwin, s'appuyant sur la remarque toute naturelle qu'au point de vue de la rime il y avait là une faute évidente. La leçon très correcte du manuscrit de Vorau ne permet pas ce changement ; et pourtant, il est tout à fait vraisemblable que, dans l'esprit de Lamprecht, Ortwin a été celui auquel il pensait réellement en écrivant. Car, dans notre poème, Ortwin est le compagnon d'armes d'Herwig, le frère de sa fiancée. Or, c'est précisément à côté d'Herwig, que Wolf-

> sô ne mohter hêrzô nieht katen.
> iedoch ne mohte nehain sin,
> noch Herewich noch Wolfwin
> der der ie gevaht volcwich
> dem chunige Alexander gelich.

1. Le manuscrit de Strasbourg a été édité par F. Massmann (*Deutsche Gedichte des XII. Jahrh.*, Quedlinburg, 1837, in-8). Voici le texte du passage ci-dessus :

> V. 1830. von einem volcwige hôre wir sagen,
> der ûf Wulpinwerde gescach,
> dâr Hilten vater tôt lach
> inzwischen Hagenen unde Waten.
> der ne mohte sih hizô niht gegaten.
>
> V. 1835 Herwich unde Wolfram
> ne mohten ime niwit gelich sin,
> noch nehein man ander.
> alsô freislich was Alexander.

2. *Die deutsche Heldensage*, p. 330.

win apparaît dans le passage de la *Chanson d'Alexandre*. D'autre part, Wolfwin était un héros célèbre dans la grande légende héroïque (1), neveu d'Hildebrand et vassal de Dietrich (2) ; une confusion de noms, facilitée par la presque homonymie, a donc bien pu se produire, soit sous la plume de Lamprecht lui-même, soit sous celle d'un scribe plus au courant des faits et gestes de Wolfwin que de ceux d'Ortwin.

Mais deux points surtout, dans ce passage, diffèrent de notre poème : le père d'Hilde et Hagen semblent y être considérés comme deux personnes distinctes ; puis le père d'Hilde tombe sur le Wülpensand, c'est-à-dire dans un combat, où, selon notre poème, il ne paraît même pas. J. Grimm supposait ici soit une corruption du texte, soit une confusion dans les souvenirs de Lamprecht. La première hypothèse a contre elle l'accord des deux rédactions : quant à la seconde, nous espérons montrer qu'elle n'est pas plus fondée.

Laissons provisoirement de côté la question accessoire concernant la non-identité du père d'Hilde avec Hagen : ce que le passage de Lamprecht dit clairement, c'est qu'il se livra sur le Wülpensand un combat acharné et meurtrier, combat auquel prirent part Wate, Hagen, Herwig et Wolfwin (Ortwin); de plus l'introduction du nom d'Hilde laisse suffisamment comprendre que ce combat se livrait pour la possession de la jeune fille; enfin, sans avoir à préjuger la signification exacte du mot *inzwischen* (*zewisken*), nous apprenons tout au moins d'une manière indubitable qu'Hagen tomba dans cette bataille.

Sans doute, cela nous reporte à une forme de la légende bien différente de ce qu'elle est maintenant dans la *Gudrun* ; mais il ne faut pas perdre de vue que la mort d'Hagen dans sa lutte avec Hetel a pour elle le témoignage des récits de Snorri, de Saxo Grammaticus et de la *Saga d'Olaf Tryggvason*, comme nous le verrons plus loin.

Or, nous n'hésitons pas à le dire, la mort d'Hagen, bien plus, sa mort sur le Wülpensand terminait la rédaction de notre poème antérieure à la fusion des deux légendes d'Hilde et de Gudrun. Dans la conception primitive de la légende d'Hilde, telle qu'elle nous apparaît dans Snorri, Saxo et la *Saga d'Olaf*, Ha-

---

1. Cf. *Deutsches Heldenbuch*, I : *Biterolf und Dietleib*, v. 12932 et passim.

2. Cf. *Biterolf und Dietleib*, loc. cit.; *Deutsches Heldenbuch*, II : *Alpharts Tod*, str. 80 ; *Diu Klage*, éd. p. K. Bartsch, v. 1520-1530 ; *Der Nibelunge Nôt*, éd. p. K. Bartsch (Leipzig, 1870, in-8°), str. 2259.

gen et Hetel succombent sous les coups l'un de l'autre après un combat acharné.

Rien d'étonnant à ce que le souvenir de cette lutte sanglante, qui clôt d'une manière si tragique les narrations de Snorri et de Saxo, se soit, dès le commencement du xie siècle ou même plus tôt, localisé pour les Allemands du Nord sur le Wülpenwert, devenu ainsi le théâtre légendaire d'une mêlée gigantesque. Car, ne l'oublions pas, dans la légende, non seulement les deux héros tombent sous les coups l'un de l'autre, mais tous les guerriers des deux armées s'entretuent jusqu'au dernier; nul doute qu'il ne se soit formé de très bonne heure des chants populaires, dont cette lutte colossale faisait le sujet, et que ces chants, se transmettant de bouche en bouche, n'aient servi de base à la première rédaction que subit notre poème sur le sol de la Basse-Allemagne.

Ce fait n'a rien que de très ordinaire et de très naturel, et presque toujours nous voyons une légende héroïque allemande se localiser, à chacune de ses transformations, dans la contrée habitée par le peuple qui s'en empare. C'est ainsi que, dans les *Nibelungen*, Dietrich est tour à tour de Berne, de Vérone et de Bonn; c'est ainsi, pour prendre un exemple dans les différentes rédactions de la légende d'Hilde elle-même, que chez Snorri, représentant la tradition nordique, le combat a lieu sur l'île de Haey, une des Orcades, tandis que dans Saxo, écho des chants danois, l'action se passe à Hithinsö (actuellement Hiddensee), petite île située à l'ouest de Rügen.

Mais, quand les deux légendes d'Hilde et de Gudrun se trouvèrent en contact, quand, par leur fusion, l'une devint l'introduction de l'autre, l'issue meurtrière de la bataille entre Hagen et Hetel ne pouvait plus subsister. Si Hagen et Hetel tombent dans le combat, il n'y a plus de réconciliation, plus de mariage, partant plus de Gudrun et plus de suite possible. En réunissant les deux légendes, le poète était donc fatalement amené à modifier l'issue de la première : car, dans sa conception, Hagen et Hetel ne doivent combattre que juste assez pour apprendre à se connaître et à s'estimer réciproquement. Ce résultat obtenu, la lutte n'a plus aucune raison de se prolonger : tout au contraire, pour rendre la réconciliation vraisemblable et facile, il faut qu'elle cesse avant qu'aucun des héros ne soit tombé de part et d'autre.

C'est, en effet, ce qui a lieu dans ce simulacre de combat dont Wâleis est le témoin; c'est ce que n'aurait pu faire le poète, sans choquer les traditions reçues, s'il avait conservé le Wülpensand comme théâtre de cette lutte passagère.

Fallait-il donc qu'il supprimât purement et simplement et la bataille du Wülpenwert, et la légende qui s'y rattachait, et la sombre mais magnifique scène que devait immanquablement lui fournir la tradition populaire? Nullement : si le tableau grandiose de la « mêlée des peuples » sur le Wülpenwert faisait désormais disparate dans l'espèce d'idylle, par laquelle le poète terminait maintenant la légende d'Hilde, la nouvelle légende de Gudrun, qu'il fondait avec la première, lui offrait pour cette magnifique scène un cadre tout tracé d'avance. Là du moins se livrait une bataille acharnée, furieuse, meurtrière ; là, au moment où les Normands sont aux prises avec les guerriers d'Hegelingen et leurs alliés, on retrouvait cette « mêlée des peuples », dont la tradition populaire ne devait parler qu'avec terreur.

Qu'a donc fait notre poète? Une transposition aussi facile à opérer qu'à comprendre. Wâleis devient le théâtre, non plus d'un combat véritable, mais d'une joute chevaleresque, d'une brillante passe d'armes, à la suite de laquelle les adversaires, comme dans un tournoi, se serrent cordialement la main et se séparent pleins d'estime l'un pour l'autre. Ils se sont sans doute fait mutuellement quelques blessures, mais on a bien vite fini de les panser, et de vrais héros ne s'inquiètent pas pour si peu. Témoin la lutte entre Günther, Hagano et Walther, dans le *Walther d'Aquitaine*; au moment où les adversaires se réconcilient, on voit sur le terrain le pied de Günther, l'œil d'Hagano et la main de Walther, ce qui n'empêche pas les héros de s'attabler et de faire assaut de plaisanteries. Comme le remarque très bien M. Heinrich, « pour avoir perdu un membre à la bataille, les héros de ces vieilles fables n'en soupent pas moins gaiement (1). »

Quant au Wülpenwert, avec son cortège de souvenirs lugubres, il devient le théâtre sur lequel Hetel tombe, sur lequel la fleur des guerriers d'Hegelingen est moissonnée par les Normands qui, aussi lâches que sanguinaires, se dérobent pendant la nuit à ce carnage, renonçant à poursuivre une victoire si chèrement achetée qu'elle semble les effrayer eux-mêmes.

Naturellement, dans cette substitution, la description employée

---

1. *Histoire de la littérature allemande* (Paris, 1870-73, 3 vol. in-8), I, 32.

par le poète, tout en gardant les traits légendaires, auxquels elle doit sa force, a subi quelques modifications nécessaires.

Reportons-nous à notre poème : dans le premier combat, celui de Wâleis, la lutte a pour objet la possession d'Hilde ; elle a lieu entre Hagen et Hetel ; mais, pour les motifs que nous venons d'exposer, elle se termine par une réconciliation générale. Dans la seconde bataille, celle du Wülpenwert, Gudrun a remplacé Hilde dans le rôle de jeune fille enlevée ; Hetel paraît à la place d'Hagen dans celui de père de la jeune fille ; et, de même qu'originairement Hagen tombait dans le premier combat, de même Hetel tombe dans le second. Quant au ravisseur, il s'est dédoublé, sans doute parce que la légende de Gudrun, sous la forme sous laquelle elle se présentait au moment de la fusion, avait déjà opéré ce dédoublement et offrait, soit par suite des données primitives, soit par suite d'un développement interne, les deux personnages de Ludwig et d'Hartmut. Wate, au contraire, qui, dans la *Gudrun*, joue un rôle prépondérant et apparaît partout, après s'être introduit de bonne heure dans la légende d'Hilde, où Lamprecht le connaît déjà, passa de là dans celle de Gudrun. Enfin, en ce qui concerne les personnages secondaires d'Herwig et de Wolfwin (Ortwin), transportés de la légende d'Hilde dans celle de Gudrun avec l'ensemble même du récit relatif au Wülpensand, ils y devinrent l'un le frère, l'autre le fiancé de la jeune fille (1).

Au reste, ce qui prouve que les deux batailles dérivent, pour ainsi dire, l'une de l'autre, c'est l'air d'étroite parenté qu'elles gardent encore dans la *Gudrun*. A l'acharnement de la lutte près, le combat de Wâleis reproduit traits pour traits celui du Wülpensand. Dans l'un et l'autre l'action s'engage à la tombée du jour ; l'apparition des voiles de la flotte ennemie est racontée de part et d'autre dans les mêmes termes ; Hetel et Ludwig, au moment où le père de la jeune fille enlevée atteint les ravisseurs, adressent absolument les mêmes encouragements à leurs troupes ; enfin, le débarquement des assaillants est raconté en

---

1. Cette substitution des deux combats l'un à l'autre avait déjà été entrevue par J. Mone (*Quellen und Forschungen zur Geschichte der teutschen Literatur und Sprache*, 1830), qui s'exprime ainsi, p. 110 : « D'après la forme actuelle du poème, la première partie se termine par la 9e aventure ; dans une rédaction antérieure, elle se terminait par la 17e aventure et il n'y avait pas de continuation. » — A. Jonckbloet (*Geschichte der niederländischen Literatur*, übersetzt von W. Berg, I, 33), admet la même hypothèse.

termes identiques dans chaque cas. Tous ces rapprochements montrent bien que les deux récits ont eu une seule et même source dans les chants primitifs (1).

Une difficulté resterait maintenant à résoudre, celle concernant le fait que, d'après la version de Lamprecht, Hagen et le père d'Hilde semblent former deux personnes distinctes. Or, si l'on admet notre hypothèse et si l'on attribue, dans l'état primitif de la légende, le combat du Wülpenwert à la deuxième partie du poème actuel, cette contradiction apparente est facile à effacer.

A l'époque où la bataille du Wülpenwert terminait la légende d'Hilde, cette bataille ne pouvait avoir lieu qu'entre deux héros bien déterminés : d'un côté le père d'Hilde, de l'autre son ravisseur. Or, dans l'état actuel du texte de Lamprecht, le père d'Hilde se trouve nommé deux fois : au vers 3 du passage cité *Hilden vater*, au vers 4 *Hagen;* son adversaire *Hetel* au contraire n'est pas même mentionné. N'est-il pas évident qu'il y a ici une corruption du texte et qu'il faut lire, comme l'ont proposé J. Grimm (2) et L. Ettmüller (3), *inzwischen Hetelen unde Waten?* Le fait d'une corruption aussi facile du texte ne nous paraît pas douteux, et la concordance de cette correction avec ce que nous avons dit plus haut est telle que nous n'hésitons pas à l'adopter (4).

Au reste, tous ceux qui ont examiné ce passage de Lamprecht ont bien senti qu'il contenait une corruption : tous ont compris qu'Hetel a nécessairement son rôle dans la bataille à laquelle Lamprecht fait allusion; aussi M. K. Müllenhoff (5) proposait-il de lire, au vers 3, *Hilden vriedel* au lieu de *Hilden vater*, et M. E. Wilken (6), pour le même passage, *Hilden gate*. Sans doute, par l'une ou l'autre de ces corrections, on arrive au même résultat que par le changement de *Hagenen* en *Hetenen* ou *Hete-*

1. Cf. *Gudrun*, str. 488, 493, 518 et 883-888.
2. Cf. H. Z., II, 4.
3. *Gudrunlieder*, Préface, p. V, note 4.
4. M. O. Erdmann (*Lamprechts Alexander und die Hilde-Kudrun-Dichtung*, dans Z. Z., 17, 223-226) a proposé un autre moyen d'accorder le texte avec la tradition, c'est de mettre entre parenthèses les mots : *dâ Hilten vater tôt gelach*, et de faire rapporter *zewisken* à *gescach*. Mais il resterait toujours à expliquer pourquoi Hagen et Wate luttent l'un contre l'autre.
5. *Kudrun*, Préface, p. 98.
6. *Göttingische Gelehrte Anzeigen*, 1875, p. 308.

len. Toutefois la faute supposée par ces critiques nous semble moins naturelle, que celle qui consiste à substituer au nom peu connu d'Hetel celui d'Hagen, si fameux dans la légende héroïque allemande. Un scribe, plus au courant de cette dernière que de celle d'Hegelingen, pouvait bien agir par inadvertance envers Hetel comme il a agi envers Ortwin.

Enfin, on a bien discuté sur la valeur du mot *inzwischen* (*zewisken*), sans arriver à un résultat définitif. Signifie-t-il qu'Hagen tombe sous les coups de Wate et d'Hetel (1), ou qu'il tombe entre eux pendant la lutte, ou enfin qu'il tombe en même temps qu'eux? (2) La dernière solution nous semble la plus probable; car, si Hetel et Wate sont nécessaires à la suite du poème de *Gudrun*, tous doivent, d'après les anciennes formes de la légende, succomber dans la lutte suprême qui suit l'enlèvement d'Hilde.

Dès lors, le témoignage de Lamprecht s'explique facilement : il a connu la légende d'Hilde, alors qu'encore séparée de celle de Gudrun elle avait conservé son issue tragique, et, voulant rehausser les exploits d'Alexandre, il s'écrie que le combat qui eut lieu entre Darius et lui est encore bien plus terrible que cette fameuse bataille livrée sur le Wülpensand entre Hagen, Hetel et leurs vassaux, et dans laquelle les guerriers s'entretuent dans une mêlée formidable. De toute manière donc l'allusion contenue dans la *Chanson d'Alexandre* ne peut s'appliquer qu'à la légende d'Hilde, et à cette légende sous la forme qu'elle avait avant sa fusion avec celle de Gudrun.

On trouvera peut-être que nous avons discuté bien longuement le témoignage fourni par Lamprecht; c'est qu'il a, comme nous le verrons plus tard, une valeur capitale pour la fixation de l'époque où la *Gudrun* subit ses diverses rédactions.

Si maintenant nous examinons les quelques passages, dans lesquels on a cru voir soit une reproduction, soit une mention de la légende de Gudrun, la scène change du tout au tout. Au lieu de ces témoignages nombreux, explicites et concordants que nous fournissent, pour celle d'Hilde, les récits de Snorri, de Saxo et de la *Saga d'Olaf*, nous nous heurtons à la plus grande

---

1. C'est la solution qui résulterait de la correction de M. O. Erdmann.

2. Nous n'avons évidemment pas à examiner une quatrième solution, qui pourtant a été également présentée : Hagen tombe pendant qu'Hetel et Wate se battent l'un contre l'autre. — Quelle que soit la forme de la légende que l'on suppose avoir été connue de Lamprecht, Wate est du côté d'Hetel et ne peut se battre avec lui.

incertitude, à la plus complète pénurie de documents. Ici il y a absence presque totale de concordance, pour tout esprit non prévenu, entre les témoignages invoqués et la légende, à laquelle ils doivent s'appliquer. Les rapprochements, qu'avec beaucoup de bonne volonté on peut tenter, se bornent en fait à une similitude plus ou moins réelle entre quelques noms, à une vague ressemblance entre les aventures chantées par les différents poètes.

Le texte le plus important que l'on invoque est la légende d'Herbort et d'Hildebourg dans le poème de *Biterolf et Dietleib*. Venu au grand tournoi de Worms parmi les vassaux de Günther et, par conséquent, au nombre des ennemis de Dietrich de Berne, Herbort raconte en ces termes ses exploits contre Dietrich :

« Eh bien, dit le héros intrépide, il a su ce qu'il en coûte (de
» s'attaquer à moi), lorsque j'ai quitté la Normandie, où, à la
» force de mon bras, j'avais conquis la fille du roi Ludwig. Oui,
» j'enlevai alors par la violence la jeune fille du royaume de Nor-
» mandie, après avoir soutenu l'assaut d'Hartmut et de ses cheva-
» liers. La jeune fille et moi, nous n'avions plus personne (qui
» pût me résister), il n'était aucun de ceux, dont Ludwig n'avait
» jamais pu triompher, que je n'eusse abattu d'un seul revers
» de main. C'est ainsi que je chevauchai à travers le pays; ce-
» pendant j'avais été blessé ; alors j'entendis parmi les hom-
» mes et les femmes circuler le bruit, qu'un géant faisait la
» terreur de la contrée. Je n'eus plus de repos jusqu'à ce que
» j'eusse aperçu cet épouvantail (1) : je vengeai sur lui le peuple
» et, en vérité, je l'étendis roide mort. Quelques maux qu'il eût
» causés à Ludwig et à son peuple, nul n'avait osé se mesurer
» avec lui. J'en délivrai le pays. Puis, continua le héros, je tuai
» là aussi Goltwart et Seewart. Rapportez ce récit à Dietrich;
» que cela lui fera donc plaisir ! Ensuite je partis pour Berne :
» que de travaux j'eus encore à surmonter, jusqu'au jour où
» Dietrich et son vieil Hildebrand m'y virent (apparaître) ! Comme
» je conduisais seul ma femme à travers le pays, subitement
» ils m'attaquèrent. S'ils avaient pu y réussir, ils m'auraient
» volontiers ravi la riche Hildebourg ; mais leur grande audace

---

1. *Vâlant* (vers 6483), le même mot par lequel l'auteur de la première partie de la *Gudrun* caractérise Hagen, l'épouvantail de tous les rois, *Vâlant aller künege* (str. 168, 2). Ce mot se rencontre encore quatre fois dans l'*Erec* d'Hartmann d'Aue.

» ne tarda pas à se calmer. Je lui fis traverser le pays, continua
» le brave héros, sans la laisser prendre. Maître Hildebrand le
» sait bien, c'est ma femme, ma femme qui est encore ici près
» de moi aux bords du Rhin (1). »

Herbort de Ténélant se vante ici d'actions qui n'ont aucun rapport avec le reste du poème de *Biterolf et Dietleib*, mais qui, par contre, ne sont pas sans quelque analogie avec la légende de Gudrun. Et pourtant que de changements ! Ce n'est plus Gudrun, qui est l'héroïne, c'est Hildebourg, son amie d'enfance. La jeune fille enlevée est ici la sœur d'Hartmut (2), c'est-à-dire de son ravisseur dans notre poème ; Hartmut lui-même a cédé son rôle de ravisseur à Herbort ; enfin, c'est en Normandie qu'a lieu le rapt et l'heureux guerrier, qui enlève la jeune fille, est de Ténélant, c'est-à-dire de Danemark.

On le voit, pour admettre un rapport quelconque entre la légende de Gudrun et cet épisode du *Biterolf et Dietleib*, il faudrait supposer qu'en passant d'une rédaction à l'autre la structure de la légende tout entière a été bouleversée de fond en comble. Est-il besoin d'invoquer de plus les autres actions fabuleuses dont se vante Herbort et dont notre poème n'offre pas la plus petite trace ? Si jamais les faits, qui font le sujet de ce récit, ont été traités dans une légende indépendante, comme tout donne en effet lieu de le croire, cette légende d'Hildebourg ne pouvait avoir aucun rapport avec celle de Gudrun et n'a influencé en rien la formation de la nôtre. Elle nous apparaît plutôt comme une des nombreuses transformations, dans lesquelles se perpétua le souvenir du mythe, d'où est issue la légende d'Hilde elle-même ; c'est là le seul lien de parenté que nous puissions admettre entre elles. Nous aurons occasion par la suite de revenir plus en détail sur cette légende ; qu'il nous suffise, pour le moment, d'avoir montré qu'elle n'a rien de commun avec celle de Gudrun.

Reste un dernier passage, dans lequel on a voulu reconnaître Gudrun elle-même. On lit dans la *Plainte* :

« Alors s'avança, pour contempler ce triste spectacle, Goldrun
» la noble dame, fille illustre d'un roi, qui s'appelait Liudiger
» et qui régnait en France ; Helche lui avait tendrement élevé
» sa fille ; avec elle s'avancèrent ensuite Hildebourg et Herlint,
» enfants de deux riches princes ; Hildebourg au renom imma-

---

1. *Deutsches Heldenbuch*, I, 95 sqq. (vers 6459-6510).
2. Comme dans le poème de la *Plainte*, vers 2217-2218 ; cf. plus loin.

» culé était née en Normandie; Herlint était originaire de la
» Grèce (1). »

Si, ce qui nous semble pour le moins douteux (2), nous devons considérer cette Goldrun et notre Gudrun comme une seule et même personne, la situation qui lui est attribuée ici serait en contradiction formelle avec celle qu'elle occupe dans notre poème. Elle est à la cour de la bonne reine Helche, la douce et vertueuse épouse d'Attila, et, par une singularité qui serait encore bien plus inexplicable, si nous avions réellement affaire à la même héroïne, elle est fille de Liudiger, roi de France (3). Notons en passant qu'ici, comme dans le *Biterolf et Dietleib*, Hildebourg est originaire de Normandie et sœur d'Hartmut.

En résumé, tous les témoignages, d'où l'on peut tirer avec certitude quelque conclusion, nous montrent que les deux légendes d'Hilde et de Gudrun ont été primitivement indépendantes l'une de l'autre. Le plus grand nombre s'accorde à nous reporter, pour la légende d'Hilde, à une origine mythologique bien et dûment constatée, comme nous le verrons ci-après plus en détail. Ceux, et ils sont peu nombreux, qui pourraient, à la rigueur, se rapporter à la légende de Gudrun, vagues, contradictoires et obscurs, ne nous permettent de rien affirmer sur la provenance de cette partie du poème. Est-elle également d'origine mythologique? Rien ne nous autorise jusqu'ici à le prétendre. Dans quel rapport se trouve-t-elle avec la légende d'Hilde, quelle est sa source probable et comment s'est-elle unie à cette dernière? Triple question, qui a suscité les débats les plus vifs, a donné lieu aux solutions les plus diverses et souvent les plus bizarres : nous l'examinerons dans le chapitre suivant.

1. *Diu Klage*, éd. p. K. Bartsch, v. 2207-2220.
2. M. E. Sommer paraît être du même avis que nous; car, dans un travail sur les *Nibelungen* (*Die Nibelungensage in der Klage*, H. Z., III, 193-218), énumérant les héros qui paraissent dans la *Plainte*, il fait la remarque suivante, à propos de *Goldrun, Liudigers von Frankreich Tochter*, (p. 203) : « aussi bien le père que la fille sont *inconnus à tout autre poème*. » — De même, M. E. Wilken (*Göttingische Gelehrte Anzeigen*, 1872, p. 2029, note 2), observe expressément que la Goldrun de la *Plainte* doit être rapprochée non de notre Gudrun, mais de la Gullrönd, qui paraît dans le premier chant de Gudhrun de l'*Edda* de Saemund.
3. Sur ce nom de Liudiger de France comme représentant typique des rois de France dans la légende héroïque allemande, cf. *Kudrun*, éd. p. K. Müllenhoff, Préface, p. 100.

CHAPITRE IV.

LA LÉGENDE DE GUDRUN : SES RAPPORTS AVEC LA LÉGENDE D'HILDE SONT PUREMENT EXTÉRIEURS ; ELLE N'EST PAS D'ORIGINE MYTHOLOGIQUE ; PEUT-ÊTRE EST-ELLE HISTORIQUE. CONCLUSION : TROIS PARTIES DANS LE POÈME : UNE APOCRYPHE, UNE D'ORIGINE INCERTAINE, UNE MYTHOLOGIQUE, BASE DE TOUT LE POÈME.

C'est surtout à partir de 1845 que l'on a commencé à se livrer à des recherches concernant l'origine du poème de Gudrun (1); le caractère essentiellement mythologique de la seconde partie étant évident, il semblait naturel de voir tout d'abord si la troisième ne pouvait pas être rattachée aux mêmes sources. Aussi les hypothèses les plus diverses se sont-elles produites dans ce sens, malgré l'absence de tout document de nature à les confirmer directement, absence que nous avons constatée dans le chapitre précédent.

La plus ancienne, comme la plus hardie, parmi ces hypothèses est celle de M. A. Schott, auteur de l'introduction mise en tête de l'édition du poème publiée par M. A. Vollmer (2). Dépouillant chacune des deux légendes, que dis-je ? des trois légendes (car il n'hésite pas à comprendre dans sa discussion l'histoire d'Hilde des Indes) de ce qu'il appelle *les faits accessoires*, il arrive à ne trouver comme noyau de toutes trois que ce seul fait : la jeune fille est enlevée à son fiancé, qui la délivre après plus ou moins de luttes.

Partant de là, il en conclut que nous avons affaire dans chaque cas à une seule et même légende, qui s'est *dédoublée ou scindée intérieurement ;* suivant lui, pour employer une expression qu'il semble affectionner, nous avons tout simplement devant nous un *redoublement* de la légende.

Certes l'explication est simple et commode ; mais il serait plus difficile, selon nous, de prouver qu'elle est fondée, et surtout de montrer par quels procédés a pu s'opérer ce *redouble-*

1. La seule tentative antérieure à celle de M. A. Schott est celle de M. Mone, dont nous nous occuperons plus loin.
2. 1845.

ment ou cette scission. M. A. Schott invoque bien cette tendance dont nous avons parlé plus haut et en vertu de laquelle les poètes allemands du moyen âge aiment à préparer l'histoire de leurs héros, par une sorte de prologue, dans lequel ils retracent les destinées de leurs parents. Nous ne ferons pas difficulté de le reconnaître avec lui (l'ayant nous-même posé en principe), dans la plupart des cas, cette esquisse préliminaire offre, jusqu'à un certain point, quelque analogie avec les destinées du héros principal. Nous l'admettrons même volontiers, il en est ainsi pour ce qui concerne la *Gudrun*.

Mais comment M. A. Schott n'a-t-il pas senti que les preuves invoquées par lui à l'appui de sa théorie se retournent contre cette théorie même ? Admettons pour un instant que les aventures d'Hilde ne soient qu'un appendice artificiel, dû à la tournure d'esprit du poète ou aux habitudes littéraires de son époque. Si ce récit a été formé à l'imitation de la légende principale à laquelle il sert d'introduction, il faudrait en conclure que la légende d'Hilde a été calquée dans une certaine mesure sur celle de Gudrun, dont elle ne reproduirait qu'une partie, et, conclusion logique et nécessaire, il faudrait attribuer, gratuitement et sans preuves, à la troisième partie de notre poème une antiquité ne remontant pas moins qu'au vɪᵉ ou vɪɪᵉ siècle.

Telle n'a certes pas été l'intention de M. A. Schott. Car si, dans le poème, la légende de Gudrun occupe la plus grande place et forme comme le but et la fin vers laquelle tend tout ce qui précède, elle doit cette espèce de prééminence uniquement à la composition poétique. C'est l'art seul du poète qui, en la réunissant à celle d'Hilde, en a fait le point culminant de son œuvre et la conclusion de ses chants : c'est l'art seul du poète qui a donné cette ampleur et ce développement à la peinture de ses malheurs et de sa délivrance ; nous verrons plus tard d'où lui était venue l'inspiration et où il était allé puiser les principaux traits de son tableau.

En outre, quand M. A. Schott dit que la légende d'Hilde suit le même cours que celle de Gudrun, mais qu'elle n'est pas conduite jusqu'au bout, il affirme une chose qu'il lui serait impossible de prouver. Tous les témoignages connus sont au contraire unanimes à le démontrer, jamais la légende d'Hilde n'a été plus développée que dans notre poème, partout elle s'arrête après la tentative du père pour arracher sa fille aux mains du ravisseur ; ici, un mariage met fin à la lutte ; là, le combat engagé dure éternellement par suite d'une incantation : mais partout cette lutte forme le dernier acte, et, dans aucune rédaction, on ne trouve rien d'équivalent à l'expédition libératrice, qui va mettre fin à la captivité et aux humiliations de Gudrun.

A la vérité, de même que le nom d'Hilde se retrouve au nombre des Walkyries, de même on a prétendu reconnaître Gudrun dans la Walkyrie Gunr. Or les Walkyries sont, comme l'on sait, des dédoublements, des multiplications d'une seule et même déesse, Freya. On pourrait donc se représenter assez facilement l'histoire de ces deux Walkyries comme procédant l'une de l'autre, et leurs noms comme alternant indifféremment dans deux récits de provenance identique.

Quelque apparence spécieuse qu'ait ce raisonnement, il suffit, pour le renverser, de sortir des généralités où s'est complu son auteur. L'illusion produite au premier abord tient surtout à une confusion que commettent trop volontiers certains critiques, lorsqu'ils se lancent sur le terrain mythologique. On ne distingue pas assez en général entre l'époque, où sont nés les mythes qui servent de base à la légende héroïque, et celle où, passés à l'état de simples récits, ils ont été fixés définitivement comme œuvre d'art par un poète s'inspirant de la tradition orale et des chants populaires qu'il entend autour de lui.

Que le mythe se transmette de bouche en bouche et de génération en génération pour arriver au poète à l'état de légende toute formée, que le travail du poète consiste simplement à disposer avec habileté les matériaux qui lui arrivent ainsi, nous sommes les premiers à le constater et la transmission de la légende d'Hilde, que nous pouvons suivre presque pas à pas, nous en offre un exemple frappant. Mais ce qu'elle nous prouve d'une manière non moins claire, ce qu'il ne faut jamais perdre de vue, c'est qu'en se transmettant de siècles en siècles le mythe va sans cesse se dénaturant : il ne garde pas longtemps sa valeur, sa signification primitives. Dès qu'il est arrivé à l'état de légende, le peuple même chez lequel il est né, au sein duquel il s'est conservé, n'a plus conscience de son origine. Les noms des héros, qui primitivement n'étaient que des abstractions personnifiées, des forces de la nature divinisées, ne disent plus rien à son esprit, ne lui rappellent plus en rien leur origine mythologique. Pour lui, ce qui continue à le frapper, c'est la grandeur merveilleuse attachée à leurs actions ; il sent peut-être parfois que ce sont des hommes plus grands, plus forts que ceux de la génération actuelle, des représentants de ce bon vieux temps, où tout était sinon plus parfait, du moins plus prodigieux, où les actions étaient plus éclatantes : mais le plus souvent c'est tout. Quelquefois même le héros primitif cède ou partage sa place : un guerrier illustre, réellement historique, se présente et, par l'effet de ces mille caprices auxquels obéit la transformation des légendes et leur dégradation jusqu'à l'état de conte, il est associé aux hauts faits du premier et finit par le supplanter.

Sans doute, le sens primitif du mythe gît toujours dans les noms et les faits de la légende ou du conte ; mais, nous le répétons, il n'est plus compris. Seule la critique scientifique, à l'aide de ses procédés d'investigation, remet en lumière, souvent non sans peine, les affinités originelles. Mais qui donc, au xie ou xiie siècle, eût pu songer, aux bords du Rhin ou au pied des Alpes, à la parenté mythologique d'Hilde et de Gunr? Et quelle science objective ne faudrait-il pas supposer chez un chanteur de cette époque, pour le croire capable d'avoir opéré le dédoublement de la légende sous l'empire d'une idée de ce genre? Que Snorri qui compilait les anciennes traditions mythiques de sa nation, que Saxo même qui les affublait d'un manteau historique, aient eu encore conscience de l'élément primitif, qui faisait le fond de cette légende, on le concevrait à la rigueur. Pour le poète allemand du xie ou xiie siècle, de même que pour la grande majorité de ses contemporains, Hilde n'était plus que l'héroïne d'une histoire d'aventures, comme toutes celles dont les récits charmaient les loisirs des dames et des chevaliers d'alors.

Et puis enfin, en dehors de toutes ces impossibilités logiques, il resterait à montrer que Gunr et Gudrun sont une seule et même personne. Où sont les preuves de cette identité? Pour Hilde et la Walkyrie Hildr, elles abondent ; mais pour Gunr et Gudrun, on n'en a pas une seule à produire. En l'absence de tout témoignage direct, fera-t-on violence à la linguistique pour rapprocher phonétiquement les deux formes Gunr et Gudrun? Prétendra-t-on, au contraire, tirer du caractère comparé des héroïnes une preuve qui fait défaut partout ailleurs? Autant le caractère démoniaque de la Walkyrie éclate encore dans Hilde, autant la figure douce, aimable et pacifique de Gudrun forme avec celle de la belliqueuse Gunr un contraste frappant.

Notons en outre que le procédé d'abstraction employé par M. A. Schott, et repris plus d'une fois depuis, est assez violent. A ce compte, combien de légendes ne pourrait-on pas invoquer ici comme issues directement et tout d'une pièce les unes des autres ? Et pourtant, si rigoureusement qu'ait procédé M. A. Schott dans l'élimination de ce qu'il appelle « les circonstances accessoires », les destinées des trois jeunes filles, réduites à leur plus simple expression, n'en restent pas moins très différentes. L'histoire de chacune d'elles ne se résume pas, comme le voudrait M. A. Schott, dans cette simple phrase : la jeune fille est enlevée violemment à son fiancé, qui la délivre après plus ou moins de luttes.

Où est donc ce fiancé auquel Hilde des Indes est enlevée violemment ? Hagen la rencontre par hasard dans l'île des Griffons et l'épouse après l'avoir délivrée. Mais avant d'être échappé lui-même des serres du griffon, jamais il n'avait vu Hilde, jamais il ne lui avait été fiancé.

Hilde II est-elle donc enlevée violemment à son fiancé ? Loin de là, c'est son amant qui l'enlève, ou plutôt elle suit de bon gré ses émissaires, elle s'enfuit de concert avec eux, et tous deux s'attirent par là le courroux d'Hagen.

Seule, on le voit, Gudrun est bien réellement ravie à son fiancé, seule elle souffre de longues années dans un véritable esclavage, seule elle est plus tard délivrée par lui.

Sans doute, les trois récits offrent quelques traits de ressemblance ; car tous trois reposent au fond sur un même fait : l'enlèvement d'une jeune fille ; sans doute, c'est même cette similitude qui a pu, à un moment donné, pousser un poète habile à les réunir ; mais de là à conclure à leur identité, il y a loin (1).

A la vérité, cette identification avait quelque chose de séduisant. Car, il faut bien l'avouer, le mythe qui sert de base à la légende d'Hilde s'expliquerait encore bien plus facilement et bien plus complètement à l'aide de la légende plus développée de Gudrun. Si, en effet, la jeune fille enlevée est, comme on s'accorde à l'admettre, la personnification de la terre renaissante, l'image de la parure qui la couvre en été, sa délivrance au printemps a dû être précédée d'un rapt en automne.

L'explication une fois trouvée, il s'agissait de découvrir à la légende ainsi commentée des antécédents mythologiques. C'est

---

1. On trouvera peut-être que nous avons insisté bien longuement sur la tentative de M. A. Schott ; mais, outre qu'elle est une des plus sérieuses qui aient été faites dans ce sens et qu'elle jouit encore en Allemagne d'un certain crédit, elle touchait à des questions de principes et de méthode, sur lesquelles il nous a semblé préférable de nous expliquer à fond une fois pour toutes.

ce qu'a tenté, entre autres, M. E. Martin (1) et il a proposé, comme prototype de la légende de Gudrun, celle d'Idun telle que la rapporte l'*Edda* de Snorri (2). Mais lui-même n'a pas tardé à convenir que sa tentative était trop hardie, que la comparaison essayée reposait, d'une part, sur des ressemblances trop vagues, trop générales, que, d'autre part, la concordance observée dans quelques points secondaires pouvait être toute fortuite, et que rien enfin n'autorisait à poser avec quelque vraisemblance une telle conclusion (3).

Ces échecs multipliés n'ont pas arrêté l'ardeur des critiques, et, tout récemment encore, une nouvelle hypothèse a été produite par M. E. Wilken. Elle a au moins le mérite de la hardiesse et de la singularité. Partant de l'impossibilité trop constatée de trouver à la légende de Gudrun une origine assurée quelconque, M. E. Wilken (4) pose en principe, qu'il n'y a jamais eu, à proprement parler, de légende de Gudrun, et que notre poème se compose d'une fusion, assez compliquée comme on va le voir, entre diverses rédactions des légendes d'Hilde et d'Hildebourg.

Pour cela, il divise tout le poème en quatre parties : 1° les

1. *Heidelberger Jahrbücher*, 1867, I, 50 sq.
2. *Edda Snorra Sturlusonar* (Hafniae, 1848-87, 3 vol. in-8°. [Cette édition nous sert pour toutes les citations de l'*Edda* de Snorri]) : *Bragarœdhur*, I, 208; cf. *Der Mythus von Thor* par L. Uhland dans ses *Schriften zur Geschichte der Dichtung und Sage*, VI, 66 sqq.
3. Avant M. E. Martin, un autre éditeur de notre poème avait tenté un rapprochement du même genre : nous nous contenterons de le citer ici, pour montrer jusqu'où peut aller l'arbitraire, quand on s'en tient aux ressemblances les plus douteuses et que, de propos délibéré, on élimine comme « accessoire » tout ce qui serait en contradiction avec le résultat préconçu. Dans son édition de la *Gudrun* (1858), M. W. von Plönnies avait essayé (p. 233 sq.) d'identifier l'histoire de Gudrun avec celle de Syritha, telle que la rapporte Saxo Grammaticus (éd. de P. E. Müller, I, 330 sq.). Mais ses assertions sont aussi peu fondées que celles de M. Martin à propos d'Idun et se heurtent aux mêmes objections. — Nous n'insisterons pas non plus sur le rapprochement tenté par M. Bugge, *Untersuchungen* (p. 98 de la traduction allemande) entre la légende des Hjadninge et les légendes de Jason, Médée et Aétès d'une part, de Cadmus, Europa et Agénor d'autre part. L'auteur a promis de prouver plus tard le bien-fondé de son hypothèse : jusqu'à plus ample informé, nous ne pouvons qu'y voir un résultat de la tendance qui pousse M. Bugge à trouver partout dans la légende germanique des emprunts ou des réminiscences de l'antiquité chrétienne ou classique.
4. Cf. *Göttingische Gelehrte Anzeigen*, 1872, p. 2027-2029.

aventures d'Hagen, dont nous n'avons pas à nous occuper ici ; 2° celles d'Hilde ; 3° celles de Gudrun jusqu'au combat du Wülpensand ; 4° l'expédition libératrice et le retour de Gudrun. Mais il s'agit maintenant de retrouver la légende qui fait le fond de chacune de ces parties ; dès lors M. E. Wilken devient beaucoup moins affirmatif. Pour lui la légende n° 2 (les aventures d'Hilde) s'identifie, non plus, comme il semblerait naturel, avec la légende d'Hilde dans Snorri, Saxo et autres, mais, rapprochement au moins hasardé, avec celle d'Herbort et d'Hilde dans la *Thidrekssaga* (1). A la vérité, il avoue que la *Thidrekssaga* nous en donne le fondement historico-légendaire très obscurci. Bien obscurci en effet, comme nous le verrons plus tard : qu'il nous suffise, pour le moment, de faire observer, qu'indépendamment de toutes les différences que l'on peut relever dans l'action, pas un des personnages, si ce n'est Hilde, n'est commun aux deux légendes.

De même, la légende d'Hilde dans l'*Edda* de Snorri devient, avec M. E. Wilken, la source de l'histoire de Gudrun jusqu'au combat sur le Wülpensand. Sans doute, à ne considérer que la marche de l'action, les faits ne sont pas sans offrir quelque ressemblance (2). Mais par quel effet du hasard ou par quelle savante combinaison les noms d'Hilde, Hetel, Hagen, qui se retrouvent dans Snorri, Saxo et Gunnlaug d'une manière identique à notre légende n° 2, auraient-ils subitement et tous ensemble disparu de la légende n° 3, pour faire place aux noms nouveaux de Gudrun, Herwig, Ludwig, et aller prendre dans la légende n° 2 la place de ceux d'Herbort, Dietrich, Artus, Hildebourg, etc... ? C'est ce que M. E. Wilken n'explique pas et pour cause : car, essayer même d'énoncer ce prétendu changement, c'est en montrer suffisamment toute l'obscurité et l'impossibilité.

Même remarque pour la légende n° 4, qui correspondrait à celle d'Hildebourg dans *Biterolf et Dietleib*.

Avouons-le donc, en terminant cet examen peut-être déjà trop long, jusqu'à la découverte, malheureusement bien peu probable maintenant, d'autres sources ou d'autres documents, rien ne

---

1. *Saga Didriks Konungs af Bern*, éd. p. R. Unger (Christiania, 1853, in-8°), chap. 233-239.

2. Sauf ce point capital qu'il ne faut jamais perdre de vue, à savoir qu'Hilde suit volontairement son ravisseur, tandis que Gudrun, déjà fiancée, est brutalement enlevée par un rival éconduit.

nous autorise à attribuer à la légende de Gudrun une origine mythologique, rien ne nous permet de déterminer dans quel rapport elle se trouvait vis-à-vis celle d'Hilde avant la composition de notre poème. Le plus sûr est donc de considérer ces deux légendes chacune pour soi et de regarder le lien, qui les unit maintenant, comme purement extérieur, conventionnel et fortuit (1).

Il ne resterait par conséquent, si l'on veut expliquer l'origine de la légende de Gudrun, qu'à admettre pour elle un fondement historique. Or, bien que sur ce terrain aussi tout point de repère fasse défaut, les plus grandes vraisemblances sont pour le bien-fondé de cette solution.

Néanmoins, le premier essai sérieux tenté dans cette direction n'a pas été heureux. En fouillant l'histoire des Francs et des peuples du Nord vers le ixe siècle, M. Mone a cru reconnaître l'origine des aventures prêtées à Gudrun dans les destinées de Judith, fille de Charles-le-Chauve, qui épousa successivement Aethelwulf d'Angleterre, puis son fils et successeur Aethelbald et enfin Baudouin Bras-de-fer, comte de Flandre. Il part de la supposition que les faits se passent entre les Anglo-Saxons et les Frisons de la terre ferme ; or, il est pour le moins douteux que la légende de Gudrun ait jamais émigré, ne fût-ce que temporairement, des côtes de la Séelande à celle de l'Angleterre. Quoi qu'il en soit, voici les faits sur lesquels M. Mone croit pouvoir s'appuyer (2).

En 855, le roi d'Angleterre Aethelwulf alla à Rome avec son fils Aelfred, et, en chemin, s'arrêta à la cour du roi de France Charles-le-Chauve. A son retour, en 856, il épousa Judith, fille de Charles-le-Chauve, et le mariage eut lieu à Verberie. Mais, Aethelwulf étant mort dès 858, son fils et successeur Aethelbald épousa sa belle-mère Judith et mourut aussi quelques années plus tard, en 860. Alors Judith revint à la cour de France avec de grands trésors, mais pour se remarier, bientôt après, une troisième fois. Baudouin Bras-de-fer, comte de Flandre, était amou-

---

1. Nous devons repousser, pour des raisons analogues, les tentatives du même genre faites par Wilmanns (*Die Entwickelung der Kudrundichtung* [1873], p. 221 sqq.) et par B. Symons (p. 11-18 de la préface de son édition de *Gudrun*). Ces procédés de fusion sont trop compliqués pour avoir pu être l'œuvre de la poésie populaire.

2. Mone, *Quellen und Forschungen*, etc., p. 102 sq.; cf. *Hincmari Rem. Annal.* ap. Pertz, *Mon. Germ.*, I, 450-451 ; 456-462.

reux d'elle, et elle de lui ; il se concerta avec Louis, frère de Judith, et enleva cette princesse déguisée. Charles-le-Chauve indigné soumit le cas à une assemblée des seigneurs et des évêques du royaume ; mais Baudouin alla trouver à Rome le pape, dont les conseils opérèrent la réconciliation du roi avec sa fille, qu'il maria solennellement avec Baudoin à Auxerre en 863.

Quel point de rapprochement peut-il bien exister entre cette histoire et celle de Gudrun ? M. Mone en trouve cependant, et l'argument le plus fort qu'il produise consiste à dire que, Judith se disant en allemand *Jutta*, et Jutta étant dans les traditions allemandes une espèce de sorcière ou de fée malfaisante, Judith ne fait qu'un avec Gudrun, qu'on s'est habitué à regarder, dès les temps les plus anciens (du moins c'est M. Mone qui le dit), comme une femme portant malheur (*unheilvoll*). Mais c'est précisément tout l'opposé du caractère de Gudrun, tel qu'il nous apparaît partout. Et puis, comment tous les personnages ont-ils pris ainsi des noms nouveaux ? Comment les faits qui se passent en pleine période historique, qui sont clairement et explicitement relatés dans les annales du temps, ont-ils subi tout à coup la métamorphose nécessaire pour concorder avec les données de notre poème ? Que font dans l'histoire de Judith les Danois et les Normands que nous trouvons dans la *Gudrun* ? Comment ont-ils remplacé les Anglo-Saxons et les Français de l'histoire ? Comment, à la place de l'intervention du pape, voyons-nous la querelle se continuer pendant treize années de luttes ? Autant de questions que M. Mone essaie de résoudre, sans y parvenir ; autant d'objections qu'il s'efforce en vain de réfuter. Enfin, ces faits intéressent purement l'histoire de France et l'on ne voit pas comment ils auraient pu devenir l'objet de chants germaniques et aller se fondre dans les légendes héroïques de la mer du Nord.

M. Mone nous semble plus près de la vérité, lorsque, parlant des expéditions des Normands le long des côtes de la Frise, il ajoute (p. 106) : « L'enlèvement de Gudrun, les mauvais traitements qu'elle subit, la dévastation de son pays, ne sont évidemment que de fidèles tableaux empruntés à la réalité. Il est possible que les Normands aient ainsi enlevé et maltraité mainte femme frisonne. » — Que n'a-t-il poursuivi cette idée, qui était la bonne, et laissé là Judith et ses noces trois fois répétées ?

C'est, en effet, dans ces luttes incessantes entre les populations frisonnes et normandes des côtes de la mer du Nord qu'il faut chercher le premier germe des aventures de Gudrun. On a bien signalé la ressemblance qui existe entre les destinées de Gudrun et celles d'Adélaïde, seconde femme d'Othon 1er : les années de captivité de Gudrun, les mauvais traitements que lui fait subir Gerlinde, dont elle se refuse à épouser le fils, la fidélité d'Hildebourg offrent certainement de frappantes analogies avec le triste sort de cette malheureuse princesse; mais, comme nous l'avons déjà dit, ce point de rapprochement est purement extérieur ; il ne touche qu'à la forme poétique, œuvre d'un des derniers chanteurs qui nous ont légué la *Gudrun* dans son état actuel et dans laquelle il a recueilli un écho des récits émus que suscitaient alors de toutes parts en Allemagne les souffrances d'Adélaïde. Sans doute, la triste histoire de celle-ci a pu lui servir de modèle pour élargir, amplifier et embellir le récit des épreuves de Gudrun; sans doute, c'est au souvenir des traitements indignes subis par Adélaïde à Côme que nous devons la peinture émouvante de la captivité de Gudrun chez les Normands. Mais les faits, qui constituent le fond de notre légende, sont indépendants de ces amplifications poétiques et remontent à une bien plus haute antiquité.

On peut, avec les plus grandes probabilités et sans aucune exagération, les reporter au xe et même au ixe siècle. A cette époque, sous le règne de Charlemagne, et plus encore sous celui de ses faibles successeurs, un petit royaume frison ou danois avait bien pu se constituer d'une manière indépendante sur les côtes de la mer du Nord, entre les bouches du Rhin et de l'Elbe (1). Or, vers le même temps, les incursions des Danois et des Norwégiens dans ces parages recommençaient avec plus de fureur que jamais et leurs flottes infestaient les bouches de tous les fleuves qui se jettent dans la mer du Nord et même dans l'Océan Atlantique, depuis le Rhin, la Meuse et l'Escaut jusqu'à la Seine et la Loire. On sait que, par le traité de Saint-Clair-sur-Epte (912), ils obtinrent la Normandie actuelle où ils s'établirent. Vers ce temps donc une princesse frisonne ou danoise du nom de Gudrun a bien pu être enlevée par les Normands, maltraitée par leur chef, aux volontés duquel elle refusait de se rendre, et, après de longs tourments, qui avaient mis en relief sa fidélité

---

1. Pour ne citer qu'un exemple, en 826, Louis-le-Pieux donna au Danois Harald, qui s'était fait baptiser, le comté de Rüstringen en Frise, pour protéger la côte contre les Normands; de même, Rorich reçut le Kennemerland dans la Frise occidentale et Hemming une partie de la Séelande hollandaise.

envers son fiancé, délivrée par les Frisons et les Danois unis contre les éternels dévastateurs de leurs côtes.

Si nous consultons en effet les récits nordiques, nous y trouvons la confirmation indirecte des faits que nous venons d'avancer. Pendant longtemps les Sagas parlent en termes vagues des expéditions des hommes du Nord contre le Valland. Sous ce nom de Valland, elles paraissent entendre les contrées situées aux bouches de l'Escaut, de la Meuse et du Rhin, et plus généralement le pays compris entre le lac Flévo et la côte de la Belgique actuelle. Ainsi, Frothon V fit une expédition contre le pirate frison Vitthon, pénétra dans les terres et soumit pour quelque temps la Frise Occidentale. De même, quelques siècles plus tôt, on voit Lofde, fils du roi de Norwège Halfdan-le-Vieux, s'établir dans le Jütland et de là ravager, avec ses frères Audle et Budle, les côtes du Valland et de la Saxe.

Quant aux enlèvements de jeunes princesses, qui étaient le plus souvent le but ou la conséquence de ces expéditions, ils nous sont encore attestés par maint récit des Sagas ou de Saxo. Ainsi, Svafurlami, roi de Gardariki, avait tué en duel Jotun Thiassi et avait épousé sa fille, emmenée prisonnière avec le butin ; il lui arriva à peu près la même chose. Un berserkir, Arndgrim, débarqua dans son royaume, le tua et épousa sa fille Eyvor (1). De même, Gunnar, pirate suédois, attaqua Regnald, roi de Norwège. Celui-ci, avant de marcher à l'ennemi, cache sa fille Moalde avec des vivres et de nombreux trésors dans une grotte écartée ; mais il est vaincu et tué dans le combat. Le vainqueur pénètre alors dans la retraite de la jeune fille, s'empare des trésors accumulés près d'elle et l'épouse (2).

Que Gudrun ait été réellement emmenée en esclavage dans la Normandie française, c'est ce que notre poème, sous sa forme actuelle, admet sans conteste. Mais, on le sait, partout où les Normands sont cités dans la légende héroïque allemande, ou plutôt dans les œuvres plus ou moins tardives qui nous l'ont transmise, c'est toujours de cette contrée qu'il est question. Pour le poète du XIe au XIIIe siècle, aussi bien que pour ses auditeurs, il n'y a plus d'autres Normands que ceux de France.

1. *Saxo Grammaticus*, Livre V, cité par Depping, *Expéditions maritimes des Normands*, I, 54-55. Inutile de faire observer qu'ici encore l'histoire s'est rapidement fondue dans la légende et la mythologie.

2. *Kianesinga Saga*, Chap. IV, citée par Depping, *ibid.*, I, 49. — Cf. d'autres exemples ci-dessus, p. 4-5.

Cependant, il est naturel de croire qu'on entendait, à l'origine, par la Normandie où se passent les aventures de Gudrun, une de ces stations éphémères (trop petites et trop peu durables, en réalité, pour mériter le nom de royaumes), que les Normands fondèrent de temps en temps aux bouches de l'Escaut jusqu'à leur défaite par Arnulf à la bataille de Louvain (891), et d'où ils poussaient leurs incursions jusqu'à Cologne, Aix-la-Chapelle, Coblence et Trèves (845-891) (1). C'est tout au moins ce qu'indiquent encore assez clairement quelques-unes des localités nommées dans le poème et dont la trace s'est conservée à peu près inaltérée à travers les rédactions successives. Ainsi, des noms comme Kassiâne (Cadsand), Wülpemvert, Wâleis, Morland, Seeland prouvent assez que le théâtre primitif des aventures de Gudrun était aux bouches de l'Escaut ; plus tard, une fausse érudition a dénaturé ces données, déformé les noms, déplacé les villes et les pays, fait des Normands pirates nos Normands de France, transformé les Frisons en Danois, confondu la Séelande hollandaise avec la Séelande danoise et identifié gratuitement les guerriers du Morland avec les Mores.

Naturellement, le fait matériel et ses circonstances réelles et précises furent vite oubliés : il ne resta que le vague souvenir d'une grande victoire remportée sur les Normands à telle et telle occasion ; puis, en perdant de leur précision, les événements perdirent de leur simplicité primitive, ils allèrent grandissant dans l'esprit de ceux qui en gardaient le souvenir ainsi que l'honneur. D'autres faits guerriers du même genre ne tardèrent pas à se mêler aux premiers : les actions prirent plus d'éclat, le théâtre de la guerre fut agrandi ; l'ennemi fut représenté plus fort et plus nombreux ; le prix de la victoire n'en était-il pas augmenté d'autant ? Tout cela, bien que nous ne puissions le rétablir que par induction, concorde de tous points avec ce que l'on observe dans la formation et le développement de toute légende nationale.

Notons enfin que, parmi les restes des lois anglo-saxonnes, se

---

1. Ce qui tendrait encore à le prouver, c'est que les Normands sont sur le point de rentrer dans leur pays au moment où ils font halte sur le Wülpensand. — C'est aussi à l'époque d'Arnulf et précisément dans les mêmes parages que nous reporte Sifred le Danois, dont parle M. Steenstrup (*Danske Kolonier i Flandern*, etc...) et dont il sera question plus tard, Livre III, Chap. 1, à propos de la géographie du royaume de Siegfried de Morland.

trouvent deux traités entre Anglo-Saxons et Danois, où l'on voit apparaître le nom de Gudrun.

Le premier de ces traités (1) aurait eu lieu, selon Kemble, en 878 ; conclu à Wedmore entre Alfred, au nom de son peuple, d'une part, et Gudrun, au nom des Danois, d'autre part, il avait surtout pour but la délimitation des terres occupées sur la côte orientale de l'Angleterre par ces derniers. Quelques années plus tard, vers 901-905, un autre roi danois du même nom conclut un nouveau traité avec Edouard-l'Ancien (2).

Sans doute, le nom de Gudrun s'applique ici à un homme ; mais, d'une part, il s'applique à un Danois, et prouve après tout que le nom de Gudrun existait réellement vers le IXe siècle parmi les Danois. D'autre part, ce transfert d'un nom d'homme à une femme, ou réciproquement, n'a rien de surprenant ; on en a plus d'un exemple dans la légende héroïque allemande. Ainsi, dans la basse Lorraine, la légende a transformé Brunehault en un roi (3).

On comprend facilement qu'une histoire de ce genre devait offrir un certain degré de ressemblance avec la légende d'Hilde ; d'un côté comme de l'autre c'est un enlèvement qui forme la base du récit. On conçoit donc que le jour où les deux légendes arrivèrent à être rapprochées, assez dissemblables pour pouvoir être attribuées à deux héroïnes différentes, elles présentaient en même temps ce degré d'analogie, que les poètes du moyen âge aiment, comme nous l'avons vu, à établir jusqu'à un certain point entre les destinées d'une mère et celles de sa fille.

De quelle manière, où et quand s'opéra cette fusion ? C'est ce qu'il est assez difficile de déterminer et ce que nous n'avons point à rechercher actuellement. Qu'il nous suffise, pour le moment, d'avoir bien établi ces deux points : que la légende de Gudrun n'a certainement pas une origine mythologique, mais

---

1. Cf. R. Schmid, *Die Gesetze der Angelsachsen* (Leipzig, 2e éd., 1858, in-8°), Introduction, p. XXXVIII et *Paix d'Alfred et de Gudhrun*, p. 106. L'un des mss. reproduits par M. Schmid donne la forme *Gùdhrùm*, mais l'autre porte *Gùdhrùn* et le texte latin des *Pseudoleges Alfredi regis et Godrini* (ibid., p. 424) reporte aussi à la forme *Gùdhrùn*. Le nom de *Gudrun* ou *Gudhrun*, appliqué à une femme, se retrouve, comme l'on sait, dans maint passage de l'*Edda* de Saemund.

2. Cf. R. Schmid, loc. cit., Introduction, p. XLII et *Lois d'Edouard et de Gudhrun*, p. 118.

3. Mone, *Untersuchungen zur Geschichte der deutschen Heldensage*, p. 69.

peut, avec toute vraisemblance, être rapportée à un fait historique, et que seule la légende d'Hilde nous offre un reste des mythes, qui vécurent autrefois dans la croyance des peuples dispersés sur les bords de la mer du Nord. C'est à l'examen de cette dernière légende qu'il nous reste à passer ; après être remonté jusqu'au mythe qu'elle renferme, nous grouperons à la suite de cette étude les autres et trop rares débris mythologiques épars çà et là dans notre poème et nous les rétablirons, autant que possible, sous leur forme primitive.

LIVRE II.

LES ÉLÉMENTS MYTHOLOGIQUES DANS LE POÈME DE *GUDRUN* : ORIGINE DE LA LÉGENDE D'HILDE ; LE MYTHE PRIMITIF ET LES LÉGENDES QUI EN SONT ISSUES.

CHAPITRE I.

DIVERSES FORMES DE LA LÉGENDE D'HILDE : LE RÉCIT DE SAXO GRAMMATICUS ; LA SNORRA-EDDA ; LA SAGA D'OLAF TRYGGVASON.

A propos de l'histoire de Frothon III, roi de Danemark, Saxo Grammaticus, qui vivait dans la seconde moitié du XIIe siècle, raconte ce qui suit :

« Cependant Hithin, roi d'une partie de la Scandinavie, vint
» se joindre à la flotte de Frothon avec 150 vaisseaux... Il fut
» amicalement reçu par le roi, dont les forces se trouvaient
» par là notablement augmentées. Dans la suite il s'éprit d'un
» amour, payé de retour, pour Hilde, fille d'Högni, roi des Jutes,
» jeune princesse d'une beauté célèbre. Avant de s'être vus, leur
» renommée mutuelle les avait déjà rendus réciproquement
» amoureux. Mais, dès qu'ils eurent l'occasion de se voir, ils ne
» purent plus détacher leurs regards l'un de l'autre, tant l'a-
» mour avait enchaîné leurs yeux... L'hiver passé, Hithin et
» Högni entreprirent ensemble une expédition sur mer. Car
» Högni ignorait encore l'amour d'Hithin pour sa fille. Högni
» était d'une haute stature et d'un esprit subtil ; quant à Hi-
» thin, il était beau de corps, mais petit de taille... Puis Högni
» fiança sa fille à Hithin, après que les deux héros se furent juré
» une amitié solennelle et réciproque et eurent fait serment que
» celui des deux qui périrait violemment trouverait dans l'autre
» un vengeur... Cependant Hithin fut desservi auprès d'Högni
» par les délations de quelques courtisans et accusé d'avoir
» abusé de sa fille avant le mariage, ce qui alors passait pour
» un forfait abominable chez ces peuples. Prêtant à ces calom-
» nies une oreille trop crédule, Högni attaqua donc Hithin, qui,

» à ce moment, recueillait le tribut chez les Slaves. Mais, vaincu
» par lui, il dut se réfugier dans le Jütland. Ainsi une querelle
» privée avait porté atteinte à la paix édictée par Frothon...
» Voyant qu'il ne pouvait les réconcilier et que le père récla-
» mait plus obstinément que jamais sa fille, il décida que la con-
» testation devait se dénouer par les armes. C'était en effet le
» seul remède qu'il vît pour terminer le différend. A peine le
» combat était-il engagé qu'Hithin, frappé d'une grave blessure,
» perdit ses forces avec son sang; cependant il éprouva d'une
» manière inespérée la clémence de son ennemi. Car Högni, qui
» n'avait plus qu'un mouvement à faire pour le tuer, touché de
» sa beauté et de sa jeunesse, sentit la pitié faire place en lui à
» la haine. Il s'abstint donc de trancher par le fer la vie du jeune
» homme, qui ne tenait plus qu'à un fil. Alors en effet il était
» honteux pour un guerrier de tuer un adversaire à peine sorti
» de l'enfance ou désarmé; tant l'antique vaillance des héros
» savait s'allier à la noblesse des mœurs. Conservé par la pitié
» de son ennemi, Hithin fut donc porté par les siens à bord de
» son vaisseau. Mais, sept ans plus tard, ils reprirent la lutte
» dans l'île d'Hithinsö et se tuèrent l'un l'autre. Trop heureux
» Högni, s'il s'était montré plus cruel pour Hithin le jour où
» il l'avait vaincu. On rapporte qu'Hilde brûlait d'un tel amour
» pour son époux que, pendant la nuit, elle ressuscitait par
» ses incantations les mânes des héros, pour recommencer la
» lutte (1). »

On voit de suite le degré de conformité qui existe entre ce récit et notre légende d'Hilde. Seulement ici la légende nous est rapportée sous une forme plus simple et dégagée de toutes les additions ultérieures, de tous les embellissements poétiques, qu'y ont ajoutés les âges suivants. C'est ainsi que nous ne voyons dans la narration de Saxo aucune trace des trois vassaux d'Hetel : Wate, Frute et Horand. Leur absence s'explique facilement par ce fait, que chacun d'eux avait originairement sa légende particulière et indépendante, et que les différents récits, dont ils étaient l'objet, ne se sont soudés que peu à peu et très tard à la légende d'Hilde. L'un d'entre eux pourtant se retrouve ici; mais il occupe dans le récit de Saxo une tout autre situation que dans notre poème: nous voulons parler de Frute, qui n'est rien moins que le roi Frothon lui-même.

1. *Saxonis Grammatici Historia Danica*, éd. p. P. E. Müller (1839), Tome I, chap. v, p. 238 sqq.

Cette coïncidence peut paraître singulière : aussi quelques critiques ont-ils essayé d'en tirer parti et l'un d'eux a-t-il tenté d'expliquer l'une par l'autre et l'apparition de Frute dans la *Gudrun* et le fait que Saxo place le combat d'Högni et d'Hithin sous le règne de Frothon (1). L'influence supposée nous semble au moins problématique ; la forme, sous laquelle la légende d'Hilde s'offrait à Saxo, était encore, à peu de chose près, comme le prouve son récit, celle qu'elle a dans l'*Edda* de Snorri, celle qui se rapproche le plus du mythe primitif ; or, à l'époque même où nous retrouvons la légende d'Hilde mentionnée par Lamprecht dans sa *Chanson d'Alexandre*, des trois messagers d'Hetel, Wate seul s'est déjà mêlé aux destinées d'Hilde. Tout nous permet donc de supposer qu'au temps où Saxo recueillit la légende, Frute, aussi bien que les autres, était encore, en tant que messager ou vassal du prétendant, complètement inconnu à la rédaction qu'il utilisait.

Au reste, Frothon paraît jouer, dans le recueil des chants héroïques où Saxo a puisé les éléments de son *Histoire Danoise*, le même rôle qu'Artus dans le cycle breton, Alexandre dans celui de l'antiquité et Charlemagne dans le cycle carolingien. C'est à lui que se rapportent plus ou moins naturellement et directement tous les récits recueillis par l'auteur, comme tout dans l'épopée carolingienne se groupe autour du grand nom de Charlemagne. Et puis Saxo en a tant à nous dire sur Frothon, que, de l'unique et fabuleux Frodhi, il a fait cinq personnages différents, intercalés arbitrairement par lui çà et là dans la liste de ses rois danois ; sans compter quelques autres Frodhis ou Frothons, dont il ne fait pas des rois et sur lesquels il semble avoir reversé le trop-plein de ses mémoires : tel est par exemple Frothon, fils d'Ingeld. Rien d'étonnant dès lors, que la lutte d'Högni et d'Hithin ait lieu sous le règne d'un des Frothons, le contraire seul aurait plutôt lieu de surprendre.

Revenons à notre récit ; nous y découvrons, entre la manière dont Saxo présente les faits et la façon dont ils sont racontés dans la deuxième partie de la *Gudrun*, une petite différence, de peu d'importance, il est vrai, mais digne néanmoins d'être notée. Högni, dans le principe, ne fait aucune difficulté d'accorder à Hithin la main de sa fille Hilde : bien plus, les deux amants sont fiancés sur-le-champ. C'est seulement plus tard, quand Hithin a été calomnié auprès de lui et accusé d'avoir déshonoré

---

1. Cf. L. Klee, *Zur Hildesage* (1873), p. 16.

sa fiancée, qu'il le provoque en combat singulier ; faut-il supposer que Saxo a suivi ici une forme particulière de la légende, ou attribuer à l'un des poètes qui ont remanié la légende d'Hilde, et avant tous à Saxo lui-même, une modification arbitraire dans l'indication des causes qui provoquent la lutte ? La dernière hypothèse nous semble la plus probable, et, bien que nous ne puissions la motiver ici de suite, nous verrons plus loin qu'il n'est nullement téméraire d'accuser Saxo d'un changement apporté, de propos délibéré, aux données traditionnelles.

L'*Edda* de Snorri nous offre également une version du même récit, plus courte que celle de Saxo, mais en même temps plus conforme à l'ensemble de notre poème. Écrite aussi vers la fin du xiie siècle, l'*Edda* de Snorri est une collection de chants et de traditions, dont la composition remonte à une époque beaucoup plus reculée, et tous les témoignages recueillis par la science permettent, sans exagération, de lui assigner pour origine le ixe et même le viiie siècle.

Énumérant les diverses appellations poétiques usitées par les scaldes pour rendre l'idée de *combat*, le poète s'exprime en ces termes au sujet de l'une d'elles (1) :

« Le combat s'appelle la tempête des Hjadninge ; les armes
» s'appellent les flammes ou les verges des Hjadninge. Le récit
» suivant rend compte de ces dénominations :
» Un roi, appelé Högni, avait une fille du nom d'Hilde, qui
» fut enlevée par un autre roi, nommé Hedhin, fils d'Hjarrandi,
» pendant qu'Högni était parti à l'assemblée des rois. Sur la
» nouvelle que son royaume avait été dévasté par l'ennemi et
» sa fille ravie, Högni se mit avec sa flotte à la poursuite d'Hedhin, qui, à ce qu'on lui avait dit, s'était dirigé vers le Nord.
» Arrivé en Norwège, il apprit qu'Hedhin s'était tourné vers
» l'ouest, et, l'ayant poursuivi jusqu'aux Orcades, il l'atteignit
» enfin avec ses troupes en vue de l'île appelée Hâey. Alors
» Hilde vint trouver son père et lui offrit un collier comme gage
» de réconciliation entre Hedhin et lui ; mais, d'autre part, elle
» lui donna à entendre qu'Hedhin était prêt à la lutte et qu'Högni
» n'avait aucune concession à attendre. Högni ayant répondu
» par de dures paroles, elle revint vers Hedhin, lui annonçant
» qu'Högni se refusait à tout arrangement et l'exhortant à se
» préparer au combat. C'est ce que firent les deux héros ; ils débarquèrent dans l'île et rangèrent leurs troupes en ordre de

1. *Edda-Snorra*, I, 432 sqq : *Skaldskaparmâl*, chap. 50.

» bataille. Cela fait, Hedhin s'avança vers son beau-père Högni
» et lui offrit la paix avec une grande somme d'argent, comme
» réparation du dommage qu'il lui avait causé. Mais Högni lui
» répondit : « Si tu avais l'intention de faire la paix, ton offre est
» venue trop tard ; car j'ai tiré du fourreau l'épée nommée
» Dainsleif (1), qui a été forgée par les nains et qui, chaque fois
» qu'elle est tirée, réclame mort d'homme, cette épée qui ne
» trahit jamais et dont les blessures sont inguérissables. » —
» Hedhin repartit : « Tu te vantes de ton glaive, mais non de la
» victoire (2) ; moi j'appelle une excellente épée, celle qui fournit
» à son maître un service fidèle. » — Alors ils engagèrent le
» combat appelé bataille des Hjadninge, ils luttèrent tout le
» jour, et le soir ils regagnèrent leurs vaisseaux. La nuit sui-
» vante Hilde descendit sur le rivage où gisaient les morts et
» les rappela à la vie par son art magique. Le lendemain les
» rois retournèrent sur le champ de bataille et luttèrent de nou-
» veau de même que tous ceux qui étaient tombés la veille.
» Ainsi ce combat se prolongea de jour en jour, et chaque fois
» ceux qui étaient tombés, ainsi que les armes éparses sur le
» champ de bataille et toutes les armures étaient changés en
» pierre ; mais, dès les premiers rayons du jour, tous les morts
» ressuscitaient pour reprendre la lutte avec leurs armes re-
» devenues aussi aptes à être maniées. Les légendes rapportent
» qu'il est dans la destinée des Hjadninge de rester ainsi jus-
» qu'au crépuscule des Dieux. »

Enfin, il existe une troisième version encore plus détaillée du même récit, version qui nous a été conservée dans une Saga islandaise du xive siècle, peut-être même de la fin du xiiie. Cette légende est connue sous le nom de *Saga* ou *Geste d'Hedhin et d'Högni* ou encore sous celui de *Geste de Sörli*. Bien qu'ayant primitivement existé à l'état indépendant, elle ne nous est parvenue qu'incorporée par l'un des rédacteurs de la grande *Saga d'Olaf Tryggvason* à l'histoire de ce roi, avec laquelle elle n'avait rien de commun. L'interpolateur l'a fait servir ici, en la dénaturant un peu, selon toute vraisemblance, à la glorification d'Ivar, l'un des vassaux d'Olaf. Abstraction faite des détails et des longueurs, en voici la substance :

« Il arriva un jour que Freya, dans une promenade, passa

---

1. C'est-à-dire : laissée par Dain.
2. C'est-à-dire : vante ton épée tant que tu voudras, tu n'en es pas pour cela plus sûr de la victoire.

» près de l'atelier souterrain, où travaillaient quatre nains ; à
» ce moment, ils forgeaient justement un collier d'une beauté
» merveilleuse appelé *Brisinga Men*. Cette parure plut beaucoup
» à Freya, qui essaya de l'acheter aux nains. Mais ceux-ci ne
» consentirent à la lui céder qu'à une condition, c'est que Freya
» passerait successivement une nuit avec chacun d'eux et leur
» permettrait de jouir de ses charmes. Poussée par la cupidité,
» la déesse accepta ces propositions déshonorantes et, la qua-
» trième nuit écoulée, se retira toute joyeuse avec sa parure.

» Mais ce scandale ne resta pas longtemps caché : Loki, chargé
» par Odhin de lui rapporter tout ce qu'il apprenait, vint lui
» annoncer l'action honteuse de Freya. Odhin ordonna alors à
» Loki de dérober adroitement à Freya cette parure si indigne-
» ment acquise. Quelque difficile que fût l'entreprise, Loki,
» forcé d'obéir à l'ordre d'Odhin, la tenta et réussit. Il se glissa
» de nuit, sous la forme d'une mouche, dans la *Skemma* (1) de
» Freya et détacha adroitement le Brisinga Men pendant son
» sommeil. Le lendemain matin, Freya n'eut pas plutôt aperçu
» le vol qu'elle en devina l'auteur (2) et alla se plaindre à Odhin.
» Accablée de reproches par son époux, qui lui fait honte de la
» manière dont elle a acquis le Brisinga Men, elle en obtient
» cependant la restitution, mais Odhin y met une condition for-
» melle : Freya devra rendre ennemis deux rois puissants, dont
» chacun commande à vingt rois vassaux, les exciter l'un
» contre l'autre et faire qu'ils s'entre-tuent ; et néanmoins telle
» devra être leur destinée qu'à peine tombés ils ressusciteront
» chaque fois pour recommencer sur-le-champ et incessamment
» la lutte ; et ce combat implacable durera jusqu'à ce qu'un
» héros chrétien survienne, les immole définitivement avec ses
» armes et leur donne enfin le repos qu'ils attendent en vain
» depuis si longtemps.

» Or, en ce temps vivait dans le Serkland (ou pays des Sarra-
» sins) un roi puissant nommé Hedhin. Vingt autres rois étaient

---

1. C'est à proprement parler l'appartement des femmes ; cf. *Edda Saemundar hinns Fróda* (Havniae, 1787-1828, 3 vol. in-4), Tome I, p. 662. [C'est cette édition qui nous sert pour toutes les citations de l'*Edda* de Saemund.]

2. On sait en effet que Loki a, dans l'Olympe nordique, la plus détestable réputation ; c'est lui qui joue aux Dieux et aux Déesses les tours les plus pendables ; c'est une espèce de Thersite, lâche et laid comme lui, médisant et calomniateur comme lui ; Freya surtout a plus d'une fois à se plaindre de lui.

» ses vassaux : un jour d'hiver, en traversant un bois, il ren-
» contra une femme d'une beauté merveilleuse, assise sur une
» chaise. C'était la Walkyrie Göndul. Elle se fait raconter ses
» exploits par le héros; puis, comme il lui demande si elle
» connaît un roi digne de lui être comparé, elle lui nomme le
» puissant roi de Danemark, Högni, le vainqueur de Sörli-le-
» Fort (1). Ensuite, par ses discours artificieux, elle arrive si
» bien à lui monter l'esprit, qu'il ne rêve plus qu'une chose, se
» mesurer avec Högni. Dès le printemps suivant, il s'embarque
» pour le Danemark, accompagné d'une suite nombreuse. Ami-
» calement accueilli par Högni, il s'essaye avec lui dans toutes
» sortes de luttes artistiques et chevaleresques ; mais aucun
» des deux ne peut triompher de l'autre. Alors ils se lient de
» l'amitié la plus étroite et concluent ensemble un pacte de fra-
» ternité guerrière (2).

» Un jour cependant qu'Högni était parti en expédition et
» qu'Hedhin était resté en Danemark, pour veiller sur le royau-
» me, la femme merveilleuse lui apparaît de nouveau dans un
» bois et lui présente un breuvage enchanté. A peine Hedhin y
» a-t-il porté les lèvres, qu'il oublie tout son passé, son serment
» solennel et son amitié avec Högni. Alors Göndul enflamme
» ses désirs pour la belle Hildr, fille d'Högni, à tel point qu'à
» peine rentré au palais Hedhin tue la femme d'Högni, pille ses
» trésors, enlève Hildr et s'embarque à la hâte avec elle.

» De retour dans son royaume, Högni apprend ce qui s'est
» passé et s'élance à la poursuite du ravisseur. Mais chaque
» soir il arrive toujours à l'endroit où Hedhin s'était embarqué
» le matin. Une après-midi enfin il aperçoit les voiles de la flotte
» d'Hedhin et l'atteint sur l'île de Hâ. Alors s'engage un terrible
» combat. Hildr le contemple, assise sur le haut d'une colline
» voisine. L'ordre d'Odhin s'accomplit ; jour et nuit ils combat-
» tent; à peine tombés dans la mêlée, ils ressuscitent pour con-
» tinuer la lutte.

» Or, cela durait ainsi depuis 143 ans (283 selon d'autres tra-
» ditions), lorsqu'un jour Ivar, l'un des vassaux d'Olaf, aborda
» dans l'île. Chargé pendant la nuit suivante de monter la
» garde sur la plage, il aperçut vers minuit les combattants, et,
» marchant droit sur eux, les frappa de son épée. Ainsi fût

---

1. C'est de ce dernier que la Saga a reçu son second titre de *Geste de Sörli* (Sörlathattr).
2. C'est ce qu'on appelle en allemand une *Blutsbrüderschaft*.

» rompu le charme imposé par Odhin : subitement tous tombè-
» rent frappés d'une mort définitive et rendus pour toujours au
» repos de la tombe, qu'ils avaient attendu si longtemps en
» vain. Le lendemain matin, il n'existait plus aucune trace
» d'eux dans l'île ; seul le sang qui souillait l'épée d'Ivar témoi-
» gna de la véracité de son récit et de la réalité du terrible
» combat qu'il avait livré dans la nuit (1). »

Avant de comparer entre elles ces trois formes de notre légende et de chercher à les éclairer l'une par l'autre, il nous semble à propos de dire quelques mots en particulier de cet étrange récit de la *Saga d'Olaf*. Ce qui frappe tout d'abord dans cette narration, c'est un mélange choquant d'éléments chrétiens et païens : la maladresse avec laquelle les détails d'esprit et de sources diverses sont entassés les uns à la suite des autres suffirait à nous révéler, à défaut d'autre preuve, la main d'un moine plus zélé qu'habile. C'est en effet, comme nous l'avons dit plus haut, à un moine islandais, Gunnlaug, que nous devons ce singulier assemblage. Dès lors on comprend facilement que le terme du combat, fixé par la tradition païenne au *Crépuscule des Dieux*, ait été remplacé ici par l'intervention d'un héros chrétien ; car, ainsi que l'a fait remarquer Simrock (2), dans l'imagination des moines, *le Crépuscule des Dieux*, dont parlent les légendes nordiques, leur semblait un présage de la chute et de la ruine du monde païen et se trouvait exactement réalisé par l'avènement du christianisme.

Toutefois, il reste encore bien surprenant que l'annonce de ce dénouement soit placée dans la bouche d'Odhin lui-même. Peut-être Gunnlaug, quoique devenu chrétien, n'était-il pas sans éprouver encore une crainte superstitieuse pour Odhin et sa

---

1. *Saga Olafs Tryggvasonar Noregs Kongs* (1689), Tome II, chap. XVII. Cette rédaction de la *Saga d'Olaf*, la plus détaillée qui nous soit parvenue est attribuée au moine Gunnlaug ; on en place la composition vers 1330. Cf. l'Introduction de l'édition de cette Saga par le moine Oddr (Christiania, 1853), p. XV. La *Geste d'Hedhin et d'Högni*, qui, ainsi que beaucoup d'autres, a été arbitrairement incorporée par lui à la *Saga d'Olaf*, a été réimprimée séparément dans les *Fornaldar Sögur* de Rafn (I, 389-409) ; P. E. Müller en a donné une analyse en danois dans sa *Sagabibliothek* (1818), II, 570 sqq. Enfin le chapitre concernant le Brisinga Men a été reproduit par Rask en appendice à la suite de son édition de l'*Edda* de Snorri (1818), p. 354 sqq.

2. *Bertha die Spinnerin* (1853), p. 100 sqq. ; *Deutsche Mythologie*, 4ᵉ éd., p. 363.

puissance, que tout néophyte considérait volontiers comme une émanation des puissances infernales, et, dans sa naïve frayeur, il lui paraissait sans doute tout naturel qu'un héros chrétien vînt mettre un terme aux prodiges et aux maléfices des divinités païennes.

Il semble même assez probable qu'il ait eu pour but, en compulsant les éléments de la légende, de rendre ces prodiges méprisables aux yeux des néophytes. Cette tendance se montre surtout dans le soin minutieux, avec lequel il fait ressortir les circonstances honteuses, dans lesquelles Freya acquit son collier; elle apparaît enfin dans la disposition tout entière de la légende, qui, sous la forme où il la transmet, peut se résumer dans cette idée : pour satisfaire à un caprice inexplicable d'Odhin et racheter le déshonneur de Freya, deux générations entières sont maudites et condamnées à une lutte sans fin.

Mais on le voit, ce qu'il peut y avoir d'interpolations dues à l'influence chrétienne, soit pour la forme, soit pour le fond, est facile à séparer, et si, dans cette légende, nous faisons abstraction de l'épisode initial relatif au Brisinga Men et à Göndul et de l'intervention si déplacée par laquelle Ivar vient mettre fin au combat, le récit de la rivalité d'Hedhin et d'Högni concorde presque de tous points avec ceux de Saxo, de Snorri et de l'auteur de la *Gudrun*.

Passons maintenant à l'examen comparatif de ces trois rédactions, et, pour cela, cherchons d'abord à nous représenter à quel point de vue chacune d'elles a été écrite. Nous venons de voir dans quels sentiments, et, autant qu'on peut le présumer, dans quelle intention un moine avait composé ou plutôt remanié la *Geste d'Hedhin et d'Högni*; nous n'avons donc pas à y revenir.

Quant à Snorri et à Saxo, ils écrivent dans des vues diamétralement opposées : autant on peut avoir confiance dans le premier, autant il faut se défier du dernier. Bien que chrétien et lettré, Snorri n'a pas l'esprit étroit ni le zèle indiscret, qui distinguent trop souvent les nouveaux convertis; il éprouve encore une certaine tendresse pour le culte de ses pères; il raconte consciencieusement et sans parti pris tout ce qu'il a entendu : il témoigne même d'une sorte de respect pour ces restes vénérables d'un culte mourant; car enfin, s'il les recueille, c'est uniquement pour les arracher à l'oubli dans lequel ils commençaient à tomber et à la proscription dont les poursuivaient les autres membres du clergé catholique. C'est là le seul souci qui le guide en écrivant : aussi n'éprouve-t-il aucun scrupule à accueillir tout ce qu'il rencontre et sous la forme où il le rencontre. Il ne lui vient pas à l'idée de changer ce qui lui paraît incroyable, de commenter ce qui lui semble obscur, de rectifier ce qu'il pourrait trouver contradictoire ou d'expliquer ce qu'il lui arrive de ne pas comprendre de prime abord. Il compile par amour des vieilles légendes en elles-mêmes et pour conserver aux générations à venir ce trésor de récits, qui peut-être avaient plus d'une fois dans son enfance égayé les longues nuits d'hiver autour du foyer paternel.

Au contraire Saxo a des prétentions à la science et il aspire au titre d'historien ; bien plus, malgré sa crédulité, attestée par toutes les légendes mêmes qu'il nous a heureusement conservées, il n'est pas sans une espèce de scepticisme. Toutes ces antiques Sagas qu'il incorpore incessamment à son récit sont à ses yeux des ornements agréables, de brillantes digressions, surtout des développements intéressants de son histoire et leur aliment indispensable. Car il reprend son récit de si haut qu'il lui faut bien trouver çà et là les faits suffisants pour remplir le cadre de ses généalogies royales jusqu'à Harald Hildetand. Mais, dans cette attribution forcée, tous les récits prennent fatalement la teinte uniforme d'un événement historique ; de là des changements aussi considérables qu'arbitraires. Tout ce qui a une apparence de merveilleux est ramené, rabaissé au cours ordinaire des choses humaines; ce qui paraîtrait l'effet du hasard, le résultat de la fatalité (et que de fois n'en est-il pas ainsi dans les récits mythologiques ?) reçoit un motif naturel, une raison d'être plus ou moins plausible, comme nous le verrons plus loin à propos du combat d'Hedhin et d'Högni.

Bien entendu, avec toutes ces prétentions, il n'en est pas moins un homme de son temps ; il croit aux revenants, témoin l'histoire d'Asmund et d'Aswit (1), et aux sorcières, témoin la réflexion par laquelle il termine le récit de la légende d'Hilde et d'où il résulte que, pour lui, Hilde est une sorcière dont les maléfices ressuscitent les morts.

Il ne faut donc point le perdre de vue, autant Snorri s'applique à conserver fidèlement la tradition, telle qu'elle lui est parvenue, autant Saxo s'étudie à la dénaturer, à la mutiler, à l'affubler d'un manteau historique.

Ce qui frappe tout d'abord, lorsque l'on compare ces divers ré-

---

1. Cf. *Saxonis Grammatici Historia Danica* (éd. P. E. Müller), I, 242-245.

cits avec la *Gudrun*, c'est le changement introduit dans l'issue du combat par l'auteur de notre poème. Ainsi qu'on l'a vu, à peine le combat est-il engagé que, sur la prière d'Hilde, les héros se réconcilient. Au contraire, dans les trois rédactions qui nous occupent ici, les deux combattants se tuent l'un l'autre, après que les tentatives plus ou moins sincères de réconciliation faites par la jeune fille ont été inexorablement repoussées. Tout au plus Saxo suppose-t-il une suspension du combat, et encore la version accueillie par lui paraît-elle peu admissible, soit qu'elle lui ait été transmise ainsi, soit, ce qui est plus probable, qu'il l'ait arrangée à sa façon. Car si Högni a épargné Hedhin au moment où, enflammé d'un juste courroux contre lui, il le tenait sous la pointe de son épée, quelle raison peut-il bien avoir de recommencer le combat sept ans plus tard? Saxo a beau nous dire qu'il lui fit grâce de la vie « parce qu'à cette époque il était honteux de tuer un ennemi jeune et sans défense », nous avons ici un des exemples du sans gêne avec lequel il accommode les récits aux nécessités de son histoire ou aux caprices de son imagination; dans le second combat Högni et Hedhin tombent sous les coups l'un de l'autre, et cette fois, nous le répétons, rien ne devait logiquement les pousser à cette extrémité : car Saxo lui-même avoue, sans y prendre garde, qu'Hedhin était devenu le *mari* d'Hilde, et la faute plus ou moins réelle qui avait pu autrefois motiver le courroux d'Högni était réparée depuis sept ans déjà par le mariage des deux amants.

Sans revenir ici sur les raisons qui ont amené le poète de la *Gudrun* à modifier la fin de cette légende, nous pouvons donc répéter avec le témoignage des trois rédactions nordiques et danoise, que cette sombre issue est bien l'issue primitive. Aussi bien, en dehors de l'unanimité avec laquelle on la retrouve dans toutes les formes les plus anciennes de la légende, répond-elle plus exactement à la tendance essentiellement sombre de l'ancienne poésie du nord, on pourrait ajouter de la poésie primitive en général.

Il n'est pas rare, en effet, de rencontrer d'anciens récits, d'anciens mythes surtout, dont l'issue, terrible et sanglante à l'origine, a pris dans le cours des temps une tournure plus riante et plus favorable. Il en est ainsi par exemple de la légende d'*Hildebrand et Hadubrand*. Sous la forme sous laquelle nous la retrouvons actuellement dans la *Wilkina-Saga* (1) et dans le

---

1. *Wilkina-Saga* (éd. Peringskjöld), chap. 376.

chant populaire, elle se termine d'une manière heureuse par une scène de reconnaissance ; originairement au contraire elle finissait par la chute du fils, succombant sous les coups de son propre père qui le reconnaît trop tard, ainsi que l'a fait voir Uhland (1) et de la même manière que les épopées perse de Rustem et de Zorab, grecque d'Ulysse et de Télégonos, slave d'Ilja et de son fils, celte de Cuchullin et de Conloch (2).

Or, ce qu'a produit peu à peu dans d'autres légendes l'adoucissement des mœurs ou le changement de point de vue, amené souvent par un changement de religion, les nécessités de la composition poétique l'ont fait ici, comme on l'a vu, pour le poème de *Gudrun*.

Mais, il faut le reconnaître, en modifiant ainsi l'issue du combat, notre poète a obéi à des raisons plus sérieuses que Saxo et il a procédé avec plus d'habileté que lui ; il a su, avec une grande adresse, en changer simultanément le motif. Si nous nous reportons à nos trois légendes, partout nous retrouvons le même prétexte de la lutte que dans notre poème, mais partout aussi il est accompagné de circonstances qui rendent le combat inévitable et toute réconciliation impossible, même la réconciliation momentanée supposée par Saxo. L'offense y a quelque chose de brutal, de cruel et de peu motivé, qui concorde bien avec la tendance fataliste du mythe primitif. Dans l'*Edda*, en effet, comme dans la *Sörlathattr*, Hilde est enlevée par Hedhin, qui, non content de cette violation des droits et des devoirs de l'amitié, tué la femme d'Högni, dévaste son royaume et pille ses richesses. Or, tous ces crimes, il s'en rend coupable sans raison, sans motif plausible, sans provocation aucune, au mépris des serments et des liens les plus sacrés (3). Chez Saxo, il est vrai, le motif est un peu différent : Hedhin est simplement accusé d'avoir abusé de sa fiancée avant le mariage, et c'est cet unique soupçon qui excite la colère d'Högni ; encore Hedhin a-t-il été accusé à

---

1. Dans ses *Schriften zur Geschichte der Dichtung und Sage*, I, 164 sqq.
2. Cf. F. Ozanam, *Les Germains avant le Christianisme*, p. 509 ; G. Eichhoff, *Littérature du Nord au moyen âge* (1857), p. 122. — Nous rencontrerons plus loin un autre exemple remarquable du même changement à propos d'une des légendes issues du même mythe que celle d'Hilde, à propos de la légende de *Walther et Hildegonde*.
3. Tout ce qu'on peut dire, pour les expliquer, c'est que Göndul, par son breuvage, lui a fait perdre la mémoire et qu'il entre dans les vues d'Odhin que l'offense soit absolument irréparable.

faux, comme a soin de l'ajouter Saxo. On saisit ici sur le vif son désir de tout ramener à des proportions humaines et vraisemblables. Sans s'inquiéter s'il ne tombe pas lui-même dans les absurdités les plus choquantes, Saxo rabaisse le motif de cette lutte gigantesque à une petite intrigue de cour et de cœur.

On a desservi Hedhin auprès d'Högni ; on a fait croire à ce dernier que le jeune héros a déshonoré sa fiancée, *ante sponsalium sacra*. Or notons qu'Högni a déjà accordé la main d'Hilde à Hedhin ; sans doute, pour le chrétien Saxo, cela ne suffisait pas : ils n'étaient pas mariés à l'église ! C'est par ce trait de couleur locale que Saxo clôt et motive les accusations dirigées contre Hedhin!

Mais il se trahit lui-même quelques lignes plus bas et prouve, contre sa propre affirmation, que le combat avait bel et bien pour motif l'*enlèvement* d'Hilde. Lorsque Frothon essaye de réconcilier les deux adversaires il se heurte, et c'est Saxo qui le dit, à *l'obstination avec laquelle le père redemande sa fille* (1). Or rien, dans la partie précédente du récit de Saxo, ne justifie ce terme, qui contraste avec tout le reste ; c'est en effet pendant une absence d'Hedhin qu'il est accusé : au moment où Högni, ajoutant foi à ces calomnies, part plein de fureur pour aller attaquer Hedhin, ce dernier, c'est toujours Saxo qui nous le dit, est en Slavonie occupé à lever le tribut pour le compte de Frothon. De deux choses l'une, ou bien Högni n'a aucune raison de redemander sa fille, et Saxo s'est perdu lui-même au milieu des changements qu'il voulait faire subir au récit, ou bien s'il la *redemande*, c'est qu'Hedhin l'a non seulement séduite, mais bien réellement *enlevée* ; et nous revenons ainsi à la tradition acceptée par toutes les formes de la légende.

Quant au poète de la *Gudrun*, il a su rester admirablement d'accord avec lui-même. Transportant dans tout le cours de son récit les idées et les mœurs du moyen âge, c'est à elles qu'il fera appel pour motiver le combat. Pourquoi Hagen refuse-t-il sa fille aux différents princes qui briguent sa main ? Uniquement parce qu'il craindrait de se déshonorer en acceptant pour gendre un roi moins puissant que lui. Ce motif revient souvent dans les poésies du moyen âge. Ortnit, par exemple, ne trouve aucune fiancée digne de lui en Europe, parce que tous les rois de ce côté-ci de la mer (Méditerranée) sont ses vassaux ; aussi

---

1. Loc. cit. : *patre filiam pertinacius reposcente*, litem ferro decidendam edixit.

part-il pour l'Orient et va-t-il briguer la main de la fille du roi de Montabur. Les choses se passeront donc dans notre poème comme elles se passaient en réalité à l'époque où il a été composé. La haute dignité se prouvant, selon les idées du temps, par le nombre des vassaux et par les troupes dont on dispose, les alliances de familles y sont ordinairement le résultat d'une guerre. Le solliciteur n'a qu'à prouver par ses faits et gestes sa bravoure et la noblesse de son origine ; sitôt qu'il aura montré à son futur beau-père, qu'il ne lui est inférieur ni en courage, ni en puissance, rien ne motivera plus une prolongation de la lutte, rien n'empêchera plus le mariage et la conclusion d'une alliance intime. Ainsi fait Hetel dans la *Gudrun* ; il enlève Hilde et défend énergiquement contre un père courroucé sa conquête, qui, il ne faut pas l'oublier, l'a suivi volontairement. Hagen ne tarde pas à reconnaître qu'il a enfin trouvé un adversaire digne de lui : Hetel ne lui cède ni en puissance, ni en richesse, ni en bravoure ; il peut donc, sans déchoir, l'accepter pour gendre ; sa fille n'aura pas à rougir de l'époux auquel elle a, du reste, déjà donné son cœur. Dès lors, il s'arrête, trop heureux de mettre fin à un combat devenu superflu ; et c'est ainsi que maintenant la VIIIe aventure se termine par un joyeux mariage, après lequel Hagen, charmé de voir sa fille si bien établie, prend congé de la cour d'Hegelingen, et, devenu désormais inutile à la marche des événements, disparaît pour ne plus revenir.

Une dernière question reste à examiner (1), c'est celle concernant le temps où a lieu le combat. Dans l'*Edda*, si l'on s'en tient à la lettre du récit, cela ne peut faire de doute ; le premier combat a lieu de jour, les guerriers tombent et renaissent ensuite pour recommencer la lutte le lendemain matin. Cependant Saxo, Gunnlaug et l'auteur de la *Gudrun* nous semblent avoir conservé la tradition primitive en plaçant ce combat de nuit (2).

1. Nous renvoyons naturellement au chapitre, où il sera question de la géographie du poème et de celle de la légende, les détails relatifs à la localisation du combat sur tel ou tel point, variable selon les rédactions.

2. Bien qu'à la str. 487 (Martin, str. 488) M. Bartsch ait adopté la leçon *dô ez tagen begunde*, qui tendrait à faire apparaître la flotte d'Hagen à l'aurore, la leçon *âbenden* ne peut pas faire de doute. M. K. Bartsch n'a pas réfléchi en effet que le mot *âbentwint*, conservé par lui à la str. 493, contredit formellement son interprétation, de même que la str. 518, où nous lisons : *ez was gegen âbent*. Enfin le combat sur le Wülpensand, qui originairement, nous l'avons vu, terminait la seconde partie, a lieu aussi au crépuscule ; cf. str. 883-888.

Saxo nous dit en effet : « On rappporte qu'Hilde était enflammée d'un tel amour pour son mari, que *pendant la nuit* elle ressuscitait les morts par ses chants magiques, pour recommencer la bataille. » De même, c'est à minuit que, selon la *Saga d'Olaf*, Ivar, débarquant dans l'île, entend le cliquetis des armes, voit les combattants et les frappe de son épée. Au premier abord, il semblerait donc que l'*Edda* se place ici en contradiction formelle avec tous les autres récits : il n'en est rien cependant, loin de là, elle les confirme implicitement. Snorri, par un lapsus quelconque, semble bien s'être figuré le combat comme ayant lieu de jour ; mais il est vraisemblable qu'il a mal compris ou mal rendu ce trait de la légende (1). Car, d'un côté, c'est pendant la nuit que lui aussi fait, comme Saxo, ressusciter les morts par Hilde ; et, d'autre part, la manière même dont il nous retrace cette lutte montre bien que, dans la tradition à laquelle il a puisé, elle avait lieu la nuit aussi bien que la résurrection des héros.

Que dit en effet son récit ? « Le combat se continua ainsi de
» jour en jour, de telle sorte que tous les guerriers qui tombaient,
» que toutes les armes gisant sur le champ de bataille, que tous
» les boucliers *étaient changés en pierre* ; mais aux premières
» lueurs du matin, ils ressuscitaient. » — Or ce changement en pierre est un fait très commun dans la mythologie du Nord. Seulement, bien loin que le jour vienne mettre fin au charme, c'est lui au contraire qui le provoque. Dans bon nombre de légendes nordiques, des êtres de nature démoniaque, souterraine surtout, sont métamorphosés en pierres, s'ils se laissent surprendre à la surface de la terre par les premiers rayons du soleil. Sans multiplier ici les citations, inutiles à propos d'un fait si connu, rappelons seulement l'histoire du nain Alvis, qui, retenu malicieusement à la surface de la terre par Thor, est subitement changé en pierre, dès que le soleil paraît à l'horizon (2).

1. Il est encore un autre point sur lequel Snorri semble avoir altéré ou mal compris la rédaction d'après laquelle il nous a transmis la légende d'Hilde, c'est quand il excepte les deux rois de cette mort et de cette résurrection périodiques et les fait se retirer chaque soir sur leurs vaisseaux. Saxo, évidemment plus fidèle ici à la tradition primitive, dit expressément qu'ils se tuèrent l'un l'autre et que c'était pour revoir son mari qu'Hilde ressuscitait les morts. De même, dans la *Saga d'Olaf*, les deux rois tombent sous les coups l'un de l'autre et ressuscitent chaque nuit avec tous les autres guerriers pour reprendre la lutte. C'est, du reste, la condition imposée par Odhin à Freya.

2. *Edda Saemundar*, I, 274 : *Alvismál*, str. 35 ; cf. *Uhlands Schriften zur Geschichte der Dichtung und Sage*, VII, 283.

Il en est quelquefois de même des géants, témoin dans l'*Edda* de Saemund l'histoire de Hrimgerda (1).

Si donc nous admettons avec l'auteur de la *Gudrun*, avec celui de la *Geste d'Hedhin et d'Högni* et avec Saxo, que le combat a lieu de nuit, si, de plus, nous ajoutons ce trait essentiel et authentique, gardé par l'*Edda* de Snorri, qu'aux premiers rayons du jour tous les combattants avec leurs armes sont changés en pierres, nous aurons la conclusion de notre légende dans toute sa pureté primitive et avec toute sa signification mythologique.

Nous avons raisonné jusqu'ici sans nous inquiéter de la forme diverse qu'affectent dans chaque récit les noms des héros : c'est qu'en effet Hilde, Hagen, Hetel; Hildr, Högni, Hedhin ; Hilda, Högnius, Hithinus ne sont que les formes diverses des mêmes noms, et cette variété tient uniquement à des lois de transformation phonétique bien connues et aux modifications qu'ils subissent forcément en passant d'une langue dans une autre. Leur parfaite identité étant depuis longtemps hors de doute, il a paru inutile de reprendre une question déjà résolue par les philologues les plus compétents (2). Voici toutefois, pour plus de clarté, un tableau des formes diverses qu'affecte chacun d'eux :

Ancien-nordique.	Hildr, Hildur. (3)	Högni. (4)	Hedhin (5), Hethin.
Ancien-haut-allemand.	Hiltia, Hilta.	Hagano, Haguno.	... — Hëtan (6).
Documents latins du moyen-âge.	Hilda.	Hagano, Hageno.	Hetilo, Hedino, Hettini, Hetin, Hedenus, Hedinus.
Ancien-saxon.	Hild.	»	Hëdan.
Anglo-saxon.	Hild.	Hagena, Haguna.	Heoden, Henden. Hœthenn, Hiadhin?
Moyen-haut-allemand.	Hilde, Hilte (7), Holda, Holle.	Hagene.	Hetele, Hedene ?
Moyen-bas-allemand.	Hille.	»	»
Suédois et Danois.	Hilla, Hille, Helle.	Hogen, Hogene.	»
Chez Saxo.	Hilda.	Högnius, Höginus.	Hithinus.

1. T. II, p. 44-45 : *Helga Qvida Haddingia Skata*, str. 29-30.
2. Cf. J. Grimm, *Allerhand zur Gudrun* (H. Z., II, 1-5) ; K. Müllenhoff, *Zeugnisse und Excurse* (H. Z., XII, 295, 312 sqq., 386); J. Mone, *Untersuchungen* (1836), p. 62 et 84.
3. Cf. Graff, *Althochdeutscher Sprachschatz*, IV, 912.
4. Id., ibid., IV, 798.
5. Cf. J. Grimm, *Deutsche Mythologie*, 2e éd., p. 1232.
6. Dans les composés *Wolfhëtan, Pernhëtan*.
7. Dans les composés *Hiltegrin, Hiltedin, Hiltmatte*,

CHAPITRE II.

HILDE DANS LA MYTHOLOGIE DU NORD : HILDE WALKYRIE, SORCIÈRE, DÉESSE DE LA GUERRE ; RESTES DU CULTE D'HILDE ; HILDE GÉANTE, HILDE DANS LA CHASSE INFERNALE ; HILDE ET FREYA ; FREYA ET LE BRISINGA MEN ; HÖGNI ET LOKI, HEDHIN ET HEIMDALLR. MYTHE FONDAMENTAL CONTENU DANS LA LÉGENDE D'HILDE.

Nous avons dû, dans le chapitre précédent, insister particulièrement sur le motif et l'issue du combat, parce que ce sont les deux points les plus importants pour l'étude de la légende d'Hilde. Il est encore un fait sur lequel il nous faut attirer l'attention, c'est la manière dont les héros tombés ressuscitent. L'*Edda* de Snorri se contente de noter que chaque jour (ou plutôt chaque nuit, comme nous l'avons vu) ils sortaient de leur immobilité de pierre pour reprendre la lutte. La *Saga d'Olaf* nous donne déjà en plus une explication de ce réveil sans cesse renouvelé : c'est par l'ordre d'Odhin que Freya doit ainsi arranger les événements ; elle n'intervient pas en personne, il est vrai, du moins dans le récit tel que nous l'a transmis Gunnlaug. De même que dans Saxo elle a été remplacée par Hilde, de même ici elle se sert de l'intermédiaire de Göndul, dont le breuvage magique et les excitations perfides amènent Hedhin au point voulu pour que la rupture éclate entre lui et Högni. Mais, en ce qui concerne le dénouement, Göndul disparaît et implicitement c'est bien Freya qui provoque le charme, par lequel, selon la volonté d'Odhin, le combat se renouvelle chaque nuit.

Saxo enfin, comme nous venons de le rappeler, met cette résurrection sur le compte d'Hilde et il nous dit en propres termes qu'elle était due aux incantations de la jeune fille, qui, brûlant d'amour pour son mari et désireuse de le revoir, ressuscitait chaque nuit les guerriers par ses chants magiques, afin de reprendre la lutte. La nature surhumaine et démoniaque d'Hilde nous apparaît donc ici en pleine lumière.

Sans doute, son caractère mythologique est bien affaibli, bien effacé, puisque nous la trouvons rabaissée au rang d'une simple sorcière (car c'est évidemment ainsi que Saxo se la représente) ; mais il est facile de lui rendre sa véritable physionomie et de reconstruire tout son être mythique; c'est ce que nous allons essayer de faire.

Ouvrons les *Eddas*, partout nous trouvons son nom dans les Catalogues des Walkyries (1); bien plus, elle est la première des Walkyries, la Walkyrie par excellence. Au témoignage de Sturla (2), qui vivait au xiiie siècle, on appelait anciennement les Walkyries Dises (3) ou *Nymphes aériennes de la fille d'Högni*, donnant ainsi à Hilde une prépondérance marquée. C'était en effet faire des Walkyries comme le cortège, les suivantes d'Hilde et indiquer en outre qu'elles n'étaient que des émanations de la Walkyrie par excellence. Nous retrouverons au reste le même fait plus loin, à propos de Freya. De même, pour rendre raison de son propre nom et expliquer pourquoi on la range au nombre des Walkyries, Brünhilde nous dit que c'est parce qu'on l'appelle *Hilde sous le casque* (4).

De plus, c'est du nom d'Hilde que sont dérivées toutes les dénominations et expressions de la poésie nordique ayant trait à la guerre ou aux fonctions guerrières des Walkyries. En qualité de chef des Walkyries, c'est elle qui dirige le sort des combats (5), selon les décisions rendues par Odhin; c'est elle qui accompagne à la Walhalla les âmes des guerriers tombés dans la bataille et qui leur tend la corne pleine d'hydromel (6).

Enfin le nom même d'Hilde est synonyme de *Déesse de la guerre*, c'était autrefois la *Bellone* du Nord (7). De là sont dérivées une foule d'images et de métaphores, très employées par les poètes norrois et qui mettent en pleine lumière la personna-

---

1. Edda Saemundar : *Völu-Spá*, str. 28; *Grimnismál*, str. 36. — Edda Snorra : *Skaldskaparmál*, chap. 75. — *Niáls Saga*, éd. p. O. Olafsen (Copenhague, 1772, in-4°), str. 158.

2. Cité par P. E. Müller dans son édition de *Saxo Grammaticus*, II, 159.

3. Sur ce nom de *Dises* (en allemand *Idisen*) appliqué aux Walkyries, cf. K. Simrock, *Deutsche Mythologie*, 4e éd. p. 361. — *Dis* en ancien nordique signifie d'abord *sœur*, puis *femme*, puis *jeune fille* et enfin *déesse*. Il s'applique surtout à Freya et aux Walkyries.

4. Edda Saemundar : *Helreid Brynhildar*, str. 7.

5. Edda Snorra : *Gylfaginning*, chap. 36.

6. Edda Snorra : loc. cit.; *Skaldskaparmál*, chap. 75. — Edda Saemundar : *Grimnismál*, str. 36.

7. Edda Saemundar : *Helreid Brynhildar*, str. 7; *Helga Qvida Hundingsbana II*, str. 6. — *Fornmanna Sögur* (Kaupmannahöfn, 1825 sqq., in-8), V, 246.

lité d'Hilde. Ainsi, engager le combat se dit *arracher Hilde au sommeil* (1); lorsque la bataille est dans toute sa fureur, on dit qu'*Hilde est irritée* (2); un héros distingué ne reçoit pas d'appellation plus flatteuse que celle d'*Hildingr*, c'est-à-dire *descendant d'Hilde*. Tout ce qui touche à la guerre emprunte d'elle son nom : le combat est *la tempête* (3) ou *le jeu d'Hilde* (4), les armes en général *la flamme d'Hilde* (5), le glaive *la faux d'Hilde* (6), le bouclier *la nue* ou *la couverture d'Hilde* (7).

Cette tendance de la langue nordique à user et à abuser des figures de mots ne fit que s'accentuer de plus en plus sous l'influence corruptrice des Skaldes : grâce à eux, elle devint de plus en plus maniérée; mainte expression concrète, qui parlait vivement à l'imagination, prit peu à peu un sens abstrait, et c'est ainsi que nous finissons par trouver le mot *hildr* synonyme de *combat* (8).

Il semblerait pourtant que jamais le sens personnel et primitif de ce terme ne s'effaça complètement de la conscience des anciens Germains, soit ceux de la presqu'île scandinave, soit ceux des îles ou du continent. Jamais en effet le mot *hildr* n'est employé par eux en prose pour signifier combat. Seule la poésie se permet ce terme imagé, qui partout semble toujours éveiller la même sensation que produit sur nous l'expression de *Bellone*. Nous le retrouvons, par exemple, dans le poème anglo-saxon de *Judith et Holopherne* et dans le *Chant d'Hildebrand* écrit en ancien-haut-allemand.

Partout donc Hilde se présente à nous avec cette physiono-

1. *Edda Saemundar* : *Helga Qvida Hundingsbana II*, str. 6.
2. *Egils Saga*, éd. p. Arna Magnaeus (Copenhague, 1809, in-4°), str. 13.
3. *Haralds Saga*, chap. 10 (dans la *Heïmskringla*, éd. de 1777, I, 84.)
4. *Edda Saemundar* : *Sigurdar Qvida Fafnisbana*, II, β, str. 31. — *Heimskringla*, II, 348 : *Saga af Olafi hinom Helga*, chap. 220 (*Biarkamâl*) — *Krakumâl*, str. 13. (*Fornaldar Sögur*, I, 301 sqq.).
5. *Islendinga Sögur* (Copenhague, 1843 sqq., in-8°), I, 90.
6. *Eyrbyggja Saga* (Hafniae, 1787, in-4°), chap. 19, str. 6, citée par S. Egilsson, *Lexicon poeticum antiquæ linguæ septentrionalis* (Hafniae, 1860, in-8°), v° Sigdhr = faux.
7. *Edda Snorra* : *Skaldskaparmál*, chap. 64 et passim. — *Heimskringla*, III, 338 : *Sagan af Sigurdi, Inga oc Eysteini*, chap. 20, str. 4. — *Krakumâl*, str. 21.
8. *Edda Snorra* : *Skaldskaparmál*, chap. 49. — *Edda Saemundar*: *Hávamâl*, str. 159. — *Hakonarmâl*, cité par Finn Magnusen, *Lexicon Mythologicum*, à la suite de l'*Edda Saemundar*, III, 431.

mie d'excitatrice, de provocatrice du combat, qui est le trait caractéristique des Walkyries : témoin encore ce chant incorporé à l'*Edda* de Snorri, attribué à Bragi l'ancien et connu sous le nom de *Ragnar Drápa* (1). Les expressions maniérées et recherchées, les tournures de phrases affectées, qui rendent ce morceau très obscur, nous forcent, il est vrai, à en placer la rédaction à l'époque de décadence de la poésie scaldique et ne nous permettent guère de le regarder comme contemporain de Bragi lui-même, qui passe pour avoir vécu au temps d'Harald à la belle chevelure, c'est-à-dire entre 853 et 936 (2). Néanmoins et de toute manière son antiquité est très respectable et il conserve en tout cas une grande valeur comme écho d'une vieille tradition. Racontant les scènes guerrières peintes sur un bouclier, dont lui aurait fait présent Ragnar Lodbrog, Bragi dit que l'une d'elles représentait Hilde au moment où elle offre un collier à son père et tente d'amener la réconciliation entre les deux héros : tentatives peu sincères, ajoute-t-il, car elle s'exprime de telle sorte que, loin d'apaiser les deux princes, elle les excite encore davantage l'un contre l'autre et rend le combat inévitable.

Puis viennent une foule de *Kenningar* ou recueils de dénominations poétiques, depuis le *Biarkamâl* au IXe siècle jusqu'à Thiodolf Arnorson, qui vivait et écrivait au XIe siècle. A la vérité, ils n'apportent rien de neuf, mais ils ne laissent pas que de témoigner de la diffusion et de la persistance de notre légende dans le Nord (3).

Mais pourrait-on dire, peut-être n'y a-t-il dans ces faits qu'une homonymie accidentelle, de même que la Gudrun qui paraît dans notre poème n'a rien de commun que le nom avec la Gudrun des *Nibelungen*. D'autres témoignages non moins nombreux sont là pour prouver jusqu'à l'évidence, que, partout où l'on parle de la Walkyrie Hilde, c'est bien de notre Hilde qu'il est question.

De même, par exemple, que la Bellone du Nord s'appelle

---

1. *Edda Snorra* : *Skaldskaparmâl*, chap. 50, à la suite de la légende d'Hilde.

2. Observons au reste que l'existence même de Bragi a été mise en doute et que la réalité historique de ce personnage n'est rien moins que certaine ; Cf. E. Jessen, *Ueber die Edda-Lieder* (Z. Z., III, 1-85 ; surtout p. 21.) et S. Bugge, *Hamdismâl*, (Z. Z., 7,391).

3. Ils ont été rassemblés par P. E. Müller (*Sagabibliothek*, II, 574-575) et dans ses *Undersögelse af Saxos Histories* (1824).

Hilde, de même elle s'appelle *fille d'Högni* (1), *épouse d'Hedhin* (2); de même qu'on désigne la guerre par le nom de *tempête d'Hilde*, de même elle s'appelle *tempête des Hjadningen* ou *tempête d'Högni et d'Hedhin* (3); à côté du mot *flamme d'Hilde*, nous trouvons le mot *flamme des Hjadningen* (4) pour désigner les armes; enfin le bouclier, qui, nous l'avons vu, s'appelle poétiquement la *nue* ou *la couverture d'Hilde*, porte aussi le nom de *roue de la fille d'Högni* (5). De même dans le 2ᵉ *Chant d'Helgi le meurtrier d'Hunding* (6), Sigrun, fille d'Högni, ressuscite son fiancé; or Sigrun n'est autre qu'Hilde sous un nom différent; car tout d'abord il est formellement fait allusion à la légende d'Hilde, puis le nom du père de la jeune fille est le même dans les deux cas et enfin, pour achever la ressemblance, Sigrun, que l'on représente aussi comme une Walkyrie, arrache par ses larmes son fiancé à la demeure d'Odhin (la Walhalla) et le rappelle à la vie (7).

Enfin, non contents d'avoir emprunté des dénominations à Hilde, les poètes ont largement mis à contribution Högni et Hedhin et ils emploient indifféremment dans une même série de tropes les noms d'Högni, d'Hedhin et d'Hilde : ainsi la cuirasse porte aussi le nom de *tunique d'Hedhin* (8) et un poète appelle les soldats en général la *troupe d'Högni* (9).

Du reste Hilde paraît avoir joui, comme déesse, d'un culte autrefois très répandu chez les Germains : partout on retrouve

---

1. *Krâkumâl*, str. 4.
2. *Saga Olafs Helga*, chap. 218 (*Heimskringla*, II, 345).
3. *Edda Snorra* : *Skaldskaparmâl*, chap. 50.
4. Id. ibid. — La forme nordique est *Hjadningar*, que l'on rencontre aussi non diphthonguée : *Hedningar* (cf. *Krâkumâl*, str. 13; *Fornaldar Sögur*, III, 284). Primitivement ce mot s'appliquait seulement aux vassaux, aux champions d'Hedhin; puis l'appellation a été étendue aux deux armées en présence dans le combat pour la possession d'Hilde.
5. *Edda Snorra* : *Skaldskaparmâl*, chap. 49.
6. *Edda Saemundar* : *Helga Qvida Hundingsbana II*; cf. K. Simrock, *Deutsche Mythologie*, 4ᵉ éd., p. 363.
7. Dans l'*Ynglinga Saga*, chap. 42 (*Heimskringla*, I, 51), il est également question d'un Högni, roi de Norwège, et de sa fille Hilde. Mais la suite des destinées de ce prince n'a rien de commun avec celles de notre Högni.
8. *Saga Magnus Goda*, chap. 31 (*Heimskringla*, III, 38). A côté de *Hedhins Serkr* (la tunique d'Hedhin) on trouve aussi *Hildar Serkr* dans *Hakonar Saga*, chap. 234, str. 1 (*Heimskringla*, V, 250.)
9. *Edda Snorra* : *Skaldskaparmâl*, chap. 51.

des traces non équivoques de la vénération dont elle était l'objet parmi eux (1).

Commençons par les documents anglo-saxons, puisqu'en général ce sont ceux qui remontent à la plus haute antiquité. Le poème de *Beowulf* cite à plusieurs reprises le nom d'Hilde, et, ainsi que l'a fait remarquer Thorkelin, ces allusions prouvent qu'à l'époque où fut composé le poème anglo-saxon elle passait parmi les peuples de la Scandinavie et de la Grande-Bretagne pour une sorte de Bellone et de Fortune tout à la fois (2). En tout cas, il existe encore dans le *Beowulf*, même après les remaniements chrétiens qu'il a subis, un passage où nous la retrouvons véritablement comme déesse du paganisme, comme la représentante d'Odhin, chargée, conformément à ses fonctions de Walkyrie, de choisir ceux qui tomberont dans la mêlée ; et les paroles prononcées par Beowulf prouvent bien que l'on avait encore conscience de son caractère surhumain. Au moment d'aller combattre Grendel, Beowulf prévoit le cas où il périrait et alors il ne fait au roi qu'une seule demande :

« Si Hilde me prend, dit-il, sois le protecteur des compagnons » qui se sont attachés à moi par serment (3). »

De même, dans le fragment du poème anglo-saxon de *Judith et Holopherne*, « l'aigle avide de nourriture, aux ailes humides » de rosée, au plumage fauve et au bec crochu, chantait » (en planant au-dessus du champ de bataille) la chanson » d'Hilde (4). »

Naturellement ce sont là de rares exceptions, et, la plupart du temps, le sens concret du mot *Hilde* avait cessé d'être perçu par les Anglo-Saxons aussi bien que par les Norrois. Néanmoins, chez les uns comme chez les autres, la signification

---

1. J. Grimm, *Deutsche Mythologie*, 2º éd. p. 393.
2. Par exemple, dans ce passage du poème de *Beowulf*, où il nous semble que l'on devrait bien écrire *Hild* au lieu de *hild* : *Siddan Heremódes Hild swedrode* (*Beowulf*, éd. p. M. Heyne, 3º éd. [Paderborn, 1873, in-8º], v. 902, et dans lequel en tout cas *hild* ne peut avoir qu'un sens, celui de Fortune guerrière, de Déesse des combats protégeant le héros.
3. Ibid., v. 1481 sqq. — Une recommandation analogue se retrouve au vers 432, et Beowulf termine toujours par ces mots : « Si Hilde me prend. » Enfin, au v. 1848, où se rencontre un passage du même genre, elle porte même l'épithète de *heorugrimme*, c'est-à-dire : terrible par le glaive.
4. M. Grein, *Bibliothek der angelsächsischen Poesie* (Gœttingen, 1857 sqq., in-8º), I, 125, v. 210-212.

abstraite de *combat* resta toujours attachée au mot *Hilde* et l'anglo-saxon, aussi bien que le nordique, offre une riche variété de composés poétiques dérivés du mot *hild = combat*. Sans recommencer ici une énumération fastidieuse, disons seulement que les termes anglo-saxons correspondent trait pour trait à ceux que nous avons cités plus haut à propos de l'ancien nordique (1).

Si maintenant nous passons sur le continent, mille indices nous prouvent que là aussi Hilde était autrefois une divinité très respectée et dont le souvenir est resté gravé jusqu'à une époque récente dans l'esprit des Germains. Ici, comme en Angleterre, l'introduction du christianisme ayant, de bonne heure, porté une atteinte mortelle à la religion nationale, le culte de la déesse a disparu très vite, et c'est surtout dans certaines appellations (2) et dans quelques superstitions et traditions populaires qu'on retrouve encore les preuves de l'antique autorité dont a joui son nom et de la puissance qu'on lui attribuait comme déesse.

Ainsi, dans ce dicton rapporté par J. Grimm :

« Sprach Jungfrau Hille :
» Blut stand stille ! » (3)

---

1. Id., ibid., Glossaire, Tome II : v° Hild et ses composés (p. 72-75). Il est toujours très difficile de déterminer au juste le sens qu'a conservé le mot *Hild* dans ces divers composés ; toutefois une étude attentive de l'emploi de ces termes montrerait, nous en sommes convaincu, que la valeur du mot *Hild*, en tant que personnelle, subsiste encore dans bon nombre d'entre eux. — Selon Uhland (*Schriften zur Geschichte der Dichtung und Sage*, I, 154), Beowulf aurait même reçu un casque d'Hilde, malheureusement il nous a été impossible de retrouver, en dépit d'une lecture complète et réitérée du *Beowulf* dans les éditions de Thorkelin et de Heyne, le passage cité par Finn Magnusen, sur l'autorité de qui Uhland s'appuie pour avancer ce fait, qui, s'il était confirmé, montrerait bien avec quelle persistance le souvenir de la déesse Hilde vivait encore au VIIe siècle dans l'esprit des Anglo-Saxons.

2. Nous n'énumérerons pas ici tous les noms propres, surtout ceux de femmes, formés de celui d'Hilde. On en trouvera une liste classée méthodiquement dans K. Weinhold, *Die deutschen Frauen in dem Mittelalter* (Wien, 1851, in-8°, p. 8-23 [2° éd. I, 9-27]), où l'auteur donne en même temps de curieux détails sur l'emploi plus ou moins fréquent de ces noms dans les divers siècles et selon les caprices de la mode.

3. C'est-à-dire : « Dame Hilde dit : « Sang, arrête-toi ! » — Cf. *Deutsche Mythologie*, 2° éd., p. 1195. — Dans *Hille*, le *d* s'est assimilé à l'*l* précédent.

on retrouve encore distinctement, comme il le fait remarquer avec raison, la croyance à la Walkyrie Hilde et au pouvoir qu'elle a de faire couler et d'arrêter à volonté le sang.

Mais, par une tendance et sous l'empire de faits analogues à ceux que nous avons signalés à propos des Norrois et des Anglo-Saxons, le nom d'Hilde (en vieux-haut-allemand *Hiltia*) devint bientôt aussi chez les anciens Germains du continent un terme abstrait, synonyme de combat, mais réservé, comme nous l'avons dit, exclusivement à la poésie : c'est ainsi, et, pour préciser davantage, avec le sens de *duel*, qu'on le retrouve dans le vieux *Chant d'Hildebrand* (1). Toutefois la langue ancienne-haute-allemande, plus sévère dans son allure que ses sœurs du Nord, a moins largement qu'elles développé cette légion de composés et de dérivés où, en vieux-norrois et en anglo-saxon, nous avons noté le souvenir d'Hilde ; c'est à peine si elle en offre quelques rares exemples ; en moyen-haut-allemand on n'en pourrait citer aucun, à l'exception, bien entendu, des noms propres.

Par contre, le souvenir d'Hilde, avec celui du pouvoir qu'elle a de réveiller les morts, s'est conservé à l'état latent dans une légende du moyen âge. Hilde est devenue une géante. Dans le poème moyen-haut-allemand intitulé *Ecken Liet*, Dietrich de Berne se bat avec elle ; il fond sur elle et d'un coup de son épée la fend en deux morceaux ; mais (singulière réminiscence du pouvoir magique que possédait la véritable Hilde) les deux tronçons se recollent sur-le-champ et, à peine tombée, elle se relève pour reprendre la lutte. Le prodige ne cesse que lorsque Dietrich, après un nouveau coup d'épée, s'interpose entre les deux morceaux (2).

Mais c'est surtout dans la *Chasse Infernale* que son souvenir s'est conservé le plus longtemps et de la manière la plus distincte. Cette *Chasse*, comme l'a fait remarquer J. Grimm (3), n'est qu'une espèce de reflet du combat des Hjadninge, qui lui-même n'est autre qu'une forme de la lutte des Einheriar dans la Walhalla, lutte rabaissée à des proportions humaines et terres-

---

1. V. 6 ; cf. Braune, *Althochdeutsches Lesebuch* (Halle, Lippert, 1875, in-8), p. 78. — Notons en passant que le nom d'Hildebrand lui-même, en vieux-haut-allemand *Hiltibrant*, est formé de Hilde (*Hilta, Hillia*.)

2. Cf. *Deutsches Heldenbuch*, V, 220 : *Ecken Liet*, str. 7 ; *Wilkina-Saga*, éd. p. J. Peringskjöld, chap. 16, p. 26-30, où le combat entre Dietrich de Berne et Hilde est raconté tout au long.

3. *Deutsche Mythologie*, 2e éd., p. 893.

tres. Ce n'est pas ici le lieu d'entrer dans des détails circonstanciés sur les divers aspects sous lesquels se présente cette apparition : il nous suffira de renvoyer aux travaux qui se sont spécialement occupés de la *Chasse Infernale*, et en particulier à ceux de J. Grimm (1), de K. Simrock (2) et de W. Mannhardt (3). Les résultats de leurs recherches s'accordent à nous montrer Hilde dans la *Chasse Infernale* tour à tour sous les noms de Holda, Pharaildis (4), Berchta (5). Là tantôt elle suit, comme les autres Walkyries, Wuotan et chevauche derrière lui sur les nues ; tantôt, placée à la tête même de la troupe, c'est elle qui dirige et entraîne sur les pas de son brumeux coursier tout le cortège infernal.

Enfin, dans la Basse-Allemagne, la route suivie par la *Chasse Infernale* est devenue, par une singulière adaptation, la Voie lactée, et dans le nom qu'on lui donne alors, *Vroneldenstraet* nous retrouvons encore le nom d'Hilde ; car *Vroneldenstraet* n'est autre qu'une contraction qui aurait pour équivalent en nouveau-haut-allemand *Frauen Hilden Strasse,* c'est-à-dire la *Voie de Dame Hilde* (6).

Ainsi qu'on a pu le remarquer dans l'énumération des fonctions attribuées à Hilde, elle usurpe en maint endroit la place de Freya. Elle n'est en effet qu'une personnification secondaire, un dédoublement de cette déesse. Freya, le chef des Walkyries, s'est scindée et multipliée en la phalange sacrée des Walkyries, qui personnifient et représentent la déesse sous son

1. *Deutsche Mythologie*, 2ᵉ édit., p. 870 sqq.
2. *Deutsche Mythologie*, 4ᵉ éd., p. 191 sqq.
3. *Germanische Mythen; Forschungen* (Berlin, 1858, in-8°), p. 94 sqq.
4. *Pharaildis* n'est qu'une forme latinisée pour *Verelde*, que l'on retrouve en bas-allemand et qui est une contraction de *Frau Hilde,* c'est-à-dire *Dame Hilde.*
5. Sous ce nom de *Berchta* ou *Bertha*, elle a même conservé plus clairement que partout ailleurs une de ses principales attributions : elle entraîne à sa suite les âmes des enfants morts sans baptême, c'est-à-dire des païens.
6. Nous n'avons pas cru devoir faire entrer ici en ligne de compte les diverses légendes où, comme dans la *Wilkina-Saga*, Hilde, ou l'une de ses représentantes, apparaît dans des conditions analogues à celles où la placent Saxo et Snorri. Ces diverses légendes, simples ramifications d'un seul et même mythe primitif, trouveront plus à propos leur place dans un examen comparatif de toutes les rédactions qui nous sont parvenues.

aspect guerrier (1). Tous les noms des Walkyries n'étaient à l'origine que de simples appellations, de purs qualificatifs de la déesse, et la polyonymie, dont on a mainte fois eu l'occasion de constater l'influence sur la formation des légendes mythologiques, a eu ici pour effet de constituer en autant de personnalités distinctes les épithètes qui, dans l'origine, s'appliquaient uniquement à Freya considérée comme déesse de la guerre (2). Ce qui le prouve encore, et ce qui marque en même temps la prééminence donnée à Hilde dans cette formation de la phalange sacrée des Walkyries, c'est que toutes, ou presque toutes, ont dans leur histoire une aventure analogue à celle d'Hilde. De même que leurs noms à toutes ont une signification guerrière, de même toutes suscitent une lutte entre les héros qui se trouvent mêlés à leurs destinées.

Pour en revenir à Hilde et à Freya, tout nous prouve que nôtre héroïne est la représentante la plus immédiate de la déesse. Nous avons signalé plus haut la prédominance que lui accordent la plupart des légendes parmi les autres Walkyries; or, de même que c'est elle qui guide les Walkyries dans les combats et qui ramène à la Walhalla les âmes des héros choisis par Odhin, de même Freya va à la bataille à la tête des Walkyries et à la suite d'Odhin; dans cette circonstance elle s'appelle Walfreya (3); elle partage avec Odhin les âmes des guerriers pré-

---

1. Cf. K. Simrock, *Deutsche Mythologie*, p. 335 et 358. Sur toute cette question, cf. aussi L. Frauer, *Die Walkyrien der Skandinavisch-germanischen Götter-und Heldensage aus nordischen Quellen dargestellt* (Weimar, 1846, in-8°). Nous ne voulons point fatiguer le lecteur par l'énumération de toutes les analogies qu'on peut signaler entre Freya et les Walkyries; elles ont été presque toutes mises depuis longtemps en lumière. Notons cependant celle-ci, sur laquelle nous aurons occasion de revenir plus tard : Quand Freya traverse les airs, elle revêt un vêtement de plumes, c'est-à-dire qu'elle se change en oiseau (cf. *Edda Saemundar : Trymskvida*, str. 3); de même les Walkyries, dans leurs courses lointaines, possèdent un plumage de cygne (cf. *Edda Saemundar : Völundar Kvida, Formáli*; Uhland, *Schriften zur Geschichte der Dichtung und Sage*, 1, 153.)

2. Par exemple Brünhilde est simplement *Hilde couverte de la cuirasse* (Brünne), et l'origine de son nom est encore clairement attestée dans l'Edda de Saemund, *Helreid Brynhildar*, str. 7 et dans le *Skaldskaparmál*, chap. 41.

3. C'est-à-dire : Freya *qui choisit* les guerriers dignes du bonheur céleste; cette racine *wal* forme, comme on le sait, la première partie du mot *Walkyrie*, où elle a même un emploi pléonastique, la seconde partie

destinés aux joies de la Walhalla (1), et, détail caractéristique, elle chevauche alors sur un sanglier appelé *Hildisvin* (2), *le sanglier d'Hilde*. En outre, de même qu'Hilde doit présenter l'hydromel aux Einheriar dans la Walhalla, de même c'est Freya qui sert à boire aux Ases dans l'Assemblée des Dieux (3). A tous ces points de vue Hilde et Freya se confondent donc absolument (4).

Un autre terme de comparaison nous est encore fourni par le rapprochement du Brisinga Men, ce collier si caractéristique pour Freya, avec le collier qu'Hilde offre à Högni comme gage de réconciliation. La tradition rapportée par l'auteur de la *Sörlathattr* sur la manière dont Freya acquit ce collier est la seule qui nous soit restée et qui rende compte de son origine. Ainsi que nous l'avons déjà dit plus haut, on a voulu la considérer comme une création de sa fantaisie, uniquement destinée à rendre méprisable aux yeux de ses compatriotes nouvellement convertis la déesse païenne Freya. Il semble en effet que c'était bien la pensée dans laquelle le moine l'a reproduite : mais s'en suit-il pour cela qu'il l'ait inventée de toutes pièces ? Tel n'est pas notre avis ; il a bien pu l'utiliser avec empressement sans pour cela en être l'auteur.

Car enfin il y a une chose qu'il faut considérer avant tout, c'est qu'il devait forcément exister des traditions sur l'origine de ce Brisinga Men et que, si nous rejetons le récit de Gunnlaug, nous ne savons plus comment Freya fut mise en possession de ce collier. Or on ne peut raisonnablement rejeter une légende comme apocryphe, sous le seul prétexte qu'elle nous est parvenue dans une rédaction unique et tardive. Le fait serait, dans le

---

du même mot, -*kyrie*, se rattachant à une autre racine, que l'on retrouve dans le gothique *kiusan*, dans l'allemand moderne *kiesen, erkiesen, erkoren* et qui signifie aussi *choisir*. Enfin cette même racine *wal* forme encore la première partie du mot *Walhalla, la salle des élus*.

1. *Edda Snorra* : *Gylfaginning*, chap. 24 ; *Skaldskaparmál*, chap. 20. — *Edda Saemundar* : *Grimnismál*, str. 14.
2. Finn Magnusen, *Lexicon Mythologicum*, p. 428. *Edda Saemundar* : *Hyndluliodh*, str. 7.
3. *Edda Snorra* : *Skaldskaparmál*, chap. 17.
4. Nous avons déjà fait remarquer plus haut qu'en réalité, selon la *Sörlathattr*, c'est Freya qui opère le prodige de la résurrection des morts, attribué par les autres rédactions à Hilde. Göndul, qui elle aussi, il ne faut pas l'oublier, est une Walkyrie et par conséquent une des personnifications de Freya, n'apparaît que pour faire boire à Hedhin le breuvage magique et pour l'exciter contre Högni.

cas présent, d'autant moins excusable, que d'autres récits viennent, par leur analogie, corroborer celui de la *Sörlathattr*. Ainsi une honteuse prostitution de ses charmes, consentie dans une circonstance et pour une raison analogue à celle qui est attribuée à Freya, est mise par Saxo (1) au compte de Frigg ; or Frigg et Freya sont, comme on l'a reconnu depuis longtemps (2), une seule et même déesse. Pareille action enfin est attribuée à *Freid*, femme de *Woud*, dans une légende rapportée par Schœnwerth (3). En outre, à différents endroits de la *Lokasenna*, Loki adresse à Freya et à Frigg des sarcasmes et des reproches tout à fait en rapport avec les récits de Saxo et de Gunnlaug (4).

Un point plus obscur est celui concernant le rapport qu'il peut y avoir entre la restitution de ce collier à Freya et la bataille des Hjadninge. L'*Edda* de Snorri nous apprend bien que Loki avait dérobé le Men à Freya et lui donne l'épithète de *Voleur du Brísingamen* (5). A un autre endroit elle nous apprend même qu'un chant eddique perdu retraçait comment Freya rentra en possession de son collier. Heimdallr vint au secours de Freya et le reprit à Loki dans un combat, où tous deux, sous la forme de phoques, luttèrent sur un rocher situé au milieu de la mer. (6). La *Húsdrápa* (c'est le nom de ce chant) nous raconte que cet épisode était au nombre de ceux qu'avait fait peindre Olaf Pá sur les murs de sa maison, dont elle célèbre la magnificence (7).

Naturellement ce récit a pour lui l'avantage de nous être transmis par l'*Edda* et d'acquérir ainsi une présomption d'antiquité qui fait défaut à celui de Gunnlaug ; de plus, s'il fallait prendre à la lettre les affirmations de la *Laxdœla Saga*, il remonterait pour le moins au xe siècle. Aussi ceux mêmes, qui concèdent les faits honteux mis à la charge de Freya par le début de la *Sörlathattr*, accusent-ils tout au moins l'auteur de la légende

---

1. *Saxo Grammaticus* (éd. p. P. E. Müller) I, 42-43.
2. Cf. J. Grimm, *Ueber die Göttin Freya* (*Kleinere Schriften*, V, 421-430, surtout p. 423.)
3. *Sitten und Sagen aus der Oberpfalz* (Augsburg, 1857, 3 vol. in-8o), II, 315, cité par Simrock, *Deutsche Mythologie*, p. 362.
4. *Edda Saemundar* : *Lokasenna*, str. 26 et 30 ; *Hyndluliodh*, str. 42 sq. — Cf. *Heimskringla* : *Ynglinga Saga*, chap. 3.
5. *Edda Snorra* : *Skaldskaparmál*, chap. 16.
6. Ibid. chap. 8.
7. Cf. Finn Magnusen, *De imaginibus in aede Olavi Pavonis sacc. X exstructa scenas mythologicas repraesentantibus*, à la suite de son édition de la *Laxdœla Saga* (Havniae, 1826, in-4o).

d'avoir arbitrairement établi un lien factice entre l'histoire du Men et celle des Hjadninge et d'avoir remplacé par une invention absurde (l'ordre d'Odhin à Freya) l'antique et simple conclusion que fournit l'*Edda*.

Est-il donc tout d'abord absolument impossible et sans exemple qu'un seul et même mythe soit parvenu à nous sous deux formes, non pas même opposées, mais simplement divergentes? Et, en dépouillant le récit de la *Sörlathattr* de tout ce qui tient évidemment à l'immixtion du christianisme, obtenons-nous une rédaction si invraisemblable, qu'il faille de prime abord la rejeter? Bien au contraire, abstraction faite de l'intervention malencontreuse d'Ivar, la seconde partie de notre rédaction, nous l'avons déjà vu, concorde de tous points avec celle de l'*Edda*.

Or comment le récit de l'*Edda* lui-même nous est-il parvenu? A propos d'une définition, pour expliquer l'origine de quelques synonymes poétiques, Snorri raconte une vieille légende, qui donne la raison d'être de l'un d'entre eux. Mais cette légende, d'où l'a-t-il tirée? Comment et en quel état est-elle arrivée jusqu'à lui? Il ne nous le dit pas. Apparemment, puisqu'il nous la transmet telle que nous l'avons vue, c'est qu'il l'avait trouvée dans cet état; sans doute qu'au moment où il l'a recueillie, elle était ainsi colportée isolément et réduite à une espèce de conte : s'ensuit-il qu'elle ait toujours été ainsi et qui pourrait dire qu'antérieurement elle ne se rattachait pas d'une façon intime au récit concernant le Brisinga Men? Qui pourrait dire si, au lieu d'accuser Gunnlaug d'avoir arbitrairement uni deux légendes étrangères l'une à l'autre, nous ne devons pas au contraire le féliciter d'avoir conservé dans leur union primitive ces deux parties que le hasard ou un de ces accidents si fréquents dans l'existence agitée et la transmission incertaine des légendes avait un jour séparées l'une de l'autre? On l'accuse gratuitement et sans preuve positive : de fortes raisons nous donnent lieu de supposer qu'on devrait plutôt lui être reconnaissant de la fidélité avec laquelle il a reproduit cette tradition. Pour nous, le combat de Loki et d'Heimdallr, d'une part, celui d'Högni et d'Hedhin de l'autre, sont deux formes diverses par l'époque, mais non par l'origine, d'un seul et même mythe primitif.

De toute manière la narration de la *Sörlathattr* est, bien entendu, plus récente que celle de la *Hûsdrâpa*. Celle-ci nous place encore en pleine légende divine ; avec celle-là nous sommes déjà descendus d'un degré et parvenus à la légende héroïque. Le passage du combat entre Heimdallr et Loki à la lutte entre Hedhin et Högni ne peut en effet dater que du temps où le dédoublement entre Freya et Hilde était déjà un fait accompli. Mais, si nous tenons compte des modifications inhérentes à une transformation de ce genre, nous verrons facilement que, dans la *Sörlathattr* comme dans la *Hûsdrâpa*, c'est une même issue de la légende qui reparaît sous des traits à peine modifiés, ce sont les mêmes combattants qui, sous d'autres noms, luttent pour le même objet. Hilde a remplacé Freya et simultanément à Loki a succédé Högni, à Heimdallr Hedhin.

Nous n'avons pas à revenir sur l'identité primitive d'Hilde avec Freya; il vient d'en être question assez longuement; il nous reste à prouver celle d'Hedhin avec Heimdallr, celle d'Högni avec Loki.

Commençons par Högni. Nous le retrouvons dans un grand nombre de légendes: il apparaît dans les *Nibelungen*, dans la *Gudrun*, dans le *Waltharius*, dans la *Saga d'Helgi*; et partout il porte avec lui les mêmes traits mythiques, partout il joue le même rôle, partout il a le même caractère. Désigné dans la *Gudrun* sous le nom de *Démon de tous les rois* (*Vâlant aller künege*) (1), marqué par elle de l'épithète de sauvage (*wilde*) (2), il s'appelle le féroce (*grimme*) dans le *Nibelunge Nôt* (3); la *Sörlathattr* lui donne l'épithète de très violent (*allœfr*) (4), Saxo dit qu'il était *ingenio pervicax* (5); enfin le *Waltharius*, voulant donner l'étymologie de son nom, l'explique par *spinosus aut paliurus* (6), ce qui s'accorde bien avec le sens du mot moyen-haut-allemand et anglo-saxon *hagan = épine* (7) et achève de pein-

1. Str. 124, 198, 199, etc....
2. *Der Nibelunge Nôt*, éd. p. K. Bartsch, str. 993.
3. Chap. 8.
4. Str. 168, 196, 516; cf. J. Grimm, *Mythologie*, p. 943 sqq.
5. Tome I, p. 240.
6. Grimm et Schmeller, *Lateinische Gedichte des X. und XI. Jahrhunderts* (Göttingen, 1838, in-8°) : *Waltharius*, v. 1351 et 1421.
7. Cf. G. Graff, *Althochdeutscher Sprachschatz*, V, col. 798. — K. Müllenhoff (*Zeugnisse und Excurse zur deutschen Heldensage*, p. 295 et 386) a contesté cette étymologie populaire par la raison que le changement de l'*a* allemand en un *ö* nordique suppose en ancien-haut-allemand une forme *Haguna*. Mais cette objection, fondée en principe, supporte quelque restriction en ce qui concerne les syllabes de dérivation (cf. L. Klee, *Zur Hildesage*, p. 10), et du reste la forme *Hagano* est parfaitement constatée en ancien-haut-allemand.

dre le caractère redoutable du héros. Tous ceux en effet que les événements rapprochent de lui ont à souffrir par son fait ; partout il apparaît en hostilité avec un jeune et noble couple d'amants, le plus souvent il leur est fatal et amène leur perte. Partout, en un mot, il représente le mauvais principe, l'élément funeste et destructeur. Par là il se rapproche de Loki et occupe dans la légende héroïque la même place que celui-ci dans la légende divine ; il a en outre avec lui maint autre point de comparaison, comme nous l'allons voir. La similitude entre le dieu et le héros est surtout frappante, quand on rapproche du récit de l'Edda (1), où Loki essaye d'apprendre de Frigg comment Baldur peut être tué, le passage des *Nibelungen*, où, par une ruse analogue, Hagen parvient à savoir comment il est possible d'immoler Siegfried. De même que Frigg bavarde sans songer à mal et, préparant à son insu la perte de Baldur, raconte que le gui seul n'a pas été convoqué et n'a pas prêté serment d'épargner son fils, de même, trompée par la sympathie simulée d'Hagen, Chriemhilde lui livre le secret de l'endroit où Siegfried est vulnérable (2). Or c'est un fait constaté depuis longtemps que Siegfried trahit par maint côté son identité avec Baldur : sans parler ici d'autres points de ressemblance, à la mort de tous deux est attachée la ruine de leur race. Tout concourt donc à nous faire rapprocher l'un de l'autre Loki et Högni (3).

Au reste tous deux ont même origine : Loki est rangé parmi les *Alfes noirs*; Högni est issu d'un Alfe, qui a fait violence à la reine, épouse d'Aldrian (4). De même que Loki est souvent considéré comme un dieu infernal, de même Högni n'est pas sans avoir quelque parenté avec le monde souterrain ; le *Waltharius* l'appelle *Hagen de Troie*; or Simrock a prouvé par de nombreux exemples et de frappantes analogies que, dans la mythologie germanique, sous le nom de Troie, c'est du monde souterrain qu'il est toujours question (5).

1. *Edda Snorra* : *Gylfaginning*, chap. 49.
2. *Der Nibelunge Nôt*, éd. p. K. Bartsch, 15º aventure, str. 902 sqq.
3. Cf., pour plus de détails, Simrock, *Deutsche Mythologie*, p. 87; K. Weinhold, *Die Sagen von Loki* (H. Z., VII, 75 sqq.)
4. *Wilkina-Saga*, éd. p. J. Peringskjöld, chap. 150; *Saga Didriks Konungs af Bern*, éd. p. R. Unger, chap. 169.
5. Simrock, *Deutsche Mythologie*, p. 296 et 489; *der Rosengarte*, éd. p. W. Grimm (Göttingen, 1836, in-8º), préface, p. X.

Il nous semble donc qu'on peut sans témérité identifier Högni et Loki.

Dès lors l'analogie aussi bien que la symétrie nous amèneraient à conclure que l'antagoniste d'Högni-Loki a tout naturellement subi un développement parallèle et qu'Hedhin et Heimdallr ne sont qu'une seule et même personne. Or pour ces deux derniers les preuves directes ne font pas défaut non plus. Seulement le dédoublement et les modifications de personnes ont été ici un peu plus compliqués, tant sous l'influence de la polyonymie que sous celle qui tend à ériger en divinité distincte chaque attribut d'un Dieu principal et à donner aux puissances célestes ainsi créées une filiation aboutissant à ce Dieu.

Selon l'*Edda* de Snorri (1), Hedhin est fils d'Hjarrandi; or, d'après cette même *Edda* (2), Hjarrandi n'est qu'un des noms d'Odhin. Mais de même qu'Hjarrandi se confond avec Odhin, de même Hedhin lui-même, désigné comme son fils, n'est aussi qu'un nom appellatif de ce dieu (3). Car Odhin (le Wuotan allemand) porte par essence un grand manteau sombre et précisément Hedhin signifie : *celui qui porte un manteau*. De plus Hjarrandi (Horand) est célèbre dans la légende héroïque comme un chanteur merveilleux, également admiré des Germains du continent et des Anglo-Saxons; selon le poème de *Gudrun* Hetel (Hedhin) le surpasse cependant encore en habileté (4); n'est-ce pas ici le lieu de remarquer que la musique rentre précisément dans les attributions d'Odhin et qu'il est le dieu du chant ? D'une part nous avons donc la généalogie : *Odhin, Hjarrandi, Hedhin*, dans laquelle le fils et le petit-fils du dieu ne sont que ses attributs ou ses qualifications personnifiés.

D'autre part Odhin se confond sous maint point de vue avec Heimdallr. C'est à lui, en réalité, sous le nom de son fils Heimdallr, qu'appartient primitivement le Giallarhorn; comme dieu sidéral et solaire, c'est lui qui est originairement le véritable gardien du ciel (5) et qui tient en main ce cor retentissant; le fait est encore attesté par un passage du *Hrafnagaldr Odhins*, où Heimdallr est appelé non le possesseur, mais le *gardien du cor*

---

1. *Skaldskaparmál*, chap. 50.
2. *Sögu-Brot* (II, 472 et 555).
3. Mannhardt, *Germanische Mythen*, p. 289.
4. Str. 406.
5. Cf. Simrock, *Mythologie* p. 208 et 213.

retentissant d'Herian (autre dénomination d'Odhin) (1). Ici encore, de même que tout à l'heure, le fils se confond avec le père.

Rien ne nous empêche donc de considérer comme primitivement identiques Hedhin et Heimdallr, tous deux *fils* d'Odhin (2). Seul un partage, une spécialisation des attributs du dieu primitif les a différenciés plus tard et le divorce s'est surtout accentué lorsque le mythe est passé de la légende divine à la légende héroïque.

Enfin, dernier trait digne de remarque et qui achève d'établir la parité complète des deux combats entre Högni et Hedhin d'une part, entre Loki et Heimdallr de l'autre, outre la lutte de ces deux derniers au sujet du Brisinga Men, l'*Edda* de Snorri raconte tout au long, à propos de la fin du monde, du *Crépuscule des Dieux*, un nouveau combat que se livrent alors Heimdallr et Loki, et dans lequel, comme Hedhin et Högni, ils se tuent mutuellement, pour ressusciter comme eux un instant après (3). Sans doute, à ce moment où toute la création va renaître à une nouvelle existence (4), les deux divinités déposent aussi toute inimitié en ressuscitant ; mais, à part ce dernier détail, la ressemblance n'en est pas moins frappante et prouve que partout, dans la légende divine comme dans la légende héroïque, Heimdallr et Loki, Hedhin et Högni sont toujours intimement associés l'un à l'autre et représentés comme d'irréconciliables ennemis.

Or Simrock (5) a fait remarquer que tous ces combats mythi-

---

1. *Edda Saemundar* : *Hrafnagaldr Odhins*, str. 16.
2. *Edda Snorra* : *Skaldskaparmál*, chap. 8. En réalité l'intermédiaire d'Hjarrandi, en ce qui concerne la filiation d'Hedhin, est purement fictif : comme Dieu, Hjarrandi n'existe pas ; c'est, aussi bien qu'Hérian, un simple appellatif d'Odhin ; et si, dans la légende héroïque, où le nom d'Odhin se trouve souvent remplacé par un de ses synonymes poétiques, il a pu se grouper un ensemble de récits autour du nom d'Hjarrandi (Horand), rien de pareil n'a eu lieu dans la légende divine, où de l'aveu de tous les scaldes, qui en eurent toujours pleine conscience, Hjarrandi n'était qu'un simple nom appellatif d'Odhin.
3. *Edda Snorra* : *Gylfaginning*. chap. 51.
4. On sait que, dans les conceptions eddiques, le *Crépuscule des Dieux* marque la fin de ce que, dans la terminologie antique, nous appellerions *l'âge de fer* ou *l'âge d'airain* et l'avénement de *l'âge d'or*. Avec la résurrection des Dieux le règne de la justice, de l'abondance et de la paix s'établit définitivement et sans partage dans le monde purifié. Les âges se succèdent ici à l'inverse de ce qui a lieu dans l'antiquité classique.
5. *Mythologie*, p. 65.

ques, qui ont un phénomène naturel pour base et qui, soit dans les superstitions populaires s'appliquent aux grandes périodes de l'histoire, soit dans la cosmogonie eddique ont été rattachés au cycle humain (à la *grande année du monde*, pour employer le langage des poètes nordiques),s'appliquaient originairement aux phénomènes de notre année ordinaire.

Ramenée à ces termes, la question de l'origine et de la nature de notre mythe se résout d'elle-même, ou plutôt elle a été résolue depuis longtemps par les mythologues. Loki-Högni symbolise partout le principe de la destruction : il est dans la nature le représentant des éléments hostiles et dévastateurs ; au contraire Heimdallr-Hedhin représente le principe bienfaisant et créateur, les forces productrices de la nature : de là l'opposition des deux divinités, de là leurs luttes.

Mais c'est au changement des saisons et surtout aux équinoxes que le contraste entre ces deux principes est le plus frappant : on croit assister tantôt à la destruction et à l'anéantissement, tantôt à la création et au renouvellement de tout ce qui vit dans la nature. Quoi de plus simple, dès lors, que de personnifier les combattants sous les traits du sombre et rude hiver luttant contre le doux et agréable été ? Dans cette conception la nature elle-même semble être la proie qu'on se dispute, l'enjeu de la bataille qui se livre, et se personnifie sous ses aspects les plus sensibles, sous ceux de la vierge aux fleurs et aux fruits, que l'été bienfaisant arrache aux étreintes du sombre hiver, au milieu de combats sans cesse renouvelés, de luttes où toujours et tour à tour vaincus et vainqueurs les deux adversaires se terrassent sans cesse mutuellement et se relèvent sans cesse pour reprendre ce duel sans fin (1).

Tantôt donc elle apparaît en personne, comme déesse du printemps, sous les traits de Freya, de Gerda ou d'Hilde, tantôt elle n'est représentée que par le Brisinga Men (2), ce brillant collier, cette verte parure dont elle s'orne au renouveau.

1. Cette idée de la force productrice et rénovatrice attribuée à la déesse du printemps a passé de Freya non seulement à Hilde, mais même à toutes les Walkyries, témoin la croyance que les coursiers des Walkyries répandent sur leur passage la fertilité : de leurs narines tombe une rosée qui se dépose en pluie dans les vallées, en grêle sur les arbres, mais dans chaque cas apporte l'abondance.

2. Cf. Sur le Brisinga Men : Simrock, *Mythologie*, p. 284; Saxo Grammaticus (éd. P. E. Müller). II, 62; P. G., I, 410; IV, 141; Grimm, *Mythologie*, p. 283 et 1227; Holtzmann, *Mythologie*, p. 134; K. Müllenhoff,

Un trait frappant, qui montre bien la signification primitive du mythe, nous a été conservé par la *Sörlathattr*. Lorsqu'Högni se met à la poursuite du ravisseur de sa fille, il arrive tous les soirs à l'endroit, d'où Hedhin est parti le matin, jusqu'au moment où, accélérant sa course, il finit par le rattraper. Peut-on caractériser d'une manière plus expressive la lutte de l'hiver et de l'été, qui, pour les peuples du Nord plus que pour tous les autres, se résume dans la lutte de la chaleur et du froid, surtout dans celle du jour et de la nuit, de la lumière et des ténèbres? Sous ces hautes latitudes, où l'écart des jours et des nuits atteint son maximum, ne voit-on pas plus sensiblement que partout ailleurs le dieu du jour et le dieu de la nuit se poursuivre incessamment, l'un arrivant le soir par l'orient, c'est-à-dire par le point d'où l'autre est parti le matin, jusqu'à ce qu'à un moment donné ils s'atteignent mutuellement et se confondent pendant quelque temps dans une espèce de lutte toujours incertaine et toujours renaissante? N'est-ce pas surtout ce qui arrive aux deux solstices? Tantôt une nuit profonde, troublée quotidiennement par un retour offensif de la lumière, tantôt un jour resplendissant obscurci de temps à autre par une tentative de la nuit pour reprendre son empire, tel est le spectacle qu'ont sans cesse sous les yeux, avec une intensité plus grande que dans toute autre contrée, les peuples du Nord; telle est l'idée qu'ils ont symbolisée dans le combat des Einheriar, dans le duel entre Loki et Heimdallr, dans la lutte entre Högni et Hedhin.

Frija und der Halsbandmythus (H. Z., 30, 217-260), qui rapproche Frija de la déesse indienne Sùryâ et arrive finalement par une série de brillantes considérations tirées de la mythologie comparée à la conclusion à laquelle nous nous sommes arrêté ci-dessus. Quant à l'étymologie du mot *Brisinga*, on n'est pas d'accord sur celle qu'il faut adopter. Grimm (H. Z., VII, 50) en a proposé une qui paraît vraisemblable. Il prend *Brisingr* pour le nom patronymique des nains qui ont forgé le collier et le rattache à la même racine que le verbe moyen-haut-allemand *brîsen*, qui signifie *forger*. Mais les quatre nains, dont il est question dans la *Sörlathattr*, ont-ils jamais porté ce nom générique? Cf. encore *Encyclopédie* d'Ersch et Gruber, 1re section, 48e partie, p. 421b sq. — Voir une autre interprétation du mythe dans L. Beer. *Zur Hildensage* (P. B. B., XIV, 522-572), p. 568 sqq.

CHAPITRE III.

LES DIEUX MARINS DANS LE POÈME DE GUDRUN : WATE, FRUTE, HORAND.

Autour du mythe, à l'origine duquel nous venons de remonter, se sont groupés peu à peu, après son passage à l'état de légende héroïque, divers autres éléments mythologiques, qui appellent maintenant notre attention ; et cela à double titre : d'abord par la place qu'ils ont prise insensiblement dans notre épopée, puis par ce fait qu'ils contiennent les dernières traces de trois divinités marines autrefois révérées sur les bords de cette même mer du Nord, où se passe l'action de la *Gudrun*.

I. WATE (1).

Des trois héros envoyés par Hetel à la cour d'Hagen, celui qui incontestablement est le chef de l'expédition, c'est le vieux Wate. Déjà la manière dont il nous est présenté par le poète suffirait à nous montrer que nous avons affaire à un personnage célèbre et d'importance, et bien que, par le fait des combinaisons poétiques, il se trouve dans la *Gudrun* relégué au second rang, il y brille d'un vif éclat entre tous les autres. Après les acteurs principaux, Hagen, Hetel, Hilde pour la première partie, Hetel, Hilde, Gudrun pour la seconde, c'est autour de lui que pivote l'action, c'est lui qui est le centre de toutes les entreprises, l'inspirateur et le guide de toutes les expéditions, le point de soutien et de ralliement dans les revers et dans la défaite.

Il est peut-être de tous les héros de notre poème celui qui a le moins perdu les traits distinctifs de son origine. Sa nature de géant éclate encore et dans ses actes et dans toute sa personne,

1. M. F. Michel a réuni dans une brochure de 32 p. in-8° intitulée *Wade* (1837) la plupart des passages, qui se rencontrent au sujet de notre héros dans divers auteurs anglais, les chapitres de la *Wilkina-Saga* qui racontent son origine, et la liste des localités anglaises qui portent son nom ; mais il n'a essayé de tirer de ces documents aucune solution sur la nature et la signification primitive de ce personnage.

telle que nous la décrit le poète. Il joue dans la *Gudrun* un rôle analogue à celui d'Elias dans *Ortnit*, de Widolf (son neveu) dans le *Roi Rother* et d'Ilsan dans le *Rosengarten*, tous trois appartenant également à la race des géants. Voyez-le quand il paraît dans la capitale d'Hagen ; voyez-le parmi les femmes de la cour d'Irlande ; voyez-le surtout dans les combats, lorsque la colère l'anime et qu'il fait retentir son cor redoutable, ou, quand, à travers les traits et l'incendie, il se précipite dans le palais de Ludwig, écumant de rage et brisant tout sur son passage : portes, murs, hommes, femmes et enfants. Dans sa fureur, digne d'un véritable berserker, il va même jusqu'à menacer Gudrun, qui essaye de l'arrêter.

C'est qu'en effet par ses parents Wate appartient à la race des géants ; il est père de Wieland, grand-père de Wittich, frère de Nordian et oncle de Widolf, Aspilian, Abentrot et Etgeir. Il est fils du géant Wilkinus et sa naissance est racontée en ces termes dans la *Wilkina-Saga* :

« Un jour que Wilkinus revenait d'une expédition dans la mer Baltique, il jeta l'ancre sur les côtes de la Russie. Descendu seul sur le rivage, il pénétra dans un bois voisin et y rencontra un monstre marin, une de ces nixes qui une fois sur terre revêtent la forme d'une belle jeune fille. Enflammé à la vue de ses charmes, il s'approcha d'elle et elle céda à ses désirs. Puis il regagna son vaisseau et mit de suite à la voile. Il était déjà en pleine mer, quand il vit surgir une nixe, qui, s'élançant sur le vaisseau, en arrêta sur-le-champ la course. Wilkinus la reconnaît de suite, la supplie de ne pas retarder plus longtemps la marche de sa flotte et lui propose de venir le rejoindre dans son palais, où elle trouvera toutes les attentions et toute la magnificence qu'elle peut désirer. Elle y consent et disparaît ; le voyage s'effectue rapidement et l'on arrive bientôt à la capitale de Wilkinus. Six mois après une femme se présente au roi, prétendant être enceinte de ses œuvres. Bien accueillie par lui, elle est installée dans le palais de Wilkinus et y donne le jour à un fils, Wate. Mais, ne pouvant supporter plus longtemps de rester loin de la mer, elle ne tarde pas à disparaître, sans qu'on entende plus jamais parler d'elle (1). »

Cependant il ne semble pas que l'épouse passagère de Wilkinus ait complètement perdu de vue sa progéniture : car,

---

1. *Wilkina-Saga*, éd. p. Peringskjöld, chap. 18.

d'une part, la strophe 529 de la *Gudrun*, reproduisant selon toute apparence un trait ancien de la légende de Wate, nous dit qu'il avait appris la médecine d'une femme marine, ce qui s'appliquerait bien à sa mère : les êtres surnaturels et surtout les génies marins ont, en effet, dans la mythologie germanique, le renom de connaître les plantes médicinales et leurs propriétés (1). D'autre part, longtemps après, Widek, fils de Wieland et petit-fils de Wate, poursuivi par Dietrich de Berne, est sauvé par cette même déesse marine, qui, nouvelle Cyrène, lui ouvre les ondes d'un lac. Or, en racontant ce fait, l'auteur de la *Thidrekssaga* (2) nous dit expressément que Widek fut sauvé par la mère de son aïeul. Enfin, à propos du même événement, la *Rabenschlacht* (3) nous donne le nom de la mère de Wate : elle s'appelait Wâchîlt, c'est-à-dire *Hilde des Vagues*.

On le voit donc, par son père et par sa mère, Wate appartient à la race des géants ; de plus, par sa mère, il est en étroite parenté avec les divinités marines.

Le lieu habituel de sa résidence le rapproche aussi du monde de la mer. D'après notre poème, il est le chef de la marche de Stürmen ou du Sturmland (le pays des Tempêtes). Les uns ont rapproché ce mot du nom de Stormaren, entre l'Elbe, la Trave, la Stör et la Bille, et des Stormarii, dont parle Adam de Brême et qui longtemps encore après lui étaient connus sous le nom de Stormern (4), les autres ont voulu le retrouver chez les Sturmi, qui habitaient près de Verden et étaient voisins des Frisons (5) ; de toute manière, son domaine est situé sur la côte. La *Wilkina Saga* (6) lui assigne douze bourgs de la Svionie et de la Séelande, qu'il avait reçus de son père. L'auteur de la Saga songe évidemment ici à la Séelande danoise et une fois encore la tradition a confondu les deux Séelandes. Enfin un ancien poème anglo-saxon, remontant au viii°, peut-être même au vii° siècle, le *Chant du Voyageur*, lui donne pour royaume Helsingas (7). Ce nom, il est vrai, n'a pu être iden-

---

1. Cf. Grimm, *Mythologie*, 1re éd., p. 243 et 669.
2. Chap. 383-386 ; cf. A Rassmann, *Die deutsche Heldensage und ihre Heimath* (Hannover, 2e éd., 1863, 2 vol. in-8°), II, 689.
3. Str. 964-969.
4. Cf. *Gudrünlieder*, éd. p. L. Ettmüller, Préface, p. VIII.
5. Cf. Müllenhoff, *Wado* (1848), p. 63.
6. Chap. 18-19.
7. Cf. H. Leo, *Altsächsische und Angelsächsische Sprachproben* (Halle,

tifié jusqu'ici, mais tout nous engage à le chercher sur les bords de la mer Baltique ; car, d'abord, l'ordre assigné au royaume de Wate dans le *Chant du Voyageur* nous reporte vers ces parages et, d'autre part, le nom d'Helsingas a de grandes analogies avec ceux de quelques localités de la Scandinavie, telles que Helsingör, Helsingborg, Helsingland (1), les deux premières situées sur le détroit du Sund, l'une en Suède, l'autre en Danemark.

Par une singulière anomalie, Wate, que tout semblerait donc rattacher aux côtes du Danemark, est resté beaucoup moins connu dans le Nord qu'en Allemagne et surtout en Angleterre. A en juger par les allusions à sa légende que nous fournit encore la littérature anglaise, par les appellations de lieux dans lesquels son nom survit, son souvenir est demeuré longtemps vivant parmi les Anglo-Saxons et même parmi les Anglais. Non seulement Chaucer (1328-1400), mais même son éditeur et commentateur Speght (1598) en savait encore long sur Wate, sur son bateau merveilleux et sur les aventures aussi nombreuses que surprenantes qui lui arrivaient dans ce bateau (2).

Quant à son caractère, Wate l'a également conservé dans la

1838, in-8°), p. 77. — Rappelons à ce propos que le *Chant du Voyageur* mentionne Vàda en même que Hagena, Hendën et Vitta ; n'est-ce point une singulière coïncidence de retrouver, au milieu de cette longue liste de princes qui va depuis Alexandre jusqu'à Offa, nos trois héros Hagen, Hetel et Wate, cités côte à côte et pourvus de royaumes, qui semblent, à en juger par les noms, tous voisins les uns des autres ? N'est-il point permis d'y voir un indice que, dès l'époque reculée à laquelle remonte le *Chant du Voyageur*, la légende d'Hilde était répandue en Angleterre sous une forme comportant déjà le rôle de Wate et l'associant à Hagen et à Hetel dans la tradition populaire ? Voici les deux vers dans le texte original :

Hagena Holmricum and Hendën Glommum ;
Vitta vëold Svaefum, Vàda Hälsingum.

Quant à Vitta, qui ne paraît pas dans la *Gudrun*, son nom se retrouve associé à celui d'un certain Vatte, dans le conte de Vitte et Vatte, reproduit par Müllenhoff, *Sagen, Märchen und Lieder* (1845), p. 292, n° 400. Mais, si ce sont bien les mêmes héros, la transformation est aussi complète qu'imprévue ; le conte en fait deux nains.

1. Cf. *Gûdrûnlieder*, éd. p. Ettmüller, loc. cit.
2. Cf. F. Michel, *Wade*, p. 6 sqq.

Gudrun (1) et tous les autres témoignages s'accordent à le représenter comme un géant malfaisant, bourru, redoutable et fatal à ceux qui l'approchent. D'après notre poème, il a la force de vingt-six hommes (2); le curé Conrad, dans son poème de *Roland* (3), lui attribue la force d'un lion, et la *Wilkina-Saga* (4) nous rapporte que, dès sa jeunesse, il s'était rendu insupportable à son père par son humeur farouche.

Il n'est pas jusqu'à sa voix qui n'ait quelque chose de surhumain; de plus il possède un cor merveilleux dont le son ébranle le sol, fait crouler les murailles et remue la mer jusqu'au plus profond de ses abîmes. Par ce dernier trait il a quelque analogie avec Heimdallr et son Giallarhorn.

Mais, ce qui est vraiment caractéristique pour lui restituer sa vraie nature, c'est la manière dont il conduisit son fils à Kallov. Wate avait appris que deux nains, habitant dans une grotte près de Kallov, étaient extrêmement habiles à fabriquer toute sorte d'objets en fer, en or et en argent; il résolut de leur confier son fils Wieland, pour l'initier à leur art. Il partit donc pour Kallov; mais, arrivé à Grœnasund, il se vit arrêté par le détroit et obligé de séjourner jusqu'à ce qu'il aperçût un navire. Cependant il perdit bien vite patience et, prenant son fils sur ses épaules, il traversa à pied le détroit qui était profond de neuf aunes. La *Wilkina-Saga* ajoute qu'il refit souvent ce voyage, tantôt pour aller voir son fils, tantôt pour retourner en Séelande, et chaque fois il traversait le Grœnasund de la même manière (5).

Or ces allées et venues continuelles rentrent on ne peut mieux dans son caractère, tel qu'il ressort de son nom: car Wate dérive de la même racine que le verbe *Waten*, qui signi-

---

1. Cf. surtout str. 1469, 1503, 1510, 1520, 1528.

2. Str. 1469; ce fait était encore connu de Thomas Malory (cité par W. Mannhardt, *Zeitschrift für deutsche Mythologie*, II, 309), qui vivait à la fin du xve siècle.

3. *Das Rolandslied des Pfaffen Konrad*, éd. p. K. Bartsch (Leipzig, Brockhaus, 1874, in-8°), v. 7799 sqq. Dans ce passage Wate est intimement associé à Oigir, que certains mythologues rapprochent d'Oegir, le dieu de la mer par excellence.

4. Chap. 18.

5. Chap. 20. — On ne peut s'empêcher ici de songer à la légende de St. Christophe; lui aussi est un géant de douze pieds, doué d'une force irrésistible; il passe l'enfant Jésus sur ses épaules à travers un torrent.

fie : *traverser, passer, transporter d'une rive à l'autre* (1). De plus il offre par là une analogie frappante avec un génie marin, qui habite l'embouchure de l'Elbe et dont K. Müllenhoff a recueilli l'histoire dans ses *Contes, Légendes et Chants des duchés de Schleswig-Holstein-Lauenbourg* (2). La tradition populaire, comme il est arrivé en maint autre endroit, en a fait un démon. Or ce démon habite aux bouches de l'Elbe, et, par suite d'événements qu'il serait trop long d'énumérer ici, il est condamné, lorsque le temps est gros et qu'aucun nautonnier ne se présente pour faire passer les voyageurs, à les porter sur son dos d'une rive à l'autre. La légende ajoute qu'il n'a le droit de réclamer aucun salaire, qu'il est sans cesse occupé et qu'il va continuellement d'une rive à l'autre. N'est-ce pas absolument ce que fait Wate d'après la *Wilkina-Saga* et n'avons-nous pas ici un souvenir un peu effacé, quoique encore bien distinct, de l'occupation assignée à Wate par la légende?

Comme nous l'avons vu plus haut, les traditions anglaises lui attribuaient un bateau, dans lequel il entreprenait des voyages aussi multiples que merveilleux. A la vérité, dans les chants allemands, une confusion s'est opérée, ce bateau est devenu l'attribut de Wieland : mais nul doute qu'originairement il n'appartînt à Wate ; pour Wieland *le forgeron* il n'a aucun sens, pour Wate *le marin* il est très significatif : car, malgré les transformations qu'il a subies, notre poëme lui-même le connaît encore comme un marin expérimenté (3) et lui attribue une barbe blanche, longue d'une aune, dans laquelle on a vu avec raison une image de l'écume de la mer (4).

Ces divers rapprochements nous paraissent ne laisser aucun doute sur la signification mythique de Wate. Ce dieu qui va et vient sans cesse dans l'onde, passant et repassant les voyageurs sur son dos, n'est-ce pas l'image du flux et du reflux, qui apporte et qui emporte les vaisseaux et les marins ? Comme le remarque ingénieusement K. Müllenhoff, cette élévation et cet abaissement alternatifs du niveau de l'onde passaient sur les bords de la mer du Nord pour l'effet des allées et venues régulières d'un géant habitant sous les flots. Mais trop souvent ce géant s'irrite; car, trop souvent, dans ce mouvement conti-

---

1. Cf. le dictionnaire allemand de Weigand, V° *Waten*.
2. Kiel, 1845, in-8°; cf. N° 353, p. 264.
3. Str. 1183.
4. Str. 1510.

nuel, la mer vient déferler avec violence contre les côtes, ébranlant les digues dans sa fureur et faisant crouler les falaises ; de là vient l'aspect terrible de Wate, de là sa voix surhumaine et son cor dont le bruit fait trembler le sol, renverse les murailles et soulève les flots (1).

II. FRUTE.

Frute forme avec Wate le contraste le plus complet : autant l'un a l'air rébarbatif, autant l'autre est d'une humeur aimable et paisible. C'est l'homme doux par excellence et telle est en effet l'épithète qu'il porte le plus souvent dans le poème (2). Il est généreux et habile à se concilier les hommes ; c'est un vieillard à la figure vénérable (3), plein de sagesse (4), ami de la paix et de la concorde (5), toujours prêt à donner un conseil et donnant toujours le meilleur (6) ; enfin nul n'est plus expérimenté que lui dans la navigation (7). Tel est l'aspect sous lequel nous le présente le poème ; tel est en effet son caractère constant dans les légendes et dans la mythologie. Son nom signifie *science, prudence* (8).

Il apparaît le plus souvent dans la légende héroïque comme le type et le représentant de la douceur, de la richesse et de la libéralité, et c'est sans doute à ces qualités qu'il a dû de se voir attribuer dans l'enlèvement d'Hilde le rôle de marchand. Au reste la prodigalité avec laquelle il distribue ses trésors et tout l'ensemble de cette scène concernant le rapt de la fille d'Hagen

---

1. Cf., pour plus de détails, K. Müllenhoff, *Wado* (1848). — W. Mannhardt, *Walo* (1854), a essayé de le rapprocher de Thòr ; Weinhold, d'autre part, (*Die Sagen von Loki* dans H. Z., VII, 1-94) l'identifie avec Heimdallr, qui lui aussi, par son origine et par plus d'un trait, appartient au monde de la mer. De ces diverses explications, celle de Müllenhoff semble tout à la fois la plus naturelle et la plus conforme à ce qui nous reste d'allusions à sa légende.

2. Str. 326 et 1686.
3. Str. 1182.
4. Str. 1537.
5. Str. 1624.
6. Str. 1535.
7. Str. 903.
8. S. Egilsson, *Lexicon poeticum antiquæ linguæ septentrionalis*, v° Frodhi.

montrent qu'il n'a dû pénétrer qu'assez tard dans la légende d'Hilde et sous l'influence de la poésie des jongleurs, qui affectionnaient surtout ces descriptions pompeuses (1).

On connaissait de lui une légende indépendante, mais d'une précision et d'une authenticité douteuses, du moins sous la forme qu'elle avait en Allemagne. C'est ce que montre déjà la strophe 326 de notre poème (2). La mention la plus ancienne que fasse de lui un auteur allemand se rencontre dans un chant de Spervogel, composé un peu après 1173 (3) et dans le passage du *Biterolf et Dietleib*, où Biterolf se présente à la reine Helche sous le nom supposé de Frute (4).

Mais, de même que dans le poème de *Gudrun*, de même ici et dans d'autres ouvrages, il ne joue qu'un rôle secondaire et semble partout introduit par la fantaisie d'un chanteur dans des légendes, où il n'avait primitivement que faire. Ainsi, dans la *Gudrun*, il forme presque double emploi avec Horand, qui en certains endroits se voit frustré par lui de son titre de souverain de Danemark, auquel il a tous les droits possibles. Ainsi, dans le *Wolfdietrich A* (5), il nous est présenté comme le neveu (Schwestersohn) d'Hugdietrich et le héros contre lequel Hugdietrich est parti en expédition ; mais le poète ne l'a introduit que pour motiver l'absence de ce dernier. Il en est encore de même dans la *Bataille de Ravenne* (6) ; là il est au nombre des héros d'Ermenrich, il est l'adversaire de Nuodunc et l'ennemi de Günther. Le *Rosengarte D* (7) lui fait jouer le même rôle, le place aux côtés de Dietrich et donne à son inimitié contre Günther le prétexte que ce dernier lui aurait volé son royaume. Mais, par une étrange contradiction avec tous les autres témoignages, celui de l'*Appendice au Livre des Héros* excepté, le *Rosengarte D* en fait un jeune homme.

Ce court aperçu montre que sa légende n'était ni très répan-

---

1. K. Müllenhoff dans H. Z, XII, *Zeugnisse*, 23, 2.

2. Cf. J. Grimm, *Die deutsche Heldensage*, p. 256.

3. K. Lachmann und M. Haupt, *Des Minnegesangs Frühling*, p. 25, v. 19-20.

4. *Deutsches Heldenbuch*, I : *Biterolf und Dietleib*, v. 1909, 1912, 1916, 1930, 1966.

5. *Deutsches Heldenbuch*, III : *Wolfdietrich A*, str. 6.

6. *Deutsches Heldenbuch*, II : *Rabenschlacht*, str. 478 ; 864 sqq. ; 703 ; 786 sqq.

7. Cf. J. Grimm, *Die deutsche Heldensage*, p. 256.

due, ni très fixe en Allemagne et il semble y avoir été surtout connu de nom et à cause de la douceur de son caractère. Car, de même que le nom d'Horand était devenu proverbial pour signifier un bon chanteur, de même celui du *milde Fruote* était dans la bouche de tous les poètes du xiiie siècle et leur servait à tout propos de terme de comparaison (1).

Au contraire les pays scandinaves n'ont pas de héros plus célèbre que lui ; sa douceur, sa richesse, son humeur pacifique y font l'objet d'un nombre infini de légendes. Il y en avait même tant, que Saxo, pour les rapporter toutes, n'a trouvé rien de mieux que de multiplier les Frothon et d'en intercaler six dans la suite de ses rois danois (2). Dahlmann a montré (3) ce qu'il y avait de fictif dans toutes les actions que Saxo lui prête ou plutôt leur prête, et Grimm a prouvé d'une façon sommaire qu'elles se rapportaient aux dédoublements d'un seul et même héros (4). Un roi pourvu d'une aussi riche légende était vraiment une bonne trouvaille pour Saxo : commençant son histoire bien avant l'ère chrétienne, il avait besoin de beaucoup de noms et de faits pour remplir les cadres de ses dynasties royales jusqu'à Harald Hildetand.

On comprend que dans ce chapitre nous ne pouvons étendre notre étude à cette masse immense de matériaux. Nous partirons donc d'une source moins abondante, mais plus pure, de l'*Edda* de Snorri, et nous ne ferons entrer en ligne de compte le reste, et spécialement les récits de Saxo, que dans la mesure où la suite de nos recherches l'exigera.

C'est encore à propos d'une définition poétique que le *Skaldskaparmál* nous a conservé la légende de Frodhi (5) : *l'or s'appelait la farine de Frodhi*, et voici pourquoi :

« Frodhi avait deux servantes, nommées Menja et Fenja, qui, dans un moulin gigantesque, lui broyaient l'or, la paix et la félicité. Jour et nuit elles étaient occupées à moudre, et le roi

---

1. Cf. *Seifried Helbling* (H. Z., IV, 2, 1302; 7, 363; 13, 111.) — *Engelhard, eine Erzählung von Konrad von Würzburg*, éd p. M. Haupt (Leipzig, 1844, in-8), Préface, p. XI et v. 809, 1604, 4095. — *Sigeher*, dans les *Minnesinger* d'H. v. d. Hagen, II, 362.

2. C'est même sous le règne de l'un d'eux, nous l'avons vu, qu'il place le récit de la bataille des Hjadninge.

3. *Forschungen auf dem Gebiete der Geschichte*, I, 237 sqq.

4. *Mythologie*, 2e éd., p. 322.

5. *Edda Snorra* : *Skaldskaparmál*, chap. 43.

ne leur laissait pas plus de repos qu'il ne s'écoule d'intervalle entre deux chants du coucou. Une fois, fatiguées de ce labeur incessant, elles se mirent à entonner un chant magique et à moudre au roi une armée ennemie, de sorte que la nuit même Frodhi, surpris par le roi Mysing, fut tué par lui et le roi emporta tous ses trésors. Il emporta également le moulin et les deux servantes et il leur ordonna de moudre du sel. Elles se remirent donc à tourner la meule et à chanter. Vers minuit, elles demandèrent à Mysing s'il avait assez de sel; il leur ordonna de continuer : elles poursuivirent donc leur travail et, un instant après, le vaisseau de Mysing, entraîné par la masse de sel, s'abîma dans les flots; c'est pour cela que la mer est salée. »

Saxo a conservé aussi un vague souvenir de ce moulin et de la farine qu'il fournissait à Frodhi; car, d'après lui, Frothon Ier mêlait à ses aliments de l'or broyé et moulu ; naturellement Saxo explique à sa manière cette singulière habitude : c'était, paraît-il, une précaution que prenait Frothon, pour se mettre à l'abri des tentatives d'empoisonnement de ses courtisans (1).

Au reste, tous les Frothons de Saxo portent ce caractère de richesse et d'abondance. Les trésors immenses de Frothon Ier ont été enlevés à un dragon, qui les gardait et qu'il a tué : ce roi lui-même s'appelle *Frothon le Fertile* (2), et, de même que le Frodhi de l'*Edda* pouvait, sans danger, exposer un anneau d'or sur le bord d'un chemin, de même Frothon III, au dire de Saxo (3), fit suspendre un bracelet d'or dans un carrefour, sans que personne s'avisât d'y toucher.

Par une singulière association d'idées et uniquement parce qu'il passait pour avoir rétabli la paix dans les royaumes qui

---

1. Tome I, p. 79.
2. Ibid., p. 61.
3. Ibid., p. 235. — Ce trait fait songer à une action semblable prêtée à Rollon, après qu'il eut pacifié et repeuplé la Normandie, que venait de lui céder Charles-le-Simple. Un jour qu'en revenant de la chasse il prenait son repas près d'une mare, dans une forêt voisine de Rouen, il suspendit ses bracelets d'or aux branches d'un chêne; les bracelets demeurèrent là, trois années durant, sans que personne osât y toucher. Cf. H. Martin, *Histoire de France*, 4e éd., II, 502, et Willelmus Gemeticus, *Historia Normannorum* (ap. Migne. *Patr. lat.*, T. 149), lib. II, cap. 28 [Migne, Col. 802 B.]. La même légende se trouve rapportée à propos d'Alfred-le-Grand par Guillaume de Malmesbury (*Gesta Regum Anglorum*, II, 4, f. 23) cité par Lingard, *Histoire d'Angleterre*, 2e éd. française, I, 288.

lui étaient soumis, on a placé sous son règne la naissance du Sauveur. Selon l'*Edda*, Frodhi était « contemporain d'Auguste, » qui fit régner la paix sur toute la terre : c'est alors que le » Christ naquit (1). »

On lit de même dans Saxo : « A cette époque le Sauveur du » monde, descendu sur la terre pour racheter les humains, dai-» gna revêtir une forme mortelle, et la terre, où toute guerre s'é-» tait éteinte, jouit de la tranquillité et du repos en toute sécu-» rité (2). »

L'*Histoire de Sven Aggon* (3) s'exprime dans les mêmes termes et les *Généalogies des rois scandinaves* (4) emploient une formule analogue. De plus ces deux dernières exaltent surtout la libéralité de Frodhi.

A tous ces traits on reconnaît facilement que l'original commun des Frothons de Saxo, le Frodhi mythique, que nous a conservé Snorri, se rattache étroitement à Freyr, le dieu de la douceur, de la paix et de la prospérité. Finn Magnusen (5) explique le nom de Freyr par les mots *seminator, sator, fruges ac fructus largiens*; partout, comme Frodhi, il porte l'épithète de *mild* (doux). L'*Edda* de Snorri, après avoir énuméré ses épithètes et noms divers, ajoute qu'on l'appelle encore le dieu de l'abondance et le distributeur des richesses (6). Bien plus, lorsque Skadhi engage Skirnis à aller trouver Freyr, elle appelle ce dernier *Frodhi* (le sage) (7).

Ainsi rapprochés par leurs attributs et leurs noms, ces deux êtres mythiques ont encore, dans leur vie, plus d'une aventure identique.

Au dire de Saxo, Hadding, père de Frothon Ier, avait établi sa résidence à Upsal et y avait institué un sacrifice annuel nommé Frodblott (c'est-à-dire sacrifice offert au dieu Freyr), dont ses descendants gardèrent religieusement la tradition (8) : au témoignage de l'*Ynglinga Saga*, c'est Odhin lui-même qui

---

1. *Edda Snorra : Skaldskaparmál*, chap. 43.
2. Tome I, p. 272.
3. *Scriptores rerum danicarum medii aevi*, éd. p. Langebeck (Hafniae, 1772 sqq., in-fol.), I, 47.
4. Ibid., I, 32.
5. *Lexicon Mythologicum*, p. 361.
6. *Edda Snorra : Skaldskaparmál*, chap. 7.
7. *Edda Saemundar : Skirnisför*, str. 12.
8. Tome I, p. 50.

aurait choisi Niördr et son fils Freyr comme prêtres de ses autels à Upsal, et c'est pour cela que plus tard eux aussi auraient été rangés parmi les Dieux (1). Ce serait même sous le règne de Freyr à Upsal que le monde aurait joui de cette paix universelle, placée par les autres traditions sous celui de Frodhi, et, pour qu'aucun trait de ressemblance ne fasse défaut, cette même *Saga* célèbre les trésors que Freyr avait accumulés dans le temple d'Upsal.

Il n'est pas jusqu'aux circonstances, dans lesquelles moururent les deux personnages, qui n'offrent les plus grandes analogies. D'après l'*Ynglinga Saga*, Freyr ayant succombé à la maladie, ses courtisans transportèrent son corps dans un immense tombeau, qu'ils avaient fait construire secrètement, et ils l'y gardèrent trois ans entiers, faisant croire au peuple que Freyr avait choisi pour sa demeure ce tombeau, qui avait une porte et trois fenêtres : grâce à cette ruse, ils continuèrent pendant trois ans à lever le tribut, comme si Freyr était encore en vie, et ils entassèrent toutes ces richesses dans le tombeau (2).

Un subterfuge analogue aurait été employé, selon Saxo, à la mort de Frothon III. Les courtisans, ayant embaumé le corps du roi, qui avait été frappé par une vache d'un coup de corne dans le côté, le conservèrent trois ans dans son palais, et, continuant à s'abriter derrière l'autorité dont jouissait Frothon, ils levèrent, pendant trois années encore, le tribut accoutumé (3).

Enfin, de même que Loki fait allusion à une inimitié qui aurait éclaté entre Freyr et sa sœur Freya et reproche à la déesse d'avoir soulevé les Ases contre son frère (4), de même Saxo (5) parle d'une dispute qu'eut Frothon Ier avec ses sœurs Svanhvita et Ulvilda et accuse la dernière d'avoir poussé son mari à tuer Frothon.

Déjà, on le voit, ces traits communs nous autoriseraient à identifier Freyr avec Frodhi. L'examen de leurs généalogies ne fera que confirmer et rendre absolument irréfutable cette manière de voir. Toutes les tables généalogiques leur donnent

---

1. *Heimskringla edr Noregs Konungasögur af Snorra Sturlusyni* (Havniae, 1777-1818, 6 vol. in-fol.), Tome I : *Ynglinga Saga*, chap. 4.
2. *Ynglinga Saga*, chap. 12. — Le même fait se trouve reproduit dans la *Saga d'Olaf Tryggvason* (éd. de Skallholte), II, 190.
3. Tome I, p. 256 sqq.
4. *Edda Saemundar* : *Lokasenna*, str. 32.
5. Tome I, p. 72.

pour grand-père *commun* Odhin (1), et pour père, à l'un Hadding, à l'autre Niördr. Mais ces deux fils d'Odhin ne sont eux-mêmes qu'une seule personne.

Si nous avions le loisir de faire pour Hadding et Niördr ce que nous venons de faire pour Freyr et Frodhi, la comparaison de leurs légendes nous fournirait une foule de traits identiques : qu'il nous suffise de rapprocher les deux récits suivants, où leur caractère mythique de dieux marins nous apparaîtra en même temps très clairement.

En expiation du meurtre du géant Thiassi, les Ases avaient permis à sa fille Skadhi de se choisir un époux parmi eux : ils avaient mis toutefois pour condition, que la jeune fille devrait faire son choix en ne voyant que les pieds de ceux entre lesquels elle avait à se décider. Au jour fixé, elle passe en revue les Ases alignés et recouverts d'un drap, au bord duquel leurs pieds seuls dépassent. Elle aperçoit deux pieds si beaux, qu'elle n'hésite pas et s'écrie : « Je choisis celui-ci ; pour sûr ce doit être Baldr (2). » Mais c'était Niördr de Noatun. Le mariage ne fut pas heureux ; Skadhi, en sa qualité de géante, n'avait jamais habité que les montagnes, Niördr n'avait jamais quitté le bord de la mer : pour satisfaire par des concessions mutuelles leurs goûts inconciliables, ils convinrent de passer neuf nuits à Thrymheim, demeure de Skadhi et trois nuits ensuite à Noatun. Mais quand Niördr revenait de la montagne, il se lamentait ainsi :

« Les montagnes me sont insupportables, je n'y suis pas
» resté longtemps, je n'y ai passé que neuf nuits ; les hurle-
» ments des loups me faisaient regretter le chant des cygnes. »

Skadhi, de son côté, forcée de revenir au bord de la mer, exhalait ainsi ses plaintes :

« Je ne puis dormir au bord de la mer par suite du chant des
» oiseaux : chaque matin la mouette me réveille quand elle
» vient de la mer. »

Force fut aux deux époux de se séparer : Niördr resta au bord de la mer ; Skadhi retourna dans ses montagnes (3).

La même chose arrive dans Saxo à Hadding et à Regnhild. Ayant appris qu'un géant s'est fiancé avec Regnhild, fille d'Hâquin, Hadding part, de son propre mouvement, pour aller arra-

---

1. *Scriptores rerum danicarum*, I, 1. sqq.
2. Baldr était réputé le plus beau des Ases.
3. *Edda Snorra* : *Gylfaginning*, chap. 23.

cher la jeune fille à une alliance aussi honteuse, attaque le géant et le tue. Mais grièvement blessé dans la lutte, il est guéri par Regnhild, qui ne sait pas qu'elle a soigné son sauveur. Toutefois, éprise des charmes du héros et voulant s'assurer, par la suite, un moyen de le reconnaître, elle s'avise d'introduire dans une des plaies de sa jambe un petit anneau qu'elle portait au doigt. Quelque temps après, ayant obtenu de son père la permission de se choisir un mari, elle assemble les jeunes gens parmi lesquels elle doit chercher un époux, se livre sur leurs jambes à un examen assez singulier, et, ayant senti dans la jambe d'Hadding l'anneau qu'elle y avait mis, elle l'embrasse en s'écriant qu'elle ne veut pas d'autre mari. Cependant l'amour des deux époux ne dure pas longtemps. Pour plaire à sa femme, Hadding a abandonné sa vie de pirate ; mais le repos lui pèse, et il exhale ainsi ses plaintes :

« Pourquoi rester plus longtemps dans les sombres retraites
» des bois, emprisonné dans ces collines rocailleuses ; pourquoi
» ne pas suivre, selon mon ancienne habitude, les coursiers
» ailés (les voiles) sur la mer ?... Les hurlements des troupes
» de loups chassent le sommeil de mes yeux...; ces collines
» boisées, ces rochers abrupts me remplissent de sombres
» pensées... »

De son côté, menacée d'abandonner ses chers vallons pour aller habiter au bord de la mer, Regnhild s'écrie dans sa tristesse :

« Quand j'habite le rivage, la voix éclatante du cygne me
» remplit d'angoisse, et son cri, frappant mon oreille au mo-
» ment où je m'endors, m'arrache au sommeil. Le bruit sau-
» vage des flots m'empêche de reposer ; et le plongeur de sa
» voix babillarde trouble sans cesse mes nuits (1)... »

Sans doute le récit est conçu en termes assez bizarres : non seulement il est presque sans exemple qu'une fille de roi, en Scandinavie, ait eu le droit de se choisir librement un époux ; c'était son père, ou, à défaut de père, son frère qui se chargeait pour elle de ce soin : mais encore l'idée prêtée par Saxo à Regnhild d'introduire un anneau dans la plaie d'Hadding est pour le moins singulière, de même que l'examen auquel elle se livre sur ses prétendants assemblés. Mais l'invraisemblance même de ces faits nous est un garant que Saxo, d'ordinaire si sage et si raisonneur, ne les a pas inventés : il a tout simplement re-

1. Tome I, p. 50 sqq.

produit, en la mutilant, une tradition qu'il connaissait mal; la valeur de cette tradition en elle-même n'en reste pas moins tout entière, et, chose digne de remarque, c'est la mort d'un géant qui est le point de départ des deux mariages.

De toute manière donc, Hadding et Niördr, issus d'un même père, mais séparés en apparence par les généalogies, ne sont qu'une seule personne, et il en est de même de Frodhi et de Freyr (1).

Or, parmi les attributs de Freyr, qui ordinairement est considéré comme le dieu de la paix, de l'abondance et de la fertilité, il en est quelques-uns, qui ultérieurement se sont transportés sur Niördr, de sorte que le père et le fils se sont partagé le rôle rempli par Freyr seul à l'origine (2). Ce fait, que nous avons déjà eu l'occasion de constater pour Hilde et Freya, est très commun dans toutes les mythologies; c'est, pour ainsi dire, le procédé par excellence de développement de toute théogonie. Pour Freyr même on peut encore en citer un autre exemple : dans la *Skirnisför*, Skirnir paraît comme le serviteur de Freyr : or Skirnir n'est autre qu'un des noms de Freyr lui-même (3). Pour revenir à Niördr et à Freyr, l'un est resté plus spécialement attaché à la terre, l'autre l'a presque entièrement remplacé sur mer.

Cependant çà et là on retrouve encore la trace des liens qui unissaient autrefois Freyr au monde marin. Comme Niördr, Freyr accorde à ceux qui le prient les biens meubles et immeubles; comme lui il ouvre au printemps la mer aux navigateurs et aux pêcheurs, il préserve les uns des tempêtes et procure aux autres bonne pêche et riche butin : tous ceux qui veulent entreprendre un voyage sur mer l'invoquent pour obtenir un vent favorable (4). Enfin, en signe de domination sur la mer, il possède un vaisseau merveilleux, nommé *Skidbladnir*, sur le-

1. On sait de plus que le soleil est souvent représenté sous la forme d'un cerf consacré à Freyr; or ce cerf se retrouve dans les légendes danoises : on raconte que Frodhi possédait un cerf apprivoisé, qu'il laissait errer en liberté et qui portait au cou une précieuse chaîne d'or, sur laquelle était gravée cette inscription, grâce à laquelle personne ne lui fit jamais aucun mal : « Protège-moi, roi Frodhi, protège-moi ». Cf. Kuhn, *Der Schuss auf den Sonnenhirsch* (Z. Z., I, 106-107.)

2. Cf. K. Müllenhoff, *Ueber Tuisco und seine Nachkommen* (*Zeitschrift für Geschichte* de Schmidt, VIII, 228 sqq.)

3. Simrock, *Mythologie*, p. 66.

4. *Fornmanna Sögur*, II, 16.

quel il parcourt l'air et la mer, toujours poussé par un vent favorable vers les régions où il veut aller (1).

C'est à ce côté de sa physionomie que correspondait originairement Frodhi, c'est ce caractère essentiellement marchand et marin qu'il a conservé dans notre poème.

D'après ce qui précède, il s'offre à nous comme le représentant de la mer calme, qui, par le commerce auquel elle sert de véhicule, accroît les richesses et le bien-être et procure toutes sortes de matières précieuses, surtout la poudre d'or. Mais précisément par l'introduction de l'or les mauvaises passions sont excitées et la paix se trouve bientôt troublée. De là la fin misérable de Frodhi. Cette paix n'était qu'une paix trompeuse, absolument comme le calme de la mer, auquel personne ne doit se fier. C'est l'élément perfide et séduisant par excellence, et il correspond bien au caractère tentateur et non moins perfide de Frute dans la *Gudrun*.

Quant au moulin dont il est question dans la légende de l'*Edda*, Finn Magnusen en donne très bien l'explication (2) : les Scandinaves se sont souvent représenté la mer, avec son éternelle agitation, comme un moulin sans cesse en mouvement; les pierres meulières sont alors figurées par les rochers du rivage, les écueils, les bas-fonds ; les géantes qui font sans cesse tourner ce moulin, ce sont les vagues ; le roi Frodhi a acheté ces géantes, c'est-à-dire que, par le commerce, il a réduit la mer à le servir ; longtemps elles ne cessent de lui moudre de l'or, longtemps le commerce maritime l'enrichit. Dans son avidité il ne les laisse reposer que l'intervalle de deux chants du coucou, c'est-à-dire qu'il interrompt seulement pendant l'hiver ses courses maritimes. Mais il arrive un moment où celles qui lui ont moulu tant d'or et de bonheur finissent par lui moudre sa perte ; la mer qui l'a longtemps enrichi se déchaîne un jour et il périt, victime de celle qu'il a exploitée avec trop d'avidité et d'imprudence. Quant au sel que leur fait moudre Mysing, il n'a évidemment pas besoin de commentaire.

Comme le remarque Uhland en reproduisant cette explication, elle est en parfait accord avec les idées mythologiques,

---

1. Nous avons déjà vu plus haut que Wate, lui aussi, possédait à l'origine un vaisseau merveilleux, devenu plus tard l'attribut de son fils Wieland. La coïncidence est, à tout le moins, digne de remarque.

2. *Lexicon Mythologicum*, p. 509; cf. *Uhlands Schriften zur Geschichte der Dichtung und Sage*, VII, 106.

les mœurs et les vues naturalistes du Nord. Car, si la mer calme et paisible était pour les Germains le séjour d'un génie bienfaisant qui accueillait les hommes dans son domaine, les conduisait à des rives éloignées, et leur donnait, avec la paix, les richesses et l'abondance, dont leurs vaisseaux revenaient chargés, il ne fallait pas trop se fier aux promesses de cette divinité. Jamais le dieu n'allait seul : sous la paisible surface des eaux étaient cachées les tempêtes. Soudain son compagnon tumultueux apparaissait ; couvert d'écume, il parcourait impétueusement les vagues, ébranlant à sa voix les rivages et soulevant la mer jusque dans ses fondements. Ce compagnon, Frute le possède aussi dans la *Gudrun* et nous l'avons vu apparaître dans la première partie de ce chapitre sous les traits du redoutable Wate. Il nous reste à étudier le dernier membre de ce trio, sous lequel, selon les aspects du moment, les Germains se figuraient le Dieu des mers ; car Horand lui aussi représente un des aspects de l'Océan : il personnifie cette musique grave et mélancolique, que produisent les flots dans leur éternel mouvement et dont les accords viennent frapper si agréablement l'oreille du marin.

III. Horand.

Après avoir ainsi reconnu dans Wate et Frute d'anciens dieux marins, nous pourrions déjà conclure avec une certaine vraisemblance que le troisième de ces héros inséparables dans notre poème appartient au même élément qu'eux. Ainsi en est-il en effet ; toutefois, nous devons l'avouer, les preuves à l'aide desquelles on peut établir la parenté d'Horand avec le monde marin, bien que suffisantes pour permettre de l'affirmer, sont moins nombreuses et moins décisives que pour Wate et Frute.

C'est à son chant qu'il doit la place importante occupée par lui dans le poème de *Gudrun* : c'est par là qu'il gagne tous les cœurs à la cour d'Irlande (1) :

« Un soir le prince de Danemark se mit à chanter, et il chanta
» d'une voix si magnifique, que tout le monde en fut charmé
» et que les oiseaux se turent pour l'écouter.

» Le roi et ses hommes prêtèrent l'oreille et Horand, ce soir-là,
» gagna beaucoup d'amis. La reine aussi l'entendit ; car le

---

1. Str. 372 sqq.

» chant retentissait jusqu'à la haute fenêtre où elle était assise.

» Alors la belle Hilde dit : « Qu'ai-je entendu ? C'est la plus
» belle mélodie qui ait jamais frappé mes oreilles et qui soit ja-
» mais sortie en ce monde de la bouche d'un homme. Plût au
» ciel que mes chambellans la connussent ! »

. . . .

« Comme la nuit s'en allait et que le jour commençait à pa-
» raître, Horand chanta de nouveau, et tout à l'entour dans
» les bosquets les oiseaux se turent, fascinés par son chant, et
» les gens qui dormaient se levèrent aussitôt.

» Son chant retentissait toujours plus beau et plus haut. Le
» roi Hagen lui-même, couché près de la reine, l'entendit. Il
» leur fallut bien sortir de la chambre et s'avancer au balcon.
» Tout allait à souhait pour l'étranger ; la jeune reine était
» pénétrée de son chant.

» La fille du sauvage Hagen et ses compagnes étaient assises
» et écoutaient, tandis que les oiseaux oubliaient leurs chants
» dans la cour du château. Et les héros entendaient aussi le
» Danois qui chantait d'une voix si belle.

» Les animaux de la forêt quittèrent leur repaire ; les vers
» qui rampent sous le gazon, les poissons qui nagent sous les
» flots quittèrent leur route accoutumée ; Horand pouvait bien
» être fier de son art.

» Quoi qu'il chantât, on ne se lassait pas de l'entendre. Le
» prêtre élevait en vain sa voix dans le chœur ; les cloches
» elles-mêmes semblaient sonner moins harmonieusement
» qu'auparavant. Tout ce qui entendait Horand était épris de
» lui. »

On sait les suites de cet engouement général pour Horand ; appelé secrètement près d'Hilde, il la fascine complètement et, sur l'assurance que son suzerain Hetel chante encore mieux que lui, la jeune princesse consent à le suivre.

Horand le chanteur était célèbre dès la plus haute antiquité chez tous les peuples germains. Dès l'époque anglo-saxonne, nous le trouvons mentionné en ces termes dans un poème intitulé : *Comment Deór, le chanteur des Heodninge, se consola lui-même* et connu généralement sous le nom de *Plainte de Deór*. Ettmüller en fait remonter l'origine au viiie siècle (1) :

---

1. *Engla and Seaxna Scópas and Bóceras*, éd. p. L. Ettmüller (Quedlinburg, 1850, in-8º), p. 212, v. 35-41 ; cf. *Handbuch der deutschen Literaturgeschichte* (Leipzig, 1847, in-8º) du même auteur, p. 139. — Les

« Je veux dire que j'étais autrefois le poète des Heodninge,
» cher au prince. Je m'appelais Deór ; durant de longues années
» j'eus un bel emploi, un maître gracieux, jusqu'à ce qu'Heor-
» renda à la voix harmonieuse reçût ces fonctions que m'avait
» données auparavant le noble guerrier, mon recours. »

Comme on le voit, Deór, dans cette plainte, déplore la perte de son emploi de chanteur des Heodninge ou Hjadninge, c'est-à-dire Högni et Hedhin, emploi qui lui avait été ravi par Heorrenda ou Horand (1).

Mais c'est surtout dans l'Allemagne proprement dite que le nom d'Horand paraît avoir joui d'une célébrité aussi répandue que durable : jusqu'à la limite extrême du moyen âge son nom se retrouve sous la plume de tous les poètes comme terme de comparaison pour caractériser les chanteurs les plus habiles.

Nous avons déjà rapporté plus haut le passage remarquable du *Combat de la Wartbourg*, dans lequel Horand est représenté, comme dans notre poème, chantant devant Hilde ; on sait que ces vers se trouvent reproduits mot pour mot dans le *Lohengrin* (2). Le chant merveilleux d'Horand est également cité dans toute une série de poèmes contemporains ou appartenant à la période suivante ; partout Horand est représenté comme l'idéal du chanteur. Ainsi on lit dans le *Weinschwelg*, composé entre 1260 et 1300 (3) :

« Il chante si bien, qu'Horand ne chantait pas le tiers aussi bien que lui. »

De même dans le manuscrit de Colmar des *Meisterlieder* (4) :

« Si je portais la couronne romaine, si j'étais aussi beau

---

rapports continuels de l'Angleterre avec les côtes du Jütland et les émigrations incessantes de celles-ci vers la Grande-Bretagne expliquent suffisamment que la légende d'Horand se trouve à une époque si reculée en Angleterre.

1. Les diverses formes du nom d'Horand sont :
ancien-nordique : Hjarrandi, Hjarandi. — *anglo saxon* : Heorrenda. — *ancien-haut-allemand* : Herrenda, Hërant. — *moyen-haut-allemand* : Hërant, Horant (écrit plus tard à tort Hòrant). — Sur ces diverses formes et sur un grand nombre d'autres variantes, Cf. H. Z., II, 4 ; XII, 311 ; W. Grimm, *Die deutsche Heldensage*, p. 327-330 ; J. Mone, *Untersuchungen zur Geschichte der deutschen Heldensage*, p. 59.

2. Cf. *Lohengrin*, éd. p. H. Rückert (Quedlinburg, 1858, in-8°), str. 30.

3. J. Grimm, *Altdeutsche Wälder* (1816), III, 23, v. 276 sqq.

4. *Meisterlieder der Kolmarer Handschrift*, éd. p. K. Bartsch (Publicat. de la Société littér. de Stuttgart, 1862, in-8°), p. 288, XXVIII, v. 22-25.

» qu'Absalon, si je chantais sur un ton aussi doux qu'Horand,
» si j'étais aussi fort que Samson et aussi sage que Salomon,
» etc... »

Ces trois derniers vers, qui résument l'idéal des perfections auxquelles un mortel pouvait atteindre en toute chose, ont encore été reproduits d'une façon presque identique par Maître Boppo (1), par l'auteur du poème de *Salomon et Morolf* (2) et enfin jusqu'au début du XVᵉ siècle par Eberhard Cersne de Minden (3).

Si maintenant nous nous demandons d'où venait ce chant magique, où Horand avait appris un art si merveilleux, le poème de *Gudrun* nous répond en ces termes :

« Alors il entonna une mélodie ; c'était un chant d'Amîlê,
» que chrétien n'a jamais appris, à moins qu'il ne l'ait entendu
» sur les ondes sauvages (4). »

On a bien discuté pour savoir quelle était cette mélodie d'Amîlê, dont il est ici question (5) ; ce qui ressort incontestablement de cette strophe, c'est qu'elle avait été transmise à Horand par les génies de la mer. En effet chez les Germains les Elfes aquatiques passaient pour être en possession d'un chant magique tout puissant, et W. Grimm cite un fragment d'un lied danois, dans lequel le chant d'un elfe produit le même effet que celui d'Horand :

« L'un se mit à chanter une ballade si jolie sur toutes les da-
» mes, que l'indomptable torrent s'en arrêta, lui qui aupara-
» vant était accoutumé de couler ;
» Que l'indomptable torrent s'en arrêta, lui qui auparavant
» était accoutumé de couler ; que tous les petits poissons, qui
» nageaient dans la rivière, jouaient avec leurs nageoires ;
» Que tous les petits poissons, qui nageaient dans la rivière,
» jouaient avec leur queue ; que tous les petits oiseaux, qui
» étaient dans la forêt, se mirent à gazouiller dans la vallée (6). »

1. *Minnesinger*, éd. p. H. v. d. Hagen (Leipzig, 1838 sqq., 5 vol. in-4º), II, 233-234, str. 22.
2. *Deutsche Gedichte des Mittelalters*, éd. p. H. v. d. Hagen (Berlin, 1808, in-4º), *Salomo und Morolf*, p. 9, v. 800 sqq.
3. *Der Minne Regel von Eberhard von Cersne aus Minden*, éd. p. Wöber (Wien, 1861, in-8º), v. 560-565.
4. Str. 397.
5. Cf. une tentative d'explication de C. Hofmann, *Zur Gudrun* (1867), p. 363.
6. *Danske Viser fra Mittelalderen* (Copenhague, 1812-14, 5 vol. in-8º),

Cette puissance du chant d'Horand et du chant de l'Elfe sur toute la nature rappelle la belle légende d'Orphée, et se retrouve dans les récits finlandais sur Vœinemœïnen, dont le chant arrête les cascades et les vents et attendrit les ours (1). Le rapport de ce chant avec celui des Sirènes est assez frappant pour qu'il soit inutile d'insister. Il est toutefois un passage curieux d'un poème français que nous croyons devoir citer ici.

Dans la *Bataille de Loquifers* (branche du roman ancien français de *Guillaume d'Orenge*), lorsque les Sirènes qui viennent au secours de Renouart se mettent à chanter, leur mélodie a sur toute la nature un pouvoir semblable, que le poète caractérise en ces termes :

« Lors comencierent trestoutes a chanter,
» Si haut si bas, si seri et si cler,
» Que li oisel en lessent lo voler
» Et li poisson en lessent lo noer (2). »

Au reste cette idée que certains êtres marins sont d'une manière spéciale en possession d'un chant particulièrement mélodieux se retrouve chez tous les peuples; l'exemple suivant, cité par M. C. Hofmann, est emprunté à une romance espagnole et reproduit encore à peu près les mêmes traits que les précédents.

Un matin de la Saint-Jean le comte Arnaldo eut le bonheur d'apercevoir la galère portant le chantre merveilleux, et l'influence exercée par son chant est ainsi décrite :

« Marinero que la manda
» Diciendo viene un cantar
» Que la mar facia en calma,
» Los ventos hace amainar,
» Los peces que andan' nel hondo
» Arriba los hace andar,
» Los aves que andan' volando
» En el mastel los face posar. »

I, 235 et surtout 385, où une note très détaillée énumère les imitations de ce chant par Gerstenberg et autres et divers chants roulant sur le même thème; cf. aussi W. Grimm, *Heldensage*, p. 327.

1. Cf. X. Marmier, *Chants populaires du Nord*, Introduction, p. VIII-XI.

2. Cité par L. Holland (P. G., I, 124.)

Et, comme le comte lui demande de lui apprendre son chant, l'être mystérieux lui répond : « Je ne l'enseigne qu'à celui qui vient avec moi (1). »

Mais bien souvent le pouvoir magique du chant, si fréquemment constaté dans la poésie nordique, avait des effets tout opposés et les suites les plus funestes ; il allait jusqu'à rendre les esprits furieux, à mettre les guerriers en délire et à causer des malheurs, comme nous le voyons dans Saxo (2).

Dans la *Saga d'Herraud et de Bosa* (3), cette mélodie d'Horand s'appelle de son nom nordique *Hjarrandaliodh*, le chant d'Hjarrandi ; on ne peut, absolument comme dans la *Gudrun*, l'apprendre que des Elfes et des Nixes et elle possède un pouvoir magique ; elle suscite chez tout ce qui l'entend, êtres vivants et objets inanimés, un mouvement désordonné, furieux et irrésistible (4).

Or, nous l'avons vu plus haut, Hjarrandi n'est autre qu'Odhin lui-même sous une de ses épithètes, c'est Odhin considéré comme le dieu du chant et de la musique. Mais, en cette qualité, Odhin se présente à nous sous les traits d'un esprit des eaux, de Nichus, dont le nom n'est lui-même qu'un des prénoms d'Odhin (5), comme l'a très bien remarqué Finn Magnusen (6), qui dit que : « Odhin, naviguant sur la mer et apaisant les flots et la tempête, porte en cette qualité avant tout le nom de Hnikus. »

Par là se manifeste très clairement la nature d'Horand et son attribution spéciale dans ce trio de dieux marins que nous a conservés la *Gudrun*. De même que Wate représente les flots en courroux, Frute la mer paisible, féconde en richesses, mais en même temps en surprises et en tromperies, de même Horand personnifie l'Océan sous son aspect le plus tangible, sous celui de sa mobilité incessante, de son éternel murmure :

---

1. *Primavera y flor de romances*, p. p. J. Wolf et C. Hofmann (Berlin, 1856, 2 vol. in-8º), II, 80 sqq.

2. I, 111 et 606 ; II, 108 et 327.

3. Cf. L. Ettmüller, *Altnordischer Sagenschatz* (Leipzig, 1870, in-8º), p. 463 et 470. — Cette Saga date probablement du xive siècle.

4. Le cor de Huon et la flûte enchantée produisent des effets analogues.

5. Grimm, *Mythologie*, 3e éd., p. 457.

6. *Lexicon Mythologicum*, p. 438.

il est le dieu de cette musique qui jour et nuit caresse si harmonieusement les oreilles des marins et des peuples du rivage : il forme dans ce trio, selon l'heureuse expression de M. Keck (1), l'*élément fortepiano*.

1. *Die Gudrunsage* (1867), p. 58.

CHAPITRE IV.

TRACES DE QUELQUES AUTRES LÉGENDES SEPTENTRIONALES UTILISÉES ÉPISODIQUEMENT PAR LE POÈTE.

1. L'OISEAU PROPHÉTIQUE.

Pendant que Gudrun, réduite par Gerlinde aux dernières humiliations, lave le linge avec Hildebourg sur le bord de la mer, un oiseau s'abat près d'elles et, leur parlant avec une voix humaine, leur annonce l'approche de leur délivrance (1). D'après le poète de la *Gudrun*, cet oiseau n'était autre qu'un ange envoyé de Dieu aux pauvres affligées pour les consoler, et en effet Gudrun tombe à genoux devant lui.

Mais, sous ce déguisement chrétien, on voit encore percer très distinctement la légende païenne. Les anges de la religion chrétienne n'ont pas l'habitude de se métamorphoser en oiseaux; si Dieu les envoie porter sur la terre ses ordres, ses consolations et ses promesses, on les voit bien apparaître avec des ailes, mais partout ils portent un visage humain. Au contraire c'était une croyance particulièrement enracinée chez les Germains que les oiseaux possèdent le don de prophétie et s'entretiennent fréquemment des destinées des hommes.

Ainsi, dans Saxo, un soir que Fridlev était sorti de son camp et se promenait seul le long du rivage, il entend un grand bruit dans l'air, lève la tête et aperçoit trois cygnes, qui causaient entre eux et qui, dans un langage énigmatique, lui conseillent de tuer Hythin (2).

Dans d'autres contes un aveugle apprend de trois corbeaux comment il pourra retrouver la vue (3); de même des oiseaux

---

1. Str. 1166-1187.
2. Tome I, p. 266. Pour toute cette question, cf. l'excellente brochure de W. Wackernagel intitulée Ἔπεα πτερόεντα, (Bâle, 1860, in-4°).
3. San Marte, *Gudrun*, p. 267.

domestiques s'entretiennent de la chute imminente d'un château (1) ; dans le conte du *Fidèle Jean*, ce sont encore trois corbeaux qui apparaissent et qui permettent d'éviter un grand malheur. Lorsque le fils du roi s'enfuit sur son vaisseau avec la Princesse du Toit d'or, qu'il vient d'enlever, le fidèle Jean aperçoit trois corbeaux qui planent au dessus du mât et entretiennent une conversation très animée ; il épie leurs discours, il apprend ainsi tous les accidents auxquels le fils du roi et sa fiancée seront exposés lors de leur débarquement et en même temps le moyen d'en conjurer les suites. (2)

Mais le plus souvent il faut une circonstance particulière, un prodige, un acte d'incantation quelconque, pour que leur langage devienne intelligible à l'homme. Par exemple, quand Sigurd a porté à ses lèvres le sang de Fafnir, il comprend le langage des oiseaux et apprend ainsi que Regin médite de le tuer en trahison : il prévient ses mauvais desseins et le tue (3). Dans d'autres légendes l'homme arrive à comprendre le langage des oiseaux en mangeant un serpent blanc (4).

Rien de plus naturel que ce don de prophétie attribué aux oiseaux, car, s'ils sont les serviteurs et les messagers des dieux, ceux-ci le plus souvent paraissent sous leur forme et se métamorphosent en oiseaux pour accomplir quelque expédition périlleuse ou lointaine, ou pour se mettre directement et sans être reconnus en communication avec les hommes. Dans ce cas les Dieux revêtent le plumage d'un aigle, les Déesses celui d'un faucon.

Si cette transformation n'est qu'accidentelle pour les Dieux et les Déesses, elle semble être au contraire l'état normal pour les ondines, qui portent toujours un plumage de cygne et qui ne le déposent sur le rivage que lorsqu'elles se baignent dans les lacs ou dans les fleuves. Alors elles apparaissent sous les traits de ravissantes jeunes filles ; mais malheur à elles si, dans cet état, elles se laissent surprendre par un homme ; en s'emparant de leur plumage, celui-ci se rend maître des belles ondines, privées par là de tout moyen de fuite. Tantôt elles deviennent les épouses de ceux qui les ont ainsi surprises ; témoin l'histoire de Wâchilt et du roi Wilkinus, dont nous avons parlé à propos de

---

1. Grimm, *Deutsche Sagen*, I, 202.
2. Grimm, *Kinder-und Hausmärchen*, conte n° 6.
3. *Edda Saemundar : Fafnismál*, str. 31 sqq.
4. Sàn Marte, *loc. cit.*

l'origine de Wate, et dont la rencontre, au lieu de s'effectuer, comme le rapporte la *Wilkina Saga*, au milieu d'un bois, devait primitivement avoir lieu au bord d'un lac ou d'un fleuve; témoin encore l'histoire de Völundr et de ses frères, qui rencontrent au bord d'un lac Svanhvita et ses deux sœurs (1). Tantôt, et c'est le cas le plus fréquent, les Nixes ainsi surprises obtiennent la restitution de leur vêtement ailé en échange d'une prophétie. Ainsi en est-il pour celles qu'Hagen surprend au bord du Danube : contraintes, pour recouvrer ce précieux plumage, de lui dévoiler le sort qui l'attend dans le pays des Huns, elles se résignent, après mille réticences, à lui avouer que toute l'armée, à l'exception du chapelain du roi, doit périr à la cour d'Etzel (2).

On comprend qu'un trait de ce genre ait pu de bonne heure s'introduire dans le récit, même historique, des aventures de Gudrun. Mais, quand il arriva dans les mains de notre poète, ce dernier ne sut pas en comprendre la valeur, et, imitant les auteurs d'*Oswald* et de *Lohengrin*, il fit un ange de l'oiseau prophétique; assez maladroitement du reste. Car, si les instances de Gudrun et ses espèces d'évocations pour forcer le messager divin à parler jusqu'au bout pouvaient avoir leur raison d'être dans la conception païenne et en sont un reste évident, elles se trouvent on ne peut plus déplacées et intempestives vis-à-vis de l'ange. Envoyé par Dieu précisément pour consoler les captives, il ne devrait même pas attendre leurs questions pour s'acquitter de son message, et, dès qu'il a rempli sa mission et dit tout ce que Dieu l'a chargé de dire, aucune objurgation ne devrait pouvoir le faire parler davantage.

2. L'ENSEVELISSEMENT DES MORTS.

Lorsque la nouvelle de l'enlèvement de Gudrun par Hartmut arrive au camp des Hegelingen devant la forteresse où Hetel et ses vassaux assiègent Siegfried, on conclut la paix à la hâte et les deux armées, unies désormais par un traité d'alliance, se préparent à s'élancer à la poursuite des Normands. Pour ne pas retarder le départ, on prend, sur le conseil de Wate, les vaisseaux d'une troupe de pèlerins, qui relâchaient près de là :

1. *Edda Saemundar* : *Völundar Qvida, Formáli.*
2. *Nibelungenlied* (éd. p. K. Bartsch), str. 1533-1548.

crime abominable, que l'on ne tardera pas à expier, dit notre poète, et qui attirera sur l'armée confédérée la colère du ciel. En effet, dès qu'on a rattrapé les Normands, une bataille furieuse s'engage, les Hegelingen sont défaits et leur chef Hetel tombe dans la mêlée. Aussi, à peine les Normands se sont-ils lâchement esquivés pendant la nuit que, toujours au dire du poëte, on se met en devoir d'élever, en signe d'expiation, un couvent sur le champ de bataille.

Tout cela est certes très édifiant et très bien imaginé ; mais c'est évidemment une invention due à la même main pieuse qui a doté le poëme du prologue concernant les aventures d'Hagen. Sans doute l'interpolateur avait éprouvé le besoin d'expliquer la défaite effroyable subie par les Hegelingen et il avait arrangé un motif qui permettait d'y voir un châtiment du ciel.

C'était bien en effet en punition d'un crime que ce malheur était arrivé à l'armée d'Hetel et nul doute que la raison de sa mort et de la déroute de ses troupes ne fût nettement indiquée dans la légende primitive ; mais un auteur chrétien ne pouvait plus la comprendre, ou, s'il en avait encore conscience, le zèle inconsidéré dont l'interpolateur était animé lui faisait un devoir de la modifier.

C'est bien lors de leur embarquement précipité que les Hegelingen se sont attiré la colère du ciel : c'est bien sur les conseils de Wate qu'ils se sont décidés, pour ne point retarder leur départ, à commettre un crime abominable. Mais ce crime ne consistait nullement à enlever leurs vaisseaux à de prétendus pèlerins, qui n'ont pu paraître dans la légende primitive ; il consistait à laisser sans sépulture les corps des guerriers tombés pendant les dernières luttes, qui avaient précédé la conclusion de la paix : Wate les a tout simplement fait jeter à l'eau (1).

On sait quelle malédiction s'attachait dans toute l'antiquité païenne à ceux qui négligeaient de s'acquitter de ce pieux et suprême devoir. Or, dans le Nord, l'accomplissement ponctuel de cette tâche était une obligation découlant non seulement de principes religieux ou moraux, mais encore d'un intérêt général : car il y allait de la conservation ou de la destruction du monde, ni plus ni moins.

Le vaisseau Naglfar, sur lequel les fils de Muspel doivent traverser les mers pour venir attaquer les Ases et détruire

---

1. Str. 813-847 ; cf. str. 1537-1538.

le monde, se construit lentement, mais incessamment, avec les ongles des morts. Tant qu'il ne sera pas terminé, la fin du monde sera différée : mais, le jour où le dernier ongle nécessaire viendra en compléter l'achèvement, tout croulera dans l'univers au milieu du feu et du sang et le *crépuscule des Dieux* aura commencé. Aussi la coutume de couper les ongles aux morts constituait-elle, chez les anciens Germains, la partie la plus essentielle des cérémonies funèbres. Par là on venait au secours des Dieux eux-mêmes, en retardant d'autant le moment fatal de leur chute.

On comprend dès lors que, négliger de rendre aux morts les honneurs funèbres, c'était non seulement manquer à tous les devoirs de la piété, mais encore et surtout offenser les Dieux et s'attirer à juste titre leur courroux ; c'était, en un mot, faire cause commune avec les sombres puissances contre les Ases.

Tel est le motif véritable de la défaite des Hegelingen, et eux-mêmes le savent si bien, que la seconde fois ils se gardent soigneusement de retomber dans la même faute. Dès que les Normands ont disparu, ils font à leurs morts des funérailles solennelles et, pour regagner la faveur des Dieux, ils rendent les derniers honneurs à tous les guerriers tombés sans exception, ennemis aussi bien qu'amis.

3. LE CONTE DE LA MONTAGNE DE GÎVERS.

Treize ans après le fatal combat sur le Wülpensand une nouvelle armée est enfin équipée ; la jeune génération a grandi et l'heure de la revanche a sonné. A l'appel d'Hilde, les confédérés se rassemblent à Matelâne et font voile pour la Normandie. Mais à peine ont-ils perdu la terre de vue qu'un vent du sud les entraîne hors de leur route et les pousse dans une sombre mer, au pied de la montagne aimantée de Gîvers, où un calme plat les arrête. A l'aspect de cet océan noir et sans fond, où la sonde descend jusqu'à mille brasses sans rencontrer de résistance, une panique indicible s'empare de l'équipage ; les meilleurs matelots fondent en larmes et tous, frappés d'effroi, se tordent les mains de désespoir.

Alors le vieux Wate prend la parole, et, pour calmer leur frayeur, leur raconte une antique légende qu'il a entendue autrefois concernant la montagne devant laquelle ils sont arrêtés :

« Puisque voici la flotte de dame Hilde immobile, égarée dans
» la mer ténébreuse, écoutez une légende marine, que j'ai en-
» tendu raconter dans mon enfance : Dans l'intérieur de cette
» montagne de Gîvers est un vaste royaume.

» Là les hommes vivent dans l'abondance : rien n'égale la
» richesse du pays. Au fond de l'onde, le sable est d'or, les habi-
» tants en construisent des palais : les pierres chez eux sont de
» l'or le plus pur. Le pays ne connaît pas la pauvreté.

» J'ai entendu dire en outre (Dieu fait de si merveilleuses
» choses), que celui qui est attiré vers cette montagne par l'ai-
» mant et qui peut attendre d'autres vents est sûr de vivre dès
» lors dans l'abondance avec les siens.

» Ayons confiance en nos provisions, peut-être la fin de l'a-
» venture sera-t-elle heureuse, dit le sage Wate. Alors nous
» chargerons nos bons vaisseaux de pierres précieuses, et, si
» nous regagnons nos foyers, nous jouirons longtemps de jours
» heureux.

» Alors Frute le Danois dit : « Plutôt que de voir le calme
» retenir nos compagnons dans cette situation critique, je fe-
» rais mille serments de renoncer à tout cet or, pourvu qu'un
» vent favorable nous fasse perdre cette montagne de vue. »

» Ceux qui étaient chrétiens firent leur prière. Cependant
» quatre jours durant, sinon plus, les vaisseaux restèrent immo-
» biles et les Hegelingen se plaignaient, désespérant de jamais
» sortir de là.

» Les brouillards montèrent, dès que Dieu le commanda : les
» vagues se soulevèrent : leur situation cessa d'être critique : le
» soleil perça l'obscurité : un vent d'ouest s'éleva et mit fin à
» leur tourment (1). »

Ce conte, dans sa brièveté, repose évidemment, comme l'a
très bien fait remarquer M. Bossert (2), sur une vieille croyance :
« Le couronnement de toutes les fictions relatives à la mer, c'est
» le rêve d'une terre bienheureuse, située au delà des limites
» de tout horizon visible. Pour former ce rêve, que faut-il ?
» Rien qu'un homme, placé sur le rivage. Une ligne tracée
» entre la mer et le ciel marque la distance où son regard peut
» atteindre. Il sait cependant que plus loin sont situées des
» îles, dont les navigateurs lui ont parlé, et qui ont encore
» devant elles des horizons immenses. Et ainsi les bornes du

1. Str. 1128-1135.
2. *La littérature allemande au moyen âge*, p. 128 et suiv.

» monde habité reculent toujours devant son imagination. Ne
» doit-il pas penser qu'au delà, si l'on pouvait aller encore au
» delà, se trouverait enfin une rive, où l'on aurait échappé à
» tout ce que l'on voudrait voir disparaître des lieux où l'on
» vit, une région favorisée, où habiteraient encore des hom-
» mes, mais des hommes purs et heureux comme des Dieux,
» un élysée enfin, situé aux extrémités du monde, entre la
» terre, la mer et le ciel ? Eh bien ! ce rêve, tous les peuples
» maritimes l'ont eu ; car la mer a toujours donné à l'homme
» la pensée de l'infini. »

M. Bossert appelle ensuite avec raison l'attention sur l'analogie qui existe entre ce royaume souterrain et l'île des Phéaciens. Évidemment les deux légendes dérivent de la même idée : car ce rêve d'une terre bienheureuse située au delà des limites de l'horizon est né spontanément dans l'imagination de tous les peuples maritimes. Mais il faut bien se garder, en signalant ces analogies, de vouloir retrouver dans ces conceptions diverses comme les ramifications multiples d'un mythe unique et primitif, à la source duquel on puisse en faire remonter toutes les rédactions postérieures.

Chaque peuple a eu ce rêve, mais il l'a eu à part lui pour ainsi dire, il l'a eu à son heure, en dehors de toute influence étrangère, et il lui a donné une forme particulière adaptée au milieu dans lequel s'exerçait son activité, une forme en harmonie avec ses idées, ses croyances, son genre de vie, son climat et son ciel.

A l'encontre de ce qui se passe pour toutes les légendes de même nature issues du génie des peuples de l'antiquité, au lieu d'être situé sur une île ou un groupe d'îles, Gîvers, dans le conte de Wate, se trouve *sous une montagne, au fond de la mer.*

Il ne faudrait pas croire que ce soit là une simple variante, résultat d'un vain caprice de notre poète, une de ces fantaisies comme s'en permettaient volontiers les auteurs des romans d'aventures, pour accroître à peu de frais le merveilleux de leurs récits. C'est au contraire le trait le plus caractéristique de la légende telle qu'elle est née et s'est propagée chez les Celtes et les Germains, c'est pour ainsi dire sa marque nationale, la preuve qu'elle a surgi tout d'une pièce dans l'esprit des populations riveraines de l'Océan et de la mer du Nord, spontanément et en dehors de toute influence ou réminiscence étrangère.

De tout temps, en effet, les côtes qui s'étendent de l'embouchure de l'Escaut à celle de l'Elbe et, en remontant plus haut au nord, le long de la Chersonèse Cimbrique, ont été exposées aux inondations des flots, qui, à différentes reprises violemment soulevés par les tempêtes, envahirent des districts entiers, détruisirent de riches et populeuses localités et engloutirent leurs habitants. Nous l'avons vu plus haut, Strabon parle déjà d'inondations de ce genre, et c'est à un fait du même ordre que la tradition attribuait l'émigration des *Gadelin* en Angleterre. On pourrait en citer des exemples par douzaines en compulsant les vieilles chroniques : pour ne rappeler que les principaux, c'est ainsi que de 1277 à 1287 se forma le Dollard à l'embouchure de l'Ems ; dans cette catastrophe, plus de quarante paroisses et, s'il faut en croire les vieux récits, près de 100,000 habitants disparurent. C'est ainsi encore, pour remonter quelques années plus haut, qu'en 1225 le lac Flévo se trouva réuni à la mer par une convulsion dans laquelle trente lieues de pays se trouvèrent subitement sous les eaux. Rappelons encore la disparition de Vineta, près de Rügen. De même, des trois îles saxonnes *North Strandt*, Busen et Héligoland, la première a été envahie par la mer en 1300, 1483, 1532, 1615 et presque détruite en 1834, Héligoland a été dévastée par les flots en 800, 1300, 1500, 1649, et cette dernière fois si terriblement qu'il n'en est resté qu'un morceau. En 1654, lors d'une rupture des digues du Jütland, 15,000 personnes périrent. De la Hollande au Jütland, une file de petits îlots submergés (*Watten, Platen, Sande, Düneninseln*) témoignent encore des ravages des flots (1).

Quoi de plus propre que ces disparitions subites de populations tout entières à faire naître dans l'imagination des peuples témoins de pareils cataclysmes l'idée d'un royaume souterrain ou plutôt sous-marin, situé bien loin à l'ouest et où le flot les aurait transportées? C'est sous l'impression de ces terrifiants spectacles qu'est née, par exemple, la légende de l'église perdue, dont on entend encore les cloches au plus fort de la tempête dans la baie de Douarnenez, que s'est formée, en Bretagne également et non loin de là, celle de la ville d'Is, la Babylone bretonne de la côte de Cornouaille, engloutie par l'Océan avec tout son peuple, à l'exception du bon roi Grallon. Détail à noter, cette dernière a été localisée par les Celtes en

---

1. Cf. Turner, *History of the Anglo-Saxons*, I, 118.

trois endroits divers et spécialement sur les côtes d'Angleterre (1).

Il va sans dire que, dans ce nouveau royaume où une puissance mystérieuse les avait ainsi transportées subitement, on se les figurait jouissant d'une félicité sans bornes ; leur séjour était doté de tout ce qui peut constituer le bonheur aux yeux du vulgaire et on les entourait en particulier de toute la magnificence et de tous les trésors imaginables.

Si, à ce propos, notre poète a, pour ainsi dire, habillé son conte des riches couleurs propres aux fictions de l'Orient, si, dans le décor dont il l'a orné, la tradition des Iles d'or et d'argent est sensible, il n'en est pas moins vrai que l'idée d'accumuler toutes les richesses possibles sous cette montagne est encore une conception essentiellement germanique, qui n'avait pas besoin, pour naître et se propager, de l'intervention et de l'influence des conteurs orientaux ou de leurs imitateurs. C'est sous une montagne qu'habitent, d'ordinaire, dans la croyance des Germains, les nains habiles ou les animaux gigantesques, accumulant par leur industrie ou gardant avec un soin jaloux les trésors les plus merveilleux : témoin celui des Nibelungen défendu par le nain Albérich, témoin celui sur lequel veillait, au sein d'une colline, le dragon tué par Beowulf.

Quant à la mer ténébreuse dans laquelle se trouve la montagne de Gîvers, sa situation, telle qu'elle résulte des données du poème, sa description, son nom, tout nous reporte encore à une légende connue de toute antiquité des marins du nord et propagée par eux jusque dans l'antiquité classique.

Sans doute, dans notre poème, elle est associée à celle de la montagne aimantée, et cette coïncidence pourrait faire supposer au premier abord qu'elle y est venue de toutes pièces soit de l'Orient, soit des poèmes d'aventures. Mais la relation arbitrairement établie entre ces deux légendes est un pur caprice du poète ; c'est encore un résultat de l'influence exercée sur lui par le *Duc Ernest*. Elles sont originairement étrangères l'une à l'autre, comme nous le verrons plus loin. En ce qui touche notre poème, il suffit du reste pour s'en convaincre, de lire attentivement les quelques strophes dont se compose le conte

---

1. Cf. E. Desjardins, *Géographie de la Gaule romaine*, I, 307-308, note 6 et H. de la Villemarqué, *Barzaz Breiz, Chants populaires de la Bretagne*, 4ᵉ éd., I, 63-74.

de Wate : rien de plus facile que de le reconstituer sous sa forme primitive et de constater que la montagne aimantée n'y a que faire. Les vaisseaux des Hegelingen sont entraînés bien loin hors de leur route par les vents du sud, c'est-à-dire dans la direction du Nord, et poussés dans la mer ténébreuse. Là un calme plat les retient, en face de Gîvers, dans un océan noir et sans fond, dont les eaux sont figées. Lorsque le vent d'ouest s'élève enfin, les vagues retrouvent leur mobilité, les vaisseaux remettent à la voile et la flotte reprend sa course, sans qu'il soit désormais question de l'aimant qui ne la retient pas plus qu'il ne l'avait attirée.

On s'est évertué à déterminer géographiquement la situation de cette mer ténébreuse, à découvrir le lieu, le phénomène qui avaient pu faire naître cette conception dans l'esprit des Germains. K. Müllenhoff a voulu retrouver Gîvers tout simplement dans le Mont Etna ou *Monte Gibello*, dont Césaire d'Heisterbach parle dans son *Dialogue sur les prodiges* et qu'il appelle *Mons Gyber* (1). Que le nom soit emprunté aux récits de Césaire d'Heisterbach, passe encore. Mais ce serait s'abuser que de vouloir tirer de plus amples conclusions de cette hypothèse.

D'autres ont voulu y voir une allusion à la *mer de Sargasse* et au courant du Gulfstream. Mais le Gulfstream, lui non plus, n'a rien à voir en cette affaire et la mer de Sargasse nous reporte vers des parages trop lointains et trop méridionaux pour permettre de supposer qu'elle ait pu faire l'objet d'une légende germanique.

Nous ne pouvons également que rejeter, mais pour des raisons tout opposées, l'explication proposée par M. C. Hofmann, qui veut identifier Gîvers avec une petite île des Shetland, celle de Mainland. Dans les eaux qui entourent cette île se passe fréquemment un phénomène que M. Hofmann décrit en ces termes (2) :

« Un gentleman m'a raconté qu'il avait été retenu cinq jours dans une chaloupe entre Fitful Head et Sumburgh Head par un calme plat, sans pouvoir franchir l'un ou l'autre promontoire ; un courant entraînait la barque vers l'ouest, tandis qu'un autre la ramenait vers l'est. Bien souvent la barque fut poussée par

---

1. Cf. H. Z., XII, 317 sqq.
2. *Sitzungsberichte der kgl. bayer. Akademie der Wissenschaften zu München*, 1867, II, 218-222.

les flots tout près de la côte, mais toujours le courant la rejetait au large. »

M. Hofmann nous semble avoir perdu de vue deux circonstances importantes: d'une part, il est question ici de l'action d'un courant ou plutôt de deux courants contraires, qui entraînent la barque tantôt dans une direction, tantôt dans une autre, et non de cette immobilité terrible à laquelle les vaisseaux des Hegelingen sont condamnés. D'autre part, la cause de cet incident est toute naturelle, elle provient d'un phénomène bien connu, bien facile à constater, et les parages dans lesquels il se produit étaient trop familiers aux hardis pirates du Nord, pour qu'il pût jamais venir à l'idée de n'importe qui d'en faire le siège d'un royaume mystérieux comme celui de Gîvers.

Tous ces efforts, nous le répétons, sont à tout le moins superflus. De même que l'île des Phéaciens, de même Givers ne peut se concevoir que d'une façon très vague bien loin dans le Far-West, au delà de tout horizon connu. G. Welcker l'a prouvé en ce qui concerne l'île des Phéaciens (1) et sa démonstration s'applique également bien à Gîvers.

Seul le vaste Océan Atlantique, avec ses profondeurs ignorées des peuples de l'antiquité et du moyen âge, pouvait être le siège de cette île fabuleuse. N'est-ce point là qu'on plaça tour à tour et la mystérieuse Thulé, et les Iles des Bienheureux, et celles de Saint-Brandan?

N'est-ce point là aussi, vers les limites de l'Océan arctique, que l'on retrouve dès les temps les plus anciens cette *mer ténébreuse*, comme l'appelle notre poète, cette *mer bêtée* à laquelle il fait allusion au moment où la flotte des Hegelingen est enfin délivrée par le vent d'ouest? Et n'est-il pas bien plus naturel d'en chercher l'origine dans les longues nuits du pôle nord et dans les glaces éternelles, qui encombrent de plus en plus, à mesure que la latitude s'élève, les régions septentrionales de l'Océan Atlantique?

On a bien essayé d'établir une distinction entre la mer *ténébreuse* (*mare caligans*) et la mer *figée* ou *bêtée* (*mare concretum*); distinction aussi subtile que superflue et peu fondée en fait. Les deux idées, comme les deux phénomènes, sont associées d'une façon indissoluble et s'appliquent à une seule et même mer.

---

1. *Die homerischen Pheaken und die Inseln der Seligen* dans le *Rheinisches Museum für Philologie*, 1833, 219 sqq.

Plutarque parle déjà d'une mer de ce genre et la place bien loin à l'ouest de la Grande-Bretagne (1). Sous le nom de *mare pigrum*, Tacite en a aussi une vague idée ; selon lui elle est située au nord des Orcades (2). K. Müllenhoff a prouvé qu'en reproduisant ces données Tacite s'appuyait sur Pythéas de Marseille, qui lui-même ne faisait que rapporter des récits recueillis de la bouche des marins du nord, de la Bretagne entre autres (3).

N'est-ce point là l'indice le plus probant de l'origine septentrionale de la légende qui fait la base du conte débité par Wate?

Sans doute, notre poète n'a pas su lui conserver sa naïveté et sa simplicité primitives ; sans doute, il l'a mêlée à d'autres fictions d'un caractère très différent et d'une tout autre origine. C'est qu'à l'époque où il écrivait, il la retrouvait dans son modèle favori, dans le *Duc Ernest*, intimement associée et à la montagne aimantée et aux îles d'or et d'argent.

Un rapide coup d'œil sur l'histoire de cette mer ténébreuse nous montrera comment la fusion s'était opérée.

Après les courtes mentions de Plutarque et de Tacite, les détails deviennent plus précis et plus circonstanciés avec Pline le Jeune, Solin et Marcianus Capella (4), dans les ouvrages desquels Isidore de Séville (5) a puisé ce qu'il nous en dit. C'est par cette source savante qu'elle fit rapidement son chemin et se répandit dans toutes les littératures de l'Europe au moyen âge.

Nous la retrouvons dans les diverses rédactions de la *Vie de St. Brandan* (6), bientôt après dans *Huon de Bordeaux*, plus tard enfin dans le *Roman de Berinus et de son fils Aigres de l'aimant* (7). Elle pénétra même jusqu'en Espagne et en Italie.

En Allemagne, la *Lebermeer*, comme on la nomme tout d'a-

---

1. Cf. *Revue de Géographie*, octobre 1881, p. 242-243.
2. *Mœurs des Germains*, ch. 45 ; *Vie d'Agricola*, chap. 10.
3. *Deutsche Alterthumskunde*, I, 403, 410-426 ; cf. Weinhold, *Die Polargegenden Europas nach den Vorstellungen des deutschen Mittelalters* (Wien, 1871, in-8°), p. 5, 9, 13-14.
4. Cf. K. Müllenhoff und W. Scherer, *Denkmäler deutscher Poesie und Prosa aus dem VIII-XII. Jahrhundert* (Berlin, 1864, in-8°), p. 348-349.
5. Isidori Hispalensis *Opera omnia*, éd. Arevalo (Romae, 1801, in-4°), IV, *Etymolog. lib.* 14, 6, 4.
6. Cf. *St. Brandan*, éd. p. Schrœder, p. 19, 57, 64.
7. Cf. J. Grimm dans les *Heidelberger Jahrbücher*, 1809, T. 5, 2ᵉ partie, p. 212-221.

bord, la *vinster mer*, comme l'appellent ensuite les poètes du moyen âge, apparaît pour la première fois, au xie siècle, dans le poème de *Merigarto* (1), qui, d'accord avec Isidore de Séville et avec le Scholiaste d'Adam de Brême (2), la place dans les régions extrêmes du Nord-Ouest.

A partir de ce moment elle devient, pour ainsi dire, partie intégrante du bagage littéraire, du répertoire des chanteurs errants et on la trouve citée un peu partout dans tous les poèmes d'aventures (3). C'est ainsi que l'auteur du *Duc Ernest* s'en empare (4), la transporte en Orient, où se passent les aventures de son héros, et l'y associe au conte de la montagne aimantée et à celui des îles d'or et d'argent.

Nous n'avons pas à refaire ici l'histoire des deux légendes de la montagne aimantée et des îles d'or et d'argent. Contentons-nous de rappeler que, partie de l'Orient, la première se propagea très vite dans toute l'Europe au moyen âge (5), sous la double influence, à ce qu'il semble, des histoires vraiment populaires d'Apollonius de Tyr et du Pseudo-Callisthène. On sait que le texte latin, qui forme actuellement pour nous la source la plus ancienne de l'histoire d'Apollonius de Tyr, est généralement considéré aujourd'hui comme la traduction et le remaniement d'un roman écrit en grec à l'origine (6) et que ce texte latin a été, à son tour, traduit maintes fois en diverses langues, au moyen âge, entre autres par Henri de Neustadt.

Quant au Pseudo-Callisthène, c'est, comme on ne l'ignore pas, la source à laquelle tout le moyen âge a puisé la légende d'Alexandre. Le conte de la montagne aimantée ne pouvait faire défaut dans le ramassis de fables et de récits merveilleux dont Siméon Seth a farci son roman.

C'est naturellement aussi de l'Orient que vient la légende

1. Cf. W. Braune, *Althochdeutsches Lesebuch*, p. 147.
2. IV, 34, schol. 144.
3. Cf., pour plus de détails, la préface du *Duc Ernest*, éd. par K. Bartsch, où l'on trouvera réunis, classés et discutés tous les passages des auteurs allemands du moyen âge qui ont rapport à ces diverses légendes.
4. Cf. K. Bartsch dans l'Introduction de son édition du *Duc Ernest*, p. CXLV.
5. Elle fut connue de très bonne heure en Allemagne : car Lamprecht y fait déjà allusion dans sa *Chanson d'Alexandre*.
6. Cf. Heinrich von Neustadt, *Apollonius. Von Gotes Zuokunft*, herausgegeben von J. Strobl (Wien, 1875, in-8º).

des îles d'or et d'argent, aussi universellement connue dans l'antiquité et au moyen âge que celle des Iles des Bienheureux. Mais, tandis qu'on s'est toujours figuré ces dernières bien loin à l'ouest, au delà des Colonnes d'Hercule, souvent même à Thulé, on s'est représenté les autres de préférence au sud de l'Inde, entre le Golfe Persique et l'île de Ceylan, dans les mêmes parages que les Mille Iles de l'Océan Indien, dans le même horizon, par conséquent, que la montagne aimantée. Tous les auteurs grecs, latins, alexandrins, byzantins, qui en parlent, sont d'accord sur ce point de même que sur les sources auxquelles ils ont puisé leurs récits : tous se réfèrent à de sages Perses, Mèdes, Assyriens ou Indiens (1).

En résumé, il y a deux parts bien distinctes à faire dans le conte maritime que notre auteur place dans la bouche de Wate.

Pour le fond, nous avons affaire à une vieille légende maritime, commune de tout temps à l'ensemble des peuples riverains de l'Océan Atlantique et de la Mer du Nord, légende qui peut se résumer à peu près en ces termes: bien loin à l'ouest, au delà de tout horizon connu, se trouve la mer ténébreuse ; là s'élève, dans une île entourée d'une onde presque toujours figée, une montagne sous laquelle existe un vaste royaume. Les habitants de ce royaume souterrain vivent dans une félicité sans égale. Mais malheur au marin que des vents contraires poussent vers ces parages mystérieux : un calme plat ne tarde pas à survenir et retient son vaisseau en vue de l'île, sans qu'aucune force puisse l'en éloigner. Toutefois, s'il peut attendre un vent favorable, sitôt que celui-ci s'élève, les eaux reprennent leur mobilité, le vaisseau peut remettre à la voile et l'heureux navigateur rentre rapidement dans sa patrie, assuré désormais de vivre longtemps dans la joie et l'abondance.

Ce conte, dans sa simplicité naïve, ne faisait évidemment plus l'affaire de notre poète. Il fallait, coûte que coûte, plus de merveilleux et de fantastique pour satisfaire au goût de son époque. Il lui a donc donné la forme de bon nombre d'autres

1. Il ne pouvait entrer dans notre plan de refaire ici une étude complète et détaillée sur l'origine et le mode de propagation des diverses légendes, dont il vient d'être question. Le lecteur curieux de plus de détails consultera avec profit, outre les ouvrages cités dans les notes précédentes, le travail très instructif de F. Peschel, *Ursprung und Verbreitung geographischer Mythen im Mittelalter* (Deutsche Vierteljahrsschrift, 1854, 2e livraison, p. 225-292).

récits contemporains; il l'a affublé du brillant manteau propre aux fictions de l'Orient, et il a continué de suivre docilement le modèle qui l'avait déjà inspiré plus d'une fois. C'est au *Duc Ernest* qu'il devait déjà bon nombre des traits qui lui ont servi dans sa narration des aventures d'Hagen dans l'île des Griffons, c'est à ce même roman qu'il a puisé lorsqu'il s'est agi de peindre les tourments de Gudrun prisonnière des Normands, c'est à lui encore qu'il s'adresse cette fois et qu'il emprunte l'idée de la montagne aimantée, ainsi que la description féerique du royaume souterrain de Gîvers.

CHAPITRE V.

TRANSFORMATIONS ET RAMIFICATIONS DU MYTHE ; DIVERSES LÉGENDES QUI EN SONT ISSUES ; DERNIERS ÉCHOS SOUS FORME DE BALLADE ET DE CONTE.

Après être remonté, dans les chapitres précédents, autant qu'il était possible, jusqu'aux sources du poème de *Gudrun* et particulièrement de la légende d'Hilde, il nous reste à voir les diverses transformations, qu'a subies, dans la suite des temps et chez les différents peuples germaniques, le mythe dont elle est issue.

Dans cette revue nous devons nous borner à relever les légendes ou les allusions, qui, soit par les noms, soit par les événements, se rattachent directement à la forme du mythe, tel qu'il a vécu, sinon tel qu'il est né, sur les côtes de la mer du Nord.

Nous nous trouverions entraînés trop loin, si nous voulions prendre en considération toutes les légendes qui, soit en Allemagne, soit ailleurs, ont pour sujet commun l'enlèvement d'une jeune fille renommée pour sa beauté, par un jeune héros auquel son père la refuse, ou qu'il cherche à reconquérir sur lui. Pour ne parler que de l'Allemagne, c'est le sujet des poèmes d'*Oswald*, d'*Ortnit*, d'*Orendel*, du *Roi Rother* et de bien d'autres encore (1).

Ces légendes se rattachent-elles toutes à une conception mythologique identique? C'est affaire à la mythologie comparée de le rechercher lorsque l'étude complète et détaillée de chacune d'elles en particulier pourra être considérée comme définitive.

---

1. Pour l'ensemble de cette question on peut consulter : L. Klee, *Zur Hildesage* (1873); A. Rassmann, *Gudrun* (dans l'Encyclopédie d'Ersch et Gruber, 1re Section, Tome 96, p. 131 sqq.); F. Neumann, *Iron und Apollonius* (P. G., XXXVII, 1-22), p. 6 sqq.; L. Beer, *Zur Hildensage* (P.B.B, XIV, 522-572) ; les préfaces des éditions de la *Gudrun* par Bartsch, Martin et Symons. En particulier pour *Oswald* : A. Berger, *Die Oswaldlegende* (P.B.B, XI, 365-470); pour *Orendel* : L. Beer *Der Stoff des Spielmannsgedichts Orendel* (P.B.B., XIII, 1-120); pour le *Roi Rother* : la préface de l'édition de Rückert (Leipzig, Brockhaus, 1872, in-8º) et les études de H. Bührig, *Die Sage vom König Rother* (Göttingen, 1889, in-8º) et de L. Singer, *Zur Rother-Sage* (Leipzig, Fock, 1889, in-8º.)

Cette investigation sortirait absolument du cadre que nous nous sommes tracé, puisqu'elle devrait embrasser au moins toutes les légendes analogues actuellement connues chez les divers peuples aryens (1).

Les plus anciens monuments de la poésie germanique, qui nous soient parvenus, étant dus aux Anglo-Saxons, c'est naturellement par eux qu'il nous faut commencer notre examen.

Nous avons cité, à propos d'Horand, un passage de la *Plainte de Deór*, qui atteste dès le ixe, peut-être même dès le viiie siècle, l'existence de la légende d'Hilde parmi les Anglo-Saxons. Il semblerait que dès cette époque la légende n'eût déjà plus la simplicité d'action et de personnages que nous retrouverons dans l'*Edda* de Snorri. La mention d'Horand comme chanteur des Hjadninge permet de supposer que, dès ce moment, il était intimement associé aux deux héros principaux et qu'il avait déjà un rôle dans leur légende. Quel était-il ? Évidemment un rôle analogue à celui qu'il remplit dans la *Gudrun* et approprié à sa renommée de chanteur merveilleux.

Un autre passage d'un ouvrage contemporain du précédent, sinon plus ancien, donnerait même à croire que Wate était déjà à cette époque entré, lui aussi, dans la légende d'Hilde. Du moins est-il étroitement associé à Högni et à Hedhin dans ces deux vers du *Chant du Voyageur*, où le poète énumère les différentes

---

1. Et même sémitiques, comme l'a fait avec succès M. L. Beer dans son étude sur *Orendel* citée plus haut. — Nous ne pouvons cependant passer sous silence les aventures d'Oswald, à cause des analogies frappantes qu'elles offrent avec les plus anciennes rédactions de la légende d'Hilde : Pendant que le roi d'Arone est à la chasse, Oswald enlève sa fille Spange. Rejoint dans sa fuite par le roi qui, dès le retour de la chasse, s'était élancé à sa poursuite, il lui livre un combat dans lequel tous les guerriers païens tombent, à l'exception du roi. Celui-ci promet alors de se faire baptiser, si Oswald lui donne une preuve éclatante de la puissance du Dieu des chrétiens. A la prière d'Oswald, tous les païens tombés dans la bataille ressuscitent sur-le-champ. On le voit, à part l'intervention du merveilleux chrétien, la situation est la même que dans la légende d'Hilde : enlèvement d'une jeune fille jalousement gardée par son père, poursuite du ravisseur, combat sur une île déserte, résurrection des guerriers tombés dans la bataille, rien n'y manque. Il n'y manquerait même point, s'il ne tenait qu'au roi d'Arone, la reprise immédiate de la lutte. Car, oubliant ses promesses, il est prêt à recommencer ; mais, dans les quelques instants de leur mort, ses soldats ont vu l'enfer ; ils refusent de le suivre et réclament le baptême.

contrées qu'il a visitées et les princes auxquels elles sont soumises :

« Hagen régnait sur les Holmreiche, Hetel sur les Glommen,
» Witta régnait sur les Swäfen, Wate sur les Hälsingen (1). »

D'autre part, nous avons constaté dans le *Beovulf* des traces qui attestent l'existence du culte d'Hilde chez les Anglo-Saxons (2) : tels sont les rares témoignages qui nous restent de la vie de notre légende dans une de ses périodes les plus reculées.

Moins anciens, les témoignages nordiques sont par contre beaucoup plus nombreux et beaucoup plus explicites. Nous avons parlé assez longuement plus haut, pour n'avoir pas besoin d'insister de nouveau ici, des récits de Snorri, de Saxo et de Gunnlaug. Il nous reste à citer un passage de l'*Edda* de Saemund, qui remonte certainement à une antiquité presque égale à celle des textes anglo-saxons, et qui prouve à quel point la légende d'Hilde était répandue, car on ne prend d'ordinaire pour terme de comparaison qu'un fait assez généralement connu pour que l'allusion soit facilement saisie.

Quand Sigrun apprend d'Helgi la mort de son père Högni et de son frère Bragi, elle fond en larmes, sur quoi Helgi lui dit (3) :

« Ne pleure pas, Sigrun : tu as été Hilde pour nous ; les prin-
» ces ne peuvent vaincre leur destinée. »

Et Sigrun, faisant à son tour une allusion bien évidente à la légende d'Hilde, lui répond :

« Je désirerais bien ressusciter maintenant ceux qui ne sont
» plus que cadavres, mais en même temps reposer entre tes
» bras. »

Si maintenant nous rentrons dans l'Allemagne proprement dite, c'est tout d'abord vers les pays rhénans que doivent se tourner nos regards ; car c'est évidemment là, comme tout nous le prouve, que la légende a reçu ses premiers développements. Sans parler de nouveau de l'allusion de Lamprecht, dont il a été question tout au long dans un chapitre précédent et qui se rattache directement à la légende d'Hilde, non plus que de cette légende elle-même, puisqu'elle a reçu sa forme définitive dans la

---

1. H. Leo, *Altsächsische und angelsächsische Sprachproben*, p. 77, v. 9 sqq.

2. Notons toutefois que l'existence du nom d'Hilde au VIIe siècle chez les Anglo-Saxons nous est attestée par l'histoire : Sainte-Hilde, abbesse d'Hcortea (Durham), née en 617, fut baptisée en 627 selon les uns, en 631 selon d'autres.

3. Cf. *Edda Saemundar* : *Helga Qvida Hundingsbana önnur*, str. 27-28.

Haute-Allemagne, nous rencontrons aux bords du Rhin la légende d'Herbort et d'Hildebourg, arbitrairement incorporée, comme nous l'avons vu plus haut, au poème de *Biterolf et Dietleib* (1).

Ce sont bien évidemment les mêmes faits qui lui servent de base ; comme dans l'histoire d'Hilde, la jeune fille est enlevée par son fiancé, qui doit défendre sa conquête contre le père, le frère et les parents de celle-ci : mais on a pu déjà voir quels changements la légende avait subis.

Le ravisseur, au lieu de se nommer Hetel, s'appelle Herbort ; toutefois, de même qu'Hetel, il règne sur le Danemark. La jeune fille enlevée, au lieu de s'appeler Hilde, porte le nom de sa compagne dans notre poème, Hildebourg : le père et le frère de l'héroïne nous apparaissent précisément avec les noms qu'auront dans l'histoire de Gudrun ses ravisseurs, Hartmut et Ludwig. Cette circonstance nous expliquerait peut-être comment Hildebourg, Hartmut et Ludwig ont pénétré plus tard dans la *Gudrun*: si l'on songe, en effet, que notre poème, de même que le *Biterolf et Dietleib*, a été remanié pour la dernière fois en Styrie ou dans une contrée voisine, on ne peut, en voyant la légende d'Herbort et d'Hildebourg connue de l'auteur du *Biterolf et Dietleib*, s'empêcher de penser que sans doute l'auteur de la *Gudrun* l'a connue également et a pu y puiser les noms et les rôles des ravisseurs de Gudrun (2). Il y aurait eu une espèce de fusion déterminée par la similitude des aventures qui arrivent aux deux héroïnes et les héros de la légende la moins importante se seraient vus répartir à titres divers dans celle de Gudrun. Ceci ferait comprendre surtout le rôle effacé que joue Hildebourg. Son père et son frère devenant les ravisseurs de l'héroïne ont une place prépondérante dans l'action ; elle seule se trouve dépossédée par Gudrun et réduite au rôle de compagne et de confidente de celle-ci (3).

---

1. Nous en avons donné la traduction au chapitre III du livre I : nous ne croyons donc pas devoir la reproduire ici.

2. Le poème de *Biterolf et Dietleib* a été composé en Styrie dans la première moitié du xiii° siècle d'après d'anciennes légendes originaires pour la plupart des bords du Rhin inférieur. — R. von Muth (H. Z., XXI, 188) lui assigne pour patrie la cour de Vienne et pour date 1192-1200.

3. Cette hypothèse expliquerait en outre l'apparition dans notre poème du personnage d'Ortrun et tendrait à confirmer la conjecture émise par M. Rœdiger (H. Z., 31, 282-287), d'après laquelle Hildebourg-

En remontant plus au nord, nous trouvons, à la même époque à peu près, une autre rédaction qui offre les plus grandes analogies avec la précédente, et qui, beaucoup plus détaillée qu'elle, semble se rapporter très exactement à une même forme de la légende ; c'est celle que contient la *Thidrekssaga* ou *Wilkinasaga* :

« Le roi Dietrich de Berne avait jusqu'alors refusé de se marier, parce qu'il ne trouvait aucune jeune fille digne de lui. Mais, ayant un jour entendu vanter la beauté merveilleuse d'Hilde, fille d'Artus, roi de Bretagne, il envoie quelques-uns de ses vassaux en Bretagne avec mission de chercher à voir Hilde et de lui dire si elle est vraiment aussi belle que le prétend la renommée.

» Ceux-ci ne tardent pas à revenir : ils n'ont pu apercevoir la jeune fille, tant son père la tient sous une garde sévère ; mais de toutes parts il n'est bruit que de ses charmes et les dames de la cour de Bretagne elles-mêmes la proclament la plus ravissante de toutes les créatures.

« Dietrich n'hésite plus et charge son neveu Herbort, fils de sa sœur Isolde, d'aller en son nom demander la main de la jeune fille. Herbort arrive à la cour d'Artus avec une suite de vingt-quatre chevaliers et présente la demande de Dietrich. Artus s'étonne que Dietrich n'ait pas fait cette démarche lui-même ; toutefois, en apprenant qu'Herbort est le neveu de Dietrich, il n'insiste pas : il se contente de lui faire observer que lui non plus ne pourra voir Hilde, si ce n'est à un certain jour de l'année, au moment où elle se rend à l'église.

» Herbort reste donc à la cour d'Artus, bien décidé à attendre ce jour désiré : cependant il gagne si bien la faveur d'Artus, que le roi le prend pour échanson. Un jour enfin, à l'occasion d'une grande cérémonie, Hilde strictement voilée et suivie d'une nombreuse escorte se rend à l'église : jugeant l'occasion bonne pour la voir, Herbort s'y rend aussi. Mais Hilde était tout entière à l'office, ses yeux ne quittaient pas son livre : comment faire pour attirer son attention au milieu d'une telle foule ? Heureusement Herbort possédait deux souris apprivoisées, l'une de couleur d'or, l'autre de couleur d'argent ; il lâche la première qui, trottant le long des lambris, passe tout près de la jeune fille et ne tarde pas à revenir près de son maître. Effrayée à la vue de l'animal, Hilde fait un brusque mouvement qui écarte son voile

Ortrun n'aurait été à l'origine qu'un seul et même personnage, qui se serait dédoublé par la suite.

et Herbort peut enfin contempler ses traits. Il lâche alors sa seconde souris, qui suit le même chemin que la première. Moins effrayée, mais cette fois très intriguée par cette nouvelle apparition, Hilde la suit des yeux, et, comme la souris revient vers son maître, elle aperçoit le mâle visage du héros, qui produit de suite sur elle une profonde impression. Elle lui fait demander son nom et sa condition. Il répond à l'envoyé qu'il se nomme Herbort, mais que sa condition, il ne peut la dévoiler qu'à elle seule. De plus en plus intriguée, Hilde s'arrange pour avoir, au sortir de l'office, un court entretien avec Herbort derrière la porte de l'église. A la fin du festin qui suit la cérémonie et dans lequel Herbort a, comme d'habitude, rempli avec une grâce parfaite ses fonctions d'échanson, Hilde demande à son père de lui accorder cet échanson d'une adresse et d'une élégance sans égales. Le roi n'a naturellement rien à refuser à sa fille ; le soir Herbort, faisant partie désormais de la suite d'Hilde, quitte le palais d'Artus pour accompagner la jeune fille dans le sien. Le voilà introduit au cœur de la place ; il renvoie douze de ses chevaliers à Berne, pour annoncer cette bonne nouvelle à Dietrich : puis il expose à Hilde le véritable but de son voyage. Elle lui ordonne de lui dessiner sur un panneau la figure de Dietrich : Herbort obéit, mais il le représente sous des traits si hideux, que la jeune fille effrayée déclare qu'elle ne veut plus en entendre parler. Puis elle demande au héros pourquoi, au lieu de se charger du message de Dietrich, il ne demande pas sa main pour lui-même. Herbort qui, bien qu'issu d'une race royale, ne porte pas la couronne, répond : que jamais sa pensée ne se serait élevée jusqu'à un rêve si audacieux ; mais, si Hilde ne le dédaigne pas, ses vœux les plus chers seraient réalisés. Ainsi convaincus de leur amour mutuel, ils s'unissent par un serment solennel. Herbort continue encore pendant quelque temps à remplir ses fonctions d'échanson, puis un beau jour on apprend tout à coup qu'Hilde s'est enfuie avec lui. A cette nouvelle, Artus lance sur les traces des fugitifs Hermann et trente chevaliers, avec ordre de ne pas revenir sans lui rapporter la tête du ravisseur. Ils l'atteignent en effet à l'entrée d'un bois situé non loin de la ville, mais c'est pour leur malheur. Hermann tombe au premier choc avec Herbort, douze chevaliers et quatorze écuyers éprouvent successivement le même sort ; les autres s'enfuient. Dans la lutte, Herbort avait reçu onze blessures, qu'Hilde s'empresse de panser. Puis ils se rendirent chez un roi, à la cour duquel Herbort devint duc. La Saga s'arrête subitement ici, en faisant remarquer qu'il y aurait encore beaucoup d'autres exploits d'Herbort à raconter (1). »

Bien que la fin des aventures d'Herbort et d'Hilde soit tronquée, ce récit offre évidemment la plus grande analogie avec celui du *Biterolf et Dietleib*. Il est à peine nécessaire de faire remarquer que la légende a été arbitrairement mêlée au cycle d'Artus et qu'au lieu d'Artus et de sa cour, c'est bien Ludwig et la cour de Normandie qu'il faut lire, comme dans le *Biterolf et Dietleib*. De même Hermann a pris indûment la place d'Hartmut, fils de Ludwig. A part ces quelques points de détail, le récit de la *Wilkina Saga* est plus complet que celui du *Biterolf et Dietleib*; en certains endroits il motive même des faits qui, au premier abord, pouvaient paraître étranges dans ce dernier. Telle est par exemple l'agression de Dietrich et d'Hildebrand, lorsqu'Herbort et Hilde arrivent aux bords du Rhin. Sans aucun prétexte dans le *Biterolf*, elle s'explique tout naturellement, lorsqu'on sait par la *Wilkina Saga* de quelle tromperie Herbort s'est rendu coupable envers son oncle.

Quant à la ruse employée par Herbort pour attirer l'attention d'Hilde, inutile d'ajouter qu'elle est complètement étrangère à la forme primitive de la légende. C'est une de ces subtilités auxquelles se plaisaient les jongleurs de l'époque, toujours en quête de moyens propres à amuser la foule. Par son étrangeté elle rappelle le procédé non moins singulier employé par Morolf dans le poème de *Salomon et Morolf* pour mettre en défaut le chat savant qui tient une chandelle pour éclairer le roi Salomon. Peut-être même ce dernier trait a-t-il été la source du précédent, car de part et d'autre, une souris en fait les frais. En tout cas tous deux appartiennent à cette même classe d'effets d'une nature triviale et souvent bouffonne auxquels étaient réduits les auteurs d'une époque de décadence, quand l'imagination ou la mémoire leur faisait défaut. Car la présence même de ce moyen de séduction prouve que déjà la légende d'Herbort et d'Hilde n'avait plus la simplicité du récit de Snorri : là en effet c'est uniquement le renom de bravoure, dont jouit Hedhin, qui enflamme l'amour d'Hilde : au contraire, dans les rédactions postérieures, le héros a recours à des ruses et cherche à frapper d'une façon plus matérielle l'esprit de celle qu'il désire soit pour lui, soit pour son maître et seigneur. C'est par la musique qu'Horand captive la fille

---

1. *Wilkina Saga*, éd. p. J. Peringskjöld, chap. 210-218.

d'Hagen dans la *Gudrun* ; c'est apparemment aussi par la musique qu'Herbort réussit primitivement à fixer sur lui l'attention d'Hilde. C'est ainsi en effet que, dans la légende polonaise de *Walgerzs et Helgunda*, la jeune fille devient amoureuse de Walgerzs sans jamais l'avoir vu et uniquement pour l'avoir entendu pendant trois nuits consécutives chanter du haut de la tour où il est retenu prisonnier (1).

Comment cette forme de la légende s'est-elle ainsi transportée, en gardant des traits si importants, jusqu'en Pologne, où on la trouve au xiii° siècle ? c'est ce qu'il est difficile de dire. Le problème devient encore plus embarrassant, lorsqu'on la compare à une autre rédaction dont il nous reste à parler, celle du *Waltharius*, avec laquelle elle offre de grandes ressemblances tant au point de vue des noms que des événements (2).

Composé à la fin du x° siècle par Eckehard I de Saint-Gall, ce poème contient les aventures de Walther d'Aquitaine et de sa fiancée Hildegonde. Épris d'un amour réciproque, ils s'enfuient, en emportant de grands trésors, de la cour d'Attila, où ils étaient retenus comme otages. Après avoir victorieusement repoussé les attaques des chevaliers envoyés par Attila à sa poursuite, Walther arrive au Rhin avec Hildegonde, le traverse et pénètre dans les Vosges, où il est attaqué par Hagano et Gunthari, aidés d'une troupe nombreuse. A la suite d'un combat qui dure deux jours et dans lequel la plupart des chevaliers venus sous la conduite d'Hagano et de Gunthari succombent, Walther et ces deux derniers se réconcilient, concluent une alliance et se séparent, pour retourner Hagano et Gunthari à Worms, Walther avec Hildegonde en Aquitaine (3).

La situation dans laquelle la légende polonaise place Walgerzs et Helgunda et les péripéties de leur fuite sont à peu près les mêmes que dans le *Waltharius* ; seulement, conséquence assez naturelle de l'émigration de la légende, la fuite n'a plus lieu de l'est vers l'ouest. C'est à la cour du roi de France que Walgerzs devient amoureux de la belle Helgunda, fille de celui-

---

1. *Lateinische Gedichte des X. und XI. Jahrhunderts*, éd. p. J. Grimm et Schmeller, p. 112 et 384.

2. Sur cette question encore très obscure et fort controversée, cf. les comptes rendus de l'ouvrage de Knoop (*Die deutsche Walthersage und die polnische Sage von Walther und Helgunde*, Posen, 1887, in-8°) par E. Mogk (*L. B.*, 1888, p. 113) et par J. von Antoniewicz (*H. Z., Anz.*, XIV, 241-247).

3. Cf. *Waltharius* dans les *Lateinische Gedichte* citées plus haut, p. 3-126.

ci ; c'est vers la Pologne qu'il s'enfuit avec elle au milieu des mêmes luttes et des mêmes victoires.

Comme on le voit, ces deux récits, dont on ne peut méconnaître l'analogie, s'éloignent plus que tous les autres des données primitives de la légende : seul le nom de l'héroïne rappelle encore celui d'Hilde et il est avec celui d'Hagano l'unique lien qui rattache les personnages à ceux que nous connaissons déjà. Nous avons cru néanmoins devoir les signaler pour marquer les limites extrêmes entre lesquelles s'est développée et transformée la légende dont Snorri nous offre toujours la reproduction la plus simple. Le *Waltharius* présente de plus cet intérêt qu'il nous montre cette branche de la légende d'Hilde allant, par une singulière destinée, se perdre dans le cycle des *Nibelungen*, auquel toutes les autres sont toujours restées étrangères.

Mais ce mélange des deux cycles qu'aucune rédaction écrite, excepté le *Waltharius*, n'a opéré, et qui même dans ce dernier poème se borne aux noms de quelques héros secondaires, la tradition orale l'a accompli dans une ballade qui se chantait encore sur une des îles Shetland à la fin du siècle dernier.

En 1774 le voyageur écossais Low recueillit la ballade suivante dans l'île de Fula, une des Shetland, de la bouche d'un vieux pêcheur scandinave: la langue s'en rapproche de l'ancien nordique, la persistance d'un dialecte nordique dans l'île de Fula s'expliquant suffisamment par sa situation écartée et assez éloignée du groupe des Shetland proprement dites :

« Hiluge, personnage important à la cour de Norwège, brigua la main de la fille du roi, Hildina ; mais, bien que le père lui fût favorable, il fut éconduit. Un jour que le roi et Hiluge étaient bien loin en expédition guerrière, le Jarl des Orkneys (Orcades) aborda en Norwège, parvint jusqu'à Hildina, tomba amoureux d'elle et elle de lui : bref, d'un commun accord, ils s'enfuirent vers les Orcades. Mais ils furent bientôt rejoints par le père courroucé et par Hiluge, qui, au retour de leur expédition, avaient de suite mis à la voile avec une nombreuse armée pour venger ce rapt. Hildina persuada au Jarl d'aller sans armes à la rencontre du roi et d'implorer sa grâce. Celui-ci se laissa convaincre, pardonna et accorda même son approbation à leur union. Mais, à peine le Jarl s'était-il éloigné pour porter à Hildina cette bonne nouvelle, qu'Hiluge, faisant ressortir dans les termes les plus acerbes l'audace du Jarl, excita de nouveau la colère du roi et l'amena à retirer toutes ses concessions. Il en résulta entre Hiluge et le Jarl un duel, dans lequel celui-ci tomba. Hiluge jeta sa tête aux pieds d'Hildina, en l'accablant des injures les plus cruelles et celle-ci, en lui répondant dans les mêmes termes, jura dans son cœur de se venger. Il lui fallut donc suivre Hiluge et son père en Norwège, où le premier, dès l'arrivée, renouvela ses sollicitations. Longtemps elle lui refusa sa main : mais, devant les instances de son père, elle finit par céder à la condition que, le jour des noces, elle-même verserait le vin dans les coupes. Cette faveur lui fut facilement accordée. Lors donc que les convives furent assemblés et eurent pris place à table, Hildina leur versa du vin mêlé au jus d'herbes soporifiques et bientôt tous furent plongés dans le plus profond sommeil. Alors elle fit porter son père hors de la salle et y mit le feu. Tous y furent brûlés. Hiluge, qui s'était réveillé au crépitement des flammes, demanda grâce ; mais Hildina lui répondit aussi durement qu'il avait fait lui-même en lui apportant la tête du Jarl et le laissa périr dans le brasier (1). »

Nous retrouvons dans cette ballade les principales péripéties de notre légende : enlèvement de la jeune fille, poursuite du père, et, comme dans Saxo, après une réconciliation passagère, lutte acharnée et issue fatale. Toutefois un fait différencie surtout la ballade de toutes les autres rédactions, c'est l'introduction d'un rival, soutenu par le père même de la jeune fille et dont la présence et les excitations motivent le dénouement que, dans les autres formes de la légende, la fatalité seule provoque. Enfin toute la seconde partie de la ballade est étrangère à la légende des Hjadninge et nous la montre, comme nous le disions plus haut, opérant une fusion sans exemple entre le cycle des Hegelingen et celui des Nibelungen. La vengeance d'Hildina rappelle celle de Gudhrun dans l'*Edda* de Sæmund, poignardant Atli et mettant le feu à la salle du festin, ou encore celle de Chriemhilde faisant incendier la salle où les Burgondes se défendent contre l'attaque perfide des Huns.

C'est au reste tout naturellement dans le nord que le souvenir de la légende d'Hilde s'est conservé le plus longtemps dans la tradition populaire : outre la ballade que nous venons de citer, M. L. Klee a appelé l'attention sur un chant encore populaire aujourd'hui dans le vrai sens du mot en Danemark,

---

1. *Sitzungsberichte der Münchener Akademie der Wissenschaften*, 1867, II, 206.

en Suède et en Norwège : c'est la chanson d'*Hillebrand et d'Hilla*, dont voici le résumé d'après M. Klee : « Hilla est assise dans la chambre et pleure. Ce fait est rapporté à la reine et, lorsqu'elle questionne Hilla sur la cause de ses larmes, celle-ci lui fait le récit suivant: Elle est fille de roi et elle a eu une destinée heureuse, jusqu'au jour où elle s'est laissé enlever par le duc Hillebrand. Pendant leur fuite, celui-ci exténué voulut dormir un instant. Mais bientôt Hilla entendit le trot d'une troupe de cavaliers. C'était son père avec ses frères. Hillebrand conjure sa bien-aimée de ne pas prononcer son nom pendant la lutte. Puis il tue le père et les frères à l'exception du dernier. Au moment où il va lui donner le coup fatal, Hilla, s'oubliant, l'appelle et lui crie grâce. Mais à peine a-t-elle prononcé le nom d'Hillebrand, qu'il tombe mortellement blessé et expire. Le dernier frère prend donc Hilla avec lui et la ramène auprès de sa mère. En punition de sa fuite on la vend pour une cloche d'église. Mais à peine la mère infortunée a-t-elle entendu le premier tintement de la cloche que son cœur se brise. Voilà ce que la petite Hilla raconte à la reine, et, aussitôt qu'elle a terminé ce récit, elle tombe à ses pieds et rend le dernier soupir (1) ».

Nous terminerons ici cette revue des transformations diverses subies par notre légende. Comme on a pu le remarquer, tandis que sa rédaction la plus importante, celle qui devait servir de base au poème de *Gudrun*, disparaît avec celui-ci de la littérature allemande au commencement du xvie siècle, pour ne reparaître que dans les premières années du xixe, elle vit dans la mémoire du peuple scandinave d'une existence non interrompue sous la forme de ballade ou de chant populaire.

MM. Bartsch et Schröer ont même cru retrouver quelques traces isolées de sa persistance, également à l'état de chant ou de conte, dans certaines régions de l'Allemagne; mais les témoignages recueillis par eux sont trop incomplets, trop vagues et trop peu convaincants pour que nous nous y arrêtions plus longtemps. Sans élever le moindre doute sur la parfaite authenticité de leur découverte et sur la probabilité d'une certaine corrélation entre la légende d'Hilde et les documents publiés par eux, nous nous contenterons de renvoyer les lecteurs aux

---

1. L. Klee, *Zur Hildesage*, p. 40-42. — Remarquer ce trait de similitude avec le *Waltharius* : c'est quand Hillebrand exténué s'est laissé aller au sommeil qu'Hilla entend le trot des coursiers et l'éveille.

articles que MM. Bartsch et Schröer ont publiés à ce sujet dans la *Germania* (1).

En résumé, les diverses légendes que nous venons de passer en revue peuvent se répartir en deux groupes ; l'un, qui se rattache plus particulièrement à la tradition nordique, a, par un singulier caprice du hasard, trouvé son expression la plus complète dans la seconde partie du poème de *Gudrun* et vit encore actuellement dans la mémoire des peuples de la Scandinavie à l'état de ballade et de chant : l'autre, qui paraît en relation plus directe avec l'Allemagne proprement dite, ne nous a été transmis dans aucune œuvre de longue haleine, il ne nous a été conservé que par les courts résumés des légendes d'Hilde, Hildebourg ou Hildegonde dans le *Biterolf*, dans la *Thidrekssaga* (2) et dans le *Waltharius*. Si ce dernier groupe n'a pas laissé de trace vivante bien déterminée, il semble qu'il ait été mis à contribution par le poète de la *Gudrun*, qui, tout en suivant pour sa seconde partie la tradition venue plus ou moins directement du nord, paraît lui avoir fait de nombreux emprunts pour sa troisième partie, surtout en ce qui concerne les données géographiques et les noms des personnages.

Car, si l'on embrasse d'un seul coup d'œil toutes ces légendes et toutes les allusions plus ou moins complètes qui s'y rapportent, on arrive, en puisant tantôt dans l'une tantôt dans l'autre, à reconstituer la liste complète des personnages qui jouent un rôle actif dans la *Gudrun* : Hagen, Hilde, Hetel, Herwig, Hildebourg, Hartmut, Horand, Ludwig, Ortwin (Wolfwin), Frute, Wate. Seule l'héroïne même du poème, Gudrun, fait défaut ; et tous à l'exception des quatre derniers forment allitération.

N'avions-nous pas, d'après cela, raison de supposer que Gudrun ayant fourni le fondement historique d'une légende analogue à celle d'Hilde, a peu à peu absorbé, soit avant, soit après sa réunion avec cette dernière, maint trait, mainte aventure, maint héros d'autres légendes roulant sur le même sujet et qui, moins fortunées, n'ont pas trouvé un poète pour les fixer définitivement avec la même ampleur ?

1. P. G., XII, 220-224 ; XIV, 323-336, XVII., 208-211, 425-427. Cf. *Blätter für literarische Unterhaltung*, 1867, n° 39 ; *Leipziger Zeitung*, 1867, n° 52 (Supplément).

2. Qui, il ne faut pas l'oublier, a été, comme son auteur nous en avertit formellement, composée d'après les récits de chanteurs saxons.

LIVRE III.

ÉTUDE SUR LA FORMATION ET LA TRANSMISSION DU POÈME.

CHAPITRE I.

LA GÉOGRAPHIE DU POÈME.

On conçoit facilement qu'il ne peut être question ici d'une étude systématique et complète de tous les noms géographiques, qui apparaissent, soit dans notre poème, soit dans les diverses légendes dont il a été formé. Tout d'abord, celle qui lui sert de base offre naturellement, et par cela même que c'est une légende, des données essentiellement variables suivant la peuplade chez laquelle s'est localisée telle ou telle de ses formes. C'est ainsi, pour ne citer qu'un exemple, que le théâtre même de la lutte entre les deux héros change, comme nous l'avons déjà fait remarquer, suivant les différentes versions que l'on consulte. Dans le récit de l'*Edda*, où le combat a encore lieu entre les dieux, Heimdallr et Loki en viennent aux mains *sur une île élevée située au milieu de la mer* (telle est la vague désignation fournie par le chant eddique). Dans Snorri, le combat des Hjadninge s'est déjà localisé d'une façon plus précise et s'engage sur l'île de Haey, dans laquelle on veut retrouver l'île de Hoy, une des Orcades. Saxo indique comme emplacement du champ de bataille Hithinsö ou Hedinsey, aujourd'hui Hiddensee, à l'ouest de Rügen. D'après la *Sörlathattr*, Högni atteint Hedhin en vue de l'île de Hâ (ce qui semble se rapprocher du nom donné par Snorri). Dans la Ballade Shetlandaise, la lutte s'engage sur l'une des Orcades, et enfin, dans la *Gudrun*, la rencontre entre le ravisseur et le père de la jeune fille a lieu soit à Wâleis, soit sur le Wülpensand.

Ce simple aperçu montre déjà qu'en prenant la légende même sous sa forme la plus simple, on ne peut arriver à aucune conclusion uniforme et bien définie. Mais il y a plus : dans la *Gudrun* nous avons affaire à une œuvre d'art souvent remaniée, modifiée et surtout amplifiée, à un poème dans lequel, sans compter les caprices de l'auteur et de ses successeurs, maintes nécessités ont amené les changements les plus divers, maint emprunt à des poèmes en vogue a introduit arbitrairement des noms géographiques sans signification précise.

Tout ce que l'on peut donc raisonnablement espérer d'une étude sur ce terrain, c'est de déterminer en général l'horizon assigné par le poète à l'action qu'il retrace, de voir sous quelles influences il a pu le choisir, l'étendre, le déplacer, trop souvent aussi en fausser les données, et d'arriver par là à reconnaître le chemin qu'a suivi la légende dans sa propagation en Allemagne.

Nous avons déjà eu occasion plus haut, à propos des aventures d'Hagen, de jeter un coup d'œil sur les indications géographiques que contient la première partie du poème : nous n'avons donc plus à y revenir et nous ne considérons ici que les royaumes d'Hetel, d'Herwig, de Siegfried et de Ludwig, entre lesquels se passent successivement les luttes qui font l'objet des deux dernières parties du poème.

A. LE ROYAUME D'HETEL.

Hetel règne sur sept pays (1) : Hegelingenland, le Danemark, la Marche de Stürmen, le Holstein, les Frisons (Frisons *maritimes* du Schleswig), Nifland (avec les Frisons *de la terre ferme*, situés dans le Wâleis et Dietmers au bord de l'Elbe), enfin Ortland ou Nortland (2). Seul le pays d'Hegelingen est sous sa domination immédiate (3) : Ortland, qui lui obéissait aussi, passe sous celle d'Ortwin, lorsque ce dernier est arrivé à l'âge d'homme; tous les autres sont donnés en fiefs à ses vassaux : Horand, Wate, Frute, Irolt et Morung.

Le mot d'Hegelingen ne correspond à aucune dénomination géographique : c'est un nom patronymique ; seulement il a été corrompu par la tradition qui ne le comprenait plus. Sa forme

---

1. Str. 550. Nous avons déjà signalé l'affection du poète pour ce nombre *sept* : Gère (str. 2ᵉ) était *roi de sept pays*; Siegfried (str. 580) *règne sur sept contrées*. Faut-il y voir, comme le propose M. Schröder (*Corpus juris germanici poeticum* [1869], p. 257) une allusion aux sept princes électeurs ? En tout cas la même expression se retrouve cinq ou six fois dans le *Biterolf* (cf. *Kudrun*, éd. p. K. Müllenhoff, p. 7) et c'est apparemment là que notre poète l'a puisée.

2. Cf. str. 204, 208, 465, 469, 884, 938.

3. Cf. str. 207, 432, 523.

primitive devait être *Hetelingen* dérivé de *Hetel* et correspondant à l'anglo-saxon *Heodeningas*, à l'ancien nordique *Hjadningar* et à une forme hypothétique de l'ancien haut allemand *Hetaninga, plus tard *Hetalinga (1).

Hegelingen est donc un collectif et désigne simplement l'ensemble des guerriers qui reconnaissent Hetel pour chef suprême.

Sa capitale porte deux noms dans le poème : le premier et le seul authentique est celui de Matelâne (2); il rappelle une localité du Bas-Rhin désignée par Ptolémée sous le nom de *Mediolanum* et que d'anciennes chartes reproduisent sous celui de *Matellia*. On croit la retrouver soit dans la petite ville de Metelen sur le Vecht, entre Horstmar et Bentheim, soit dans celle de Matlinge, dans le pays d'entre Meuse et Rhin. La *Table de Peutinger* indique dans les mêmes régions une ville appelée Matilone, mentionnée aussi par le Géographe de Ravenne. De toutes façons, Matelâne peut être considérée comme située dans le pays des Frisons, plus ou moins près d'un bras de la Meuse ou du Rhin (3).

Une seule fois la capitale d'Hetel est appelée Campatille (4), et, si les uns avaient songé à rapprocher ce mot de *Campodunum*, d'autres, et surtout M. Hofmann, en avaient pris texte pour reporter tout le local de la légende vers les Orcades. Mais M. Zingerle a montré (5) que Campil, Campidell, Kampedell, Campenn, est un nom de pays très commun dans le Tyrol et

---

1. Cf. J. Grimm, *Allerhand zur Gudrun* (1842), p. 2. — Un fait digne de remarque c'est qu'il existe encore aujourd'hui en Hollande une commune du nom de Heckelingen. D'autre part, à l'extrême limite du Littus Saxonicum, entre Calais et Boulogne, on trouve anciennement un endroit nommé Hedensberg et, à une époque plus récente, un comté de Hedin (Hesdin, Hisdinum).

2. Cf. str. 760, 763, 764, 771, 777, 798, 852, 881 etc...

3. Cf. J. Grimm, *loc. cit.*, p. 3. — M. Jonckbloet (*Geschiedenis der middennederlandsche Dichtkunst* [1851], I, 79) l'identifie avec Mattersburg près de Berg-op-Zoom. D'autre part, et au risque de paraître heurter les lois de la linguistique, on ne peut s'empêcher de remarquer que, si à côté du mot *Hetelingen, Hegelingen, on trouve en Hollande, comme nous l'avons dit ci-dessus, un village du nom de Heckelingen, le nom flamand de Malines, Mechelen, n'est pas sans quelque analogie avec Matelâne et offrirait le même changement de la dentale en gutturale.

4. Str. 235.

5. *Campatille* (1861), p. 44.

qu'il faut voir dans la substitution accidentelle de ce nom à la place de celui de Matelâne un caprice du copiste à qui nous devons le manuscrit d'Ambras ou celui sur lequel ce dernier a été fait (1).

Horand est le plus important entre les vassaux d'Hetel : proche parent de la famille royale, il occupe le premier rang à la cour, où il remplit les fonctions d'échanson. C'est à lui qu'Hilde confie Ortwin, quand l'expédition part pour la Normandie ; c'est lui qui, dans la même circonstance porte la bannière d'Hegelingen. Il règne sur le Danemark (2).

A côté de lui apparaît un héros, qui semble jouer un rôle assez incertain et effacé dans la légende ; se signalant seulement par sa largesse proverbiale et par sa sagesse dans les conseils, il reste en fin de compte dans une lumière assez douteuse, c'est Frute. Lui aussi est de Danemark (3) ; il faut donc qu'il soit parent d'Horand, sans qu'on sache au juste à quel degré. Bien plus, la strophe 263 les appelle tous deux *Seigneurs de Danemark*, de sorte qu'on ne peut point songer ici à une de ces contradictions si communes dans les poèmes épiques. Tout ce qu'il est permis de dire, c'est qu'Horand semble avoir la prééminence et que Frute, en même temps qu'il est pourvu en Danemark d'une dignité inférieure à celle d'Horand, paraît seulement appelé à le suppléer en cas de besoin, dans ses divers offices, comme vassal du roi d'Hegelingen (4).

Mais, bien que présenté comme étant de Danemark, Frute semble avoir pour fief spécial le Holstein : car, dans l'assaut de la forteresse de Ludwig, c'est lui qui est à la tête des Holzsœssen (5), et, quand Morung lui a transmis l'ordre de convo-

---

1. Coïncidence à tout le moins digne de remarque, dans la vallée de l'Etsch (Adige), où le manuscrit qui contient la *Gudrun* a été écrit et d'où il tire son nom de *Heldenbuch an der Etsch*, on rencontre un village du nom de Campidell.

2. Str. 814.

3. Str. 219, 220, 242.

4. Cf. Str. 1421, 1467, 1502, 1556, 1612, 1613. Ce fait est d'autant plus étrange que Frute est, comme on le sait, le roi de Danemark par excellence dans toutes les légendes nordiques ; il tendrait à prouver que Frute n'a été incorporé que très tard à la légende d'Hilde et alors que déjà Horand y avait et son rôle et son rang et son fief.

5. Str. 1415.

cation d'Hilde, il était en Holtzâne Lant (1). Cette situation, du reste, n'offre aucune contradiction avec son titre de Danois ; car, à l'époque où écrivait le poète, le Holstein était compté comme compris dans le Danemark et l'auteur lui-même considère plus d'une fois le Holstein et le Sturmland comme parties intégrantes de ce pays (2).

Le Sturmland, ou Stürmen, ou pays des Stürmere (3), est le fief de Wate. Comme l'a montré Ettmüller, il faut entendre par là le pays des Stormarn, situé entre l'Elbe, la Trave, la Stör et la Bille, voisin de Dietmers par conséquent. Le *Chant du Voyageur* le fait régner, ainsi que nous l'avons vu, sur Hälsingas, ce qui nous reporte sensiblement dans les mêmes parages.

Les Frisons, que l'histoire divise en effet à cette époque en Frisons maritimes et Frisons de la terre ferme, sont répartis entre deux fiefs. Irolt est le titulaire de l'un d'eux ; outre cela, il gouverne une partie du Holstein (4); il semble donc bien qu'il faille lui attribuer les Frisons du Schleswig et des îles (Frisons maritimes). Les autres, entre le Rhin et le Weser, sont sous la domination de Morung, qui est en même temps seigneur de Nifland et de Wâleis (5). Nifland rappelle le pays des Nibelungen, que la grande légende héroïque place quelquefois en Norwège, mais le plus souvent sur le cours inférieur du Rhin. Quant à Wâleis, on y a vu avec raison le pays du Waal, situé le long du bras du Rhin qui porte ce nom. C'est là que les émissaires d'Hetel abordent avec Hilde, c'est là qu'Hetel vient la recevoir à l'entrée de son royaume et qu'Hagen ayant rejoint les ravisseurs de sa fille un combat s'engage entre les Irlandais et les héros d'Hegelingen. Cette situation concorde évidemment de tous points avec celle que nous avons adoptée plus haut pour Matelâne, qui, d'après cela, se serait trouvée un peu plus à l'est.

Reste enfin le pays d'Ortland ; primitivement il était sous la domination d'Hetel lui-même. Mais, après la mort du roi, la couronne d'Hegelingen, contrairement à tous les usages germaniques, reste sur la tête d'Hilde, et Ortland est attribué à Ortwin. Ce partage semble avoir été fait assez tardivement et sous

---

1. Str. 1089. La terminaison étrangère de Holtzâne est, comme celle de Cassiâne, Matelâne et autres, due à une influence française.
2. Str. 204 et 456.
3. Cf. str. 223, 231, 263.
4. Str. 231. 1374.
5. Str. 211, 271, 480, 564, 641, 688, 697, etc...

l'influence du rôle important qu'Hilde avait été peu à peu appelée à jouer dans le poème et qui nécessitait jusqu'au dénouement sa présence à la tête des affaires. Aussi en est-il résulté quelque indécision au sujet d'Ortland ; certains passages l'attribuent même à Irolt (1). Quoi qu'il en soit, Ortwin en paraît bien le véritable maître dans la forme actuelle du poème : tout d'abord son nom forme allitération avec celui du pays, puis c'est là que les messagers d'Hilde vont le chercher pour prendre part à l'expédition de Normandie (2) ; c'est là encore qu'après la paix il retourne avec sa jeune épouse Ortrun (3). Maintenant où placer Ortland ?

Ce mot apparaît sous trois formes dans le poème : Ortland, Nortland, Hortland (4). On avait d'abord supposé, non sans quelque vraisemblance, que la forme Hortland avait pu être introduite par analogie avec le *Hort* si fameux dans la légende des Nibelungen. Qu'un copiste, connaissant cette dernière légende, se soit imaginé faire une correction et ait remplacé Ortland par Hortland, la chose en elle-même n'a rien d'impossible, ni d'invraisemblable. Toutefois il ne faut pas perdre de vue que le même phénomène orthographique s'est produit à propos du nom de la Normandie, écrit successivement Ormanie, Hormanie, Normanie, et ici aucune influence du même genre ne peut être invoquée. Il y a donc lieu de considérer cet H comme inorganique. Mais, quelle que soit l'origine de la forme Hortland, la présence de l'H initial explique parfaitement la forme Nortland. Rien de commun au moyen âge comme la confusion entre les deux lettres majuscules H et N, nous la retrouvons précisément dans les mots Hormanie et Normanie, et il était d'autant plus facile à un copiste de changer Hortland en Nortland, que la première forme ne disait sans doute rien à son esprit, tandis que la seconde devait faire immédiatement naître en lui l'idée de *Pays du Nord*.

Ortland semble donc la forme primitive, et, comme le mot *ort* signifie en moyen haut allemand *promontoire*, *pointe de terre*, ce

1. Str. 273, 480, 520, 565, 634.
2. Str. 1096, 1099 sqq.
3. Str. 1704. Remarquez l'allitération non seulement d'Ortland et Ortwin, mais encore d'Ortrun.
4. Sans compter les formes, où la terminaison -land est remplacée par -riche, ou par -marke. Mais, pour un grand nombre de noms de lieux, ces terminaisons alternent indifféremment.

serait, selon M. K. Bartsch (1), le Jütland qui serait désigné sous ce nom.

D'après cela, le royaume d'Hetel s'étendrait sur toute la côte de la mer du Nord depuis les bouches de l'Escaut, de la Meuse et du Rhin jusqu'à l'extrémité nord du Jütland.

B. LE ROYAUME D'HERWIG.

C'est encore naturellement aux embouchures de l'Escaut et de la Meuse que nous chercherons le royaume d'Herwig, le fiancé de Gudrun. Il règne sur la Séelande et si, ce qui est pour le moins douteux, bien que certains critiques l'aient admis, il y a eu une époque où la tradition entendait par Séelande la contrée danoise du même nom, il est bien évident que le poète de la *Gudrun* n'a eu en vue que la Séelande hollandaise ; ce qui achèverait au reste de le prouver, c'est que la str. 641 désigne Herwig comme voisin de Wâleis et du fief de Morung.

C. LE ROYAUME DE LUDWIG ; LE WÜLPENSAND.

Bien que par la Normandie le poète entende, comme nous l'avons vu, la province française de ce nom, il est hors de doute que, dans la conception primitive de la légende, il ne pouvait être question de ce pays, et cela tout d'abord par l'excellente raison qu'à l'époque où les faits sont censés se passer il n'existait pas encore de province de ce nom en France : les Normands qui enlevèrent Gudrun formaient, sans aucun doute, un de ces petits royaumes éphémères fondés par eux à diverses époques aux bouches de l'Escaut. Le nom de la capitale de Ludwig, Cassiâne, nous reporte tout d'abord vers ce dédale d'îlots de configuration et d'aspects changeants, qui s'étendent de Dordrecht à Flessingue et sur l'un desquels il existait en effet au moyen âge une ville du nom de *Cadsand* ou *Cassand*. Par une singulière coïncidence c'est aussi dans ces parages que nous retrouvons le Wülpensand (2). Une charte de Bruges de l'année 1190 (3)

1. Kudrun, p. 356. — J. Mone (*Untersuchungen*, p. 51) voit dans Ortland la Norwège, ce qui nous paraît beaucoup moins vraisemblable.

2. Les formes qui se rencontrent dans le poème sont Wülpen-sand et Wülpen-wert ; les variations observées dans les finales de tous ces noms montrent qu'on eut longtemps conscience de la valeur essentiellement topographique des composés : *Sand* désigne un banc de sable, *Wert* le rivage d'une île.

3. Cf. Warnkönig, 2, 1, p. 85 cité par J. Grimm, loc. cit. p. 4 : cf.

nomme encore les *Wulpingi, homines de Wulpia sive de Cassand*.
Enfin, dans ces contrées où tour à tour la mer engloutit et fait
apparaître presque subitement des îles entières, il existe encore, entre Wülpen et Walcheren, une bouche de l'Escaut qui
s'est longtemps appelée *Hedensee*, dénaturé plus tard en
Heidensee et qui nous montrerait le nom d'Heden (Hetel) conservé dans le voisinage immédiat de celui de Wülpen.

D. LE ROYAUME DE SIEGFRIED.

De même que dans la *Sörlathattr* Hedhin est devenu un roi de
Serkland, le pays des Sarrasins ou l'Afrique, de même le poète
de la *Gudrun* a fait du roi de Môrlant, Siegfried, un roi des
Mores. Sous l'influence des récits orientaux que le grand mouvement des croisades introduisait alors en Allemagne, où ils
conquéraient sur-le-champ une vogue universelle, sous l'influence surtout des aventures du *Duc Ernest* (1) qui, pour la
plupart, se passent en Orient, les poètes furent pris d'une véritable manie de mêler à leurs récits ce pays des merveilles; celui
de la *Gudrun* n'a eu garde d'y manquer et les noms orientaux
abondent dans son ouvrage. Siegfried règne sur Abakîe et
Alzabê (2); sa capitale est située dans ce dernier pays (3); il
est de couleur noire (4) et ses gens chantent une mélodie
arabe (5). Nous avions déjà vu dans la première partie un comte
de Garadê et de Salmê; les interpolateurs, comme il arrive le
plus souvent, se sont donné carrière et ont continué sans ménagement la manière inaugurée par le poète. Il est question tour
à tour de pierres précieuses d'Abalîe et d'Agabî, de soie d'Arabie et d'Abakîe, bref d'une foule de richesses toutes empruntées à l'Orient. Inutile de faire remarquer que tous ces noms
plus ou moins bizarres ne représentent aucune localité déterminée, qu'ils n'avaient aucune valeur exacte dans l'idée du

les deux cartes des côtes de Flandre dans Plönnies, *Kudrun*, p. 303-307.
Remarquer que la proximité de Cassiâne et du Wülpensand, réalisée
dans la citation ci-dessus, s'impose d'après les données mêmes du
poème.

1. C'est évidemment aux « *Moren von der verren India* » du *Duc Ernest*, que les Mores de la *Gudrun* doivent leur origine orientale.
2. Str. 673, 829.
3. Str. 579.
4. Str. 583.
5. Str. 1588.

poète ou de ses continuateurs et que, si tous ne sont pas purement imaginaires, la plupart ont été défigurés comme à plaisir, tous enfin ont été employés sans le moindre discernement. Pour n'en citer qu'un exemple, le mot de Garadê, Garadie, Garadine désigne, dans la première partie, le fief donné par Hagen à Ludwig (str. 610, 3); dans la troisième partie il est employé comme synonyme de Morland et placé bien loin, de même que le royaume de Siegfried (str. 734, 3) et la même attribution se retrouve dans la dernière partie du poème (str. 1139, 4).

Quant au véritable royaume de Siegfried, c'est encore sur les côtes de la Flandre qu'il se trouvait. Entre Boulogne et Bruges s'étend une contrée autrefois habitée par les Morins, bien connus de César entre autres. De même que les Holzsaessen (habitants des bois) s'appellent ainsi à cause des forêts qui couvraient le Holstein, de même les Mœre ont tiré leur nom de la nature marécageuse de leur pays et la contrée elle-même en avait pris le nom de Moorlant (pays des marais) (1). De là à transformer les Mœre en Mores, il n'y avait qu'un pas et Moorlant était phonétiquement trop près de Morenlant, pour que, le goût du merveilleux oriental et l'influence du *Duc Ernest* aidant, il ne fût pas facilement franchi.

Au reste, M. Steenstrup a montré qu'à cette époque (x⁰ siècle environ) il existait en effet en Flandre un roi danois du nom de Siegfried, dont l'histoire est racontée dans la *Chronique de Guines et d'Ardre* du curé Lambert (2). Son royaume n'était, cela va sans dire, qu'une de ces stations éphémères analogues à celles dont il a été question ci-dessus dans notre introduction. Le fait n'en est pas moins intéressant à constater.

Pour nous résumer, on voit que, sans faire aucune conjecture hasardée, sans forcer le sens d'aucun texte, le théâtre tout entier de l'action de la *Gudrun* se groupe, comme de lui-même, le long des côtes de la mer du Nord, depuis l'embouchure de l'Yser à peu près jusqu'un peu au Nord de celle de l'Elbe, c'est-à-dire

---

1. Le nom de Moorlant se retrouve dans le passage de Miræus cité par J. Mone (*Untersuchungen*, p. 46) et il y est intimement uni à ceux de Wülpen et de Cadsant : *totam decimam de Radenborch, de Wulpia et de Cadsant, tam de Moorlant quam de Werplant.* — Cadsant, à cette époque, se composait de deux parties, l'une basse et marécageuse, le Moorlant, l'autre plus élevée, le Werplant. Cf. Miræus, II, 972.

2. Cf. J. Steenstrup, *Danske Kolonier i Flandern og Nederlandene i det 10 de Aarhundrede* (Kjöbenhavn, 1878, in-8º) et *Chronique de Guines et d'Ardre* de Lambert p. p. Godefroy-Menilglaise, p. XXXI, 7, 29-43, 414.

dans les contrées mêmes où s'exercèrent tout d'abord, pendant les neuf premiers siècles de notre ère, les ravages des pirates danois, frisons et norwégiens.

Ce n'est au contraire qu'en torturant les textes et les noms que l'on pourrait le reporter soit sur les Orcades, soit à plus forte raison en Écosse, comme a essayé de le faire M. C. Hofmann (1).

Que la tradition nordique ait localisé toute la légende dans ces régions, nous le répétons, rien de plus naturel ; c'est ce qu'ont fait chacun de leur côté Snorri, Saxo, Gunnlaug et la ballade des Iles Shetland. Pourquoi donc ne pas admettre qu'il en ait été de même pour la version allemande de la légende d'Hilde ? Lorsqu'elle fut apportée ou lorsqu'elle se fusionna avec celle de Gudrun sur les côtes de la Basse-Allemagne, qu'y a-t-il d'étonnant à ce qu'elle se soit *entièrement* localisée aux bouches des grands fleuves qui viennent s'y jeter dans la mer du Nord ? Quand on voit tout le royaume d'Hetel, les fiefs de tous ses vassaux, le Wülpensand, Wâleis, se grouper comme d'eux-mêmes le long des côtes de la Flandre, pourquoi transporter inutilement les royaumes de Siegfried et de Ludwig dans des parages tout différents ? Pourquoi ne pas admettre que les territoires de tous les chefs, que nous voyons sans cesse faire invasion à l'improviste les uns chez les autres, étaient voisins, comme c'était le cas pour toutes ces stations transitoires, abusivement décorées du nom de royaumes, formées et abandonnées du jour au lendemain le long des côtes de la Flandre et de la Frise par les pirates du Nord ? Pourquoi enfin affecter de croire que la légende ait gratuitement repoussé les données si conformes que lui fournissait l'histoire ? C'est là qu'ont dû se passer les aventures d'où est née la légende de Gudrun, c'est là qu'était le théâtre tout désigné de l'action pour celle d'Hilde, quand elle se fusionna avec la première (2).

1. Pour lui Cassiâne rappelle le nom du Comté de Caithness (Norw. Katanes) dans le Nord-Est de l'Écosse.

2. M. R. Schröder aboutit aux mêmes conclusions dans son étude géographique sur les Francs (*Die Herkunft der Franken*, dans S. Z., XLIII, 1-65 ; cf. surtout p. 10, 11, 16 sq.)

CHAPITRE II.

LA VERSIFICATION DU POÈME.

La poésie héroïque populaire était essentiellement disposée pour le chant et se composait de strophes (1). Bien que les productions littéraires dans lesquelles elle nous est parvenue n'aient été destinées, autant que nous pouvons le savoir, qu'à être récitées ou lues, elles n'en ont pas moins conservé la forme sous laquelle la tradition populaire avait transmis les chants qui en constituent la base.

Parmi les strophes épiques, celle des *Nibelungen* peut être considérée comme le modèle du genre et elle a en effet été imitée plus d'une fois : la strophe de la *Gudrun*, entre autres, n'en est qu'un développement ou une variante.

Jusqu'à l'époque où les *Nibelungen* furent *composés*, la strophe qui avait régné dans la poésie populaire était celle employée par Otfrid dans son *Évangile* : elle était formée de quatre vers comptant chacun quatre arsis et accouplés deux à deux par des rimes plates masculines. La première modification que l'on introduisit fut de composer la strophe de cinq vers au lieu de quatre, le premier et le deuxième, le troisième et le cinquième rimant respectivement ensemble et le quatrième restant isolé : c'est celle du poème de *Salman et Morolt*, qui date du milieu du XIIe siècle.

Or, c'était une règle absolue parmi les poètes allemands du moyen âge que la forme d'une strophe appartenait en propre et exclusivement à celui qui l'avait inventée : elle constituait, pour ainsi dire, la seule propriété littéraire qu'on connût alors. On pouvait imiter l'œuvre d'un chanteur ou d'un écrivain, lui emprunter les plus belles parties de son récit, ses situations les

---

1. Cela n'implique évidemment pas que les poésies ainsi chantées fussent à l'origine formellement divisées en strophes, comme celles de la poésie épique ou lyrique du moyen âge. Mais qui dit chant, dit rythme, alternance déterminée et retour périodique d'une mélodie, ce qui ne va pas sans une séparation de fait, un groupement par strophes, sous peine de remplacer le chant par une mélopée interminable, par une psalmodie monotone.

FÉCAMP, *Gudrun*.

mieux réussies, tout jusqu'à des expressions et des phrases entières ; mais composer un autre morceau de poésie dans une forme de strophe qu'il avait le premier employée, cela eût été considéré comme un plagiat. C'est seulement à partir de la fin du xiiiᵉ siècle que ces sortes d'emprunts furent tolérés et finirent peu à peu par devenir habituels : jusque-là il était permis d'imiter une strophe en vogue, mais non de la reproduire intégralement.

Il suffisait néanmoins de bien petites modifications apportées à une strophe déjà connue, pour que le nouveau modèle fût accepté comme la propriété de celui qui l'avait imaginé. Le point sur lequel se porta, pour commencer, l'attention des poètes fut le dernier vers : afin de séparer plus nettement la fin d'une strophe du début de la suivante, on songea tout d'abord à donner au dernier vers une structure différente de celle des autres, et, tandis que la poésie française adoptait en général un petit vers pour clore la strophe, la poésie allemande ne pensa qu'à allonger ce dernier vers : ainsi fut formée la strophe des *Nibelungen*; ainsi furent formées toutes celles qui l'imitèrent plus tard. Celle du *Salman et Morolt*, avec son quatrième vers isolé, resta toujours une exception.

La strophe des *Nibelungen* se compose de quatre vers rimant deux à deux, le premier avec le deuxième, le troisième avec le quatrième, et ne contenant que des rimes masculines. Chaque vers est formé de deux moitiés, la première contenant trois arsis et se terminant par une syllabe féminine qui forme césure, la seconde contenant également trois arsis et se terminant par une syllabe masculine qui forme la rime dont nous avons parlé plus haut : enfin, pour marquer plus distinctement la fin de la strophe, la seconde moitié du quatrième vers a quatre arsis au lieu de trois.

En voici un exemple tiré de l'aventure où Günther part pour aller demander la main de Brünhilde :

str. 326   Ez was ein küneginne   gesezzen über sê :
            Ir geliche enheine   man wesse ninder mê.
            Diu was unmâzen scœne,   vil michel was ir kraft.
            Siu scôz mit snellen degenen   umbe minne den scaft (1).

Entre les arsis il existe le plus souvent une thésis, qui cependant n'est pas absolument obligatoire : deux arsis peuvent

---

1. Éd. de K. Bartsch (Leipzig, Brockhaus, 1877, in-8º).

se suivre immédiatement; mais, par contre, il ne peut jamais exister plus d'une thésis entre deux arsis. Enfin la marche de chaque demi-vers, pour employer les expressions de la prosodie classique, peut être ïambique ou trochaïque : chaque demi-vers peut commencer par une arsis ou par une thésis ou syllabe non accentuée qui ne compte pas et que l'on appelle *Auftakt* : c'est à peu près l'*anacrusis* des Grecs. Parfois l'*Auftakt* peut se composer de deux syllabes, dont la première même peut être longue ; mais la licence ne va pas au delà, tandis que dans Otfrid, par exemple, il n'est pas rare de trouver un *Auftakt* de trois et même de quatre syllabes.

La strophe de la *Gudrun* n'est, comme nous le disions tout à l'heure, qu'un développement de celle-ci. Au lieu de quatre arsis, la deuxième partie de son dernier vers en contient cinq, ce qui donne encore plus d'ampleur à la terminaison de la strophe. De plus, un autre élément de variété a été introduit dans la strophe elle-même par ce fait que, les deux premiers vers conservant leurs rimes masculines, les deux derniers ont des rimes féminines. Par là elle est plus douce et moins monotone que celle des *Nibelungen* et se rapproche plutôt du genre lyrique, tandis que la première a conservé un caractère plus essentiellement épique. Le rapport des arsis et des thésis y est observé avec le plus grand soin : souvent il arrive, comme dans les *Nibelungen*, que deux arsis se suivent sans thésis intermédiaire (1), mais jamais deux thésis ne se succèdent immédiatement, et, sous certaines conditions, qu'il serait trop long d'énumérer ici, le poète se permet, pour éviter cette succession défendue, d'avoir recours, le cas échéant, à l'apocope, à la syncope ou à l'élision.

La césure, qui est ordinairement formée, comme dans les *Nibelungen*, d'une syllabe féminine, se présente également après la troisième arsis :

Str. 1.   sîn muoter diu hiez Uóte.

Il arrive pourtant aussi parfois qu'une syllabe masculine forme la césure. C'est surtout le cas pour les noms propres et l'on peut dire alors que le demi-vers contient en réalité quatre arsis. Au reste, si l'on veut, comme l'ont fait certains critiques,

---

1. On a voulu voir dans ce fait un caractère archaïque pour les strophes où on le constate : ne faut-il pas plutôt l'attribuer à l'inhabileté des scribes qui ont remanié le poème?

compter dans tous les cas la césure pour une arsis, le vers de la *Gudrun* aurait partout, dans sa première moitié, quatre arsis; car, ainsi que l'a fait remarquer M. K. Bartsch, le demi-vers cité plus haut, par exemple, ne diffère du suivant :

Str. 1.   geheizen wás er Sígebànt

qu'en ce que dans le premier la thésis manque entre la dernière arsis et la césure.

La strophe des *Nibelungen* a éprouvé, du fait des différents auteurs, qui ont successivement remanié et amplifié ce poème, certaines modifications que l'on retrouve dans celle de la *Gudrun*. C'est ainsi qu'un assez grand nombre de strophes ont une rime intérieure à la césure, tantôt du premier demi-vers avec le deuxième :

Str. 243.   Ez ist in solher huote   diu minnecliche meit.
            Hòrant unde Fruote   die ditze hànt geseit,
            daz si sì sò schœne,   ich wil ê niht erwinden,
            dù solt mich und si beide in dìnem dienste genendicliche
                                                        [vinden;

tantôt du troisième avec le quatrième :

Str. 749.   Si enwisten, wie si möhten dar bekomen sint.
            des kam in arbeite   maneger muoter kint.
            jà truogen si die ünde   neben Ortlande,
            ê Hetele ez ervünde, daz si die Hilden bürge wol erkanden ;

tantôt enfin tout à la fois du premier avec le deuxième et du troisième avec le quatrième :

Str. 760.   Die boten riten vil dràte   dannen (aes was zit)
            nàch Harmuotes ràte   vür eine burc wit.
            diu hiez ze Matelàne :   vrou Hilde saz dar inne
            und diu vil wol getàne,   ir tohter diu junge küniginne.

M. Müllenhoff a prouvé que ce procédé doit être attribué aux derniers remanieurs du poème et que la présence de cette rime intérieure coïncide le plus souvent avec des contradictions ou des répétitions qui montrent la nature apocryphe des strophes où on la rencontre (1).

Ce qui indique bien en effet que ces remaniements ont été opérés à l'imitation de ceux que subissait la strophe des *Nibe-*

---

1. M. B. Symons (*Zur Gudrun*, P.B.B., IX, 1-100) prétend au contraire que cette rime intérieure ne prouve rien contre l'authenticité et l'antiquité des strophes où on l'observe et a été simplement introduite après coup par un remanieur.

lungen, c'est que les scribes auxquels on les doit, perdant çà et là de vue leur but, ou trop peu familiarisés avec la strophe qu'ils retouchaient, ont parfois mêlé au poème des strophes littéralement calquées sur le modèle de celle des *Nibelungen*. H. v. d. Hagen les avait le premier relevées dans son édition, bien souvent on a essayé de les transformer d'après le modèle adopté dans le reste du poème, mais, après toutes les tentatives de restitution, M. Müllenhoff en a encore reconnu 98. La première partie du poème (Aventures d'Hagen) en contient à elle seule un bon tiers, preuve de plus, ajoutée à toutes les autres, qu'elle date d'une époque très tardive et a été incorporée après coup au poème.

La strophe de la *Gudrun* a été elle-même imitée. C'est sur son modèle que Wolfram d'Eschenbach a construit celle dont il s'est servi dans son *Titurel*. Les quatre vers de la strophe du *Titurel* se composent en effet de : vers 1 et 2 = vers 3 et 4 de la *Gudrun*; vers 3 = la deuxième partie du vers 4 de la *Gudrun* sans césure ; vers 4 = encore une fois le vers 4 de la *Gudrun*. Nous verrons plus tard l'importance de ce fait pour la détermination de l'époque à laquelle la *Gudrun* fut définitivement composée sous sa forme actuelle, sauf quelques retouches ultérieures de peu d'étendue (1).

1. Cf., pour plus de détails, le traité de métrique du moyen-haut-allemand ajouté par M. Rieger à l'édition de la *Gudrun* de W. von Plönnies (1853); *Wolfram von Eschenbach*, éd. par K. Lachmann, préface, p. xxviii ; P. G., IV, 305 ; J. Strobl, *Die Entstehung der Kudrunstrophe* (1876), et enfin, outre le travail de M. B. Symons cité plus haut, celui que vient de publier M. E. Kettner sous le titre : *Der Einfluss des Nibelungenliedes auf die Gudrun* (Z. Z., 23, 145-217).

CHAPITRE III.

GUDRUN ET LA POÉSIE CONTEMPORAINE ; IMITATIONS D'AUTRES POÈMES ;
POÈMES QUI L'ONT IMITÉE ; ALLUSIONS HISTORIQUES ; ALLUSIONS
A DES USAGES FÉODAUX.

Le poème qui paraît avoir exercé sur la *Gudrun* l'action la plus considérable est celui des *Nibelungen*. C'est à lui, comme nous venons de le voir, que l'auteur a emprunté la forme de sa strophe et les noms de plusieurs personnages secondaires, et, si nombre de tournures et d'expressions communes aux deux ouvrages ont été fournies au poète de la *Gudrun* par le trésor devenu banal du style épique, sous ce point de vue encore la conformité absolue qui apparaît en maint endroit prouve que notre auteur a plus d'une fois calqué mot pour mot, copié purement et simplement les *Nibelungen*. H. von der Hagen a noté spécialement dans son édition de la *Gudrun* tous les vers qui coïncident d'une façon complète avec les *Nibelungen*; le nombre, surtout dans la première partie, en est trop considérable pour que leur présence dans le poème puisse être attribuée à une coïncidence fortuite de style ; ils prouvent au contraire que l'auteur connaissait à fond les *Nibelungen* et les avait de propos délibéré choisis pour modèle.

Les remanieurs, qui ont repris son travail en sous-œuvre, n'ont que trop ardemment marché sur ses traces et ils ont copié si servilement les *Nibelungen* qu'en plus d'un endroit ils n'ont plus même songé à rédiger leurs interpolations dans le mètre propre à la *Gudrun*; le poème se trouve ainsi parsemé de strophes, formées de débris dérobés aux *Nibelungen* et écrites dans le mètre particulier à ceux-ci.

Est-ce le succès marquant des *Nibelungen* qui a décidé le poète et ses successeurs à se rapprocher le plus possible d'un modèle aimé du public? Est-ce le défaut de génie et d'invention personnelle qui leur a suggéré ce moyen commode de se tirer d'embarras, quand leur veine poétique venait à se tarir? Peut-être l'une et l'autre raison ont-elles contribué à tenir la *Gudrun* dans une dépendance regrettable vis-à-vis d'une œuvre, avec laquelle elle peut avantageusement lutter sous d'autres rapports. Mais c'est évidemment au premier motif, à l'influence de la mode, qu'il faut attribuer l'action exercée sur la composition de la *Gudrun* par les poésies narratives des auteurs chevaleresques. C'est sans aucun doute l'analogie avec les œuvres d'Hartmann d'Aue, de Wolfram d'Eschenbach, de Gottfried de Strasbourg, c'est le désir de les égaler et de lutter avec eux dans la faveur du public, qui a poussé l'auteur de la *Gudrun* à adopter la forme biographique si peu en rapport avec le génie de la poésie épique; et c'est toujours sous la même influence, comme nous l'avons montré, que l'un des plus anciens interpolateurs a ajouté la première partie, les aventures d'Hagen, et dressé ce fameux arbre généalogique, que nos lecteurs n'ont pas oublié.

Pour Wolfram d'Eschenbach, par exemple, l'imitation est évidente et palpable; l'auteur ne s'est pas borné à reproduire la disposition générale de ses récits, il lui a emprunté en plus d'une occasion certains mots, certaines locutions qu'on retrouve textuellement identiques de part et d'autre. Ainsi, quand Parcival arrive chez Trévrizent, l'ermite le reçoit de son mieux, mais il l'avertit de ne pas s'attendre à faire bonne chère avec lui, « car, dit-il, on sent rarement l'odeur de ma cuisine (1) ». De même, lorsque l'auteur des aventures d'Hagen décrit son existence et celle des jeunes filles dans la forêt, il dit en plaisantant:

« On sentait rarement l'odeur de sa cuisine (2) ».

Le vers du *Parcival* a donc passé de toutes pièces, sauf une modification insignifiante (changement du présent en imparfait et de *ma* en *sa*) dans le prologue de la *Gudrun*.

C'est encore apparemment au *Parcival* que l'auteur a emprunté le nom du *gabilûn*, ce monstre mystérieux dont nous avons parlé ailleurs et qui s'appelle *gampelûn* dans le *Parcival*, où, semblable à un dragon, il orne le casque et l'écu d'Ilinot, de Bertun et de ses compagnons.

Enfin c'est de toute nécessité par l'intermédiaire d'une source française et par conséquent, selon toute vraisemblance, par l'intermédiaire du *Parcival*, que la forme francisée de *Wâleis* a été introduite dans la *Gudrun*, où elle désigne le *Vahalis* ou *Waal*.

De même, pour passer à un autre poème, le nom de *Wigalois* n'a pu être connu du poète que par le *Wigalois* de Wirnt de Gravenberg. Seul le succès dont cet ouvrage jouit en Alle-

---

1. *Parzival*, str. 485, 7.
2. *Gudrun*, str. 99.

magne vers 1210 peut expliquer l'introduction de ce héros dans le cycle d'Hegelingen, auquel il est étranger et où il joue un rôle aussi effacé que court et inutile. On a prétendu que la tradition orale avait pu faire parvenir ce nom à la connaissance du poète : mais rien ne prouve que les aventures de Wigalois aient jamais été populaires en Allemagne avant Wirnt; nous savons au contraire que Wirnt composa son ouvrage non d'après des traditions populaires, mais d'après le récit d'un écuyer, qui peut-être avait entendu raconter cette histoire dans quelque château de France. En outre une coïncidence insignifiante en apparence, mais d'autant plus probante en pareil cas qu'elle porte sur un petit détail, semble montrer que l'auteur de la *Gudrun* avait bien à sa disposition le poème de Wirnt sous la forme sous laquelle nous le possédons. Selon la strophe 610 de la *Gudrun*, Ludwig aurait reçu *cent trois* villes en fief de la main d'Hagen; le même nombre se retrouve dans un passage analogue au vers 4551 du *Wigalois* (1) et, si c'est par hasard que l'auteur de la *Gudrun* a employé ce nombre, qui pour lui n'a aucune valeur déterminée, il faut avouer que le hasard a d'étranges coïncidences. Le fait serait d'autant plus singulier qu'il y a dans la poésie allemande du moyen âge un certain nombre de désignations de ce genre qui sont réellement passées à l'état d'expressions proverbiales et qu'on retrouve dans une foule de poèmes, sans qu'il y ait lieu de conclure à l'imitation de tel auteur par tel autre; ainsi en est-il, par exemple, du nombre *sept*. Gère règne sur *sept* pays (str. 2.); Hetel est maître de *sept* royaumes (str. 550); Siegfried commande à *sept* rois (str. 580); on en retrouve d'autres exemples dans le poème de *Biterolf* et jusque dans les fragments français du *Tristan*; on en pourrait noter de plus nombreux encore dans la vie réelle au moyen âge, tels sont les *sept* chandeliers de l'Apocalypse en l'honneur desquels la Bulle d'Or institua les *sept* électeurs de l'empire, les *sept* catégories de l'enfer correspondant aux *sept* péchés capitaux, la confédération des *sept* Séelandes frisonnes qui portaient *sept* feuilles de romarin dans leurs armes et auxquelles il est fait allusion dans la *Gudrun* (2), tels sont une foule d'autres qu'il est inutile d'énumérer ici. Voilà bien une de ces désignations proverbiales comme l'usage en établit dans toutes les langues (3).

1. Éd. de Benecke.
2. Cf. Str. 1373 et J. Grimm, *Mythologie*, p. 620, 1147, 1221.
3. Inutile de rappeler le rôle analogue que jouent chez nous les nom-

Mais, à propos du nombre *cent trois,* rien de tel ne se produit : il apparaît uniquement dans la *Gudrun* et dans le *Wigalois*, on ne le retrouve nulle part ailleurs ; sa présence dans le premier de ces deux poèmes suppose donc nécessairement chez son auteur la connaissance de l'autre (1).

Au reste l'auteur de la *Gudrun* paraît avoir possédé des notions assez étendues sur la littérature de son temps, et les principales productions contemporaines ont laissé dans la *Gudrun* des traces nombreuses de l'impression qu'elles avaient faite sur lui. Ainsi, dans le vaisseau, sur lequel partent les émissaires d'Hetel, Wate a caché une troupe armée, tandis que le pont est encombré de marchandises et que tout y est disposé pour faire illusion et confirmer les dires des trois héros, qui se donnent pour des marchands. C'est absolument ce qui se passe dans le *Roi Rother,* lorsque, sur le conseil d'un chanteur errant, Constantin envoie une expédition chargée de ressaisir par la ruse sa fille que Rother a enlevée ; et, en écoutant le chanteur errant développer son plan, on croirait entendre parler Wate lui-même (2). Bien plus le subterfuge imaginé par Wate et ses compagnons pour s'introduire sans danger à la cour d'Irlande rappelle trait pour trait celui qu'emploie Rother, lorsqu'il se présente devant Constantin : de même que Wate, Horand et Frute se font passer pour de riches seigneurs, bannis par Hetel, réduits à fuir son courroux et à exercer le négoce, de même Rother arrive à Constantinople sous le nom de Dietrich et vient implorer la protection de Constantin contre les attaques possibles du roi Rother, qui, dit-il, le poursuit de sa haine (3). De

bres *trente-six* et *mille.* Sur l'emploi des nombres dans la poésie épique du moyen âge allemand, cf. J. Grimm, *Deutsche Rechtsalterthümer*, 3ᵉ éd. (1881), p. 207-225 et R. von Muth, *Untersuchungen und Excurse zur Geschichte und Kritik der deutschen Heldensage und Volksepik* (Wien, Gerold, 1878, in-8º), p. 23-24.

1. Si nous avons insisté sur ce détail en apparence secondaire, c'est qu'il importe beaucoup, pour fixer la date de la composition de la *Gudrun,* de bien établir que son auteur connaissait réellement le *Wigalois* de Wirnt et non une simple tradition orale sur le même sujet.

2. Cf. *Rother,* v. 3066 avec *Gudrun,* str. 256-258.

3. Le souvenir de cette ruse s'est conservé jusqu'à nos jours par la tradition populaire. Dans le *Conte du Fidèle Jean* (Grimm, *Kinder- und Hausmärchen,* Tome I, p. 32), lorsque le fils du roi et son fidèle serviteur partent pour aller à la recherche de la Princesse du Toit d'or, ils se déguisent aussi en marchands et chargent sur leur vaisseau les objets les plus précieux.

part et d'autre enfin cette précaution a les mêmes raisons d'être ; car, de même qu'Hagen, Constantin fait mettre à mort tous ceux qui ont l'audace de venir briguer la main de sa fille (1). Il n'est pas jusqu'à la manière dont Horand s'acquitte de son message envers Hilde, qui n'ait son pendant dans la scène où Rother arrive enfin à voir seule à seule la fille de Constantin. De même qu'Horand, après avoir excité au plus haut point la curiosité et les sympathies d'Hilde, est mandé secrètement dans ses appartements, où il lui avoue le véritable but de son voyage, de même Rother sait, par l'envoi d'un soulier d'or et d'un soulier d'argent, mettre en éveil la curiosité de la fille de Constantin, qui le fait appeler près d'elle et à laquelle il déclare qui il est et pourquoi il est venu à la cour. L'emploi de ces deux souliers rappelle de plus les deux souris d'or et d'argent à l'aide desquelles Herbort, dans la *Wilkinasaga*, attire pendant l'office l'attention d'Hilde, fille d'Artus de Bertengaland. Enfin le rire mystérieux de Gudrun, lorsqu'elle sent approcher le moment de sa délivrance, ce rire qui excite à si haut point les défiances et les soupçons de Gerlinde, a son analogue dans l'éclat de rire que pousse la fille de Constantin, lorsqu'après mille épreuves Rother est enfin revenu à la cour et lui fait connaître sa présence en lui envoyant un anneau. A Constantinople comme en Normandie des espions ont bientôt rapporté à qui de droit ce fait anormal, et c'est ainsi qu'on découvre le retour furtif de Rother.

Une invention moins heureuse a été suggérée à l'auteur par le *Charlemagne* du Stricker : c'est dans cet ouvrage en effet qu'il a puisé la fable du couvent fondé sur le Wülpensand. Lorsque l'on rend les derniers honneurs aux guerriers tombés dans la grande lutte du Wülpensand, on a bien soin d'enterrer à part les païens et les chrétiens. La même séparation s'opère d'elle-même par un miracle après la bataille de Roncevaux dans le *Charlemagne* du Stricker (2). Comme en outre Charlemagne fonde sur le théâtre de la lutte un couvent et un hôpital (3), il est permis de supposer que l'ouvrage du Stricker a été la source où a puisé l'un des interpolateurs de la *Gudrun* (4).

1. Ce dernier trait du reste était devenu populaire, on le retrouve dans *Oswald* (éd. de Pfeiffer, v. 97 et 110), dans *Ortnit* (str. 11, 19) et dans *Wolfdietrich* B (str. 15 sqq.).
2. Cf. *Karl der Grosse* vom Stricker, éd. p. K. Bartsch, v. 10851.
3. Cf. v. 10934, 10970.
4. Nous disons : l'un des interpolateurs ; car la date à laquelle fut

Nous avons eu occasion précédemment en plus d'un endroit de montrer l'influence qu'avait exercée le poème du *Duc Ernest* sur la composition de divers épisodes de la *Gudrun*. Il nous reste à signaler ici un autre genre d'action, indirecte il est vrai, mais très visible, qu'a eue ce même poème sur la description de la captivité de Gudrun en Normandie.

L'arrivée de la jeune fille sur cette terre étrangère et ennemie, où l'attend un sort si cruel, ouvre un des épisodes les plus beaux et les plus touchants de tout l'ouvrage; nulle part le poète n'est plus vrai ni plus émouvant que dans la peinture des humiliations redoublées qui lui sont infligées et de la constance inébranlable avec laquelle elle les supporte. C'est qu'ici l'auteur ne s'est plus contenté des simples et vagues réminiscences que pouvait lui offrir la légende ; son âme émue et révoltée au souvenir d'un fait analogue, authentique et récent, a fait passer dans son œuvre les sentiments dont il était animé et y a fixé d'une manière vivante les traits principaux de la triste histoire d'Adélaïde, dont retentissait alors toute l'Allemagne indignée.

Le souvenir des malheurs de cette princesse a été pieusement conservé par plusieurs témoins de sa vie : l'abbé Odilon de Cluny, qui l'approcha de près dans les dernières années de son existence, nous a laissé sur elle de longs détails dans sa *Vie de l'Impératrice Sainte Adélaïde* (1); Hroswitha a consacré quelques beaux vers à sa captivité et à sa fuite miraculeuse dans son *Chant sur les faits et gestes de l'Empereur Othon Ier* (2); enfin Luitprand de Crémone a stigmatisé dans son *Antapodosis* la cruauté et les débauches de Willa, digne épouse de Bérenger d'Ivrée, dont nous allons voir le rôle odieux dans cette triste histoire (3).

Fille du roi Conrad de Bourgogne, Adélaïde avait été mariée à l'âge de dix-sept ans avec Lothaire, roi d'Italie, dont elle eut une fille, Emma, qui plus tard épousa Lothaire, roi de France.

---

composé le *Charlemagne* est postérieure à celle à laquelle la première rédaction de la *Gudrun* fut écrite; on le place généralement vers 1240. Mais, nous l'avons vu, l'idée de motiver par un sacrilège (enlèvement des vaisseaux des pèlerins) la défaite subie sur le Wülpensand, et par suite d'imaginer ce genre d'expiation, est le fait d'un des derniers remanieurs du poème.

1. *Bibliotheca Cluniacensis*, p. 354 sqq.
2. *Werke der Hroswitha*, éd. p. Barack (Nürnberg, 1857, in-8º), p. 325 sqq. ; cf. surtout vers 565-630.
3. Ap. Pertz, *Mon. Germ. Hist., Script.*, Tome III, passim.

Bérenger II, marquis d'Ivrée, après avoir forcé Hugues, roi d'Italie et père de Lothaire, à abdiquer en faveur de ce dernier, avait su se faire remettre la tutelle du jeune Lothaire ; dévoré par l'ambition, il ne tarda pas, selon toute apparence, à le faire empoisonner et, le 22 novembre 950, Adélaïde, veuve après moins de trois années de mariage, se trouva seule et sans appui au milieu des partis qui divisaient l'Italie.

S'imaginant n'avoir désormais rien à craindre d'une femme isolée, jeune et sans droits réels au trône d'Italie, Bérenger, aussitôt après la mort de Lothaire, avait réussi à se faire nommer roi, ainsi que son fils Adalbert, par les grands italiens réunis à Pavie. Mais sa cruauté et son avarice lui aliénèrent rapidement la plupart de ses partisans qui, mus par une espèce d'accord tacite, se retournèrent vers Adélaïde. Légalement, nous l'avons dit, Adélaïde ne pouvait émettre aucune prétention au trône italien ; malgré cela, sa jeunesse, sa beauté, sa douceur lui avaient concilié tous les cœurs et, dans le désarroi moral et politique qui régnait alors en Italie, le plus grand nombre n'hésitèrent pas à lui reconnaître des droits à la couronne. C'était un terrible danger pour Bérenger; résolu à le conjurer à tout prix, il conçut le projet de neutraliser les prétentions possibles d'Adélaïde et de ses partisans en la mariant avec son fils Adalbert, prince laid, difforme et presque aussi décrié que son père. Il signifia brutalement ses intentions à la jeune reine, sans même avoir la patience ni la pudeur d'attendre qu'elle eût quitté le deuil de Lothaire. Éconduit avec indignation par Adélaïde, il essaya des menaces, et, voyant que rien ne pouvait la fléchir, il prit de suite ses mesures pour les mettre à exécution. Il se saisit d'Adélaïde, et alors commença pour elle un martyre qui n'a d'égal que celui de Gudrun chez les Normands. Insultée par Bérenger, maltraitée par sa femme Willa, Adélaïde fut dépouillée de tous ses trésors, laissée dans le dénûment le plus complet, séparée de sa suite, privée de toute communication avec le dehors et finalement jetée en prison. Là son supplice devint encore plus terrible, ses bourreaux lui arrachèrent les cheveux, la meurtrirent de coups de poing, la foulèrent aux pieds ; puis, quand Bérenger vit que rien ne pouvait vaincre sa constance, il la livra à un de ses comtes, chargé de la jeter au fond d'une tour dans un château situé au bord du lac de Garde, certainement avec le secret espoir que, les mauvais traitements et l'isolement aidant, il s'en verrait bientôt débarrassé.

Quatre longs mois Adélaïde gémit dans ce cachot, n'ayant

pour toute compagnie qu'une fidèle servante qui ne l'avait pas quittée un instant et un digne ecclésiastique, auquel on avait permis de la suivre pour lui donner les secours de la religion. Ce vénérable prêtre, dont l'histoire a conservé le nom (c'était un moine du nom de Martin), sut découvrir et remettre en état, en creusant le sol de la prison, une galerie souterraine qui allait aboutir au bord du lac, et une nuit Adélaïde disparut avec ses deux infatigables compagnons d'infortune. Lorsque Bérenger averti arriva pour se mettre à sa poursuite, elle était déjà sous bonne garde à Canossa, où l'évêque Adelhard de Reggio lui avait offert un asile, et Othon Ier, informé par le moine Martin, s'avançait avec une puissante armée pour préserver de tout nouvel outrage la jeune princesse, dont il avait secrètement demandé et obtenu la main. Il l'épousa en 951. Quant à Bérenger, il mourut prisonnier à Bamberg en 966, après avoir deux fois abusé de la générosité avec laquelle Othon-le-Grand lui avait pardonné deux révoltes successives (1).

N'y a-t-il pas une analogie évidente entre les tristes destinées d'Adélaïde pendant cette année et celles de Gudrun durant sa captivité chez les Normands? La ressemblance devient encore plus frappante, quand on entre dans le détail des événements. Adélaïde tombe au pouvoir d'un vieux roi, qui veut lui faire épouser son fils, absolument comme Gudrun est tombée au pouvoir de Ludwig de Normandie, qui veut la forcer à accorder sa main à Hartmut. De même que Bérenger menace Adélaïde, puis la maltraite, parce qu'elle se refuse à devenir la femme d'Adalbert, de même Ludwig menace Gudrun et la jette même brutalement à la mer, lorsqu'en vue des côtes de Normandie elle lui fait cette fière réponse : « Laissez-moi en repos; plutôt que d'accepter la main d'Hartmut, j'aimerais mieux être morte; il n'est pas d'une race faite pour m'inspirer de l'amour; oui, je périrai plutôt que d'avoir jamais la moindre amitié pour lui. » A côté de Bérenger, et non moins acharnée que lui à torturer sa captive, nous trouvons Willa, une indigne virago, une harpie, comme l'appelle Luitprandt; elle a également son digne pendant dans la *Gudrun*, c'est Gerlinde, la vieille sorcière, la vieille mégère, comme la nomme notre poète.

Toutes les tortures, toutes les humiliations sont prodiguées à Gudrun comme à Adélaïde, et, si ses bourreaux n'en viennent

1. Cf. H. Widmann, *Zur Kudrun* (1873) et Giesebrecht, *Geschichte der deutschen Kaiserzeit*, I, 346-364.

pas jusqu'aux coups, comme ce fut le cas pour Adélaïde, c'est qu'au moment suprême une ruse suspend l'exécution des menaces proférées par Gerlinde et que le lendemain matin la vieille furie, après avoir en vain essayé de faire tuer Gudrun, expie ses forfaits sous l'épée vengeresse de Wate.

Enfin, dernier trait de ressemblance, les deux princesses sont dépouillées de leurs parures et séparées de leur suite : une fidèle servante obtient seule la permission de les accompagner dans leur abaissement et de partager leurs misères; à l'une Bérenger fait arracher les cheveux, l'autre est saisie par les cheveux au moment où Ludwig la jette à la mer.

Les traitements odieux infligés par Bérenger à sa captive avaient soulevé l'indignation de toute l'Allemagne et les récits d'Odilon de Cluny, de Hroswitha et de Luitprandt sont là pour attester le long retentissement qu'eut ce lamentable événement. Or, si l'on songe qu'une bonne partie des exploits d'Othon-le-Grand et de son frère Henri de Bavière, perpétués d'un côté par les auteurs que nous venons de nommer, amplifiés et modifiés de l'autre par la tradition populaire, ont passé dans le Roman du *Duc Ernest*, dont ils forment la partie à moitié historique, on ne sera pas étonné que simultanément le souvenir des souffrances d'Adélaïde ait été recueilli et immortalisé par l'auteur de la *Gudrun*. Le fait est d'autant plus naturel, que ce dernier, comme nous l'avons vu, a beaucoup emprunté au poème du *Duc Ernest*, et, que, par cette source même, il se trouvait amené à connaître et les légendes qui en forment la base, et celles qui, comme l'histoire d'Adélaïde, s'y rattachent étroitement.

C'est du reste à peu près la seule allusion historique certaine quoique très indirecte que contienne la *Gudrun*. On a bien émis l'opinion que le passage (Str. 5), où le poète déplore la mort de Gêre, pouvait être une allusion à celle de Léopold VII d'Autriche (1230), ce qui placerait vers cette date le premier remaniement de la *Gudrun*; mais rien ne vient confirmer cette hypothèse.

De même, on avait conclu de la strophe 602, où Horand, *vassal d'Hetel*, accorde un sauf-conduit à Hartmut, que ce passage ne pouvait être antérieur à 1231. Car c'est seulement cette année-là que les princes allemands se virent conférer cette prérogative par l'empereur. A cela il y a plusieurs objections: d'abord la strophe peut être interpolée ou tout au moins avoir subi un remaniement, et ce qui tendrait à le prouver, c'est qu'à partir de la strophe 607, il n'est plus question de ce sauf-conduit, c'est au contraire Horand en personne qui amène les Normands à la cour d'Hegelingen et qui présente Hartmut au roi. D'autre part, M. E. Martin a fait avec raison observer que le droit de donner sauf-conduit, reconnu seulement en 1231 d'une manière officielle aux princes allemands, était sans aucun doute, dans la pratique, exercé par eux depuis longtemps, puisque dès 1120 Berthold de Zaehringen en accordait déjà à des marchands. Le rescrit impérial de 1231 ne fit donc que régulariser l'exercice d'un droit entré de longue date dans les mœurs. Ainsi disparaît en même temps tout point de repère pour assigner à cette strophe, ou au passage qui la contient, une date exacte.

On a encore essayé de découvrir d'autres allusions historiques dans la mention du Portugal faite à la strophe 222, dans l'étendue assignée au Danemark par le poème, dans les plaisanteries auxquelles se livre Frute, lorsqu'il supplée Horand dans ses fonctions d'échanson, et dans divers autres passages qu'il serait trop long et tout à fait inutile d'énumérer ici; car tous les résultats que l'on croit obtenir à un moment donné ne tardent pas à s'écrouler, lorsqu'on examine d'un peu plus près et les faits et les dates auxquels ils doivent se rapporter.

Après avoir énuméré tout au long les emprunts faits par la *Gudrun* à la littérature contemporaine, il n'est que juste en terminant d'indiquer les imitations dont elle-même a été l'objet et de passer en revue les poèmes dans lesquels on retrouve quelque trace de son influence. Aussi bien la liste n'en est-elle pas longue.

Nous avons déjà eu occasion, à propos de Wate, de Frute et d'Horand, d'indiquer les œuvres du moyen âge allemand dans lesquelles leur nom se présente : ces trois héros ayant été peu connus en Allemagne en dehors du cycle d'Hegelingen, nul doute qu'ils n'aient passé de la *Gudrun* dans les poèmes, où on les retrouve. Tel est certainement le cas pour le personnage insignifiant, qui apparaît dans la *Fuite de Dietrich* sous le nom de Frute. C'est encore, sans aucun doute, par une réminiscence de notre poème que Conrad de Würzbourg fait remplir à Frute dans son *Engelhard* un rôle analogue à celui que jouent Charlemagne dans la légende d'*Amicus et Amélius* et le duc de Lombardie dans celle d'*Amys et Amyloun*. Car, si Frute était bien connu dans les légendes du Nord comme roi de Danemark et comme un prince d'une largesse et d'une bonté sans égales, il n'est devenu tant soit peu célèbre en Allemagne que du jour où le poème de *Gudrun* y eut propagé le renom de sa magnificence et de sa générosité. Jamais les nombreuses légendes, qui, en Scandinavie, se sont groupées autour de son nom, n'ont pénétré dans la tradition populaire allemande ; et, à part une ou deux exceptions, tous les ouvrages, qui en font mention, le représentent sous les deux aspects que nous lui connaissons dans la *Gudrun* : c'est toujours le *vieux* Frute, Frute le *généreux*.

Quant à Horand, le passage du *Combat de la Wartbourg*, où il est représenté chantant devant Hilde, ne peut laisser aucun doute sur la source à laquelle a puisé ce poème ; et c'est évidemment ensuite de la *Guerre de la Wartbourg* que son nom et sa réputation de chanteur ont passé dans toutes ces comparaisons, sans cesse répétées par les poètes de l'âge suivant et dans lesquelles se résumait, sous forme proverbiale, le *nec plus ultra* des choses désirables ici-bas : la beauté d'Absalon, l'habileté d'Horand pour le chant, la force de Samson, la sagesse de Salomon, etc... C'est à peine si on peut encore en réalité appeler cela une imitation de notre poème, car les chanteurs qui répétaient ce dicton en l'empruntant au *Combat de la Wartbourg* soupçonnaient-ils même l'existence du poème qui en avait fourni l'un des termes ? On peut à bon droit en douter.

Par contre, il est une œuvre de la fin du XIIIe siècle qui atteste une profonde influence de la *Gudrun* : c'est la *Bataille de Ravenne*. Déjà le mètre dans lequel est écrit ce poème prouve que son auteur était familier avec celui de la *Gudrun*. D'autre part le griffon, qui effraie si fort la reine Helche dans son rêve, et les noms de deux héros secondaires, Sigeband d'Irlande et Morung, ont certainement passé de la première partie de la *Gudrun* dans la *Bataille de Ravenne*. Mais c'est surtout sous le rapport du style que les deux poèmes accusent une étroite parenté : une foule d'expressions et de tournures qui leur sont communes ont été relevées par M. E. Martin dans son édition de la *Bataille de Ravenne* (1) et rendent l'imitation de la *Gudrun* par cette dernière absolument incontestable (2).

1. *Deutsches Heldenbuch* : II, Préface, p. LIV.
2. Nous avons parlé à un autre endroit de la singulière puissance que possède la géante Hilde dans le *Chant d'Ecke* (cf. Livre II, chap. II), puissance dans laquelle il faut voir sans conteste un souvenir soit de notre poème, soit de la légende populaire d'Hilde. Nous en dirons autant de la résurrection des combattants qui se produit à la prière de Saint Oswald dans le poème du même nom ; à la vérité elle est devenue ici un miracle chrétien et les premières rédactions de la *Vie de Saint Oswald* sont antérieures à notre poème : mais ce trait qui est de toute antiquité

Enfin notre poème offre avec deux autres ouvrages contemporains, le *Biterolf* et la *Plainte*, des analogies tellement frappantes, qu'on ne peut y voir autre chose si ce n'est le résultat d'une imitation de chaque instant. Non seulement le dialecte est le même dans les trois poèmes, ce qui n'a rien d'étonnant, puisqu'ils sont originaires de la même contrée, mais encore des expressions qui ne se retrouvent nulle part ailleurs, des noms propres étrangers à chacune des trois légendes, des membres de phrases entiers sont communs aux trois ouvrages. Mais qui a été le modèle, qui a copié l'autre? C'est ce qu'il est difficile de dire, surtout en ce qui concerne la *Plainte*. Les trois poèmes sont contemporains et l'on n'a pas encore pu établir d'une manière irréfutable l'ordre dans lequel ils se sont succédé. Pour *Biterolf* cependant, la présence dans le poème du nom de Frute, qui en réalité n'y a que faire, donnerait à penser que son auteur a connu la première rédaction de la *Gudrun* et qu'à son tour le chanteur, auquel nous devons le prologue de notre poème, avait lorsqu'il le composa, le poème de *Biterolf* sous les yeux. Hagen et Biterolf montrent en effet, dès leur enfance la plus tendre, des dispositions absolument semblables, que les deux poètes dépeignent en termes presque identiques. Tous deux ont des instincts très belliqueux; ils préfèrent la société des hommes d'armes à celle de leur nourrice (1) et, partout où ils aperçoivent des armes, ils se précipitent dessus (2). Nous aurons du reste occasion de voir plus loin que là ne se bornent pas les analogies entre la *Gudrun* et le *Biterolf* : unis jusqu'au bout dans une destinée commune, ils nous sont parvenus tous deux, copiés de la même main, dans un seul et même manuscrit.

---

dans la légende d'Hilde a pu être facilement emprunté à la tradition orale par le chanteur ambulant qui composa la *Vie de Saint Oswald*.
1. Cf. *Gudrun*, str. 24 et *Biterolf*, vers 2028.
2. » » » 25 » » 2117.

CHAPITRE IV.

INTRODUCTION ET PROPAGATION DE LA LÉGENDE D'HILDE EN ALLEMAGNE. FORMATION, REMANIEMENTS ET TRANSMISSION DU POÈME.

Nous abordons ici l'une des questions les plus controversées qui aient été soulevées à propos de notre poème, celle sur laquelle, à l'époque actuelle, les critiques sont encore le moins d'accord. Comment et quand s'est formé le poème de *Gudrun*? Aucun témoignage direct et explicite ne permet de répondre à cette question d'une manière absolue. Toutefois des études auxquelles nous nous sommes livrés dans les chapitres précédents, des résultats obtenus par divers critiques, résultats que nous avons résumés et discutés, il ressort certaines indications, certains faits, qui, rapprochés les uns des autres, groupés et comparés sans parti pris, permettent de reconstituer d'une façon assez plausible et satisfaisante l'histoire de la formation et du développement progressif de la *Gudrun*. Nous allons essayer de les exposer.

Un fait qui s'impose tout d'abord avec une évidence indiscutable, c'est que la rédaction la plus ancienne et la plus simple de la légende d'Hilde, base de tout le poème, est d'origine nordique, qu'elle s'est conservée le plus fidèlement dans la *Saga d'Högni et d'Hedhin*, telle que Snorri la reproduit, et que, sous cette forme, elle remonte au moins au IXe ou au VIIIe siècle. Les traces nombreuses qu'ont laissées Wate et Horand en Angleterre prouvent de plus qu'elle devait être le patrimoine commun des populations riveraines de la mer du Nord et qu'en tout cas elle était familière aux Anglo-Saxons. En outre, la présence même de ces deux héros dans des passages où il est fait allusion évidente au cycle des Hegelingen montre le développement rapide qu'avait subi la légende colportée de rive en rive par les hardis pirates du Nord (1).

1. Au point de vue de la diffusion de la légende de Wate en Angleterre et sans prétendre qu'il fût déjà alors introduit dans la légende d'Hilde, il ne sera pas indifférent de faire remarquer qu'un Ealdormann du nom de *Wado* apparaît déjà dans l'histoire de Northumbrie en 809 (Cf. Lingard, 2e édition française, I, 184).

Leurs établissements sur les côtes de la Frise l'implantèrent dans cette partie de l'Allemagne, où elle paraît s'être, pour la première fois, localisée d'une manière précise. Ce n'est pas en effet un nom par hasard, c'est, comme nous l'avons vu, tout l'ensemble des désignations géographiques, c'est leur exacte concordance les unes par rapport aux autres et avec la réalité, qui atteste que la légende commença bien par ce point ses longues pérégrinations sur le sol allemand.

A quelle époque y pénétra-t-elle? Sans pouvoir le dire d'une manière précise, il n'est pas téméraire d'affirmer que ce fut sans aucun doute au plus tard à la fin du xe siècle. Rien d'invraisemblable naturellement à ce qu'elle y soit arrivée beaucoup plus tôt ; mais, si l'on considère les nouveaux développements, les transformations internes que suppose l'*Alexandre* de Lamprecht, on conviendra qu'à l'époque où Lamprecht y faisait allusion, une assez longue période avait déjà dû s'écouler depuis son entrée sur le sol néerlandais. Ce n'est pas en un jour que de telles modifications s'introduisent dans la légende populaire, c'est-à-dire précisément dans ce qu'il y a de plus immobile, dans ce qui conserve le plus longtemps et le plus fidèlement les idées et les souvenirs du passé.

Or, quels changements n'a-t-elle pas subis dans l'espace de ces deux ou trois siècles! Quelle différence entre la simplicité de la narration eddique et le récit déjà plus chargé de personnages que supposent le *Chant du Voyageur* et la *Plainte de Deór* ! Mais quelle plus grande différence encore, si l'on considère la rédaction que laisse soupçonner l'*Alexandre* de Lamprecht ! Avec ce dernier nous entrevoyons déjà la seconde partie du poème toute formée et telle, sauf le dénouement, que nous la retrouverons dans l'œuvre définitive ; et, chose importante à noter, Lamprecht en parle par voie d'allusion, s'en sert comme d'un terme de comparaison, qu'il suppose naturellement bien connu de tous. Un autre témoignage, à peu près contemporain de celui de Lamprecht, vient encore confirmer la vraisemblance de la date proposée par nous plus haut. Dans sa *Chanson de Roland*, Conrad évoque, sans nécessité aucune, le souvenir de Wate (1) : voilà donc le vieux guerrier transporté, dès avant le milieu du xiie siècle, au centre même de l'Allemagne, en Bavière. Or, comme nous l'avons vu dans le chapitre qui lui a été spé-

---

1. *Rolandslied*, éd. de K. Bartsch, vers 7799 sqq. — Le poème de Conrad est, selon toute probabilité, antérieur à l'année 1139.

cialement consacré, sa légende ne fut jamais très répandue en Allemagne ; seule donc celle d'Hilde avait pu étendre aussi loin son renom.

Mais il y a plus : en relevant les noms de Gudrun, Hetel, Horand, dans un certain nombre de chartes de la Haute-Allemagne, K. Müllenhoff a prouvé qu'ils y étaient connus, et par conséquent que la légende dont ils font partie y circulait dès la seconde moitié du XIe siècle (1). La forme même de ces noms prouve qu'ils n'avaient pu pénétrer dans la Haute-Allemagne que par une source basse-allemande. L'héroïne du poème s'appelle *Gudrun, Chutrun, Chautrun :* or cette forme ne peut appartenir au haut-allemand. En regard du nordique *Gudhrun*, le haut-allemand aurait offert une forme *Gundrun, Kundrun*, comme par exemple à *Gudhêre* correspond *Gunther*. De même encore la forme haute-allemande du nom d'*Horand* est *Hérirand, Herrand ;* enfin le nom d'*Hegelingen* a évidemment été corrompu par un peuple ou par un chanteur qui n'avait plus conscience de sa valeur ni de son origine, et à l'anglo-saxon *Heodeningas*, au nordique *Hjadningar* correspondait certainement en bas-allemand un *Heteninge*, déformé peut-être plus tard en *Hetelinge*.

Quoi qu'il en soit, vers l'époque où Lamprecht composait son *Alexandre*, et en tout cas bien peu après, la légende d'Hilde, mise en contact avec une histoire analogue, celle de Gudrun, dont le fondement était peut-être réel, se fusionna avec elle et il en résulta une première ébauche de notre poème.

Cette rédaction était-elle écrite ? Contenait-elle déjà l'allusion au Portugal, que présente la strophe 222 du poème actuel ? Deux nouvelles questions auxquelles on ne peut répondre d'une manière précise. Nous l'avons déjà dit, s'il fallait s'en rapporter aux assertions du poète haut-allemand, sa source ou tout au moins l'une de ses sources aurait été un *livre* (str. 505). En ce qui concerne le Portugal, l'allusion, si elle est du chanteur bas-allemand, placerait cette première version peu après 1147. Mais il est tout aussi possible qu'elle provienne de l'auteur haut-allemand ou même d'un de ses remanieurs : aussi ne voulons-nous nullement en invoquer l'autorité ; car de toute manière le milieu du XIIe siècle s'impose à nous d'après ce qui précède comme étant l'époque extrême de ce premier arrangement (2).

---

1. Cf. H. Z., XII, 313 sqq.
2. A quelle époque Frute fut-il à son tour introduit dans la légende et sous quelle influence ? C'est ce qu'il est bien difficile de déterminer.

Écrit ou transmis oralement, le nouveau poème, résultat de la fusion des deux légendes, fut bien vite porté jusqu'au fond de la Haute-Allemagne par un de ces chanteurs qui affluaient dans les petites cours du Rhin inférieur et qui, aussi entreprenants qu'habiles, se lançaient volontiers dans de longs voyages à l'est et au sud, pour aller faire connaître et admirer aux contrées moins avancées du centre de l'Allemagne les productions intellectuelles écloses dans les régions plus civilisées et plus raffinées du Bas-Rhin. Ce fait n'a rien de surprenant ni d'anormal et semblerait plutôt être la règle pour toute une série de poèmes de la même période. Pour ne citer que les principaux, l'*Alexandre* de Lamprecht, dont nous parlions il n'y a qu'un instant, est originaire de la Basse-Allemagne : or nous le retrouvons dans une rédaction en haut-allemand conservée par le manuscrit de Vorau, qui fut écrit au xiie siècle et qui nous reporte en Styrie ; le *Duc Ernest* qui, par son origine, se rattache aux mêmes parages, était connu vers 1180 dans la Haute-Bavière et c'est à un chanteur errant du Bas-Rhin que nous devons le *Roi Rother*, composé par lui en Bavière au plus tard vers le milieu du xiie siècle. La *Gudrun* se trouve encore, par rapport à sa double patrie, dans la même situation que le *Beowulf* et la *Wilkinasaga:* de même que l'un a été composé par un Anglo-Saxon d'après des traditions danoises, de même l'autre doit le jour à un Scandinave qui recueillait des chants bas-allemands et saxons.

Quel fut maintenant l'auteur de la première rédaction en haut-allemand ? Selon toute apparence un de ces chanteurs errants, sinon même celui qui avait apporté la légende dans la Haute-Allemagne. Mainte trace dans le poème, maint passage prouve encore que son auteur appartenait à cette classe de gens aussi décriés en théorie que bien accueillis en pratique, aussi insatiables dans leur avidité qu'habiles et peu scrupuleux dans le choix des moyens propres à la satisfaire. Le plaisir qu'éprouve l'auteur à vanter la libéralité des grands, la largesse de Frute, la générosité de tel ou tel couple royal, nous le montre assez. Il en est de même de l'éclat donné au rôle d'Horand, du pouvoir attribué au chant et à la poésie, du soin enfin avec lequel il rap-

Avant les allusions déjà citées et qui ne se rapportent qu'à sa libéralité, devenue proverbiale, on ne trouve point pour lui de ces mentions d'une signification décisive, comme nous en avons rencontré pour Wate et Horand.

pelle dans chaque fête la présence des chanteurs errants, l'empressement avec lequel on se groupe autour d'eux et la magnificence avec laquelle ils sont récompensés de leurs bons offices. Il ne méconnaît pas encore la dignité de son art au point de faire directement appel aux largesses de ses auditeurs, comme ce sera le cas pour plus d'un de ses pareils au siècle suivant, mais peu s'en faut, et les exemples de générosité qui abondent dans le poème sont présentés d'une façon instante et intentionnelle, suggestive on pourrait dire, qui se passait facilement de commentaires. Inutile d'ajouter qu'on ne sait pas son nom.

S'appuyant sur le ton religieux qui règne dans certains passages, on a même cru pouvoir affirmer que l'auteur était un de ces clercs vagabonds, dont l'Allemagne, à la plus grande confusion des membres honnêtes du clergé, mais à la plus grande joie des moines et des paysans, regorgeait alors, et qui parcouraient les villes et les campagnes, mêlés le plus souvent aux chanteurs errants, dont ils s'appropriaient les talents et les vices. Sans aller aussi loin dans nos affirmations, nous n'hésitons pas à reconnaître que le poème a dû, une fois au moins au cours de ses remaniements, passer entre les mains d'un clerc de cette espèce. Mais il nous semble que son rôle a plutôt été celui d'un interpolateur, et, si nous devions lui assigner une part absolument déterminée dans la transmission de l'ouvrage, nous lui attribuerions l'adjonction de la première partie et l'introduction de l'épisode où sont racontés l'ensevelissement des morts sur le Wülpensand et la fondation du couvent et de l'hôpital : car c'est là surtout, abstraction faite de courtes interpolations répandues dans tout le poème et conçues dans le même esprit, que les sentiments religieux et le zèle intempérant d'un clerc se sont donné le plus librement carrière.

Revenons maintenant au poème primitif : il est naturellement impossible de savoir avec quelle liberté l'auteur a usé des traditions orales ou écrites qui étaient à sa disposition. Tout ce que permettent d'entrevoir certaines particularités de l'œuvre actuelle, c'est que ces traditions étaient des chants conçus dans la forme simple et libre du XIIe siècle, des chants composés de vers de quatre arsis, accouplés deux à deux en rimes plates et se succédant sans interruption ou peut-être déjà groupés en strophes plus ou moins longues. Ce fait expliquerait d'une manière assez plausible la présence de la plupart des rimes que l'on rencontre à la césure, d'autant plus que, dans mainte circonstance et surtout dans les cas où cette rime intérieure se rencontre, la seconde partie des vers de la *Gudrun* n'est qu'un pur remplissage. Le poète aurait donc assez souvent conservé le texte même des chants primitifs, se contentant, quand cela était possible, d'achever chaque vers et de compléter à peu de frais la strophe dans la forme adoptée par lui. Toutefois il serait téméraire d'accorder à cette explication, si ingénieuse et si plausible qu'elle soit, une valeur trop absolue, ou de la transformer en une règle générale : car il faut se rappeler que très souvent aussi l'introduction de cette rime est un fait postérieur, voulu par les remanieurs, le résultat d'une espèce de mode qui s'implante vers le milieu du xiiie siècle et dont les *Nibelungen* ont aussi ressenti l'influence (1).

Un seul poète a réuni tous ces chants dans une œuvre unique, cela ressort évidemment de l'unité relative que l'on constate dans le plan, dans l'exposition du récit et dans le style, mais cela ressort surtout de la fermeté et de la fixité qu'on observe dans la peinture des caractères.

D'où viennent donc ces strophes en rythme des *Nibelungen* que l'on rencontre çà et là? Nous ne pouvons guère admettre la réponse que fait M. K. Bartsch à cette question. D'après lui, l'auteur se serait avisé tout d'abord d'écrire son œuvre dans le rythme des *Nibelungen*; ce serait seulement alors qu'ayant imaginé une nouvelle espèce de strophe, il aurait repris l'ouvrage entier et se serait appliqué à transformer chaque strophe d'après le modèle adopté par lui. Quel singulier travail de patience se serait-il imposé là! On comprendrait qu'il n'eût pas marché d'un pas très rapide dans ce remaniement fastidieux, qui devait porter sur chaque rime et sur chaque quatrième vers, et que la mort l'eût surpris avant qu'il eût pu l'achever. Mais ce que l'on comprendrait moins, ce serait le but dans lequel il l'aurait entrepris : comment admettre qu'il lui eût pris fantaisie de composer un ouvrage d'aussi longue haleine que la *Gudrun* dans une forme qui ne lui en permettait pas la production en public? S'il a éprouvé le besoin de réunir à un jour donné les chants populaires en un tout harmonieux et uniforme, c'était évidemment pour lutter contre la concurrence des poètes chevaleresques et pour être admis comme eux à lire ses récits dans les cercles de la haute société, où les romans d'aventures supplantaient de plus en plus la poésie populaire nationale. Or,

---

1. C'est également l'opinion de M. Symons, comme nous l'avons vu plus haut à propos de la versification du poème.

aussi longtemps que son poème était écrit en strophes des *Nibelungen*, il ne pouvait, sans être accusé de plagiat, le produire nulle part, et il ne l'aurait même jamais produit, puisqu'à ce compte son long et ingrat travail de prosodie est resté inachevé.

Ce qui nous semble le plus rationnel, c'est d'admettre que les strophes en question ont été, comme on en convient généralement, introduites après coup par un interpolateur plus au courant du rythme resté toujours populaire des *Nibelungen* que de celui moins connu et beaucoup plus compliqué de la *Gudrun*.

Ajoutons que, remaniant le poème dans la seconde moitié ou peut-être même à la fin du XIII° siècle, un interpolateur pouvait profiter du relâchement intervenu dans l'observation de la règle à laquelle nous faisions allusion plus haut et usurper, sans qu'on s'en formalisât, un mètre déjà employé par d'autres poètes. Quant au disparate qui pouvait en résulter, les divers interpolateurs de la *Gudrun* ont fait preuve d'un goût assez peu scrupuleux et assez peu délicat, pour qu'il soit permis sans lui faire injure, de croire l'un d'eux capable de s'en être peu inquiété (1).

Le pays dans lequel fut composé le poème ne fait aucun doute : c'est en Autriche et, selon toute probabilité, plus spécialement en Styrie qu'il nous faut chercher sa patrie ; tous les critiques sont d'accord sur ce point (2). L'allusion aux avalanches des Alpes (str. 864) semble bien, en effet, indiquer que le poète était

1. En essayant de reconstituer, dans les lignes qui précèdent, l'histoire de la formation de notre poème, nous avons fait abstraction des théories émises sur ce point par M. Wilmanns, dans son très intéressant travail intitulé : *Die Entwickelung der Kudrundichtung untersucht* (Halle, Waisenhaus, 1873, in-8°). C'est qu'en dépit du talent très réel dépensé par l'auteur dans cette étude, en dépit des progrès que ses recherches ont fait faire çà et là à la critique de notre poème, ses théories très compliquées dans leurs combinaisons et basées sur des idées préconçues n'ont pas réussi à nous convaincre, et nous sommes sous ce rapport en nombreuse compagnie. Sans entrer donc dans une discussion détaillée des hypothèses émises par lui, nous nous bornerons à signaler, entre autres, deux articles de MM. Wilken (P. G., XX, 249 sqq.) et Martin (Z. Z., XV, 194 sqq), où son système est battu en brèche et démoli à l'aide d'arguments qui ne peuvent laisser d'hésitation dans l'esprit de tout lecteur impartial.

2. De nouveaux témoignages réunis et discutés par M. R. Müller (H. Z., XXXI, 82-95) tendraient à reporter cette patrie un peu plus au cœur de l'Autriche, dans la Basse-Autriche. Il en serait de même du *Biterolf* (Cf. R. von Muth dans H. Z., XXI, 188).

originaire, ou tout au moins habitant de cette partie de l'Allemagne : seul un auteur familier avec ce spectacle grandiose pouvait placer ex-abrupto une comparaison de ce genre dans le récit d'une bataille, qui se livre sur les bords de la mer du Nord.

Au reste le dialecte à lui seul suffirait à prouver la patrie de la *Gudrun :* elle est la même que celle du *Biterolf* et de la *Plainte*, tous deux originaires de ces contrées. Nous avons déjà eu occasion, dans le chapitre précédent, de faire remarquer les analogies qui existent entre ces trois ouvrages ; mais c'est surtout au point de vue du dialecte que la conformité est frappante : dans chacun d'eux, outre un certain nombre d'expressions et de locutions qu'on ne retrouve pas ailleurs, pas même dans les *Nibelungen*, on observe les mêmes infractions au strict moyen-haut-allemand : p. ex. : *ûw* remplacé partout par *ouw*, etc... (1). Les noms de pays orientaux, qui ont été accumulés comme à plaisir dans *Biterolf* et *Gudrun* sont en général les mêmes de part et d'autre. La forme *Ormanie* pour *Normandie*, qui est la plus fréquente dans notre poème, est aussi la plus familière au *Biterolf*. De même encore on trouve dans la *Gudrun* un pays appelé *Garadin;* or on en rencontre un du nom de *Baradin* dans *Biterolf*, où il est aussi peu déterminé que le premier dans la *Gudrun :* on a supposé avec raison qu'il y avait une faute de copiste dans *Biterolf* et qu'il fallait lire *Garadin* comme dans *Gudrun*. Car, dernier trait qui achève de rapprocher ces deux poèmes, ils ont été sauvés par la main d'un seul et même copiste, celui du manuscrit d'Ambras.

On est moins d'accord sur l'époque à laquelle fut composée la première rédaction en haut-allemand, et cela se comprend facilement ; car, toute autre indication faisant complètement défaut, la langue et la versification permettent seules de la fixer d'une manière approximative. Or la langue ne change pas ainsi du jour au lendemain, et, d'autre part, sous le rapport de la versification, la *Gudrun* dépend absolument des *Nibelungen*. Suivant donc que l'on admettra pour ceux-ci une date plus ou moins ancienne, celle de la *Gudrun* avancera ou reculera d'autant.

Pour le moment, deux systèmes sont en présence. Les uns, et c'est le plus grand nombre, admettent que la rédaction des *Nibelungen* sous leur forme actuelle daterait au plus tôt de 1210 ; la *Gudrun* ne saurait donc être antérieure à cette époque. L'allu-

---

1. Pour plus de détails, cf. K. Müllenhoff, *Kudrun*, Introd. p. 101-102 ; W. Grimm, *Die deutsche Heldensage*, p. 150-151.

sion à Wigalois, dont nous avons parlé dans le chapitre précédent, tendrait à confirmer cette hypothèse, si tant est qu'elle ne doive pas être attribuée à l'un des interpolateurs; car le *Wigalois* de Wirut de Gravenberg est en tout cas postérieur aux cinq premières années du xiiie siècle. Il en est de même du mot Wâleis, qui, lui du moins, appartient sans conteste à la rédaction primitive et que l'auteur n'a pu connaître sous cette forme avant l'apparition du *Parcival* de Wolfram d'Eschenbach : or le *Parcival* fut achevé tout au plus vers 1215. De plus l'imitation du style de Wolfram est visible en plus d'un endroit, surtout dans les remarques ironiques qui accompagnent les descriptions de combats. Nous arrivons donc ainsi à l'année 1215, comme étant au plus tôt celle où la *Gudrun* a pu être composée. D'autre part, la strophe de la *Gudrun* ayant été elle-même imitée par Wolfram d'Eschenbach dans son *Titurel*, et cet ouvrage n'ayant pas été composé beaucoup plus tard que 1215, c'est assez exactement entre 1212 et 1215 que se placerait la naissance de notre poème.

A cela quelques critiques, et surtout M. K. Bartsch (1), ont fait plusieurs objections : d'abord la date de 1210 admise pour les *Nibelungen* n'est nullement certaine; rien ne prouve que dès 1190 il n'existait pas déjà une rédaction de ce poème dans la strophe que nous connaissons. De même, selon quelques philologues, le *Titurel* serait une œuvre de la jeunesse et non de la maturité de Wolfram et devrait être reporté vers l'an 1200. La *Gudrun*, d'après ces nouvelles données, se placerait entre 1190 et 1200 (2).

Nous concéderons volontiers à M. Bartsch, comme nous l'avons fait tout à l'heure, que la présence de Wigalois dans la *Gudrun* peut être mise au compte d'un des interpolateurs; il n'en reste pas moins que celle de la forme francisée de Wâleis conserve toute sa valeur et, d'autre part, les dates nouvelles proposées pour les *Nibelungen* et le *Titurel* ne sont que de simples hypothèses, auxquelles la grande majorité des savants sont loin de se rallier. Enfin, quand on jette un coup d'œil rétrospectif sur le chemin parcouru par la légende, depuis son introduction en Allemagne, et sur ses accroissements successifs à dater de ce moment, quand on voit à quel point, au témoignage de Lamprecht,

---

1. P. G., X, 148 sqq.
2. Ajoutons que cette date acquerrait un titre de vraisemblance de plus, si on adopte celle proposée pour le *Biterolf* par R. von Muth (H. Z., 21, 188), c'est-à-dire 1192 à 1200.

elle en était encore vers 1150, il semble un peu hâtif de la supposer quarante ans plus tard déjà implantée en Styrie, ou même plus loin encore, sous sa forme complète (car c'est dans l'intervalle qu'a dû se faire la fusion avec la légende de Gudrun), et déjà assez célèbre et recherchée, pour qu'un chanteur ambulant ait cru pouvoir avec profit en entreprendre une rédaction écrite destinée à lutter dans la faveur de la haute société avec les récits des poètes de cour. Cela paraît d'autant plus surprenant en effet que notre poème, en dépit de l'intérêt qu'il peut et doit inspirer, n'a jamais exercé sur le moyen âge cette espèce d'engouement qu'inspirèrent les *Nibelungen* et les poèmes d'aventures; nous n'en aurons plus loin qu'une preuve trop décisive.

Le plus sûr semble donc être de s'en tenir à l'opinion commune et, sans chercher à faire remonter si haut l'origine du poème primitif, d'admettre les années 1212 à 1215 comme date approximative de sa composition.

Vingt ou trente ans plus tard, il subit un premier remaniement dont le caractère le plus marquant paraît avoir été l'adjonction de la première partie, et, çà et là, quelques interpolations destinées à la relier aux deux autres. M. Müllenhoff le place vers 1230, et il n'y a pas plus de raisons de repousser cette date que de l'admettre avec une rigueur absolue.

Dans la seconde moitié du xiiie siècle, une main peu exercée lui fit encore subir une transformation : c'est à elle qu'il faut attribuer une partie des rimes à la césure et toutes les strophes écrites dans le mètre des *Nibelungen*.

Ce devait être sa dernière métamorphose : moins heureux que certains poèmes, *Freidank* et *Reineke Fuchs* par exemple, qui, à travers des dizaines de rajeunissements, parvinrent sans aucune éclipse, si courte qu'elle fût, jusqu'au jour où l'imprimerie les répandit à profusion et leur rendit une nouvelle vogue, le poème de *Gudrun* voit à partir du xive siècle disparaître de plus en plus ses admirateurs. A peine même quelques poètes du xiiie font-ils, par hasard, allusion au chant d'Horand : et encore la plupart citent-ils ce fait comme une réminiscence proverbiale et sans paraître s'inquiéter ni se douter de son origine : la *Gudrun* tombe dans le plus profond oubli.

C'est l'honneur de l'empereur Maximilien Ier de l'en avoir tirée et, dans son zèle éclairé pour les lettres, de l'avoir arrachée à temps à une destruction irrémédiable. Le 15 avril 1502, il chargea son trésorier Guillaume d'Oy d'envoyer un secrétaire dans la vallée de l'Adige, où il avait appris l'existence d'un manuscrit du *Livre des Héros* (1), dont il désirait avoir une copie. En 1504 (2), Hans Ried, péager sur l'Eisack près de Botzen, au confluent de l'Eisack et de l'Adige, fut chargé de ce travail auquel il paraît s'être appliqué sans relâche jusque peu avant sa mort arrivée en 1516. On possède la série des lettres par lesquelles Maximilien, l'entourant sans cesse de sa sollicitude, veillait à ce qu'on lui payât régulièrement une indemnité, assez maigre il est vrai (3).

Achevé selon toute vraisemblance vers 1515, le manuscrit fut alors confié à un artiste resté inconnu, qui l'orna somptueusement de dessins et de miniatures. La seule trace qu'il ait laissée est son chiffre V. F. et la date de 1517, qui, dessinée au feuillet 215, semble être celle où il termina son travail.

Ce splendide manuscrit, aussi précieux comme œuvre d'art que comme monument littéraire, fut alors déposé dans les Archives du Château d'Ambras, où il ne tarda pas à être aussi oublié que l'était le poème lui-même. Il n'en devait sortir que dans les premières années de notre siècle (4).

1. C'est de ce fameux manuscrit connu sous le nom de *Heldenbuch an der Etsch* (nom allemand de l'Adige) que dérive également le manuscrit de Berlin des *Nibelungen*.

2. Au sujet de cette date, voir O. Zingerle, H. Z., Anz., XIV, 291. — Dans un autre article (H. Z., XXVII, 136-144), M. Zingerle confirme l'opinion d'après laquelle le prototype du manuscrit copié par H. Ried datait de la 1re moitié du xive siècle.

3. Cf. P. G., IX, 381 sqq.

4. On en trouvera une description détaillée, avec la liste complète des nombreux poèmes qu'il contient, dans la *Description de la Collection d'Ambras* d'A. Primisser parue en 1819 (p. 276-279), et dans E. von Sacken, *Die K. K. Ambraser Sammlung beschrieben* (Wien, Braumüller, 1855, 2 vol. in-8º), II, 229. — Sur Hans Ried, le copiste du manuscrit, cf. Schönherr, *Der Schreiber des Heldenbuchs in der K. K. Ambraser Sammlung* (P. G., IX, 381-384).

CHAPITRE V.

DÉCOUVERTE DU MANUSCRIT D'AMBRAS. ÉDITIONS DU POÈME ;
TRAVAUX CRITIQUES ; TENTATIVES DE RESTAURATION ; TRADUCTIONS ;
IMITATIONS ; ADAPTATIONS A LA SCÈNE.

Trois siècles s'étaient écoulés depuis que ce beau manuscrit reposait, ignoré de tous, dans les archives du château d'Ambras en Tyrol : tout souvenir du poème, toute trace de la légende s'était effacée de la mémoire du peuple; pas la moindre ballade, pas le plus petit conte n'en était resté et J. Grimm, relevant dans ses *Anciennes Sylves germaniques* certaines allusions à Hilde et à Horand éparses dans la littérature allemande du moyen âge, en était réduit à supposer qu'elles se rapportaient à quelque poème perdu, lorsqu'en 1816, l'année même où le travail de J. Grimm paraissait, A. Primisser, qui s'occupait du classement de la collection d'Ambras, dont il était conservateur, reconnut le contenu du manuscrit et sa haute valeur. Il fit sur-le-champ part au monde savant de sa découverte dans ses *Nouvelles Hebdomadaires* de 1816 et y inséra quelques mois plus tard une analyse du poème. Cette bonne nouvelle fut reproduite presque aussitôt par la *Gazette savante de Vienne*, qui, outre l'analyse du poème, en donna un spécimen. L'année suivante, la sixième aventure, la plus belle de tout l'ouvrage, fut publiée, dans une langue un peu rajeunie, dans les *Archives de Géographie, d'Histoire*, etc... du baron de Hormayr.

Enfin, en 1820, H. von der Hagen et A. Primisser l'éditèrent dans le Tome Ier de leur *Livre des Héros*. Tout en se bornant à reproduire intégralement le manuscrit, H. von der Hagen se permit quelques corrections évidentes et accompagna son édition d'un certain nombre de conjectures (1). Les multiples citations dont le poème fut de suite l'objet dans la *Grammaire allemande* et dans les *Antiquités du droit allemand* de J. Grimm, la collection des témoignages concernant la légende et la première et en-

---

1. Une nouvelle collation du manuscrit a été entreprise depuis par M. Fr. Gärtner, qui en a publié les résultats, peu importants du reste, dans P. G., IV, 106 sqq.

thousiaste appréciation de W. Grimm dans sa *Légende héroïque allemande* témoignent suffisamment de l'attention qu'il excita dès l'abord dans le monde savant.

Et cependant il restait ignoré en dehors d'un petit cercle de connaisseurs : dans l'état informe, dans lequel le manuscrit l'avait transmis et dans lequel l'édition de H. von der Hagen le reproduisait, la lecture en était difficile et pénible; il semblait enseveli plutôt que mis au jour dans le *Livre des Héros*. Heureusement l'année 1835 vit s'ouvrir pour lui une nouvelle ère : Gervinus en donne dans son *Histoire de la poésie allemande* une description presque plus enthousiaste que celle de W. Grimm et lui assigne son rang immédiatement après les *Nibelungen* (1); en même temps A. Ziemann en publie une édition, dans laquelle les formes du moyen-haut-allemand sont rétablies, non sans quelque violence de temps à autre, et qui, toute défectueuse qu'elle est encore, a du moins l'avantage de le rendre désormais plus abordable : à partir de ce moment, l'élan est donné et les travaux consacrés à notre poème se succèdent avec rapidité.

Outre les éditeurs successifs, dont il serait superflu de donner la liste ici, et dont chacun apporte naturellement son contingent d'efforts à la reconstitution du texte, bon nombre de savants y ont contribué pour leur part et ont exercé leur sagacité sur certains passages, qui les avaient plus spécialement frappés. C'est ainsi que, dans son *Livre de lectures* (2), Wackernagel améliore considérablement le passage de notre poème qu'il y insère (str. 372-428). De même M. Haupt propose dans son *Journal pour l'antiquité allemande* (3) une série de conjectures, où l'on reconnaît la sagacité de ce grand savant et que la critique a presque unanimement adoptées depuis. Citons encore une brochure de M. E. Martin, *Remarques sur la Gudrun* (1867), dont les résultats ont passé ensuite dans son édition du poème (1872).

Malheureusement, en dépit de tous les efforts, l'état dans lequel le manuscrit nous est parvenu, joint à cette circonstance qu'il est unique et postérieur de trois siècles à la date de la rédaction du poème, ne permettra jamais d'arriver à la constitution d'un texte absolument satisfaisant et définitif. W. Grimm lui-même, qui, après avoir, de 1843 à 1849, pris à diverses reprises le poème de *Gudrun* pour sujet de ses cours, avait long-

---

1. 4e édition, I, 353-359.
2. Dans l'édition de 1861, col. 555 sqq.
3. II, 280; III, 186; V, 504.

temps caressé l'idée d'en donner une édition, a fini par y renoncer et il n'est resté de son projet qu'un certain nombre de conjectures et de corrections faites par lui au courant de la plume dans un exemplaire de l'édition d'Ettmüller et utilisées par M. E. Martin dans son travail (1).

Actuellement la *Gudrun* se présente pourtant à nous sous une forme correcte et facile à lire dans deux éditions recommandables à divers titres : celle de M. K. Bartsch (1865) et celle de M. E. Martin (1872), la première pourvue de notes explicatives abondantes, la seconde, plus strictement scientifique et renfermant, outre un commentaire très substantiel, tout l'appareil critique (2).

Outre les notes et introductions de ces diverses éditions, on a fait également beaucoup pour le commentaire du poème dans bon nombre de travaux de plus ou moins longue haleine: Indépendamment de J. Grimm, dans ses *Antiquités du droit allemand* et de K. Weinhold dans ses *Femmes allemandes au moyen âge*, qui le citent à chaque pas, y apportant et en tirant tour à tour maint éclaircissement sur la vie, les mœurs et les coutumes du moyen âge, on ne peut omettre les travaux plus récents de R. Hildebrand (1870), C. Hofmann (1867), A. Birlinger (1873) et surtout ceux de K. Bartsch et E. Martin qui, dans leurs éditions, ont résumé tous ceux de leurs devanciers (3).

Cependant un autre ordre de questions avait de bonne heure attiré l'attention de quelques critiques. Comme toute épopée populaire en général, la *Gudrun* n'est évidemment pas l'œuvre d'un seul auteur ; c'est ce que nous avons eu plus d'une fois l'occasion de reconnaître. Aussi devait-il arriver qu'à l'imitation de ce qu'a fait Lachmann pour les *Nibelungen* on tentât de restituer le *poème primitif de Gudrun*. Dès 1841 en effet, Ettmüller, dans son édition, avait essayé de séparer les parties authentiques des

---

1. L'Introduction de ce cours a été retrouvée dans les papiers de W. Grimm et imprimée dans le Tome IV de ses *Kleinere Schriften* (Gütersloh, Bertelsmann, 1887, in-8º), p. 524-576.

2. A ces éditions il faut ajouter maintenant celles de E. Martin (Tome 2 de la *Sammlung germanistischer Hilfsmittel für den praktischen Studienzweck*, Halle, Waisenhaus, 1883, in-8º), de B. Symons (Tome 5 de la *Altdeutsche Textbibliothek*, Halle, Niemeyer, 1883, in-8º) et de K. Bartsch (Tome 6 de la *Kürschners Deutsche National-Litteratur*, Berlin und Stuttgart, Spemann, 1885, in-8º).

3. Citons en outre ceux de Klee (P. G., XXV, 396-402), Martin (Z. Z., XV, 194-222) et Symons (P.B.B., IX, 1-100).

parties interpolées et avait même cru pouvoir reconnaître dans ces dernières la main de trois interpolateurs différents, entre lesquels il avait réparti, d'après certains principes, tout ce qu'il considérait comme apocryphe. Mais, au fond, il n'avait su se tenir à aucune règle fixe et s'était le plus souvent laissé décider dans l'attribution de telle strophe à tel interpolateur par les raisons les plus variables et les plus arbitraires.

K. Müllenhoff reprit avec plus de rigueur le même travail en 1845, et, à la suite d'une longue et scrupuleuse étude de 126 pages, il publia le poème restauré, tel qu'il avait dû, selon lui, sortir des mains du compositeur original. Sans nier qu'il n'ait fait preuve dans ses discussions d'une science très vaste unie à une grande finesse d'interprétation et à une profonde intelligence de la poésie épique populaire, on ne peut s'empêcher d'avouer que son argumentation est parfois très spécieuse et ses raisons trop souvent toutes subjectives. La meilleure preuve en est que, parmi ceux mêmes qui admettent ses principes sans restrictions et ses résultats dans leur ensemble, aucun n'a pu se résoudre à conserver le poème tel qu'il l'avait restauré : et, depuis W. von Plönnies, qui, en 1853, a donné une édition et une traduction des parties *authentiques*, jusqu'à M. Klee, qui, dans ces derniers mois, en a publié une traduction, chacun a cru pouvoir, toujours avec les meilleures raisons du monde, ajouter ici, retrancher là, bref refaire un poème primitif à son goût (1). Car, sans vouloir encore une fois mettre en question tout le talent dépensé dans ces sortes d'études, c'est là en définitive qu'aboutissent tous les efforts de ce genre. On peut bien, en général, dégager la donnée primitive des amplifications ultérieures qu'elle a subies, et c'est ce que nous avons essayé de faire; on peut montrer en gros ce que chaque siècle a successivement apporté de matériaux à l'œuvre commune et anonyme. Mais, vouloir faire le décompte sévère et absolu du nombre de vers ou de strophes que tel copiste a interpolées, prétendre, surtout quand il ne reste qu'un manuscrit du XVIe siècle, indiquer la date précise où tel passage, le plus souvent insignifiant, a été ajouté par un remanieur, c'est à nos yeux une pure utopie, qui laisse la porte ouverte à tous les genres de tentatives arbitraires, comme nous l'avons montré récemment à propos du travail de M. Klee (2).

1. W. von Plönnies, par exemple, tout en déclarant adhérer complètement aux résultats de K. Müllenhoff, admet dans son édition *plus de deux cents strophes*, que ce dernier rejetait.

2. Cf. *Revue critique*, 1878, art. 156.

Il nous reste, pour terminer ce rapide coup d'œil rétrospectif, à dire un mot des traductions du poème. Elles peuvent se répartir en deux groupes ; d'une part, celles qui ont pour but de traduire le poème tout entier : à leur tête se place par l'ancienneté, la valeur et le succès constant celle de K. Simrock (1843); on peut également citer avec éloge celle de Keller, qui précéda de trois années le travail de Simrock, et celle toute récente de M. Junghans, dans la *Bibliothèque Universelle* de Reclam (1873) (1).

A côté de cela, quelques traducteurs se sont proposé de faire connaître le poème au grand public, qu'auraient pu rebuter la longueur, les répétitions et les incohérences trop fréquentes dans les ouvrages de ce genre, et, dans ce but, ils l'ont traduit tel que la critique l'avait restitué ou tel qu'ils l'avaient rétabli d'après leur idée. Les *parties authentiques* publiées par K. Müllenhoff ont été traduites par F. Koch (1847) (2). W. von Plönnies a également donné la traduction en regard du texte admis par lui (1853). A. Bacmeister, à son tour, a arrangé les deux dernières parties (1860), enfin A. Niendorf a publié une traduction de la troisième partie seule, les aventures de Gudrun (1855).

Enfin quelques savants, sans s'astreindre à suivre un texte déterminé, ont refait ou proposé de refaire le poème sur de nouvelles bases et d'après d'autres modèles. San Marte en a donné une imitation libre, calquée sur la *Saga de Frithiof* de Tegner et conçue dans ce genre un peu trop sentimental pour un sujet épique (1839) ; Gervinus, dans une brochure anonyme parue en 1836, a émis, avec un spécimen à l'appui, la proposition de refaire la *Gudrun* en hexamètres, sur le modèle de l'épopée classique et dans le style d'Homère et de Virgile. Quelque ingénieux que soit le plan présenté par lui et reproduit depuis dans ses parties essentielles par M. L. Schmidt (1873), il ne nous semble pas qu'il soit réalisable. On n'obtiendra jamais autre chose qu'un pastiche, une caricature de l'épopée classique, quelque chose dans le genre faux et inintelligent de l'*Homère* de Voss ; et c'était bien là en effet le caractère saillant du spécimen publié par Gervinus à l'appui de son idée (3).

---

1. Citons en outre celle de L. Freytag (1888), qui n'est malheureusement pas toujours heureux dans le choix de ses expressions et laisse également beaucoup à désirer au point de vue de la structure du vers.

2. M. P. Vogt en a donné à son tour, en 1885, une traduction à l'usage des classes.

3. D'autres tentatives ont été faites depuis, sans beaucoup plus de succès, par Weitbrecht (1884) et L. Schmidt (1888).

Les tentatives d'adaptation à la scène n'ont guère donné non plus jusqu'ici, à une ou deux exceptions près, de résultats bien satisfaisants ; et pourtant on ne peut nier que les aventures de Gudrun, sans offrir ce mouvement violent et ces péripéties sanglantes, qui caractérisent celles de Chriemhilde, ne fournissent, par sa situation entre son fiancé et son ravisseur, un sujet bien tragique et bien propre à la scène.

Aussi le théâtre s'est-il emparé de ses malheurs, et, pour être presque toutes médiocres, les pièces sur Gudrun n'en ont pas moins été relativement nombreuses. On en compte jusqu'à six de 1851 à 1877 (1). De ce nombre, la tragédie de M. J. Grosse a seule rencontré un accueil bienveillant et un succès durable (2).

L'opéra lui-même a revendiqué ses droits sur la Nausicaa du Nord et, parmi les cinq compositions musicales qu'a suscitées la légende de Gudrun (3), nous devons une mention spéciale aux deux opéras de A. Reissmann et de A. Klughardt. Si le premier n'a pas vu s'affirmer le succès que permettait de présager l'accueil fait, lors de la première représentation, aux acteurs et à l'auteur (4), le second compte à son actif une série de représentations brillantes données sur des scènes diverses et de nature à lui assigner un bon rang parmi les pièces susceptibles de rester au répertoire (5).

1. Cf. plus loin, Bibliographie chronologique, n°s 65, 85, 96, 127, 139, 175.
2. Cf. ibid., n° 139.
3. Cf. ibid., n°s 64, 143, 207, 218, 271.
4. Cf. ibid., n° 143. — La *Gazette générale musicale* de Leipzig (1871, p. 668) prétend que cet opéra a été accueilli avec une certaine froideur ; par contre la *Revue et Gazette musicale* de Paris (1870-1871, p. 299) affirme qu'il a eu un très grand succès ; enfin le critique théâtral de l'*Europa* (1871, n° 41, Chronique, p. 648-649), tout en faisant nombre de réserves, loue la pièce dans son ensemble et constate qu'à la première représentation les acteurs ont été fort applaudis et l'auteur a été appelé sur la scène.
5. Cf. Bibliographie chronologique, n° 207.

CONCLUSION.

VALEUR LITTÉRAIRE DU POÈME DE GUDRUN. GUDRUN ET LES NIBELUNGEN.
PLAN DU POÈME. L'ACTION. LES CARACTÈRES. LA CONCLUSION.
ANACHRONISMES. INFLUENCE DU CHRISTIANISME ET DE LA CHEVALERIE.

Dans les recherches auxquelles nous venons de nous livrer, nous avons déterminé, aussi exactement que nous le permettaient les matériaux dont nous disposions, l'origine du poème de *Gudrun*, les sources auxquelles ont été puisés les éléments qui le composent, les phases par lesquelles il a passé dans sa formation progressive. Cette étude préliminaire était indispensable pour le placer dans son vrai jour et pour permettre d'en apprécier la signification et la valeur, non d'après les règles d'une critique esthétique abstraite et absolue, mais en se basant sur les enseignements que fournit l'histoire même du poème, la connaissance du milieu où il est né et des circonstances dans lesquelles il s'est développé.

Il resterait maintenant, pour épuiser toutes les questions que peut soulever l'étude d'une œuvre littéraire, à entreprendre un examen détaillé de la *Gudrun* au point de vue esthétique. Ce travail, pour être fait d'une manière complète, exigerait un nouveau volume ; on comprend qu'il ne pouvait entrer dans notre plan de le tenter ici. Aussi bien a-t-il été entrepris déjà par un savant dont nous nous faisons honneur d'avoir suivi les leçons et dont les appréciations aussi délicates qu'approfondies devront servir de point de départ à quiconque voudra désormais se livrer à une analyse critique et littéraire du poème de *Gudrun*. Dans son étude sur *la Littérature allemande au moyen âge et les origines de l'épopée germanique* (1), M. Bossert a donné de notre poème une appréciation qui, condensée dans le petit nombre de pages dont le plan général de son ouvrage lui permettait de disposer en faveur de la *Gudrun*, définit avec netteté et précision le point de vue général auquel on doit se placer pour en comprendre les beautés et en expliquer les imperfections.

Sans prétendre rien ajouter à cette brillante esquisse, nous

1. p. 108-137.

croyons bon toutefois de résumer au moins à grands traits les principales impressions qu'a laissées en nous un long commerce avec la *Gudrun* et d'essayer en quelques pages de marquer sa place dans la littérature allemande à côté des *Nibelungen*, avec lesquels tout nous convie à la mettre en parallèle.

On ne peut guère en effet tenter d'apprécier la valeur littéraire du poème de *Gudrun*, sans qu'immédiatement la comparaison avec les *Nibelungen* se présente spontanément à l'esprit et s'impose comme d'elle-même. Bien que différents et par le sujet qu'ils traitent et par l'horizon qu'ils nous ouvrent, les deux poèmes ont eu des destinées à peu près identiques, si l'on considère les circonstances au milieu desquelles ils se sont formés, les influences et les métamorphoses qu'ils ont graduellement subies.

Puisés tous deux à la source de la poésie populaire, constitués par le travail lent et anonyme de plusieurs siècles, ils ont éprouvé presque simultanément leur dernière transformation, grâce à laquelle ils ont été à jamais fixés comme œuvre d'art ; et si, à ce dernier point de vue, la *Gudrun* est dans une certaine dépendance vis-à-vis des *Nibelungen*, elle rachète amplement par plus d'un côté cette infériorité relative.

Tout d'abord, en ce qui concerne la langue et le style, l'avantage est incontestablement du côté de la *Gudrun* : expressions poétiques, fluidité de la langue, richesse de pensées, de tournures, variété dans l'emploi des rimes, habileté dans la structure de la strophe, en un mot tout ce qui distingue un ouvrage au point de vue de la forme, nous le trouvons dans la *Gudrun* à un état de perfection bien plus grand que dans les *Nibelungen*.

Le récit y est aussi plus vivant, les caractères y sont en général plus personnels et plus fortement tracés, encore bien qu'ils ne soient pas conçus dans des proportions aussi grandioses et gigantesques.

Mais c'est surtout par la cohésion de l'ensemble que la *Gudrun*, quoi qu'on en ait pu dire, l'emporte sur les *Nibelungen*. Il ne saurait évidemment être question ici de cette unité absolue de plan et d'intérêt, qu'on est habitué à trouver dans les épopées classiques : sous ce rapport les deux poèmes sont aussi imparfaits l'un que l'autre. De même en effet que dans la *Gudrun* l'intérêt se porte tour à tour sur Hilde dans la première des deux parties primitives, sur Gudrun dans l'autre, de même les *Nibelungen* se divisent en deux portions bien distinctes, où tout se concentre autour de Siegfried dans la première, autour de Chriemhilde dans la seconde. Tout au plus pourrait-on dire que le trésor des *Nibelungen*, dont l'action funeste se transmet à toutes les générations qui passent dans le poème, établit entre elles un lien factice ; lien bien faible en tout cas et auquel le lecteur ne prend pas garde. Cela est si vrai que Bodmer, éditant la seconde partie du manuscrit C, pouvait la présenter, sous le nom de *Vengeance de Chriemhilde*, comme formant un tout complet et indépendant.

De plus, tandis que dans les *Nibelungen* on rencontre des lacunes ou des interpolations qui interrompent en plus d'un endroit le cours de l'action, la *Gudrun*, malgré le dualisme qui y règne forcément, est plus formée d'un seul jet. On voit qu'elle a dû sans conteste recevoir la dernière retouche de la main d'un poète unique : le récit s'y déroule d'une manière plus suivie, plus régulière et plus uniforme ; et, dans chaque partie, l'intérêt va sans cesse croissant jusqu'au dénouement, qui, bien moins imposé d'avance par les événements que celui des *Nibelungen*, tient jusqu'à la fin le lecteur en suspens.

A tout bien considérer, tandis que les *Nibelungen* sont nettement coupés en deux portions essentiellement distinctes, tandis que l'intérêt et le centre de l'action s'y déplacent à un moment où ils devraient être depuis longtemps fixés d'une manière définitive, les aventures de Gudrun occupent dans notre poème presque toute la place ; et l'introduction, dans laquelle il est question d'Hilde, outre qu'elle embrasse à peine le quart de l'ouvrage primitif, forme un prologue, une entrée en matière, qui n'est pas plus déplacée ici que les récits concernant Gamuret et Herzéloïde dans le *Parcival* de Wolfram d'Eschenbach, Rivalin et Blanchefleur dans le *Tristan* de Gottfried de Strasbourg.

En ce qui concerne la marche des événements, la *Gudrun* a un avantage marqué sur les *Nibelungen*. Dans ceux-ci, comme nous le disions plus haut, l'avenir est trop fixé par le passé, pour qu'il puisse en résulter autre chose qu'une terrible catastrophe. Siegfried une fois tombé, Chriemhilde ne peut plus avoir qu'une idée, venger sa mort par le massacre de ses meurtriers. La perfidie avec laquelle on a attenté aux jours de son époux ne lui laisse aucune alternative : elle doit poursuivre l'œuvre à laquelle elle s'est désormais uniquement vouée et elle est autorisée, par les précédents mêmes, à choisir les voies les plus détournées, pour s'acquitter de ce qu'elle considère comme une dette sacrée.

Le récit des pièges et des embûches qu'elle dressera aux meurtriers de Siegfried, des feintes et des compromissions par lesquelles elle endormira leurs défiances, jusqu'au jour où, ayant réussi à les attirer dans ses filets, elle clora l'action par une horrible tuerie, voilà le thème fatal sur lequel roule toute la seconde partie des *Nibelungen*, pour arriver à une conclusion fatalement prévue.

Tout autre est la situation dans la *Gudrun*; sans doute, le père de notre héroïne a été tué par Ludwig et elle le reproche assez souvent au roi de Normandie; sans doute, cette mort a allumé une haine furieuse entre les deux peuples; mais, c'est dans un combat loyal qu'Hetel est tombé et non pas en trahison comme Siegfried; et puis, dans les idées de ce monde chevaleresque où la dette du sang ne s'expie que par le sang, la vengeance, dans sa nécessité immédiate, est déjà accomplie: Ludwig a succombé à son tour sous les coups d'Herwig. Aussi, tandis que Chriemhilde ne respire que la vengeance sur le tombeau de Siegfried et ne voit plus dans l'avenir que mort et carnage, tandis qu'elle contraint Rüdeger à lui promettre par serment de servir ses ressentiments en aveugle, tandis qu'avec une sauvage inquiétude elle attend pour savoir si Hagen se rendra à l'invitation d'Etzel; Gudrun, non moins fidèle à son amour, non moins noble dans sa résignation, plus grande même dans sa constance que Chriemhilde dans sa soif de vengeance, n'a plus, au moment du triomphe définitif, que des paroles de paix et de pardon.

Le caractère de Gudrun contraste en effet du tout au tout avec celui de Chriemhilde. Des deux côtés c'est la fidélité à un premier amour qui fait tout l'intérêt du poème: mais Gudrun, aussi ferme que Chriemhilde, n'oppose à ses ennemis que la douceur; c'est l'un des plus beaux caractères qu'ait créés la poésie: c'est le portrait le plus complet et le plus pur de la femme, dont la grandeur et l'énergie se montrent moins par des actions d'éclat et des emportements de passion que par la fermeté d'âme, l'égalité du caractère et l'intensité des sentiments affectifs. Moins majestueuse, moins bouillante que l'épouse de Siegfried, elle a sur cette dernière l'avantage de s'offrir toujours à nous dans une pureté virginale et immaculée. Nulle part une action de valeur équivoque ne vient se placer entre elle et l'objet de sa passion. Aussi nous attache-t-elle profondément à sa destinée, sans réserve et sans partage, tandis que, tout en admirant Chriemhilde, nous nous sentons parfois saisis d'un sentiment d'effroi, presque d'aversion, à l'aspect des fureurs et des violences auxquelles la pousse son désespoir.

Sans jamais rien céder de sa noble et légitime fierté, sans jamais se sentir ni paraître rabaissée par les plus cruelles humiliations, Gudrun se soutient dignement à une hauteur toujours égale par un seul sentiment, l'amour de sa famille et l'oubli de soi-même; et, de même que l'amour lui a donné la force de se résigner et de souffrir, de même encore l'amour la préserve de tout orgueil et de toute pensée de vengeance, lorsqu'un juste retour des choses d'ici-bas la rend à sa patrie, à sa mère, à son fiancé et remet entre ses mains le sort de tout un peuple au milieu duquel elle n'a éprouvé que des tourments.

Alors elle n'intercède pas seulement en faveur d'Ortrun, envers qui l'engage une dette de reconnaissance, elle veut que son bonheur s'étende à tous ceux qui l'entourent, qu'Hartmut en ait sa part comme les autres; elle n'a pas de repos qu'une paix durable n'ait cimenté la réconciliation entre tous ces peuples si longtemps ennemis et terminé pour toujours cette lutte terrible qui a fait couler tant de sang et de larmes. C'est cet admirable caractère de femme qui donne au poème un charme particulier. Humble dans la prospérité comme dans l'adversité, stoïque et noblement fière dans la souffrance, inébranlable dans sa fidélité, inflexible dans la pureté et la virginité de son cœur, elle rappelle, comme on l'a dit avec raison, les plus gracieuses et les plus brillantes figures de la poésie antique. Simple et naïve comme Nausicaa, dont elle évoque l'image sur la rive solitaire, sa douce résignation est celle d'Iphigénie, son amour de la famille la rapproche d'Antigone, sa foi inaltérable n'a d'égale que celle de Pénélope.

Les autres figures que le poëte a groupées autour d'elle ne sont pas moins heureusement tracées. La tendresse maternelle d'Hilde, la fidélité d'Hildebourg, l'amour contenu, mais profond d'Hetel, qui se sacrifie pour sa fille, sont sobrement et adroitement mis en relief.

Il n'est pas jusqu'aux rudes champions d'Hegelingen, dont les passions ardentes et les emportements sauvages au sein de la lutte ne soient rachetés et ennoblis par l'esprit de bravoure, d'abnégation et de dévouement qui les anime en toute occasion.

Parmi eux Wate mérite une mention toute spéciale. Inspirateur des princes, guide de l'armée dans toutes les circonstances, sa personnalité apparaît partout sans jamais absorber un intérêt qui doit rester fixé sur l'héroïne du poème. Toujours actif, toujours au premier rang, toujours prêt à tous les dévouements, il s'efface continuellement devant ceux au bonheur et au service desquels il a voué son existence.

Portant plus que tout autre le cachet héroïque des rudes champions du Nord, il se trouve plus à son aise au fort de la mêlée qu'auprès des belles dames, et, si parfois sa fureur déchaînée nous inspire quelque effroi, l'attachement aveugle et absolu qu'il éprouve pour la famille d'Hegelingen nous réconcilie facilement avec lui. Nous oublions volontiers les excès du guerrier pour ne plus nous souvenir que de la fidélité du vassal.

Ce dévouement éprouvé lui donne une certaine autorité vis-à-vis de ceux qu'il ne cesse de protéger, sans jamais les amoindrir, et autorise ce mélange de bonhomie et de brutalité, de sensibilité et de rudesse qui choquerait dans tout autre.

Considérez-le par exemple revenant du Wülpensand et rentrant à la cour d'Hegelingen. Nul plus que lui n'est atterré du désastre éprouvé, et pourtant, en voyant Hilde fléchir sous le poids des nouvelles accablantes qu'il lui apporte, son énergie renaît, il sent que ce n'est pas le moment de s'abandonner à la douleur : d'autres devoirs plus urgents réclament les survivants, et dans une brusque apostrophe :

« Wate le hardi parla : « Dame, laissez là les pleurs : ils ne
» reviendront plus. Mais, dans un jour prochain, quand une
» nouvelle génération aura grandi dans ce pays, nous vengerons
» sur Ludwig et sur Hartmut ma douleur et notre honte (1). »

En opposition avec le groupe formé par Hetel, sa famille et ses vassaux, se place naturellement la famille royale de Nor-

1. Str. 928. — On peut mettre en regard de ce passage une exhortation analogue adressée par Seguin à Gérin dans la *Chanson des Loherains*. Arrivé à Bordeaux, sans savoir que Girbert a été tué, Gérin aperçoit son tombeau et, à cette vue, ne peut retenir ses larmes. Alors Séguin l'excite en ces termes à la vengeance :

« Estes-vous femme, que tans ensi plourés ?
« Li mort sont mort, et del siècle passés.
« Jà saves vous, et si est vérités,
« Que deuil n'est rien, mais del vengier pensés.

(Cf. *Hist. litt. de la France*, XXII, 637-638, citée par W. Holland, P. G., IV, 493-494).

mandie. Ses membres n'ont pas le beau rôle dans l'action et pourtant sauf Gerlinde, ce génie du mal, qui, dans sa cruauté perverse, se dessine avec vigueur sur le fond du tableau dont elle vivifie les couleurs, tous s'offrent à nous sous des traits qui forcent l'estime. Ludwig est un digne adversaire d'Hetel, son égal par la noblesse des sentiments chevaleresques, par la vaillance dans les combats, par son amour pour sa famille et pour son peuple. Une certaine rudesse ne lui messied pas, d'autant plus qu'elle ne met que mieux en lumière la délicatesse d'âme d'Hartmut.

Réduit au rôle de soupirant éconduit, s'obstinant dans une poursuite sans espoir, Hartmut ne devient jamais ni ridicule, ni odieux : on sent qu'il a conscience de sa dignité et qu'il sait respecter celle de sa captive. Si l'on approuve Gudrun de rester inébranlable dans son refus, on ne peut s'empêcher d'avouer que, tout en le repoussant, elle doit éprouver pour lui une estime réelle : et cette estime, il la mérite d'un bout à l'autre du poème par sa loyauté et ses égards pour celle que les hasards de la guerre ont mise à sa merci, par son attention à protéger contre sa mère même celle qui ne lui épargne pas les refus irritants. Ses sentiments sont ceux, non d'un chevalier raffiné et galant, digne de figurer dans un roman d'aventures à une époque de décadence, mais d'un vrai et parfait héros, d'un homme d'honneur et de cœur.

Que dire de l'aimable Ortrun, dont la tendre sollicitude s'allie si bien avec la fidélité d'Hildebourg pour adoucir, dans la mesure de ses forces, les douleurs de la captive, vers laquelle son cœur compatissant s'est senti attiré dès le premier moment ?

Il n'est pas jusqu'à Gerlinde elle-même dont l'orgueil féodal et l'amour aveugle pour son fils ne tempèrent dans une certaine mesure l'impression odieuse que produit son caractère.

Bref, nous sortons, avec le poème de *Gudrun*, du cercle ordinaire de personnages conventionnels, auxquels nous avaient habitués les *Nibelungen* et les autres poèmes de la grande légende héroïque. A la place de ce caractère, uniforme et monotone dans sa répétition incessante, du guerrier vaillant et généreux, mais emporté et brutal, nous trouvons des caractères habilement variés, surtout fortement accentués, individuels et conservant leur expression propre dans quelque milieu que l'action les transporte.

Partout dans le poème les mœurs, tout en gardant encore mainte trace de la rudesse des temps héroïques, ont été habilement transformées et accommodées aux idées chevaleresques et chrétiennes du moyen âge. Sans doute il y a là un anachronisme bien visible, plus marquant même peut-être que dans les *Nibelungen* ; mais tel a été l'art du poète que cet anachronisme n'a rien qui nous choque. C'est surtout par l'absence de tout respect pour la couleur locale (dont, on le sait, le moyen âge n'eut jamais le moindre soupçon), c'est par quelques allusions purement extérieures à des usages chrétiens, par la peinture de quelques scènes chevaleresques qui viennent inutilement interrompre le récit, que cet anachronisme se trahit. Partout ailleurs l'influence du christianisme et de la chevalerie se fait discrètement sentir d'une façon qui ne peut qu'être favorable au poème considéré dans son ensemble ; on en soupçonne la trace à un certain adoucissement des mœurs et des caractères, à un sentiment plus élevé et plus fin de l'honneur, enfin à cet esprit de concorde et de réconciliation qui a remplacé cette soif inextinguible de vengeance, cette ardeur de représailles propres aux héros païens.

La conclusion adoptée par le poète est particulièrement due à cette influence : aussi a-t-elle été l'objet des appréciations les plus diverses.

D'après nos idées modernes, d'après notre goût pour les situations nettement tranchées, il paraîtrait peut-être plus convenable qu'Hartmut trouvât une mort honorable dans la mêlée et tombât, comme son père, les armes à la main, puisqu'au bout du compte il ne pouvait posséder la fiancée qu'il avait désirée. Seule une fin glorieuse pouvait à nos yeux lui éviter l'humiliation de recevoir des propres mains de celle qui le repousse une épouse prise dans la race ennemie. Nous avons peine à comprendre qu'il se résigne à ce compromis et continue à vivre heureux et satisfait de sa nouvelle condition, comme si de rien n'était. Il ne nous répugne pas moins de voir Ortrun épouser celui dont les héros lui ont ravi père, mère et patrie.

Tout autre est le point de vue auquel se place notre poète, fidèle écho des mœurs héroïques qu'il retrace. Il faut apaiser la haine entre les générations futures ; de cette grande lutte doit sortir une paix durable et pour cela une réconciliation universelle est nécessaire. Pour nos idées raffinées ce dénouement semble rabaisser la plupart des héros : pour les peuples du moyen âge, dont après tout les sentiments n'étaient pas moins délicats que les nôtres sur le point d'honneur, c'est la réconciliation indispensable et désirée de deux puissantes races, qui ont pu se heurter violemment sur les champs de bataille, se poursuivre avec acharnement les armes à la main, mais qui, au milieu des luttes mêmes, ont appris à s'estimer réciproquement, et dont les survivants, après s'être battus les uns contre les autres en vrais et dignes chevaliers, peuvent sans honte, quand l'heure est venue, se tendre loyalement la main.

APPENDICE

BIBLIOGRAPHIE CHRONOLOGIQUE

DES OUVRAGES

RELATIFS AU POÈME DE *GUDRUN*

Tandis que la bibliographie des ouvrages ayant rapport aux *Nibelungen* a déjà été faite plusieurs fois, jamais on ne s'est livré à un travail du même genre à propos du poème de *Gudrun*. Les éditions de cet ouvrage ne contiennent que des indications sommaires sur les principales publications dont il a été l'objet.

Il nous a donc paru intéressant de réunir ici les titres des ouvrages que nous avons dû consulter au cours de nos recherches sur la *Gudrun*. Nous n'avons pas, cela va sans dire, la prétention d'être absolument complet; mais nous avons enregistré avec soin tout ce qui est venu à notre connaissance et nous nous flattons seulement de n'avoir laissé échapper aucune publication de quelque importance, aucun travail de quelque valeur.

Partout où cela nous a été possible, nous avons indiqué les principaux comptes rendus dont chaque travail, livre ou article de revue, a été l'objet. Si bon nombre d'entre eux n'ont qu'une importance secondaire, d'autres n'ont pas laissé que d'apporter de nouveaux éléments à la solution des questions qui nous occupent, et tous permettent, le cas échéant, suivant que l'on a tel ou tel recueil périodique sous la main, de se renseigner rapidement sur la valeur ou le contenu de chaque ouvrage cité.

Parmi les divers modes de classement usités en bibliographie, nous avons choisi l'ordre chronologique. Un groupement méthodique de cet amas de productions diverses à tant de points de vue nous eût conduit à des divisions et subdivisions sans fin. La disposition adoptée par nous et complétée par un index alphabétique des noms d'auteurs offre, pour les recherches, toutes les facilités de l'ordre alphabétique et a l'avantage de présenter dans leur succession naturelle la série des travaux dont la *Gudrun* a été l'objet : ainsi elle met en pleine lumière l'intérêt croissant qui s'attache d'année en année, de l'autre côté du Rhin, à l'étude de ce beau poème et permet de suivre pas à pas et sans effort les progrès que la critique a fait faire peu à peu à chacune des questions qui le concernent.

Enfin, pour ne pas allonger outre mesure cette liste bibliographique, nous avons laissé complètement de côté, à deux ou trois exceptions près, les innombrables histoires de la littérature allemande, dans lesquelles une mention plus ou moins détaillée du poème a nécessairement sa place marquée d'avance.

Quant aux ouvrages à l'usage des classes, aux essais de vulgarisation, aux remaniements en prose, dans lesquels la légende est librement racontée d'après le poème, sans les exclure systématiquement, nous nous sommes contenté de noter au passage ceux qui se sont présentés à nous au cours des recherches nécessitées par nos travaux. Nous n'avons pas pensé qu'il y eût une utilité sérieuse à dépouiller anxieusement les bibliographies et les revues spéciales de pédagogie, pour arriver en fin de compte à dresser un catalogue encombrant et forcément toujours incomplet de publications qui, la plupart du temps, n'offrent qu'un médiocre intérêt au point de vue scientifique.

1689. 1. **Saga Olafs Tryggvasonar** Noregs Kongs prentud i Skalhollte af **Jone Snorrasyne**. — *Skalhollte*, 1689-1690, 2 tomes en 1 vol. in-4°.
[II, 49-58 : Saga d'Högni et d'Hedhin.]

1697. 2. **Historia** duorum regum Hedini et Hugonis, ex antiqua lingua norvegica per D. **Jonam Gudmundi** in latinam translata, opera et studio **Ol. Rudbeckii** edita. — *Upsal*, 1697, in-fol.

1776. 3. **Suhm (P. F.)**. — Cristisk Historie af Danmark udi den hedenske Tid fra Odin til Gorm den Gamle. — *Copenhague, Berling*, 1774-1781, 4 vol. in-4°.
[III, 22-30 : Sur la Saga d'Högni et d'Hedhin.]

1796. 4. **Samsöe (O. J.)**. — Efterladte digteriske Skrifter udgivne ved L. Rahbek. — *Copenhague*, 1796, in-8°.
[Contient : *Hildur, en Fortaelling.*]

1802. 5. **Ritson (J.)**. — Ancient englcish metrical Romanceës selected and published. — *London*, 1802, 3 vol. in-8°.

1816. 6. **Büsching (G.).** —. Wöchentliche Nachrichten für Freunde der Geschichte, Kunst und Gelahrtheit des Alterthums. — *Berlin*, 1816-1819, 4 vol. in-8°.

[I, 385 sqq. Première mention du manuscrit de la *Gudrun* et description de ce manuscrit dit *Heldenbuch an der Etsch.*]

7. **Grimm (J. u. W.).** — Altdeutsche Wälder. — *Frankfurt-a.-M.*, 1818-1816, 3 vol. in-8°.

[III (1816), 31 sqq. : Collection des allusions au poème de *Gudrun*, qui se rencontrent dans la poésie allemande du moyen âge.]

8. **Wienerische Literaturzeitung.** — *Wien, Heubner*, 1816, in-4°.

[1816, Mai, Nr. 18. *Intelligenzblatt* : Annonce de la découverte du poème de *Chudrun* ou *Chautrun* ; analyse et spécimens.]

1817. 9. **Archiv** für Geographie, Historie, Staats und Kriegskunst, herausgegeben von Frhrn. **von Hormayr.** — *Wien, Schaumberg*, 1817, in-4°.

[1817, Nr. 31, 32 : Publication de la 6e Aventure du poème de *Gudrun* dans une langue un peu rajeunie.]

10. **Müller (P. E.).** — Sagabibliothek. — *Copenhague, Schulz*, 1817-1820, 3 vol. in-8°.

[Cf. II, 570-579.]

1818. 11. **Rask (K.).** — Snorra-Edda ásamt Skalda. — *Stockhólm*, 1818, in-8°.

[Contient en appendice, sous le titre : *Om Brisingamen*, les deux premiers chapitres de la Saga d'Högni et d'Hedhin.]

1819. 12. **Primisser (A.).** — Die k. k. Ambraser Sammlung beschrieben. — *Wien, Heubner*, 1819, in-8°.

[P. 275-279 : Description du manuscrit unique dans lequel nous est parvenu le poème de *Gudrun*.]

1820. 13. **Grimm (J.).** — König Fruote (*Ascania*, I, 154-157. — Réimp. dans *Kleinere Schriften*, IV, 135-137).

14. **Von der Hagen (H.) und Primisser (A.).** — Gudrun in der Ursprache herausgegeben. — *Berlin, Reimer*, 1820, in-4°.

[Fait partie du tome I du *Heldenbuch* ou du tome II des *Deutsche Gedichte des Mittelalters* herausgegeben von H. von der Hagen und G. Büsching. — Première édition du poème : transcription pure et simple du manuscrit avec quelques corrections et conjectures.]

1824. 15. **Müller (P. E.).** — Om Kilderne til Saxos ni förste Böger og deres Trovaerdighed. — *Copenhague*, 1824, in-8°.

[Tirage à part de : *Det kongelige Danske Videnskabernes Selskabs philos. og histor. Afhandlinger*, III, 1 sqq.: cf. surtout p. 67-69.]

1828. 16. **Grimm (J.).** — Deutsche Rechtsalterthümer. — *Göttingen,*

Dieterich, 1828, in-8°. — 2ᵉ éd., ibid., 1854, in-8°. — 3ᵉ éd., ibid., 1881, in-8°.

[Cf. 3ᵉ éd., p. 207-225.]

17. **Wachter** (F.). — Hedin, Heden, Hethan (*Encyclopédie* d'Ersch et Gruber, 2ᵉ Section, 4ᵉ Partie, p. 24.)

1829. 18. **Grimm** (W.). — Die deutsche Heldensage. — *Göttingen, Dieterich*, 1829, in-8°. — 2ᵉ éd., *Berlin, Dümmler*, 1867, in-8°. — 3ᵉ éd. *Gütersloh, Bertelsmann*, 1889, in-8°.

[Cf. 1ʳᵉ éd., p. 48, 325-332, 342, 370-371, 375-377.]

19. **Rafn** (C.). — Fornaldar Sögur Norlanda eptir gömlum handritum utgefnar. — *Kaupmannahöfn*, 1829-1830, 3 vol. in-8°.

[I, 389-409 : Saga d'Högni et d'Hedhin, — Traduction danoise dans le Tome I des *Nordiske Forntids Sagaer*.]

20. **Wachter** (F.). — Das Heldenbuch (*Encyclopédie* d'Ersch et Gruber, 2ᵉ Section, 5ᵉ Partie, p. 64-65).

1830. 21. **Mone** (J.). — Quellen und Forschungen zur Geschichte der teutschen Literatur und Sprache. I. (einz.). — *Aachen*, 1830, in-8°.

[Cf. p. 19, 97-108.]

1831. 22. **Schincke**. — Hildur, Hildr, Hilda (*Encyclopédie* d'Ersch et Gruber, 2ᵉ Section, 8ᵉ Partie, p. 154).

1832. 23. **Wachter** (F.). — Högni, Haugni (*Encyclopédie* d'Ersch et Gruber, 2ᵉ Section, 9ᵉ Partie, p. 337-338).

1833. 24. **Lachmann** (K.). — Ueber Singen und Sagen (*Abhandlungen der kgl. preuss. Akad. der Wiss.*, 1833, p. 105-122. — Réimp. dans *Kleinere Schriften*, I, 461-480).

[Cf. surtout p. 467, 470-471.]

25. **Wachter** (F.). — Horant (*Encyclopédie* d'Ersch et Gruber, 2ᵉ Section, 10ᵉ Partie, p. 449).

1835. 26. **Jahrbuch** (Neues) der Berlinischen Gesellschaft für deutsche Sprache und Alterthumskunde. — *Berlin, Plahn*, in-8°.

[I (1835), 3ᵉ Livr., p. 266 : Sur le manuscrit dit *Heldenbuch an der Etsch*.]

27. **Ziemann** (A.). — Kutrun, mittelhochdeutsch. — *Quedlinburg, Basse*, 1835, in-8° [*Bibliothek der gesammten deutschen Nationalliteratur*, 1ʳᵉ Section, Tome I.]

[Cf. *Allg. Hallische Lit. Ztg.*, 1837, *Ergänzungsblätter* 11. 12 ; *Hallische Jahrbücher*, 1839, n° 133; B. f. l. U., 1836, n° 261.]

1836. 28. **Gervinus** (G.). — Gudrun, ein episches Gedicht. Programm und Probegesang. — *Leipzig, Engelmann*, 1836, in-16.

29. Mone (J.). — Untersuchungen zur Geschichte der teutschen Heldensage. — *Quedlinburg, Basse,* 1836, in-8° [*Bibliothek der gesammten deutschen Nationalliteratur,* 2° Section, Tome I].
[Cf. B. f. l. U., 1836, n° 262 ; *Hallische Lit. Ztg.,* 1836, *Ergänzungsblätter* 78-80 ; *Anzeiger für Kunde der deutschen Vorzeit,* 1839, p. 281-282.]

1837. **30. Michel (Fr.).** — Wade. Lettre à M. Ternaux-Compans sur une tradition angloise du moyen âge. — *Paris, Silvestre,* 1837, in-8°.

1838. **31. Mone (J.).** — Uebersicht der niederländischen Volksliteratur älterer Zeit. — *Tübingen, Fues,* 1838, in-8°.
[Cf. surtout p. 11 ; 13-18 ; 66-67.]

32. Wackernagel (W.). — Einige Worte zum Schutz literarischen Eigenthums. — *Basel,* 1838, in-8°.
[Cf. *Hallische Jahrbücher,* 1839, n° 133 sqq.]

33. Ziemann (A.). — Rechtfertigung gegen Herrn W. Wackernagel. — *Quedlinburg, Basse,* 1838, in-8°.
[Cf. *Hallische Jahrbücher,* 1839, n° 133 sqq.]

1839. **34. Burmeister (H).** — Zur Erklärung der Gudrun (*Neues Jahrbuch der Berlinischen Gesellschaft für deutsche Sprache und Alterthumskunde,* III, 178-179).

35. Müller (P. E.). — Saxonis Grammatici Historia danica. — *Havniae,* 1839-1858, 2 Tomes en 3 vol. pet. in-4°.
[Cf. I, 238-242 ; II, 158-161.]

36. Samlinger til det Norske Folks Sprog og Historie. — *Christiania,* in-8°.
[Cf. Tome VI (1839).]

37. San Marte (A. Schulz). — Gudrun, Nordseesage. Nebst Abhandlung über das mittelhochdeustche Gedicht Gudrun und den Nordseesagenkreis. — *Berlin, Mittler,* 1839, in-8°.
[Cf. *Anzeiger für Kunde der deutschen Vorzeit,* 1839, p. 281-282.]

1840. **38. Keller (A.).** — Gudrun aus dem mittelhochdeutschen übersetzt. — *Stuttgart, Ebner und Seubert,* 1840, in-8°.

1841. **39. Ettmüller (L.).** — Gûdrûnlieder nebst einem Wörterbuche. — *Zürich und Winterthur,* 1841, in-8°.
[Cf. G. G. A., 1842, n° 139 sqq.]

40. Ettmüller (L.). — Gûdrûnlieder, Schulausgabe. — *Leipzig, Verlagsbureau,* 1841, in-8°.

41. Grimm (J.). — Uota, Ano, Ato (H. Z., I, 21-26. — Réimp. dans *Kleinere Schriften,* VII, 68-74).

1842. 42. Grässe (Th.). — Die grossen Sagenkreise des Mittelalters. — *Leipzig und Dresden, Arnold*, 1842, in-8°.
[Cf. p. 84-86.]

43. Grimm (J.). — Allerhand zur Gudrun (H. Z., II, 1-5. — Réimp. dans *Kleinere Schriften*, VII, 92-95).

44. Haupt (M.). — Wate. Zur Gudrun (H. Z., II, 380-384).

1843. 45. Haupt (M.). — Zur Gudrun (H. Z., III, 186-187).

46. Simrock (K.). — Gudrun, deutsches Heldengedicht übersetzt. — *Stuttgart, Cotta*, 1843, in-8°. — 10° éd., 1877, in-8°.
[Tome I de son *Heldenbuch*.]

1845. 47. Haupt (M). — Zur Gudrun (H. Z., V, 504-507).

48. Müllenhoff (K.). — Sagen, Märchen und Lieder der Herzogthümer Schleswig, Holstein und Lauenburg. — *Kiel, Schwers*, 1845, in-8°.
[Cf. p. XVIII sq.]

49. Müllenhoff (K.). — Kudrun, die echten Theile des Gedichtes mit einer kritischen Einleitung herausgegeben. — *Kiel, Schwers*, 1845, in-8°.
[Cf. *Neue Jenaische Allg. Lit. Ztg.*, 1847, n° 10-11; H. A., I. 201-209.]

50. Vollmer (J.). — Gùdrûn, mit einer Einleitung von A. Schott. — *Leipzig, Göschen*, 1845, in-8°. (*Dichtungen des deutschen Mittelalters*, Tome V),
[Cf. H. A., I, 201-209.]

1846. 51. Vernaleken (Th.). — Das deutsche Volksepos nach Wesen, Inhalt und Geschichte, mit einer Auswahl aus den Nibelungen und Gudrun. — *Zürich, Meyer und Zeller*, 1846, in-8°.

1847. 52. Bonstetten (de). — Romans et épopées chevaleresques de l'Allemagne au moyen âge. — *Paris, Franck*, 1847, in-8°.
[Cf. p. 90-100.]

53. Koch (F.). — Gudrun, nach der Müllenhoff'schen Ausgabe der echten Theile des Gedichts übersetzt und mit einer Einleitung versehen. — *Leipzig, Wigand*, 1847, in-8°.

1848. 54. Edda Snorra Sturlusonar. Edda Snorronis Sturlaei. — *Hafniae, Quist*, 1848-1887, 3 vol. gr. in-8°.
[Cf. I, 432 sqq.]

55. Weinhold (K.). — Die Sagen von Loki (H. Z., VII, 1-94).
[Cf. surtout p. 48, 49, 76.]

1849. 56. Müllenhoff (K.). — Wado (H. Z., VI, 62-69).

57. Osterwald (K. W.). — Erzählungen aus der alten deutschen Welt für die Jugend. [*Jugendbibliothek des griechi-*

schen und deutschen Allerthums, Tome VII]. — *Halle, Waisenhaus*, 1848-1849, 3 vol. in-8°. — 3° éd., 1865. — 5° éd., 1878, in-8°.

[Cf. J. P. P., LXI, 188.]

1850. 58. **Baeker (L. de).** — Les Flamands de France. — *Gand, Herbelynck*, 1850, in-8°.

[Cf. p. 97 : L'oiseau prophétique.]

59. **Hagen (H. von der).** — Gesammtabenteuer. Hundert altdeutsche Erzählungen, Ritter - und Pfaffenmären,... herausgegeben. — *Sttugart, Cotta*, 1850, 3 vol. in-8°.

[Cf. III, 777 ; de plus un fac-similé du manuscrit de *Gudrun* se trouve à la fin de ce tome III.]

60. **Hense.** — Nibelungen und Gudrun (H. A., VII, 129-163 ; VIII, 1-35).

61. **Klopp (O.).** — Gudrun der deutschen Jugend erzählt. — *Leipzig*, 1850, in-8°.

[Cf. J. P. P., LXI, 188.]

1851. 62. **Barthel (K.).** — Proben aus einer Uebersetzung des altdeutschen Gedichts Gudrun (*Hamburger literarische und kritische Blätter*, 1851, n°s 55-57 ; 1852, n°s 8-11).

63. **Jonckbloet (A.).** — Geschiedenis der mid lennederlandsche Dichtkunst. — *Amsterdam*, 1851-1855, 3 vol. in-8°.

[Cf. I, 79 sqq. — Cf. P. G., I, 489.]

64. **Mangold (K. A.).** — Gudrun, eine Oper. — *Darmstadt*, 1851, in-8°.

65. **Strauss (V.).** — Gudrun, ein Schauspiel. — *Frankfurt*, 1851, in-8°.

66. **Weinhold (K.).** — Die deutschen Frauen in dem Mittelalter. — *Wien, Gerold*, 1851, in-8°. — 2° éd., ibid., 1882, 2 vol. in-8°.

[Cf. p. 351-364 ou : 2° éd., I, 314 ; II, 120-150.]

1852. 67. **Mönnich (B.).** — Nibelungen - und Kudrunlieder, nebst Formenlehre, Wörterbuch, etc... — *Stuttgart*, 1852, in-8°. — 2° éd., ibid., 1860, in-8°. — 3° éd., *Gütersloh, Bertelsmann*, 1872, in-8°. — 4° éd., ibid., 1877, in-8°.

[Cf. *Allg. lit. Anz.*, 1872, n° 67 ; *N. Preuss. Ztg.*, 1872, n° 239 ; *C. B. f. Pädag. Lit.*, 1872, n° 10 ; *Würt. Schulwochenbl.*, 1873, n° 12 ; *Sonntagsbeilage zur N. Preuss. Ztg.*, 1877, n° 19 ; *Zs. f. d. ges. luther. Theologie*, XXXIX, 3.]

68. **Schmidt (F.).** — Gudrun, eine Erzählung aus der deutschen Heldenzeit, für Jung und Alt [*Jugendbibliothek*, Tome XV]. — *Berlin, Mohr*, 1852, in-16. — 3° éd., Berlin, Kastner, 1873, in-16. — 4° éd., ibid., 1873, in-16. — 5° éd., ibid., 1875, in-16.

1853. 69. **Hahn (K. A.).** — Echte Lieder von Gudrun nach Müllenhoff's

Kritik, als Manuscript für Vorlesungen. — *Wien*, 1853, in-8°.
— 2ᵉ éd. sous le titre : Mittelhochdeutsche Dichtungen : Echte Lieder von Gudrun nach Müllenhoff's Kritik ; Auswahl aus Gottfrieds von Strassburg Tristan ; 2. mit einer Biographie des Verfassers vermehrte Auflage. — *Wien*, 1859, in-8°.

70. **Plönnies (W. von).** — Kudrun, Uebersetzung und Urtext, mit erklärenden Abhandlungen herausgegeben. Mit einer systematischen Darstellung der mittelhochdeutschen epischen Verskunst von M. Rieger. Mit einer Karte von der westlichen Scheldemündung. — *Leipzig, Brockhaus.*, 1853, in-8°.
[Cf. H. A., xv, 457.]

71. **Simrock (Karl).** — Bertha die Spinnerin. — *Frankfurt, Brönner*, 1853, in-16.
[Cf. p. 97-124.]

1854. 72. **Gödeke (Karl).** — Deutsche Dichtung im Mittelalter. — *Dresden, Ehlermann*, 1854, gr. in-8° — 2ᵉ éd., ibid., 1871, gr. in-8°.
[Cf. 2ᵉ éd. : 339, 9 ; 344, 40 ; 349, 37 ; 395-430 ; 558, 41.]

73. **Mannhardt (W.).** — Wato (*Wolfs Zs. f. deutsche Mythologie und Sittenkunde*, ii, 296-329).

1855. 74. **Baecker. (L. de).** — Chants historiques de la Flandre (400-1650). — *Lille, Vanackere*, 1855, in-8°.
[Cf. p. 41-48 : Chant de Goedroen.]

75. **Hagen (H. von der).** — Das Heldenbuch ; altdeutsche Heldenlieder aus dem Sagenkreise Dietrichs von Bern und der Nibelungen. — *Leipzig, Schultze*, 1855, 2 vol. in-8°.
[Cf. Tome I, Introduction, p. XVI.]

76. **Niendorf (A.).** — Das Gudrunlied. — *Berlin, Barthel*, 1855, in-16. — 3ᵉ éd., *Berlin, Springer*, 1867, in-8°.
[Cf. A. L. Z., 1867, n° 25 ; B. f. l. U., 1867, n° 28 ; *Allg. Schul-Ztg.*, 1867, n° 5.]

77. **Sacken (E. von).** — Die k. k. Ambraser Sammlung beschrieben. — *Wien, Braumüller*, 1855, 2 vol. in-8°.
[Cf. II, 229 : Description du manuscrit qui renferme la *Gudrun*.]

1856. 78. **Holland (L.).** — Zur Gudrun (P. G., i, 124).

79. **Liebrecht (F.).** — Gâbilûn, Gampillûn, Capelûn (P. G., i, 479-480).

80. **Weinhold (K.).** — Altnordisches Leben. — *Leipzig*, 1856, in-8°.

81. **Zingerle (I. V.).** — Die Personennamen Tirols in Beziehung auf deutsche Sage und Litteraturgeschichte (P. G., i, 290-295).

1857. 82. **Baecker (L. de)**. — Sagas du Nord. — *Paris, Didron*, 1857, in-8°.
[Cf. Chap. XII, p. 119-250 : Saga de Gudrune.]

83. **Bartsch (K.)**. — Der Strophenbau in der deutschen Lyrik (P. G., II, 257-298).
[Cf. surtout p. 263 sqq.]

84. **Eichhoff (G.)**. — Tableau de la littérature du Nord au moyen âge. — *Paris, Didier*, 1857, in-8°.
[Cf. p. 334-344.]

1858. 85. **Schöpf (J.)**. — Gudrun, ein Schauspiel in drei Akten. — *Brixen, Weger*, 1858, in-8°. — 2ᵉ éd., ibid., 1865, in-8°.

1859. 86. **Benfey (Th.)**. — Panchatantra. Fünf Bücher indischer Fabeln, Märchen und Erzählungen. Aus dem Sanskrit übersetzt. Mit Einleitung und Anmerkungen. — *Leipzig*, 1859, 2 vol. in-8°.
[Cf. I, 418.]

87. **Gärtner (F.)**. — Zur Gudrun (P. G., IV, 106-108).

88. **Grimm (J.)**. — Ueber die Göttin Freja (M. B., 20. Juni 1859, p. 413-423. — Réimp. dans *Kleinere Schriften*, V, 421-430).

89. **Holland (L.)**. — Zur Gudrun (P. G., IV, 493 sqq.).

1860. 90. **Bacmeister (A.)**. — Gudrun. Altdeutsches Heldengedicht neudeutsch bearbeitet. — *Reutlingen, Palm*, 1860, in-16. — 2ᵉ éd., *Stuttgart, Neff*, 1875, in-16.

91. **Martin (N.)**. — Poètes contemporains en Allemagne. — *Paris, Poulet-Malassis*, 1860, in-12.
[Cf. p. 63-87 : De l'épopée germanique, et surtout p. 79 : Sur *Gudrun.*]

92. **Weinhold (K.)**. — Ueber den Antheil Steiermarks an der deutschen Dichtkunst des XIII. Jahrhunderts. (Dans : Die feierliche Sitzung der kaiserlichen Akademie der Wissenschaften am 30. Mai 1860. — [*Wien, Gerold*, 1860, in-8°], p. 203-237).

1861. 93. **Zingerle (I. V.)**. — Campatille (P. G., VII, 44).

1862. 94. **Bartsch (K.)**. — Zur Gudrun (P. G, VII, 270-271).

95. **Regel (K.)**. — Nibelungen, Gudrun, Parcival. Drei populäre Vorlesungen. — *Gotha, Müller*, 1862, in-12.

96. **Rutenberg (O. von)**. — Gudrun, ein Schauspiel. — *Leipzig*, 1862, in-8°.

97. **Wislicenus (H.)**. — Die Symbolik von Sonne und Tag in der germanischen Mythologie. — *Zürich, Schabelitz*, 1862, in-8°. — 2ᵉ éd., ibid., 1867, in-8°.
[Cf. surtout : 2ᵉ éd., p. 21-30.]

1864. 98. **Müllenhoff** (K.) und **Scherer** (W.). — Denkmäler deutscher Poesie und Prosa aus dem VIII.-XII. Jahrhundert. — *Berlin, Weidmann*, 1864, in-8°. — 2ᵉ éd., ibid., 1873, in-8°.
[Cf. p. 349 ou : 2ᵉ éd., p. 389 et P. G., ɪx, 55 sqq.]

99. **Schönherr**. — Der Schreiber des Heldenbuchs in der k. k. Ambraser Sammlung (P. G., ɪx, 381 sqq.).
[Cf. *Archiv für Geschichte Tirols*, ɪ, 100-106.]

1865. 100. **Bartsch** (K.). — Kudrun, mit Wort - und Sacherklärungen herausgegeben [Tome II des *Deutsche Klassiker des Mittelalters*]. — *Leipzig, Brockhaus*, 1865, in-8°. — 2ᵉ éd., 1867; 3ᵉ éd., 1874; 4ᵉ éd., 1880, in-8°.
[Cf. R. C., 1866, art. 44; *Europa*, 1865, art. 22; *Oesterr. Wochenschrift*, 1867, n° 25; B. f. l. U., 1865, n° 27; *Deutsches Museum*, 1865, n° 23; *Lit. Handweiser*, 1865, n° 37; *Allg. Augsb. Ztg.*, 1865, Beilage 212; *St. Galler Blätter*, 1865, n° 43; *London Review*, 1865, Suppl. 288; *Zs. f. das Gymnasialwesen*, 1866, n° 4; L. C. B., 1868, n° 1.]

101. **Bartsch** (K.). — Beiträge zur Geschichte und Kritik der Kudrun. — *Wien, Gerold*, 1865, in-8° [Tirage à part de : P. G., x, 41-90; 148-225].
[Cf. B. f. l. U., 1865, n° 47; *Zs. f. das Gymnasialwesen*, 1866, n° 4.]

102. **Müllenhoff** (K.). — Zeugnisse und Excurse zur deutschen Heldensage (H. Z., xɪɪ, 253-386; 413-436).

103. **Uhland** (L.). — Schriften zur Geschichte der Dichtung und Sage. — *Stuttgart, Cotta*, 1865 sqq., 8 vol. in-8°.
[Cf. I, 75-80; 88; 110-111; 154-155; 157; 251; 272-273; 327-332; 451-452; VI, 58; VII, 278-285; 536-538.]

104. **Zingerle** (I. V.). — Zur Kudrun (P. G., x, 475-476).

1866. 105. **Bacmeister** (A.). — Die Königstochter Gudrun oder die schöne Wäscherin. Eine anmuthige und unterhaltende Erzählung für das Volk bearbeitet. — *Reutlingen, Fleischhauer*, 1866, in-8°. — 2ᵉ éd., ibid., 1874, in-8°.

106. **Bibliothek** deutscher Klassiker. Eine Auswahl des Schönsten und Gediegensten in Poesie und Prosa aus ihren sämmtlichen Werken. Für Schule und Haus. — *Leipzig, Hartmann*, 1866, 19 vol. in-16.
[L'un des volumes de cette collection contient le poème de *Gudrun*; mais, ne l'ayant pas eue entre les mains, nous ne pouvons préciser dans lequel il se trouve.]

107. **Ettmüller** (L.). — Herbstabende und Winternächte. Gespräche über deutsche Dichtungen und Dichter. — *Stuttgart, Cotta*, 1865-1867, 3 vol. in-8°.
[Cf. II, 383-417.]

108. **Haupt** (J.). — Untersuchungen zur deutschen Sage. I. Untersuchungen zur Gudrun. — *Wien, Gerold*, 1866, in-8°. — 2ᵉ éd., ibid., 1874, in-8°.
   [Cf. *Heidelberger Jahrbücher der Literatur*, 1867, nᵒˢ 3 et 4; A. L. Z., 1866, n° 37.]

109. **Hoffmann von Fallersleben** (H. A.). — Zur Geschichte der Philologie. I. Briefe von Jacob Grimm (P. G., xi, 381).
   [Impressions de J. Grimm à la lecture du poème de *Gudrun*.]

110. **Saupe** (J.). — Der altdeutsche Heldensang in drei Proben : Nibelungen, Gudrun, Parzival. Für Schule und Haus. — *Gera, Kanitz*, 1866, in-8°.

1867. 111. **Bartsch** (K.). — Zur Kudrunsage (P. G., xii, 220-224).

112. **Bartsch** (K.). — Die deutsche Treue in Sage und Poesie. Vortrag. — *Leipzig, Vogel*, 1867, in-8°. (Réimp. dans : Gesammelte Vorträge und Aufsätze [*Freiburg und Tübingen, Mohr*, 1883, in-8°], p. 158-184).
   [Cf. L. C. B., 1867, n° 34; *Bl. f. lit. Unthltg.*, 1868., n° 12; M. L. A, 1867, n° 26; *Wiss. Beilage der Leipz. Ztg.*, 1867, n° 66 ; *Europa*, 1867, n° 18.]

113. **Bässler** (F.). — Die schönsten Heldensagen des Mittelalters ihren Sängern nacherzählt. III. Heft : Gudrun, für die Jugend und das Volk bearbeitet. — *Leipzig, Hartung*, 2ᵉ éd., 1867, in-8°. — 3ᵉ éd., ibid., 1880, in-8°.
   [Cf. J. B., ii (1880), n° 1398.]

114. **Fortleben** der Kudrunsage in Norddeutschland (B. f. l. U., 1867, n° 39).

115. **Freitag** (G.). — Bilder aus der deutschen Vergangenheit. — *Leipzig, Hirzel*, 1867 sqq., 5 vol. in-8°.
   [Cf. II, 1, 443-461.]

116. **Hofmann** (C.). — Zur Gudrun (*Sitzungsber. der kgl. bayer. Akad. der Wiss. zu München*, 1867, II, 205-230 ; 357-374).

117. **Keck** (H.). — Die Gudrunsage ; drei Vorträge über ihre älteste Gestalt und ihre Wiederbelebung. — *Leipzig, Teubner*, 1867, in-8°.
   [Cf. L. C. B.. 1867, n° 34 ; A. L. Z., 1867, n° 39 ; B. f. l. U., 1868, n° 12 ; *Hamburger Nachrichten*, 1867, n° 128.]

118. **Martin** (E.). — Bemerkungen zur Gudrun. — *Halle, Waisenhaus*, 1867, in-8°.
   [Cf. B. f. l. U., 1868, n° 12.]

119. **Neumann** (A.). — Die Stellung des Attributs ohne Flexion in der Gudrun. — *Progr. des Comm. Real-Gymnas. im Bezirk Mariahilf (Wien)*, 1867, in-8°.

120. **Pfeiffer (Fr.)**. — Freie Forschung. Kleine Schriften zur Geschichte der deutschen Litteratur und Sprache. — *Wien, Tendler*, 1867, in-8°.

[Cf. p. 13 sqq. et 90 sqq.]

121. **Richter (A.)**. — Das Fortleben der deutschen Heldensage im XIX. Jahrhundert (*Wiss. Beilage der Leipziger Zeitung*, 1867, n° 52).

1868. 122. **Carriére (M.)**. — Die Kunst im Zusammenhange der Kulturentwickelung und die Ideale der Menschheit. — *Leipzig, Brockhaus*, 1863-1873, 5 vol. in-8°.

[Cf. III, II, 337-342.]

123. **Hofmann (C.)**. — Zur Gudrun; mythische und historische Bestandtheile (*Augsburger Allg. Ztg.*, 1868, *Beilage* 24).

124. **Jonckbloet (A.)**. — Geschiedenis der nederlandsche Letterkunde. — *Groningen, Wolters*, 1868, 2 vol. in-8°.

[Cf. I, 32 sqq. ou I, 28 sqq. dans la traduction allemande de W. Berg et E. Martin, *Leipzig, Vogel*, 1870-1872, 2 vol. in-8°.]

125. **Kurze**. — Ein Beitrag zur Würdigung unserer Volksepen. Programm der Realschule. — *Landshut*, 1868, in-4°.

[Cf. H. A., XLV, 223 sqq.]

126. **Richter (A.)**. — Deutsche Heldensagen des Mittelalters. Erzählt und mit Erläuterungen versehen. — *Leipzig, Brandstetter*, 1868, 2 vol. in-8°. — 2ᵉ éd., 1870. — 3ᵉ éd., 1873. — 4ᵉ éd., ibid., 1877, 2 vol. in-8°.

[Cf. 4ᵉ éd., I, 298-412. — Cf. J. P. P., XCVIII, 316; *Wiss. Beil. der Leipz. Ztg.*, 1867, n° 101; M. L. A., 1868, n° 18; *Allg. Familien-Ztg.*, 1870, n° 30; *Schulblatt der Provinz Sachsen*, 1871, n° 7-8.]

127. **Wesendonck (M.)**. — Gudrun. Ein Schauspiel. — *Zürich*, 1868, in-8°.

1869. 128. **Bartsch (K.)**. — Herzog Ernst herausgegeben. — *Wien, Braumüller*, 1869, in-8°.

129. **Bartsch (K.) und Schröer (J.)**. — Das Fortleben der Kudrunsage (P. G., XIV, 323-336).

130. **Elmquist (G.)**. — Drei Gudrunlieder aus dem Mittelhochdeutschen ins Neuhochdeutsche übersetzt und erklärt. Mit einigen philologischen Bemerkungen. — *Strengnäs, Lundberg*, 1869, in-8°.

131. **Gerland (G.)**. — Altgriechische Märchen in der Odyssee. — *Magdeburg, Kreutz*, 1869, in-8°.

[Cf. p. 25, 27, 30, 38, 47.]

132. **Martin (E.)**. — Uebersicht der mittelniederländischen Li-

teratur in ihrer geschichtlichen Entwickelung (Z. Z., I, 157-178).
[Cf. surtout p. 163.]

133. **Meyer (K.).** — Die Wielandssage (P. G., xiv, 283-300).
[Cf. surtout p. 288, 290-291, 294, 298.]

134. **Reichel (R.).** — Zeugnisse zur deutschen Heldensage aus steirischen Urkunden. — *Marburg in St.*, 1869, in-4º.
[Cf. P. G., xvii, 65.]

135. **Schröder (R.).** — Corpus Juris Germanici poeticum. I. Gudrun (Z. Z., I, 257-272).

1870. 136. **Bossert (A.).** — La littérature allemande au moyen-âge et les origines de l'épopée germanique. — *Paris, Hachette*, 1870, in-8º. — 2ᵉ éd., ibid., 1882, in-12.
[Cf. p. 108-137 de la 1ʳᵉ éd.]

137. **Dony.** — Das weibliche Ideal nach Homer, mit Rücksicht auf unsere Nationalepen. Programm der Realschule. — *Perleberg*, 1870, in-4º.
[Cf. H. A, xlvii, 334.]

138. **Ettmüller (L.).** — Altnordischer Sagenschatz in neun Büchern. — *Leipzig, Fleischer*, 1870, gr. in-8º.
[Cf. p. 176-179 et 208.]

139. **Grosse (J.).** — Gesammelte dramatische Werke. — *Leipzig, Weber*, 1870, 7 vol. in-8º.
[T. VI : *Gudrun*. Schauspiel in fünf Aufzügen. — D'après une communication de M. J. Grosse, cette pièce a été représentée à Leipzig (Hoftheater) à la fin de 1872 et au commencement de 1873. — Cf. R. von Gottschall, *Die deutsche Nationallitteratur des 19. Jahrhunderts*, 5. Aufl., III, 401.]

140. **Günther (W.).** — Die deutsche Heldensage des Mittelalters, nebst der Sage vom Heiligen Graal (Parcival, Titurel, Lohengrin). — *Hannover, Brandes*, 1870, in-8º. — 2ᵉ éd., *Hannover, Meyer*, 1878, in-8º. — 3ᵉ éd., ibid., 1884, in 8º.
[Cf. H. Z., Anz., x, 415; Zs. f. das Gymnasialwesen, Juni 1885; J. B., vi, nº 640 ; P. G., xvii, 240.]

141. **Hildebrand (R.).** — Zur Gudrun (Z. Z., ii, 468-478).

142. **Klaiber (J.).** — Die Frauen der deutschen Heldensage. — *Stuttgart, Grüninger*, 1870, in-16.

143. **Köhler (A.).** — Ueber den Stand berufsmässiger Sänger im nationalen Epos germanischer Völker (P. G., xv, 27-50).
[Cf. surtout p. 34, 39, 42.]

144. **Müllenhoff (K.).** — Deutsche Alterthumskunde. — *Berlin, Weidmann*, I, 1870, in-8º. — 2ᵉ éd., ibid., 1890, in-8º.
[Cf. 1ʳᵉ éd., p. 410-426. — Cf. Z. Z., iv, 94 ; R. C., 1876, art. 86.]

145. Reissmann (A.). — Gudrun. Grosse Oper in drei Akten. Textbuch. — *Leipzig, Siegel*, 1870, in-8°.

[Représenté à Leipzig (Stadttheater) les 7 et 12 octobre 1871. — Cf. Fétis, *Biographie universelle des musiciens, Supplément*, II, 402; Martin, *Kudrun*, p. V; *Allg., musikalische Ztg.*, 1871, p. 668; *Revue et Gazette musicale* (de Paris), 1870-1871, p. 299; *Europa*, 1871, n° 41, *Chronik*, col. 648-649.]

146. Schröer (J.). — Weitere Mittheilungen über die Mundart von Gottschee (*Sitzungsber. der kaiserl. Akad. der Wissensch. zu Wien*, philos.-histor. Classe, LXV, 394 und 443).

1871. **147. Rückert (H.).** — Ueber deutsche mundartliche Litteratur (Z. Z., III, 161-200).

[Cf. surtout p. 184.]

148. Weinhold (K.). — Die Polargegenden Europas nach den Vorstellungen des deutschen Mittelalters. — *Wien, Gerold*, 1871, in-8°.

[Cf. p. 13-14.]

1872. **149. Frye (Th.).** — Macht und Ursprung des Gesanges und der Musik nach den Darstellungen altclassischer und deutscher Poesie. — *Programm der Realschule I. O. zu Ruhrort*, 1872, in-4°.

[Cf. H. A., LII, 435.]

150. Martin (E.). — Kudrun herausgegeben und erklärt [Tome II de la *Germanische Handbibliothek* hrsg. von Zacher]. — *Halle, Waisenhaus*, 1872, in-8°.

[Cf. Z. Z., IV, 356; R. C., 1872, art. 156; *Zs. f. d. bayer. Gymnasialwes.*, 1872, 787 sqq.; *Zs. f. d. österr. Gymnasien*, 1872, Heft 11; *The Academy*, 1872, n° 69; G. G. A., 1872, n° 51.]

151. Martin (E.) und Schröer (J.). — Zum Fortleben der Gudrunsage (P. G., XVII, 208-211; 425-431).

152. Möller (P. L.). — Det oldtyske Heltedigt Gudrun. Efterladt arbeide (skrevet i Tydskland 1851). — *Kjöbenhavn, Wagner*, 1872, in-12.

153. Rückert (H.). — König Rother, herausgegeben [Tome I des *Deutsche Dichtungen des Mittelalters*]. — *Leipzig, Brockhaus*, 1872, in-8°.

[Cf. Préface, p. XXVII sq. et passim.]

154. Schröer (J.). — Zur Heldensage (P. G., XVII, 65-71).

155. Stecher (J.). — L'épopée des bouches de l'Escaut. Discours prononcé à la Distribution des Prix au Concours général de l'enseignement supérieur et de l'enseignement moyen (*Moniteur Belge* du 29 septembre 1872).

1873. **156. Birlinger (A.).** — Zur Kudrun (*Alemannia*, I, 285-287).

157. Jänicke (O.). — Gabilun (H. Z., XVI, 323-324).

158. Junghans (A.). — Gudrun, ein mittelhochdeutsches Gedicht übersetzt [*Reclam's Universalbibliothek*, n°⁸ 465-466]. — *Leipzig, Reclam*, (1873), in-16.

159. Klee (G. L.). — Zur Hildesage. — *Leipzig, Breitkopf und Härtel*, 1873, in-8°.

160. Schmidt (L.). — Das Gudrunlied, ästhetische Untersuchungen nebst Probe freier Umdichtung. Programm des Gymnasiums. — *Bromberg, Fischer*, 1873, in-4°.

[Cf. H. A., LV, 120.]

161. Söltl (J. M.). — Heldensagen (Das Nibelungenlied, Rostem und Suhrab, Gudrun). Für Jung und Alt bearbeitet, insbesondere den deutschen Jungfrauen und Frauen gewidmet. — *Wien, Hartleben*, 1873, in-8°.

162. Widmann (H.). — Zur Kudrun. Mythisches und historisches. Programm des Gymnasiums. — *Görz*, 1873, in-8°.

163. Wilmanns (W.). — Die Entwickelung der Kudrundichtung untersucht. — *Halle, Waisenhaus*, 1873, in-8°.

[Cf. P. G., XX, 249-254; *Allg. lit. Anz. f. das evang. Deutschland*, 1874, n° 83; *Bl. f. d. bayer. Gymnasialwes.*, X, Heft 7; *Nordd. Allg. Ztg.*, 1874, n° 31; G. G. A., 1875, n° 10; Z. Z., XV, 194-222; ci-dessous, n° 187.]

1874. **164. Blume (L.).** — Das Ideal des Helden und des Weibes bei Homer, mit Rücksicht auf das deutsche Alterthum. — *Wien, Hölder*, 1874, gr. in-8°.

[Cf. P. G. XXI, 117; R. C., 1876, art. 33.]

165. Kirpičnikov (A. J.). — Kudrun, une épopée nationale [En langue russe]. — *Charkov, Typ. de l'Université*, 1874, in-8°.

[Cf. J. B., V, n° 953; H. Z., *Anz.*, IX, 241-244.]

166. Schröer (J.). — Sonnenuntergang, Geilàte, Gustràte, u. A., Gott folgen gehen (P. G., XIX, 430-432).

1875. **167. Bartsch (K.).** — Kudrun, Schulausgabe mit einem Wörterbuche. — *Leipzig, Brockhaus*, 1875, in-8°.

[Cf. *Bl. f. d. bayer. Gymnasialwesen*, XI, Heft 7.]

168. Keck (H.). — Gudrun, Nordseesage. Nach der mittelalterlichen Ueberlieferung wiedererzählt [*Iduna, Deutsche Heldensagen, Theil I*]. — *Leipzig, Teubner*, 1875, in-8°.

[Cf. *Wiss. Beil. der Leipz. Ztg.*, 1874, n° 103.]

169. Mehl (H.). — Die schönsten Sagen des classischen Alterthums und des deutschen Mittelalter. Für die Jugend erzählt. — *Wien, Pichler*, 1875, in 8°.

[Cf. J. P. P, CXII, 98.]

170. Scherer (W.). — Geistliche Poeten der deutschen Kaiserzeit. Studien [Q. F., Tome 7]. — *Strassburg, Trübner*, 1875, in-8°.

[Cf. H. Z., *Anz.*, I, 65 ; L. C. B., 1876, n° 5; J. L. Z., 1876, n° 9 ; Z. Z., VIII, 354.]

171 Scherer (W.). — Geschichte der deutschen Dichtung im XI. und XII. Jahrhundert [Q. F., Tome 12]. — *Strassburg. Trübner*, 1875, in-8°.

[Cf. surtout p. 47 et 79. — Cf. S. Z., XVIII, 4 ; L. C. B., 1876, n° 5 ; J. L. Z., 1876, n° 9 ; *Theol. Lit. Bl.*, XI, 10 ; *Im neuen Reich*, 1875, n° 50 ; *Saturday Review*, n° 1051 ; Z. Z., VIII, 354; H. Z. *Anz.*, II, 234; D. R., Mai 1876.]

1876. **172. Günther (W.).** — Kurzer Leitfaden der deutschen Heldensage des Mittelalters, nebst einem Ueberblick über die Götterlehre der alten Deutschen. — *Hannover, Meyer*, 1876, in-8°. — 2ᵉ éd., ibid., 1878, in-8°.

173. Hahn (J. G. von). — Sagwissenschaftliche Studien. — *Jena, Mauke*, 1873-1875, gr. in-8°.

[Cf. L. C. B., 1873, n° 36; *Westermanns Monatshefte*, Sept. 1877.]

174. Strobl (J.). — Die Entstehung der Kudrunstrophe (*Zs. f. die österr. Gymnasien*, XXVII [1876], 881-886).

1877. **175. Caro (C.).** — Gudrun, Schauspiel in fünf Aufzügen. — *Breslau; Trewendt*, 1877, in-16.

176. Muth (R. von). — Alter und Heimat des Biterolf (H. Z., XXI, 182-189).

177. Rassmann (A.). — Gûdrûn (*Encyclopédie d'Ersch et Gruber*, 1ʳᵉ Section, Tome 96, p. 121-144).

[Cf. Z. Z., X, 374.]

178. Rückert (H.). — Ueber das Epos von Gudrun (Dans: H. Rückerts Kleinere Schriften, hrsg. von A. Sohr und A. Reifferscheid. — *Weimar, Böhlau*, 1877 sqq., 3 vol. in-8°. Tome I, p. 180-211).

[Cf. R. C., 1877, 2ᵉ Sem., p. 369 ; P. G., XXIII, 246 ; Z. Z., XIII, 243 sqq.]

1878. **179. Baumbach (R.).** — Horand und Hilde, Gedicht. — *Leipzig, Breitkopf und Härtel*, 1878, in-8°.

180. Klee (G. L.). — Gudrun. Ein aldeutsches Heldengedicht übersetzt. — *Leipzig, Hirzel*, 1878, in-8°.

[Cf. R. C., 1878, art. 156 ; Z. Z., X, 374.]

181. Muth (R. von). — Untersuchungen und Excurse zur Geschichte und Kritik der deutschen Heldensage und Volksepik (*Sitzungsber. der k. Akad. der Wiss. zu Wien*, XCI, 223-254). — Tirage à part: *Wien, Gerold*, 1878, gr. in-8°.

[Cf. p. 23-24 du tirage à part. — Cf. J. B., I, n° 262.]

182. Steenstrup (J.). — Danske Kolonier i Flandern og Nederlandene i det 10de Aarhundrede [Saertryk af *Historisk Tidskrift*, IV. Raekke, Bd. 6, S. 484-497]. — *Kjöbenhavn, Lunos*, 1878, in-8°.
[Cf. R. H., *Janvier-Février* 1880, p. 16 ; J. B., i, n° 133.]

183. Wägner (W.). — Unsere Vorzeit. In Schilderungen für Jugend und Volk. — *Leipzig, Spamer*, 1878, 2 vol. in-8°.
[Cf. D. R., xiv, 339.]

184. Wilken (E.). — Untersuchungen zur Snorra-Edda. — *Paderborn, Schöningh*, 1878, in-8°.
[Cf. p. 143-147. — Cf. P. G., xxiv, 363 ; L. C. B., 1878, col. 1448 ; J. B., i, n° 353 ; J. L. Z., 1879, 509 ; G. G. A., 1878, 1217 ; Z. Z., x, 351.]

1879. **185. Bartsch (K.).** — Sagen, Märchen und Gebräuche aus Mecklenburg. 1. Sagen und Märchen. — *Wien, Braumüller*, 1879, in-8°.
[Cf. p. 469-474. — Cf. J. B., i, n° 269 ; L. C. B., 1879, col. 1425-1429 ; P. G., xii, 220-234 ; *The Antiquary*, ix, 220-225 ; x, 64-69.]

186. Groth. — Vergleich, Metapher, Allegorie und Ironie in dem Nibelungenlied und der Kudrun. — *Programm des Gymnasiums zu Charlottenburg*, 1879, in-4°.
[Cf. J. B., i, n° 498 ; H. A., lxiii, 105.]

187. Kolisch (A.). — Die Kudrun-Dichtung nach Wilmann's Kritik. Programm. — *Stettin, Bornemann*, 1879, in-4°.
[Cf. J. B., i, n° 459, ii, n° 846 ; H. A., lxiii, 106.]

188. Schnorf (K.). — Der mythische Hintergrund im Gudrunliede und in der Odyssee. — *Zürich, Schulthess*, 1879, in-8°.
[Cf. *Bursians Jahresbericht*, xxxiv, 143 ; J. B., ii, n° 548 ; vi, n° 580.]

189. Albers (J. H.). — Lebensbilder aus der Götter-und Heldensage. — *Metz*, 1880, in-8°.
[Cf. J. B., iii, n° 1357.]

1880. **190. Ebner (A.).** — Die Verba auxiliaria *kunnen* und *soln* in der Gudrun (1-879). Programm des k. k. Obergymnasiums. — *Melk*, 1880, in-8°.
[Cf. J. B., iii, n° 753 ; *Zs. f. d. Realschulwesen*, vi, 508.]

191. Griesmann (A.). — Einführung in das Nibelungenlied und die Gudrun. — *Leipzig, Webel*, 1880, in-8°.
[Cf. J. B., ii, n° 910 ; B. f. l. U., 1881, n° 14.]

192. Klee (G. L.). — Zu Kudrun (P. G., xxv, 396-402).

193. Kny (H.). — Der Gebrauch der Negation im Gudrunliede. Programm der Oberrealschule. — *Bielitz*, 1880, in-8°.
[C. J. B., iii, n° 754 ; *Zs. f. d. Realschulwesen*, vi, 508.]

194. Kohlmann. — Das Harlingerland als Mittelpunkt der Gudrunsage (*Ostfriesisches Monatsblatt*, VIII [1880], n°s 34-40).

[Cf. P. G., xxvi, 487, n° 1076.]

195. Martinius (C.). — Das Land der Hegelinge wiedergefunden im ostfriesischen Harlingerlande. Beiträge zur Erklärung des Gudrungedichtes. — *Norden, Soltau*, 1880, in-8°.

[Cf. J. B., i, n° 460; ii, n° 379; H. Z., Anz. vi, 98; P. G., xxv, 489; *Ostfries. Monatsbl.*, 1879, 518.]

196. Rischka (R.). — Verhältniss der polnischen Sage von Walgierz Wdaly zu den deutschen von Walther von Aquitanien. — *Brody, Rosenheim*, 1880, in-8°.

[Cf. J. B., i, n° 840; iii, n° 1234; L. C. B., 1880, n° 48; H. A., lxiv, 201; *Ausland*, 1880, n° 21; M. L. A., 1880, n° 8.]

197. Schröder (R.). — Die Herkunft der Franken (S. Z., xliii, 1-65).

[Cf. surtout p. 10, 11, 16 sqq. — Cf. J. B., ii, n° 295; iii, n°s 273 et 429; *Zs. der Savigny-Stiftung*, ii, German. Abthlg., 1-32; D. L. Z., 1880, col. 375.]

198. Stecher (Chr.). — Das Gudrun-Lied. Ein Heldengedicht umgedichtet [*Deutsche Dichtung für die christliche Familie und Schule*, Heft 18-19]. — *Graz, Styria*, 1880-1882, 2 vol. in-8°.

[Cf. J. B., v, n° 954.]

1881. 199. Bugge (S.). — Studier over de Nordiske Gude-ok Heltesagns Oprindelse. Förste Raekke. — *Christiania, Feilberg og Landmark*, 1881-1889, in-8°. — [Traduction allemande sous le titre : Studien über die Entstehung der nordischen Götter- und Heldensage. Uebersetzt von O. Brenner. 1. Reihe. — *München, Kaiser*, 1881-1889, in-8°.]

[Cf. J. B., ii, n° 515, 516; iii, n° 478; iv, n° 410; v, n° 483; xi, 10, 96; 12, 171, où l'on trouvera réunie la bibliographie des nombreux articles qu'a suscités l'apparition de ce livre.]

200. Gibb (J.). — Gudrun and other stories from the Epics of the Middle-Age. — *London, Marshall, Japp a. Co.*, 1881, in-8°. — 2e éd. sous le titre: Gudrun, Beowulf and Roland; with other metrical tales. — *London*, 1883, in-8°.

[Cf. R. C., 1883, n° 50.]

201. Götzinger (E.). — Reallexikon der deutschen Alterthümer. — *Leipzig, Urban*, 1881, in-8°. — 2e éd., ibid., 1884, in-8°.

[Cf. J. B., iii, n° 230; iv, n° 197; v, n° 207; vi, n° 185; vii, n° 194; viii, n° 217; ix, 7, 2; *Rev. de Phil.*, vi, 191-192.]

202. Reichardt (Fr.). — Zur Charakteristik des Nibelungenliedes.

Vergleich des epischen Stils der Nibelungen mit dem der Kudrun. Programm der Realschule. — *Aschersleben, Huch,* 1881, in-8°.

[Cf. J. B., iii, n° 765; H. A., lxviii, 448.]

203. **Wägner (W.).** — Deutsche Heldensagen für Schule und Haus. — *Leipzig, Spamer,* 1881, in-8°. — 2ᵉ éd., ibid., 1886, in-8°.

[Cf. J. B., iii, nᵒˢ 513 et 1363; iv, n° 1445; |viii, n° 561; *Zs. f. das Realschulwesen,* vii, 237.]

204. **Zwitzers (A. E.).** — Kudrun. Nach Müllenhoff und Martin verkürzte Ausgabe, mit grammatischer und metrischer Einleitung und Wörterbuche. Für Schule und zum Selbstunterricht. — *Hannover, Hahn,* 1881, in-8°.

[Cf. J. B., iii, n° 752.]

1882. 205. **Fechtner (G.).** — Kriemhild und Kudrun. Charaktere aus der deutschen Heldensage. Ein Vortrag. — *Leipzig,* 1882, in-8°.

[Cf. J. B., iv, n° 454.]

206. **Hartung (A.).** — Deutsche Alterthümer aus dem Nibelungenliede und der Gudrun. Programm des Progymnasiums. — *Neuhaldensleben,* 1882, in-4°.

[Cf. J. B., iv, n° 710; H. A., lxx, 217.]

207. **Klughardt (A.).** — Gudrun, eine Oper. Text. von Carl Niemann. — *Berlin, Bote und Bock,* 1882, in-8°.

[D'après une communication de M. A. Klughardt, cet opéra a été successivement représenté à Neustrelitz (Hoftheater), Berlin (Opernhaus), Leipzig (Neues Stadttheater) et Dessau (Hoftheater).]

208. **Neumann (F.).** — Iron und Apollonius (P. G., xxvii, 1-22).

[Cf. surtout p. 6 sqq. — Cf. J. B., iv, n° 592.]

1883. 209. **Kettner (E.).** — Der Empfang der Gäste im Nibelungenliede. Ein Beitrag zur Kulturgeschichte des XII. und XIII. Jahrhunderts. Jahresbericht des Gymnasiums. — *Mülhausen,* 1883, in-4°.

[Traite la même question pour les poèmes de *Gudrun, Biterolf* et *Alphart.* — Cf. J. B., v, n° 319; H. A., lxxi, 224.]

210. **Klee (G. L.).** — Die deutschen Heldensagen für Jung und Alt wiedererzählt. — *Gütersloh, Bertelsmann,* 1883, in-8°.

[Cf. J. B., vi, n° 638; L. B., v, col. 465; *Allg. Ztg.,* 1885, Beil. 57; *Haus und Schule,* 1883, 49; *Grenzboten,* 1884, 17; *Reichsbote,* 1883, 288; *Cons. Monatschrift,* 1883, 12; *Staatsanzeiger für Würtemberg,* 1883, n° 26.]

211. **Martin (E.).** — Kudrun herausgegeben. Textabdruck mit den Lesarten der Handschrift und Bezeichnung der echten

Theile [*Sammlung germanistischer Hilfsmittel für den praktischen Studienzweck*, Tome II]. — *Halle, Waisenhaus*, 1883, in-8°.

[Cf. J. B., v, n° 949 : L. C. B., 1883, col. 1276 ; L. B., 1884, col. 90 ; Z. Z., xvi, 114 ; *Zs. f. das bayer. Gymnasialschulwesen*, xx, 457.]

212. **Martin (E.)**. — Zu Kudrun (Z. Z., xv, 194-222).

[Cf. J. B., v, n° 951.]

213. **Symons (B.)**. — Kudrun herausgegeben [*Altdeutsche Textbibliothek hrsg. von H. Paul*, Tome 5]. — *Halle, Niemeyer*, 1883, in-8°.

[Cf. J. B., v, n° 950 ; L. C. B., 1883, col. 1276 ; L. B., 1884, col. 90 ; *Nordisk Revy*, 1883, col. 19.]

214. **Symons (B.)**. — Zur Kudrun (P. B. B., ix, 1-100).

[Cf. J. B., v, n° 952.]

215. **Zingerle (O.)**. — Das Heldenbuch an der Etsch (H. Z., xxvii, 136-144).

[Cf. J. B., v, n° 929.]

1884. 216. **Bahder (K. von)**. — König Rother herausgegeben [*Altdeutsche Textbibliothek hrsg. von H. Paul*, Tome 6]. — *Halle, Niemeyer*, 1884, in-8°.

[Cf. Préface, p. 4.]

217. **Dahn (F. und Th.)**. — Walhall, Germanische Götter-und Heldensagen. Für Alt und Jung am deutschen Herd erzählt. — *Kreuznach, Voigtländer*, 1re à 3e éd., 1884, in-8°. — 4e et 5e éd., *ibid.*, 1885, in-8°.

[Cf. J. B., vi, n° 639 ; vii, n° 747 ; viii, n° 559 ; L. C. B., 1886, col. 733.]

218. **Draeseke (F.)**. — Gudrun, eine Oper. — *Leipzig, Kistner*, 1884, in-8°.

[D'après Fétis, *Biographie universelle des musiciens, Supplément*, I, 280, cet opéra n'aurait pas été représenté (1881).]

219. **Engelmann (Em.)**. — Die schönsten Mähren und Heldensagen der Vorzeit, getreu nach den Quellen geschildert. — *Stuttgart, Neff*, 1884, in-8°.

220. **Hallberg (E.)**. — Les grandes épopées germaniques (*Revue de l'Enseignement des langues vivantes*, 1884, n°s 1-3).

221. **Kettner (E.)**. — Zur Kritik des Nibelungenliedes. II. Die Hoffeste (Z. Z., xvi, 48-89).

[Cf. surtout p. 58-61. — Cf. J. B., vi, n° 954.]

222. **Richter (A.)**. — Götter und Helden. Griechische und deut-

sche Sagen. — *Leipzig, Brandstetter*, 1. Bdchn., 3. Aufl.; 2. Bdchn., 2. Aufl., 1884-1885, 2 vol. in-8°.

223. **Schwarze (M.)**. — Die Frau in dem Nibelungenliede und der Kudrun (Z. Z., xvi, 385-470). — Réimp. comme dissertation inaugurale: *Halle, Waisenhaus*, 1884, in-8°.
[Cf. J. B., vi, n° 939.]

224. **Weitbrecht (R.)**. — Das Gudrunlied in neuhochdeutschen Versen nachgedichtet. — *Stuttgart, Metzler*, 1884, in-8°.
[Cf. J. B., vi, n° 939; D. L. Z., 1884, col. 521.]

1885. 225. **Bartsch (K.)**. — Kudrun herausgegeben [*Deutsche National-Litteratur hrsg. von J. Kürschner*, Tome 6] — *Berlin und Stuttgart, Spemann*, (1885), in-8°.
[Cf. J. B., vii, n° 1170; Centralorg., xiii, 459.]

226. **Engelmann (Em.)**. — Das Gudrun-Lied für das deutsche Haus nach den besten Quellen bearbeitet. Mit einem Facsimile der Ambraser Handschrift, 6 Lichtdruckbildern und vielen Illustrationen im Text. — *Stuttgart, Neff*, 1885, in-8°.
[Cf. *Nord und Süd, Januar* 1886.]

227. **Erdmann (O.)**. — Lamprechts Alexander und die Hilde-Kudrun-Dichtung (Z. Z., xvii, 224-226).
[Cf. J. B., vii, n° 1175.]

228. **Erdmann (O.)**. — Zur Gudrun (Z. Z., xvii, 226-227).
[Cf. J. B., vii, n° 1172.]

229. **Heinrich (O.)**. — Ueber die Kudrunsage und das Kudrunepos (*Ungar. Revue*, v, 295-297).
[Cf. J. B., vii, n° 1173.]

230. **Otto (Th.)**. — Bemerkungen zum Gudrunliede (*Bellettristisches Familienblatt*, 1885, n° 1).

231. **Vogt (P.)**. — Gudrun im Anschluss an Müllenhoffs Ausgabe für den Schulgebrauch ins Neuhochdeutsche übersetzt und mit einer Einleitung versehen. — *Leipzig, Wigand*, 1885, in-8°.
[Cf. J. B., viii, n° 2126.]

232. **Wanner (H.)**. — Deutsche Götter und Helden, nebst der Sage von Parzival. — *Hannover, Helwing*, 1885, in-8°.

1886. 233. **Berger (A.)**. — Die Oswaldlegende in der deutschen Literatur: ihre Entwickelung und ihre Verbreitung (P. B. B., xi, 365-470).
[Cf. surtout p. 377 et 450-459. — Cf. J. B., viii, n° 530.]

234. **Freytag (L.)**. — Die älteren Theile des Kudrunliedes übersetzt, II (Schluss). Programm. — *Berlin, Gaertner*, 1886, in-4°.
[Cf. J. B., viii, n° 923; L. B., viii, col. 63 et 242.]

235. **Frick (O.) und Polack (Fr.).** — Aus deutschen Lesebüchern. Epische, lyrische und dramatische Dichtungen erläutert. — *Gera und Leipzig, Hofmann*, 1882-1886, 4 vol. in-8°.
   [Tome IV: Commentaire sur les *Nibelungen, Gudrun*, etc... — Cf. J. B. VIII, n° 2140.]

236. **Höcker (O.).** — Deutsche Heldensagen. — *Reutlingen, Ensslin und Laiblin*, 1886, in-8°.
   [Cf. J. B., VIII, n° 562.]

237. **Mœrner (J. von).** — Die deutschen und französischen Heldengedichte des Mittelalters als Quelle für die Kulturgeschichte. Aus dem handschriftlichen Nachlass. — *Leipzig, Wigand*, 1886, in-8°.
   [Cf. Z. V. L., I, 286.]

238. **Müllenhoff (K.).** — Frija und der Halsbandmythus (H. Z., XXX, 217-260).
   [Cf. J. B., VIII, n° 512.]

239. **Müller (O.).** — Das Gudrunlied (*Allg. österr. Literaturzeitung*, 1886, n° 10, 1. Juli, p. 13-14).

240. **Müller (W.).** — Mythologie der deutschen Heldensage. — *Heilbronn, Henninger*, 1886, in-8°.
   [Cf. surtout p. 215-240. — Cf. J. B., VIII, n° 558; IX, 10, 91; X, 10, 112; H. Z., Anz., XIII, 19; L. B., IX, 250; G. G. A., 1886, 463-476; *Deutsches Lit. Bl.*, 1886, 43; *Zs. f. das Realschulwesen*, 1886, 730; D. L. Z., 1887, 1617-1620.]

241. **Osterwald (W.).** — Sang und Sage. Erzählungen aus Deutschlands Vorzeit [*Deutsche Jugendbibliothek*, T. 70-71]. — *Kreuznach, Voigtländer*, 1886, in-8°.
   [Cf. J. B., VIII, n° 2161.]

1887. 242. **Bech (F.).** — Zu Kudrun (P. G., XXXII, 116).
   [Cf. J. B., IX, 14, 39.]

243. **Beer (L.).** — Der Stoff des Spielmannsgedichts Orendel (P. B. B., XIII, 1-120.) — Tirage à part: *Halle, Karras*, 1887, in-8°.
   [Cf. J. B., IX, 10, 101.]

244. **Grimm (W.).** — Einleitung zur Vorlesung über Gudrun (*Kleinere Schriften*, IV, 524-576).

245. **Grimme (Fr.).** — Anklänge an das deutsche Volksepos in Ortsnamen (P. G., XXXII, 65-72).

246. **Knoop (O.).** — Die deutsche Walthersage und die polnische Sage von Walther und Helgunde. — *Posen, Jolowicz*, 1887, in-8°.
   [Cf. J. B., IX, 10, 99; X, 10, 120; H. Z., Anz., XIV, 241; L. B., IX, 113.]

247. **Kohn (M.).** — Die Meisterwerke der deutschen Literatur in mustergültigen Inhaltsangaben. Eine Sammlung erlesener Darstellungen. — *Hamburg, Richter*, 1887, in-8°.
[Cf. *Rev. de l'Ens. secondaire et de l'Ens. Supérieur*, IX, 134 H. A., LXXVIII, 469.]

248. **Lange (A.).** — Deutsche Götter- und Heldensagen. Für Haus und Schule nach den besten Quellen dargestellt. — *Leipzig, Teubner*, 1887, in-8°.
[Cf. J. B., IX, 10, 14 ; X, 10, 10.]

249. **Müller (R.).** — Beiträge zur Geschichte der mhd. Litteratur in Oesterreich. I. Zur Kudrun (H. Z., XXXI, 82-95).
[Cf. J. B., IX, 14, 37.]

250. **Prosch (Fr.)** und **Wiedenhoffer (Fr.).** — Die deutsche Heldensage nach Darstellungen von Uhland, Vilmar, Scherer, Keck und Khull. Mit Anmerkungen. — *Wien, Graeser*, 1887, in-8°.
[Cf. J. B., IX, 10, 92 ; *Zs. f. die österr. Gymn.*, XXXVIII, 685-687.]

251. **Rœdiger (M.).** — Hildeburg und Ortrun (H. Z., XXXI, 282-287).
[Cf. J. B., IX, 14, 38.]

252. **Schmitt (H.).** — Versuch einer Geschichte der Hilde- und Kudrunsage. Programm. — *Wiesbaden*, 1887, in-4°.

253. **Sprenger (R.).** — Zu Kudrun (P. G., XXXII, 330-332).

254. **Wangrin (E.).** — Die Syntax der Causalsätze in der Kudrun. Programm. — 1887, in-4°.

1888. 255. **Freytag (L.).** — Gudrun, übersetzt und mit erläuternden Anmerkungen versehen. — *Berlin, Friedberg und Mode*, 1888, in-8°.
[Cf. J. B., X, 14, 40 ; *Zs. f. d. Unterr.*, II, 177-179.]

256. **Neumann (F.).** — Ueber die Entwickelung der Kudrundichtung. Programm des Sophiengymnasiums. — *Berlin, Gaertner*, 1888, in-4°.
[Cf. J. B., X, 14, 41.]

257. **Schmidt (L.).** — Gudrun, eine Umdichtung des mhd. Gudrunliedes. — *Wittenberg, Herrosé*, 1888, in-8°.
[Cf. J. B., -, 14, 42 ; H. Z., *Anz.*, XV, 151 ; J. P. P., CXLII, 125-129.]

258. **Zingerle (O.).** — Zur Geschichte der Ambraser Handschrift (H. Z., *Anz.*, XIV, 291-293).

1889. 259. **Beer (L.).** — Zur Hildensage (P. B. B., XIV, 522-572).
[Cf. J. B., XI, 10, 103.]

260. **Bührig (H.).** — Die Sage vom König Rother. — *Einbeck (Gottingen, Vandenhœck und Ruprecht)*, 1889, in-8°.
[Cf. surtout p. 66-75. — Cf. J. B., XI, 10, 104 ; 14, 60.]

261. **Müllenhoff (K.).** — Beowulf. Untersuchungen über das angelsächsische Epos und die älteste Geschichte der germanischen Seevölker. — *Berlin, Weidmann*, 1889, in-8º.

[Cf. surtout p. 106-107. — Cf. J. B., XI, 16, 411 ; *Anglia*, XII, 465 ; Z. Z., XXIII, 110 ; H. Z., *Anz.*, XVI, 264 ; L. C. B., 1890, col. 58 ; *Engl. Stud.*, XVI, 71-85.]

262. **Müller (W.).** — Zur Mythologie der griechischen und deutschen Heldensage. — *Heilbronn, Henninger*, 1889, in-8º.

[Cf. surtout p. 135-145 et passim. — Cf. L. B., 1890, col. 89-91 ; J. B., XII, 10, 66 ; H. Z., *Anz.*, XVII, 86-91.]

263. **Symons (B.).** — Heldensage (Dans: Grundriss der germanischen Philologie, hrsg. von H. Paul [*Strassburg, Trübner*, 1889 sqq., gr. in-8º], II, 54-56).

[Cf. J. B., XI, 10, 93.]

1890. 264. **Golther (W.).** — Nibelungen und Kudrun in Auswahl, und mhd. Grammatik mit kurzem Wörterbuche. — *Stuttgart, Göschen*, 1890, in-12.

[Cf. II, A., LXXXIV, 341.]

265. **Jellinek (M. H.).** — Zur Kudrun (P. B. B., XV, 305-306).

266. **Kamp (H.).** — Gudrun in metrischer Uebersetzung. — *Berlin, Mayer und Müller*, 1890, in-8º.

267. **Kettner (E.).** — Der Einfluss des Nibelungenliedes auf die Gudrun (Z. Z., XXIII, 143-217).

268. **Lemmermayer (Fr.).** — Gudrun. Ein deutsches Heldenlied übersetzt und eingeleitet. — *Stuttgart, Cotta*, 1890, in-8º.

269. **Vogt (F.).** — Mittelhochdeutsche Litteraturgeschichte (Dans: Grundriss der germanischen Philologie, hrsg. von H. Paul [*Strassburg, Trübner*, 1889, gr. in-8º], II, 1, 318-319).

1891. 270. **Bornhak (G.).** — Das Gudrunlied, übersetzt und bearbeitet. — *Leipzig, Teubner*, (1891), in-16.

271. **Legerlotz (G.).** — Gudrun. Neu übersetzt und herausgegeben [*Velhagen und Klasings Sammlung deutscher Schulausgaben, Heft 52*]. — *Bielefeld, Velhagen und Klasing*, 1891, in-12.

272. **Löschhorn (H.).** — Kudrun, übertragen und erläutert. — *Halle, Waisenhaus*, 1891, in-8º.

[Cf. Z. Z., XXIV, 287.]

S. l. n. d.

273. **Bolck (O.).** — Gudrun, eine Oper.

INDEX ALPHABÉTIQUE

DES

NOMS D'AUTEURS CITÉS

DANS LA BIBLIOGRAPHIE CHRONOLOGIQUE.

[N.B. Les chiffres renvoient aux numéros des articles.]

Albers (J. H.), 189.
Bacmeister (A), 90, 105.
Baecker (L. de), 58, 74, 82.
Bässler (F.), 113.
Bahder (K. von), 216.
Barthel (K.), 62.
Bartsch (K.), 83, 94, 100, 101, 111, 112, 128, 129, 167, 185, 225.
Baumbach (R.), 179.
Bech (F.), 242.
Beer (L.), 243, 259.
Benfey (Th.), 86.
Berger (A.), 233.
Birlinger (A.), 156.
Blume (L.), 164.
Bolck (O.), 273.
Bonstetten (de), 52.
Bornhak (G.), 270.
Bossert (A.), 136.
Bührig (H.), 260.
Büsching (G.), 6, 14.
Bugge (S.), 199.
Burmeister (H.), 34.
Caro (C), 175.
Carrière (M.), 122.
Dahn (F. et Th.), 217.
Dony ( ), 137.
Draescke (F.), 218.
Ebner (A.), 190.
Eichhoff (G.), 84.
Elmquist (G.), 130.

Engelmann (Em.), 219, 226.
Erdmann (O.), 227, 228.
Ettmüller (L.), 39, 40, 107, 138.
Fechtner (G.), 205.
Freitag (G.), 115.
Freytag (L.), 234, 253.
Frick (O.), 235.
Frye (Th.), 149.
Gärtner (F.), 87.
Gerland (G.), 131.
Gervinus (G.), 28.
Gibb (J.), 200.
Gödeke (K.), 72.
Götzinger (E.), 201.
Golther (W.), 264.
Grässe (Th.), 42.
Griesmann (A.), 191.
Grimm (J.), 7, 13, 16, 41, 43, 88.
Grimm (W.), 7, 18, 244.
Grimme (Fr.), 245.
Grosse (J.), 139.
Groth ( ), 186.
Gudmundi (J.), 2.
Günther (W.), 140, 172.
Hagen (H. von der), 14, 59, 75.
Hahn (K. A.), 69.
Hahn (J. G. von), 173.
Hallberg (E.), 220.
Hartung (O.), 206.
Haupt (J.), 108.
Haupt (M.), 44, 45, 47.

Heinrich (O.), 229.
Hense ( ), 60.
Hildebrand (R.), 141.
Höcker (O.), 236.
Hoffmann von Fallersleben (H. A.), 109.
Hofmann (C.), 116, 123.
Holland (L.), 78, 89.
Hormayr (Frhr. von), 9.
Jänicke (O.), 157.
Jellinek (M. H.), 265.
Jonckbloet (A.), 63, 124.
Junghans (A.), 158.
Kamp (H.), 266.
Keck (H.), 117, 168.
Keller (A.), 38.
Kettner (E.), 209, 221, 267.
Kirpičnikov (A. J.), 165.
Klaiber (J.), 142.
Klee (G. L.), 159, 180, 192, 210.
Klopp (O.), 61.
Klughardt (A.), 207.
Knoop (O.), 246.
Kny (H.), 193.
Koch (F.), 53.
Köhler (A.), 143.
Kohlmann ( ), 194.
Kohn (M.), 247.
Kolisch (A.), 187.
Kurze ( ), 125.
Lachmann (K.), 24.
Lange (A.), 248.
Legerlotz (G.), 271.
Lemmermayer (Fr.), 268.
Liebrecht (F.), 79.
Löschhorn (H.), 272.
Mangold (K. A.), 64.
Mannhardt (W.), 73.
Martin (E.), 118, 132, 150, 151, 211, 212.
Martin (N.), 91.
Martinius (C.), 195.
Mehl (H.), 169.
Meyer (K.), 133.
Michel (Fr.), 30.

Möller (P. L.), 152.
Mönnich (B.), 67.
Mœrner (J. von), 237.
Mone (J.), 21, 29, 31.
Müllenhoff (K.), 48, 49, 56, 98, 102, 144, 238, 261.
Müller (O.), 239.
Müller (P. E.), 10, 15, 35.
Müller (R.), 249.
Müller (W.), 240, 262.
Muth (R. von), 176, 181.
Neumann (A.), 119.
Neumann (F.), 208, 256.
Niendorf (A.), 76.
Osterwald (K. W.), 57, 241.
Otto (Th.), 230.
Pfeiffer (Fr.), 120.
Plönnies (W. von), 70.
Polack (Fr.), 235.
Primisser (A.), 12, 14.
Prosch (Fr.), 250.
Rafn (C.), 19.
Rask (K.), 11.
Rassmann (A.), 177.
Regel (K.), 95.
Reichardt (Fr.), 202.
Reichel (R.), 134.
Reissmann (A.), 145.
Richter (A.), 121, 126, 222.
Rieger (M.), 70.
Rischka (R.), 196.
Ritson (J.), 5.
Rœdiger (M.), 251.
Rudbeck (Ol.), 2.
Rückert (H.), 147, 153, 178.
Rutenberg (O. von), 96.
Sacken (E. von), 77.
Samsöe (O. J.), 4.
San Marte (A. *Schulz*), 37.
Saupe (J.), 110.
Scherer (W.), 98, 170, 171.
Schincke ( ), 22.
Schmidt (F.), 68.
Schmidt (L.), 160, 257.
Schmitt (H.), 252.

Schnorf (K.), 188.
Schönherr ( ), 99.
Schöpf (J.), 85.
Schott (A.), 50.
Schröder (R.), 135, 197.
Schröer (J.), 129, 146, 150, 154, 166.
Schwarze (M.), 223.
Simroch (K.), 46, 71.
Snorrasyne (J.), 1.
Snorri ( ), 54.
Sültl (J. M.), 161.
Sprenger (R.), 253.
Stecher (Chr.), 189.
Stecher (J.), 155.
Steenstrup (J.), 182.
Strauss (V.), 65.
Strobl (J.), 174.
Suhm (P. F.), 3.
Symons (B.), 213, 214, 263.
Uhland (L.), 103.

Vernaleken (Th.), 51.
Vogt (F.), 269.
Vogt (P.), 231.
Vollmer (J.), 50.
Wachter (F.), 17, 20, 23, 25.
Wackernagel (W.), 32.
Wägner (W.), 183, 203.
Wangrin (E.), 254.
Wanner (H.), 232.
Weinhold (K.), 55, 66, 80, 92, 148.
Weitbrecht (R.), 224.
Wesendonck (M.), 127.
Widmann (H.), 162.
Wiedenhoffer (Fr.), 250.
Wilken (E.), 184.
Wilmanns (W.), 163.
Wislicenus (H.), 97.
Ziemann (A.), 27, 33.
Zingerle (I. V.), 81, 93, 104.
Zingerle (O.), 215, 258.
Zwitzers (A. E.), 204.

LISTE DES ABRÉVIATIONS

EMPLOYÉES

DANS LA BIBLIOGRAPHIE CHRONOLOGIQUE

ET DANS LES NOTES DE L'OUVRAGE

A. L. Z.	= *Allgemeine Literatur-Zeitung.*
Anz.	= *Anzeiger.*
B. f. l. U.	= *Blätter für literarische Unterhaltung.*
Bl.	= *Blatt, Blätter.*
C. B.	= *Centralblatt.*
D. L. Z.	= *Deutsche Literatur-Zeitung.*
D. R.	= *Deutsche Rundschau.*
G. G. A.	= *Göttingische Gelehrte Anzeigen.*
H. A.	= *Herrigs Archiv für das Studium der neueren Sprachen und Literaturen.*
H. Z.	= *Haupts Zeitschrift für deutsches Alterthum.*
H. Z., Anz.	= *Anzeiger für deutsches Alterthum und deutsche Literatur* (qui paraît à la suite du précédent).
J. B.	= *Jahresbericht über die Erscheinungen auf dem Gebiete der germanischen Philologie.*
J. L. Z.	= *Jenaer Literatur-Zeitung.*
J. P. P.	= *Neue Jahrbücher für Philologie und Pädagogik.*
L. B.	= *Literaturblatt für germanische und romanische Philologie.*
L. C. B.	= *Literarisches Centralblatt für Deutschland.*
M. B.	= *Monatsberichte der Berliner Akademie der Wissenschaften.*
M. L. A.	= *Magazin für die Literatur des Auslandes.*
P. B. B.	= *Paul und Brauns Beiträge zur Geschichte der deutschen Sprache und Literatur.*
P. G.	= *Pfeiffers Germania.*
Q. F.	= *Quellen und Forschungen zur Sprach- und Culturgeschichte der germanischen Völker.*
R. C.	= *Revue critique d'histoire et de littérature.*
R. H.	= *Revue historique.*

S. Z.	= Sybels *Historische Zeitschrift*.
Z. V. L.	= *Zeitschrift für vergleichende Litteraturgeschichte und Renaissance-Litteratur*.
Z. Z.	= Zachers *Zeitschrift für deutsche Philologie*.
Zs.	= *Zeitschrift*.
Ztg	= *Zeitung*.

TABLE ALPHABÉTIQUE ET ANALYTIQUE

DES MATIÈRES

[Les chiffres renvoient aux pages ; les noms de personnages historiques, mythologiques ou littéraires sont en petites capitales, les titres d'ouvrages en italiques, toutes les autres désignations en caractères romains ordinaires.]

A

Abakie, 190.
Aballe, 190.
ABENTROT, 133.
ABSALON, 151, 208.
ADALBERT, 204-205.
ADAM de Brême, 7, 134, 167.
ADÉLAÏDE, 60, 91, 203-206.
ADELHARD de Reggio, 205.
Adige, 219-220.
ÆLLA, 3.
AÉTÈS, 87.
ÆTHELBALD, 89.
ÆTHELWULF, 89.
Afrique, 190.
AGÉNOR, 87.
Aigles (Dieux métamorphosés en), 156.
Aimant, Voyez : Givers, Ile aïmantée, Montagne aimantée, *Roman de Bérinus*.
Aix-la-Chapelle, 93.
ALBÉRICH (Nain), 163.
ALDRIAN, 127.
ALEXANDRE, 71-72, 78, 99, 135, 167.

Alfes, 11. — Alfes noirs, 127. — Voyez aussi : Elfes.
ALFRED-LE-GRAND, 6, 89, 94, 141.
Allemagne, 10, 63, 91, 121, 135, 139-140, 150, 166, 170, 172-173, 180-181, 184, 190, 192, 199-200, 203, 206-207, 211-214, 217.
Alpes, 1, 13, 85. — Avalanches des Alpes, 216.
Alphart (Mort d'), Voyez : *Mort d'Alphart*.
ALVIS, 111.
Alzabè, 190.
Ambras (Manuscrit d'), 186, 217, 220-221.
Amicus et Amélius, 207.
Amilè (Mélodie d'), 23, 151.
Amys et Amyloun, 207.
Anachronismes dans les poèmes épiques du moyen âge, 51, 234.
Ange, 37, 155-157.
Anglais, 135.
Angleterre, 1, 3-4, 89, 94, 119, 135, 162-163, 210.
Anglo-Saxons, 3, 6, 89-90, 94, 118, 120, 128, 135, 171-172, 210, 213.
Anneau d'or exposé sur le bord d'un chemin, 141.

ANTIGONE, 231.
Apocalypse, 200.
Apollonius de Tyr (Roman d'), 167.
Aquitaine, 177.
Arbelles (Bataille d'), 74.
Ardres, 64.
ARIMATHIE (JOSEPH D'), Voyez : JOSEPH D'ARIMATHIE.
ARNALDO (Comte), 152.
ARNDGRIM, 92.
ARNULF, 93.
Arone (Roi d'), 174.
ARTUS, 7, 64, 88, 99, 174-175. — Artus de Bertengaland, 202. — Cycle d'Artus, 65, 99, 176.
Ases, 123, 143-144, 158-159.
Asie, 8.
ASMUND, 106.
ASPILIAN, 133.
ASWIT, 106.
ATLI, 179.
ATTILA, Voyez : ETZEL et ATLI.
AUDLE, 92.
Auftakt, 195.
AUGUSTE, contemporain de Fródhi, 142.
Autriche, 6, 13, 216.
Auxerre, 90.

B

BACMEISTER (A.), 225.
BALDR, 127, 144.
Bàlian, 18, 21, 27, 64.
Balinghem, 64.
Ballade Shetllandaise, 178-179, 183, 192.
BALLUS, 56.
Ballyghan, 64.
Bamberg, 205.
Baptême, 66.
Baradin, 247.
BARTSCH (K.), 60, 180, 189, 196, 215, 218, 223.
Bataille de Loquifers, 152.

Bataille de Ravenne, 56, 64-65, 134, 139, 208.
Bataves, 3.
Bateau merveilleux, Voyez : Vaisseau merveilleux.
BAUDOUIN BRAS-DE-FER, 89-90.
Bavière, 56, 62, 65, 211, 213.
Belgique, 92.
BELLONE, 115-116, 118.
Bentheim, 185.
BEÓWULF, 118, 163.
Beówulf, 1, 6, 7, 118, 172.
BERCHTA, 124.
BÉRENGER d'Ivrée, 203-206.
Berg-op-Zoom, 185.
BÉRINUS, Voyez : *Roman de Bérinus*.
Berne, 6, 54, 74, 79, 175.
Bernicie, 3.
Berserkir, 92.
Bertengaland, 202.
BERTHOLD de ZAEHRINGEN, 207.
BERTUN, 199.
Bêtée (Mer), Voyez : Mer Bêtée.
Biarkamál, 116.
Bille, 134, 187.
BIÖRN, 55.
BIRLINGER (A.), 223.
BITEROLF, 70, 209. — Sous le nom emprunté de Frute, 139.
Biterolf et Dietleib, 10, 54, 69, 74, 79-81, 88, 139, 173, 176, 181, 200, 209, 213, 216-218.
BLANCHEFLEUR, 47, 229.
BODMER (J. J.), 229.
Bonn, 74.
BOPPO, 10, 154.
Bordeaux, 232.
BOSSERT (A.), 46, 160-161, 227.
Botzen, 220.
Boulogne, 185, 191.
Bracelets suspendus au bord d'un chemin, 144.
BRAGI l'Ancien, 116.
—— frère de Sigrun, 172.
Brandan (Iles de Saint-), Voyez : Iles de Saint-Brandan.

Brandan (Vie de Saint-), 166.
Bretagne, 162, 166, 174. — Voyez aussi : Bertengaland.
brisen, 131.
Brisinga Men, 100, 102, 105, 116, 123 125, 129-131.
BRÜNHILDE, 54, 60, 114, 122, 194.
Bruges, 189, 191.
BRUNEHAULT, 94.
BUDLE, 92.
BUGGE (S.), 87.
Bulle d'Or, 200.
Burgondes, 179.
Burgondie, 54-55.
Busen, 162.

C

CADMUS, 87.
Cadsand, 93, 189.
Caithness (Comté de), 192.
Calais, 185.
Callisthène (Pseudo-), 167.
Caméléon, 62.
Campatille, 185.
Campenn, 185.
Campidell, 185.
Campil, 185.
Campodunum, 185.
Canossa, 205.
CANUT, 4.
Caradoc, 64.
Cardighan, 64.
Carême, 37.
Cassand, 189-190.
Cassiane, 32, 38, 42, 93, 187, 189-190, 192.
Catalogues de champions dans la légende héroïque, 54-56.
Cavalot, 62.
Celtes, 161-162.
Cent-trois, 200-201.
CERDIC, 3.
Cérémonies religieuses dans un poème païen, 66, 149.
Cerf, image du soleil consacré à Freyr, 146. — Cerf de Frodhi, 146.
CERSNE (EBERHARD), Voyez : EBERHARD CERSNE.
CÉSAIRE D'HEISTERBACH, 164.
CÉSAR (JULES), 191.
Ceylan, 168.
Chanson d'Alexandre, Voyez : LAMPRECHT.
—— *d'Hillebrand et Hilla*, 180.
—— *de Roland*, Voyez : CONRAD.
—— *des Loherains*, 232.
Chant, apanage des génies marins, 151-152. — Effets du chant, 22-23, 148-153.
Chant d'Ecke, Voyez : *Ecken Lied*.
—— *d'Hildebrand*, 115, 120.
—— *du Voyageur*, 6, 134-135, 171-172, 187, 211.
Chanteurs errants, 201, 213-214.
CHARLEMAGNE, 7, 91, 99, 202, 207.
CHARLES-LE-CHAUVE, 89-90.
CHARLES-LE-SIMPLE, 141.
Chasse au faucon, 70.
Chasse infernale, 120-121.
Chat savant de Salomon, 176.
CHAUCER, 135.
CHAUTRUN, 212.
Chersonèse Cimbrique, 162.
Chevalerie (Influence de la) sur la formation de l'épopée germanique, 234.
Chevalier (Héros armé), 18, 58.
CHIMÈNE, 5.
CHRIEMHILDE, 51, 54-55, 60, 127, 179, 226, 229-230.
CHRIST, né sous le règne de Frodhi, 142. — Né sous le règne de Freyr, 143.
Christianisme. Son influence sur les légendes païennes, 7, 68, 118-119. — Mention dans un poème païen, 8, 15, 17, 32-34, 37, 66-67, 102-103, 125, 149, 155-158, 160, 202, 214, 234.
CHRISTOPHE (SAINT-), 136.

Chronique de Guines et d'Ardre, Voyez : LAMBERT.

—— *des Empereurs*, Voyez : *Kaiserchronik*.

Chronologie (Mépris de la) dans les épopées du moyen âge, 50.

CHUTRUN, 212.

Cimbres, 3.

Clercs errants, 66, 214.

Coblence, 93.

Collier, Voyez : Brisinga Men.

Cologne, 93.

Colonnes d'Hercule, 168.

Combat de la Wartbourg, 10, 70-71, 150, 208.

Côme, 60, 91.

CONLOCH, 108.

CONRAD, *Chanson de Roland*, 136, 211.

CONRAD de Bourgogne, 203.

—— de Wurzbourg, *Engelhard*, 207.

CONSTANTIN, 201-202.

Constantinople, 201-202.

Conte de Waté, Voyez : Gîvers.

—— *du Fidèle Jean*, 156, 201.

Contes. Comment ils procèdent des mythes par l'intermédiaire des légendes, 85.

CONYBEARE, 12.

Cor d'Heimdallr, Voyez : Giallàrhorn. — Cor de Waté, 133, 136, 138. — Cor de Huon, 153.

Corbeaux (Don de prophétie attribué aux), 155-156.

Cornouaille, 162.

Coucou (Chant du), 141, 147. — Intervalle entre deux chants du coucou = hiver, 147.

Couleur locale (Absence de) dans les épopées du moyen âge, 66, 234. Voyez aussi : Anachronismes, Ange, Baptême, Carême, Cérémonies religieuses, Christianisme, Couvent, Croisades, Croix, Diable, Église, Ensevelissement des morts, Hôpital, Mariage, Miracles, Pèlerins, Résurrection des morts.

Couvent fondé sur le Wülpensand, 33-34, 158, 202, 214.

Crépuscule des Dieux, 101, 104, 129, 158-159.

Croisades, 51, 190.

Croix d'or comme signe de reconnaissance, 17.

CUCHULLIN, 108.

Cygnes (Don de prophétie attribué aux), 155. — Ondines portent un plumage de cygne, 156.

CYRÈNE, 134.

D

DAHLMANN (F. C.), 140.

Dainsleif, 101.

Danemark, 5, 7, 19, 22, 43, 45, 49, 80, 97, 103, 135, 139, 148, 173, 179, 184, 186, 207. — Voyez aussi : Ténélant.

Danois, 4, 6, 21, 23-24, 32-33, 40, 90-94, 149, 160.

Danube, 157.

DARIUS, 71, 78.

Dédoublement, procédé de formation très commun dans les théogonies, 146.

Deira, 3.

Démon nautonnier, 137.

DEÓR, 149-150.

DEPPING (G. B.), 5.

Diable dans un poème païen, 67.

Dietmers, 184, 187.

DIETRICH de Berne, 6-7, 54, 56, 73-74, 79, 88, 120, 134, 139, 174-176, 201. — Dietrich de Bonn, 74 ; de Vérone, 74.

Dietrich (Fuite de), Voyez : *Fuite de Dietrich*.

Dises, 114.

Distributions de présents dans les fêtes, 14, 43, 58, 213-214.

Dollard, 162.

Dordrecht, 189.
Douarnenez, 162.
Dragon, 62-63, 199. — Trésors enlevés à un dragon (Beówulf), 163 ; (Saxo), 141.
Duc Ernest, 48, 60, 62, 163, 166-167, 169, 190-191, 203, 206, 213.
Duc Ernest, Voyez : Ernest (Duc).

E

Eberhard Cersne de Minden, *Der Minne Regel*, 151.
Eckehard I de Saint-Gall, 177.
Eckehart, 54.
Ecken Lied, 120, 208.
Écosse, 12, 65, 192.
Edda, 55.
Edda de Saemund, 81, 112, 114-115, 172, 179, 183.
—— *de Snorri*, 70, 87-88, 99-100, 105, 108, 110-116, 124-125, 127-129, 140-142, 171, 183.
Edouard-l'Ancien, 94.
Église fondée sur le Wülpensand, 34.
Église perdue (Légende de l'), Voyez : Légende de l'église perdue.
Eider, 3.
Einheriar, 120, 123, 131.
Eisack, 220.
Elbe, 3, 91, 134, 137, 162, 184, 187, 191.
Elfes, 23, 151-153. — Voyez aussi : Alfes.
Elias, 133.
Emma, 203.
Ems, 162.
Enfances dans les poèmes français du moyen âge, 46-47.
Ensevelissement des morts, 33, 157-159, 202, 214.
Erdmann (O.), 77.
Erec, Voyez : Hartmann d'Auë.
Eric d'Hadaland, 4-5.
erkiesen, 123.

erkoren, 123.
Ermenrich, 54, 56, 139.
Ernest (Duc), 60-63.
Ernest (Duc), Voyez : Duc Ernest.
Escaut, 6, 66, 91-93, 162, 189-190.
Eschenbach (Wolfram d'), Voyez : Wolfram d'Eschenbach.
Espagne, 166.
Etgeir, 133.
Etna (Mont), 164.
Etsch, Voyez : Adige.
Ettmüller (L.), 9, 64, 77, 149, 187, 223.
Etzel, 50, 60, 81, 157, 177, 230. — Voyez aussi : Atli.
Europa, 87.
Europe, 2, 4, 109, 166-167.
Eyerlanndt, 64.
Eyrland, 56, 64-65.
Eyvor, 92.

F

Fabliau du Sacristain de Cluny, 6.
Fafnir, 156.
Far-West, 164.
Faucon (Chasse au), Voyez : Chasse au faucon. — Déesse métamorphosée en faucon, 156.
Fée, 90.
Fenja, 140.
Fêtes organisées à l'instigation des dames, 14, 58-60 ; données à l'occasion du mariage d'un prince, 57-59.
Fidèle Jean (Conte du), Voyez : Conte du Fidèle Jean.
Fin du monde, Voyez : Crépuscule des Dieux.
Finn Magnusen, 142, 147, 153.
Fitful Head, 164.
Flandre, 89, 190-192.
Flessingue, 189.
Flévo (Lac), 92; 162.
Flûte enchantée, 153.

Flux et reflux représentés par un géant, 137.
Force de douze hommes acquise en buvant le sang d'un monstre, 16, 62.
FORTUNE, 118.
Français, 90.
France, 89-90, 92-93; 189, 200. — Roi de France dans la légende héroïque allemande, 80-81; dans la légende polonaise, 177.
Francs, 89.
FREID, 124.
FREIDANK, *Maximes*, 60, 219.
FREYA, 84, 101-102, 105, 111, 113-114, 121-126, 130-131, 143, 146. — Changée en oiseau, 122.
FREYR, 142-144; = Frodhi, 142, 146-147; ancien dieu marin, 146-147.
FREYTAG (L.), 225.
Frideschottes, 9, 14, 65.
FRIDLEV, 155.
FRIGG, 124, 127.
FRIJA, Voyez: FREYA.
Frise, 6, 90-92, 192, 211.
Frisons, 89, 92-93, 134, 184-185, 187.
Frodblott, 142.
FRODHI, 99; fils d'Ingeld, 99; = Freyr, 146-147; (*Edda de Snorri*), 140-144.
FRODHIS (Les) chez Saxo, 99, 140-142.
FROTHON I, 141-143.
FROTHON III, 97-99, 109, 141, 143.
FROTHON V, 92.
FROTHONS (Les) chez Saxo, 99, 140-142.
FRUOTE, Voyez: FRUTE.
FRUTE, 19-21, 30, 33-34, 36, 42, 98-99, 138-148, 153, 160, 181, 184, 186, 196, 201, 207-208, 212-213. — (*Saxo*), 98-99; (*Biterolf et Dietleib*), 139, 209; (*Fuite de Dietrich*), 207.

Frute (*Légende de*), Voyez: *Légende de Frute*.
Fuite de Dietrich, 54, 56, 207.
Fula, 178.
Funérailles chez les anciens peuples du Nord, 158-159.

G

Gabilùn, 16, 62-63, 199.
Galedin, 3, 162.
Galles (Pays de), 64.
Gampelùn, 199.
GAMURET, 47, 229.
Garadè, 17-18, 58, 63-66, 190-191.
Garadie, 191.
Garadine, 9, 191, 217.
Gardariki, 92.
Garde (Lac de), 204.
Gaule, 2.
Géantes = vagues, 147.
Géants, 132-133, 136-137, 144-146; changés en pierres, 112; produisant le flux et le reflux, 137; géant tué par Herbort, 79.
Généalogies dans les épopées du moyen âge, 46-47, 53-57, 61, 199.
Généalogies des rois scandinaves, 142.
GÉOGRAPHE de Ravenne, 185.
GERDA, 130.
GÈRE, 14, 48, 53-54, 56-57, 200, 206. — Duc Gère (*Biterolf et Dietleib*), 54; Margrave Gère (*Nibelungen, Fuite de Dietrich, Mort d'Alphart, Rosengartem C*), 54; Prince Gère (*Biterolf et Dietleib*), 54.
GÉRIN, 232.
GERLINDE, 27, 30, 35-37, 39-42, 91, 155, 202, 205-206, 233.
Germains, 1, 2, 8, 12, 115, 119-120, 128, 148, 151, 159, 161, 163-164.
GÉRO, 55, — Voyez aussi: GÈRE.
GERSTENBERG (H. W. VON), 152.

GERVINUS (G. G.), 222, 225.
Geste d'Hedhin et d'Högni, Voyez : *Saga d'Hedhin et d'Högni*.
—— *de Sörli*, 101-103, 108, 111-112, 123-126, 131, 183, 190.
Giallarhorn, 128, 136.
Gibello (Monte), 164.
GIDDA, 4-5.
GIRBERT, 232.
Givers, 37, 60, 69, 159-169.
Glommen, 135, 172.
GÖNDUL, 103, 105, 113, 123.
GOLDRUN, 80-81.
Golfe Persique, 168.
GOLTWART, 79.
GORMON, 5.
GOTELINDE, 54.
GOTFRIED de Strasbourg, *Tristan*, 47, 199, 229.
Graal, Voyez : *Grand Saint-Graal* et *Légende du Saint-Graal*.
GRALLON, 162.
Grand Saint-Graal, 47.
Grande-Bretagne, 3, 65, 118, 150, 166.
Grèce, 81.
GRENDEL, 118.
Griffons, 15-16, 45, 58, 60-63, 66-67, 86, 208. — Voyez aussi : Ile des Griffons.
GRIMM (J.), 10, 55, 62, 64, 72-73, 77, 119-121, 140, 221, 223.
—— (W.), 56, 131, 222.
Grippia, 61.
Grœnasund, 136.
GROSSE (J.), 226.
GUDHÈRE, 212.
GUDHRUN, 212 ; (*Edda de Saemund*), 179.
Gudhrun (Chant de), 81.
GUDRUN, 9-10, 27-31, 33-34, 36-43, 45, 47-48, 50, 59-60, 68, 70-71, 73-76, 78, 80-81, 84-86, 88-93, 116, 132-133, 155, 157, 169, 173, 181, 189, 202-206, 212, 225-226, 228-231, 233. — (*Nibelungen*), 116.

FÉCAMP, *Gudrun*.

Gudrun (Légende de), Voyez : *Légende de Gudrun*.
GUDRUN, chef danois, 94.
GÜNTHER, 54, 60, 75, 79, 139, 194, 212.
Gui, 127.
Guillaume d'Orenge, 152.
GUILLAUME d'Oy, 219.
—— de Malmesbury, 141.
Gulfstream, 164.
GULLRÖND, 81.
GUNDRUN, 212.
GUNNAR, 92.
GUNNLAUG, 88, 104, 110, 113, 123-125, 172, 192.
GUNR, 84-85.
GUNTHARI, 177.

H

Hâ, 103, 183.
HADDING, 142, 144-146.
HADUBRAND, 107-108.
Hälsingas, 134-135, 172, 187.
Haey, 74, 100, 183.
HAGANO, 75, 112, 177-178.
HAGEN, 9-10, 14-28, 45, 47-51, 54, 56-67, 71-74, 76-79, 86, 88, 109-110, 132-133, 135, 138, 149, 158, 169, 177, 181, 183, 187, 191, 197, 199-200, 202, 209. — (*Nibelungen*), 126-127, 157, 230 ; (*Wilkinasaga*), 55 ; (*Vidsith*), 172.
HAGEN (H. VON DER), 53, 197-198, 221-222.
HAGENA, 112. — (*Vidsith*), 135, 171-172.
HAGENE, 112.
HAGENO, 112.
HAGUNA, 112.
HAGUNO, 112.
HALFDAN-LE-VIEUX, 92.
HAQUIN, 144.
HARALD, 91.
HARALD HARFAGER, 4-5, 116.

HARALD HILDETAND, 106, 140.
HARTMANN d'Aue, 199. — Erec, 79.
HARTMUT, 9-10, 27-36, 38-43, 45, 59, 76, 79-81, 157, 173, 176, 181, 196, 205-207, 231-234. — (Biterolf et Dietleib), 79-81, 173, 176.
HAUPT (M.), 222.
Heckelingen, 185.
HÉDAN, 112.
HEDEN, 190.
HEDENE, 112.
Hedensburg, 185.
Hedensee, 190.
HEDENUS, 112.
HEDHIN, 112, 131, 150. — Nature mythique, 126, 128-130; = Heimdallr, 126, 128-129 ; = Odhin, 128. — (Edda de Snorri), 100-101, 108, 117, 125-126, 128, 176, 210 ; (Vidsith), 171-172 ; (Saga d'Oluf), 102-103, 105, 108, 113, 123, 125-126, 131, 183, 190.
Hédin (Comté de), 185.
HEDINO, 112.
Hedinsey, 183.
HEDINUS, 112.
Hedningar, Voyez : Hjadningar.
Hegelingen, 11, 19, 22, 25, 27-34, 39-41, 43, 45, 50-51, 57, 75, 78, 110, 157-160, 164-165, 179, 184-187, 200, 207, 210, 212, 231-232.
Hegelingenland, 184.
Heidensee, 190.
HEIMDALLR, 124-126, 130-131, 136, 183 ;= Odhin, 128; = Hedhin, 129.
HEINRICH (A.), 75.
HELCHE, 80-81, 139, 208.
Heldenbuch, Voyez : Livre des Héros.
Heldenbuch un der Etsch, 220.
Helga Qvida Hundingsbana, 117, 126, 172.
HELGI, 172.
HELGUNDA, 177.
Heligoland, 162.
HELLE, 112.
HELPERICH, 65.

Helsingas, Voyez : Hälsingas.
Helsingborg, 135.
Helsingland, 135.
Helsingör, 135.
HEMMING, 91.
HENDEN, 112. — (Vidsith), 135, 171-172.
HENGIST, 3.
HENRI-AU-LION, 63, 206.
Henri-au-Lion, 62-63.
HENRI de Neustadt, 167.
HËODEN, 112.
Hëodeningas, Voyez : Hëodningas.
Hëodningas, 149-150, 185, 212.
HËORRENDA, 150.
HËRANT, 150.
HERBORT, 69, 79-80, 88, 173-177, 202.
Herbort et Hilde (Légende d'), Voyez : Légende d'Herbort et Hilde.
—— et Hildebourg (Légende d'), Voyez : Légende d'Herbort et Hildebourg.
HERCULE (Colonnes d'), Voyez : Colonnes d'Hercule.
HERGARD, 42.
HERIAN, surnom d'Odhin, 128.
HERIRAND, 212.
HERLINT, 80-81.
HERMANN, 175-176.
Héros (Livre des), Voyez : Livre des Héros.
HERRAND, 212.
HERRENDA, 150.
HERWIG, 28 33, 36-38, 40-43, 45, 59, 70-73, 76, 88, 181, 184, 189, 230.
HERZÉLOÏDE, 47, 229.
Hesdin (Comté de), 185.
Hetalinga, 185.
-hëtan, 112.
Hetaninga, 185.
HETEL, 10-11, 19-20, 22-34, 45, 47, 49, 51, 57, 59, 71, 73-78, 88, 98-99, 110, 128, 132, 135, 149, 157-158, 173, 181, 184-187, 189-190, 192, 196, 200-201, 206, 212, 230-233. — (Vidsith), 135, 172.

Hetele, 112.
Hetelingen, 185, 212. — Voyez aussi : Hegelingen.
Heteninge, 212.
Hethin, 112.
Hetilo, 112.
Hetin, 112.
Hettini, 112.
Hiadhin, 112.
Hiddensee, 74, 183.
Hild, 112, 119.
Hilda, Voyez : Hilde.
Hilde, Déesse de la Guerre, 114-115, 117, 119, 172 ; Walkyrie, 114-117, 120-123, 126, 130, 146 ; Géante, 120, 208 ; (Beówulf), 118 ; (Saga d'Olaf), 103, 108 ; (Edda de Snorri), 100-101, 108, 111, 116-117, 123, 176 ; (Saxo), 97-99, 106-107, 109, 111, 113 ; (Thidrekssaga), 174-177, 181, 202.
Hilde I (des Indes), 17-18, 22, 27, 45, 48, 50, 57-59, 62-63, 66, 82, 86.
Hilde II, 9-11, 18-31, 33-34, 36, 42-43, 45-50, 54, 57, 59, 68, 70-78, 80, 83-86, 88, 99, 107, 110, 132, 138, 149-150, 159-160, 173, 178, 181, 186-188, 196, 202, 208, 221, 228-229, 231-232.
Hilde (Légende d'), Voyez : *Légende d'Hilde*.
Hilde, fille d'Högni, roi de Norwège, 117.
—— (Sainte-), 172.
Hildebourg, 17-18, 27, 31, 36-37, 39-40, 42, 50-52, 59, 68-69, 79-81, 88, 91, 153, 173, 181, 231, 233.
— (*Biterolf et Dietleib*), 79-81, 88, 173, 181 ; (*Plainte des Nibelungen*), 80-81.
Hildebourg (Légende d'), Voyez : *Légende d'Hildebourg*.
Hildebrand, 54-55, 73, 79-80, 107-108, 120, 176.
Hildebrand (Chant d'), Voyez : *Chant d'Hildebrand*.

Hildebrand et Hadubrand (Légende d'), Voyez : *Légende d'Hildebrand et Hadubrand*.
Hildebrand (R.) 223.
Hildegonde, 177, 181.
Hildina, 178-179.
Hildingr, 115.
Hildisvin, 123.
Hildr, 85, 112.
hildr = combat, 115, 119 ; = duel, 120.
Hildur, 112.
Hilla, 112, 180.
Hille, 112, 119.
Hillebrand (Chant populaire d'), 180.
Hilta, 112.
Hilte, 112.
Hiltedin, 112.
Hiltegrin, 112.
Hiltia, 112, 120.
Hiltibrand, Voyez : Hildebrand.
Hiltmatte, 112.
Hiluge, 178-179.
Hippolyte, 62.
Hisdinum (Comté), 185.
Hithin, (Saxo), 97-99, 106-109.
Hithinsö, 74, 98, 183.
Hithinus, 112.
Hjadningar, 87, 100-101, 117, 120, 124-125, 140, 150, 171, 179, 183, 185, 212.
Hjadninge, Voyez : Hjadningar.
Hjarandi, Voyez : Hjarrandi.
Hjarrandaliodh, 153.
Hjarrandi, 100, 150, 153 ; (*Edda de Snorri*), 128 ; = Horand, 128, 150 ; = Odhin, 153.
Hnikus, Voyez : Nichus.
Höginus, 112.
Högni, 112, 129-131, 150 ; Nature mythique, 126-129 ; = Loki, 126-129 ; (*Gudrun, Nibelungen, Waltharius*), 126 ; (*Vidsith*), 171-172 ; (*Saxo*), 97-99, 106-109, 126 ; (*Saga d'Olaf*), 103, 105, 108, 113,

123, 125-126, 131, 183 ; (*Edda de Snorri*), 100-101, 108, 114, 116-117, 123, 125-126, 210 ; (*Edda de Saemund*), 117 ; (*Saga d'Helgi*), 126, 172.
HÖGNI, roi de Norwège, 117.
HÖGNIUS, 112.
HOETHIN, 112.
HOFMANN (C.), 152, 164-165, 185, 192, 223.
HOGEN, 112.
HOGENE, 112.
HOLDA, 112, 121.
Hollande, 162, 183.
HOLLE, 112.
Holmreiche, 135, 172.
Holstein, 184, 186-187, 191.
Holtzâne Lant, 187.
Holzsaessen, 186, 191.
Hôpital fondé sur le Wülpensand, 34, 214, 225.
HORAND, 10, 19-20, 22-24, 26-27, 30, 36, 40, 42-43, 49, 69-70, 98, 139-140, 148-154, 171, 176, 181, 184, 186, 196, 201-202, 206-208, 210, 212-213, 219, 224 ; = Hjarrandi. 128.
Horand (Légende d'), Voyez : *Légende d'Horand*.
HORANT, 150.
Hormanie, 188.
HORMAYR (BARON DE), 221.
HORSAA, 3.
Horstmar, 185.
Hort des Nibelungen, 188.
Hortland, 188.
Hospitalité, 6.
Hoy, 183.
Hrafnagaldr Odhins, 128.
HRIMGERDA, 112.
HROSWITHA, 203, 206.
HUGDIETRICH, 139.
HUGUES, roi d'Italie, 204.
Huns, 51, 157, 179.
Huon de Bordeaux, 61, 166.
Husdrapa, 124-126.

HYTHIN, 155.

I

Ibernie, 51.
IDUN, 87.
Ierland, 56, 64-65.
Ile aimantée, 60-61, 159-169.
—— des Griffons, 15-16, 27, 50, 52, 61-63, 86, 169.
—— des Phéaciens, 161, 165.
Iles-Britanniques, 1, 65.
—— d'or et d'argent, 162, 166-168.
—— de l'Océan Indien (Mille), 168.
—— de Saint-Brandan, 165.
—— des Bienheureux, 165, 168.
—— Orcades, Voyez : Orcades.
—— Shettland, Voyez : Shettland.
ILINOT, 199.
ILJA, 108.
ILSAN, 133.
Incantation rend le langage des oiseaux intelligible à l'homme, 156.
Indes, 17-18, 22, 27, 57, 61-62, 65, 168.
Invasions, 1.
Invulnérable (Héros rendu) en se baignant dans le sang d'un monstre, 62.
IPHIGÉNIE, 234.
Ἱππόκαμπος, 62.
Irlandais, 17-18, 21, 26, 65, 187.
Irlande, 14-15, 17-20, 24, 26-27, 47, 50, 53-54, 56-59, 63-65, 67, 133, 201.
IROLT, 20, 27, 184, 187-188.
Is (*Légende de la ville d'*), Voyez : *Légende de la ville d'Is*.
Iserland, 17-18, 47, 66.
ISIDORE de Séville, 166-167.
Islande, 66.
ISOLDE, sœur de Dietrich de Berne, 174.

Issue d'une légende (Changement intervenu dans l'), 107-108.
Italie, 166, 204.
Ivar, 101, 103-105, 111, 125.

J

Jardin des Roses, Voyez : Rosengarten.
Jarl des Orkneys, 178-179.
Jason, 87.
Jean (Conte du Fidèle), Voyez : Conte du Fidèle Jean.
Jonckbloet (A.), 76.
Jongleurs, 15, 139, 176. — Voyez aussi : Chanteurs errants, Clercs errants.
Joseph d'Arimathie, 47.
Jotun Thiassi, Voyez : Thiassi.
Joutes, 22.
Judith, 89-90.
Judith et Holopherne, 115, 118.
Jütland, 3, 92, 98, 150, 162, 189.
Junghans (A.) 225.
Jutes, 97.
Jutta, 90.

K

Kämpe, 2.
Kaiserchronik, 60.
Kallov, 136.
Kampedell, 185.
Κάμπος, 62.
Karidœl, 64.
Kassiâne, Voyez: Cassiâne.
Keck (H.), 154.
Keller (A), 225.
Kemble, 94.
Kennemerland, 91.
Kenningar, 114-116.
Kent, 3.
kiesen, 123.
kiusan, 123.
Klee (L.), 179-180, 223-224.
Klughardt (A.), 226.

Koch (F.), 225.
Kundrun, 212.

L

Lachmann (K.) 223.
Lambert, Chronique de Guines et d'Ardre, 64, 191.
Lamprecht, Chanson d'Alexandre, 71-73, 76-78, 99, 172, 211-213, 218.
Laxdœla Saga, 124.
Lebermeer, 166-167.—Voyez aussi : Mer bêtée.
Légende d'Alexandre, 167.
—— d'Herbort et Hilde dans la Thidrekssaga, 88, 174-178.
—— d'Herbort et d'Hildebourg, 69, 79-80, 88, 173.
—— d'Hilde (dans la Gudrun.), 6-8, 70-71, 73-78, 80-81, 83-84, 86-89, 94-95, 98-100, 106, 111, 113, 117, 135, 139, 170-171, 178-181, 186, 192, 208-218.
—— d'Hildebourg, 80, 87-88.
—— d'Hildebrand et d'Hadubrand, 107-108.
—— d'Högni et d'Hedhin, 210.
—— d'Horand, 10, 69, 148-154.
—— de Frute, 138-148.
—— de Gudrun, 7, 71, 73-76, 78, 80-95, 192, 226.
—— de l'église perdue, 162.
—— de la ville d'Is, 162.
—— de Walgerzs et Helgunda, 177.
—— de Walther et Hildegonde, 108.
—— de Wate, 11-12, 132-138.
—— du Saint-Graal, 47.
Légendes. En quoi elles diffèrent des mythes, 84-85 ; Mode de propagation, 5-6.
Léopold VII, 206.
Liebrecht (F.), 62.
Lieds (Théorie de Müllenhoff sur les), 49.
Lion, 16, 62-63.

Litus Saxonicum, 3, 185.
LIUDIGER, 80-81.
Livre des Héros, 60, 220 ; Appendice au —, 139.
LOFDE, 92.
Lohengrin, 150, 157.
Loire, 2, 91.
Lokasenna, 124.
LOKI, 102, 124-131, 143, 183.
LOMBARDIE (DUC DE), 207.
Londres, 65.
Lorraine (Basse), 94.
LOTHAIRE, roi d'Italie, 203-204.
——, roi de France, 203.
LOUIS, frère de Judith, 90.
LOUIS-LE-PIEUX, 91.
Louvain (Bataille de), 93.
LOW, 178.
LUDWIG, 9-10, 27-28, 30-34, 40-41, 70, 76, 79, 88, 133, 173, 176, 181, 184, 186, 189, 191-192, 200, 205-206, 230, 232-233 ; (*Biterolf et Dietleib*), 79, 173, 176.
LUITPRAND de Crémone, 203, 205-206.
Lunders, 65.

M

Mainland, 164.
Malines, 185.
MANNHARDT (W.), 124, 138.
Mariage (Vassaux d'un prince l'exhortant au), 19, 57. — Mariage religieux dans un poème païen, 66.
MARTIANUS CAPELLA, 166.
MARTIN (E.), 87, 207-208, 216, 222-223.
MARTIN (Moine), 205.
Matelâne, 30-31, 33-34, 42-43, 159, 185-187, 196.
Matellia, 185.
Matilone, 185.
Matlinge, 185.
Mattersburg, 185.

Maures, Voyez : Mores.
MAXIMILIEN Ier, 219-220.
Mechelen, 185.
Médecine, apanage des génies marins, 11, 134.
MÉDÉE, 87.
Mediolanum, 185.
Méditerranée (Mer), Voyez : Mer Méditerranée.
Meisterlieder du Manuscrit de Colmar, 150.
MENJA, 140.
Mer Baltique, 133, 135.
—— bêtée, 61, 163-169.
—— de Sargasse, 164.
—— du Nord, 1-3, 6, 8, 12, 90-91, 95, 132, 137, 161, 168, 170, 189, 191-192, 210, 217.
—— figée, Voyez : Mer bêtée.
—— Méditerranée, 4, 109.
—— ténébreuse, Voyez : Mer bêtée.
Méran (SIGEBAND de), Voyez : SIGEBAND de Méran.
Merigarto, 167.
Metelen, 185.
Meuse, 91-92, 185, 189.
Miracles, 171, 202.
MOALDE, 92.
Mœre, 191.
Monde (Fin du), Voyez : Crépuscule des Dieux.
MONE (J.), 56, 76, 82, 89-90.
Montabur, 110.
Montagne aimantée, 37, 60-61, 159-169.
Moorlant, 191.
Morenland, 191.
Mores, 31, 93, 190-191.
Morins, 191.
Morland, 27, 43, 70, 93, 191.
Môrlant, 190.
MOROLF, 176.
Mort d'Alphart, 54, 56.
MORUNG, 19, 22, 25, 27, 30, 42, 49, 184, 186-187, 189; (*Bataille de Ravenne*), 209.

Moulin de Frodhi, 140-141 ; = les vagues, 147.
MÜLLENHOFF (K.), 9, 49, 64, 77, 135, 137, 164, 166, 196-197, 212, 219, 224-225.
MÜLLER (R.), 216.
Musique, attribut d'Odhin, 128 ; et des Elfes aquatiques, 151.
Muspel, 158.
MYSING, 144, 147.
Mythes (Mode de transmission des), 84-86.

N

Naglfar, 158.
Nains, 15, 66, 101, 131, 135-136. — Changés en pierres, 111 ; travaillant sous une montagne, 136, 163.
NAUSICAA, 226, 231.
Néerlande, 53.
Nibelungen, 8, 48, 51, 53-55, 57-58, 60, 62-63, 68, 74, 81, 116, 126, 157, 163, 178-179, 188, 198, 215-219, 223, 228-230, 233-234. — Versification, 193-197.
Nibelungen (Pays des), 187 ; trésor des —, 163, 188, 229.
Nichus, 153.
NIENDORF (A.), 225.
Nifland, 19, 184, 187.
NIÖRDR, 143-144, 146.
Nixe, 26, 138, 153, 157. — Voyez aussi : Ondine.
Noatun, 144.
Nombres (Emploi des) dans l'épopée germanique, 9, 184, 200-201.
NORDIAN, 133.
Normandie, 6, 10, 27-29, 32, 35, 38-39, 42-43, 56, 69-70, 79-81, 91-93, 141, 159, 176, 186, 188-189, 202-203, 205, 217, 230, 232-233.
Normands, 3, 6, 10, 30 34, 37-41,

45, 60, 75, 90-93, 157-159, 169, 189, 200, 205, 207.
Normanie, 188.
Norrois, 118, 120.
North Strandt, 162.
Nortland, 184, 188.
Norwège, 5, 7, 14-15, 18, 47, 56-57, 65-66, 92, 100, 178-180, 187, 189.
Norwégiens, 65, 91.
NUODUNC, 139.

O

Océan Arctique, 165.
—— Atlantique, 13, 91, 148, 153, 161-162, 165, 168.
—— Indien, 168.
ODA, 55.
Odal, 55.
Odaldraugr, 55.
ODHIN, 5, 102-104, 111, 113-114, 117-118, 122, 125, 128-129, 142, 144, 153 ; = Heimdallr, 128 ; = Horand, 153 ; = Nichus, 153.
ODILON de Cluny, 203. 206.
OEGIR, 136.
OFFA, 135.
OIGIR, 136.
Oiseau prophétique, 37, 155-157.
OLAF PÂ, 124.
OLAF TRYGGVASON, 7, 73, 101, 103.
Olaf Tryggvason (Saga d'), Voyez : *Saga d'Olaf Tryggvason*.
Ondine, 11. — Métamorphosée en oiseau, 156. — Voyez aussi : Nixe.
Ongles coupés aux morts dans les coutumes funéraires des Scandinaves, 158-159.
Orcades, 4, 74, 100, 166, 178, 183, 185, 192.
Orendel, 170.
Orient, 6, 110, 163, 167, 169, 190.
Orkneys, Voyez : Orcades.

Ormanie, 27, 37, 188, 217.
ORPHÉE, 152.
ort, 188.
Ortland, 184, 187-188, 189, 196.
ORTNIT, 109.
Ortnit, 57, 133, 170.
ORTRUN, 35-36, 41-42, 51, 59, 173-174, 188, 231, 233-234.
ORTWIN, 27, 30, 33, 36-38, 40, 42-43, 50, 59, 69, 72-73, 76, 78, 181, 184, 186-188.
OSWALD, 171, 208.
Oswald, 157, 170, 208-209.
OTFRID, *Évangiles*, 193.
OTHON Ier, Voyez : OTTON Ier.
OTTE, 9-11.
OTTON Ier, 55, 91, 205-206.
Oy (GUILLAUME d'), Voyez : GUILLAUME d'Oy.

P

PÂ (OLAF), Voyez : OLAF PÀ
Pape, 90.
PARCIVAL, 47, 199.
Pavie, 204.
Pégase, 62.
Pèlerins, 32-34, 40, 51, 63, 66, 157-158, 203.
PÉNÉLOPE, 231.
PERNHÉTAN, 112.
Persique (Golfe), Voyez : Golfe Persique.
Peutinger (Table de), Voyez : *Table de Peutinger*
PHARAILDIS, 124.
Phéaciens (Ile des), Voyez : Ile des Phéaciens.
Pierres (Héros changés en), 101, 111-112.
Pirée, 64.
Plainte de Deór, 149-150, 171, 211.
Plainte (des Nibelungen), 71, 80 81, 209, 217.
PLINE-LE-JEUNE, 166.
PLÖNNIES (W. VON), 87, 224-225.

PLUTARQUE, 166.
Pologne, 177-178.
Polyonymie. Son rôle dans la formation des légendes, 122, 128.
Portugal, 17, 51, 65, 207, 212.
PRIMISSER (A.), 221.
PRINCESSE du Toit d'or, 156, 201.
Prophétie (Don de) attribué aux oiseaux, 155.
PTOLÉMÉE, 185.
PYTHÉAS de Marseille, 166.

R

Rabenschlacht, Voyez : *Bataille de Ravenne*.
Ragnar Drápa, 116.
RAGNAR LODBROG, 3-4, 116.
Ravenne (GÉOGRAPHE de), Voyez : GÉOGRAPHE de Ravenne.
Ravenne (Bataille de), Voyez : Bataille de Ravenne.
REGIN, 156.
REGNALD, 92.
REGNHILD, 144-145.
Reineke Fuchs, 60, 219.
Reinfried de Brunswick, 61.
REISSMANN (A.), 226.
RENOUART, 152.
Résurrection des morts, 208.
Revenants, 106.
Rhin, 2-3, 6, 80, 85, 91-92, 173, 177, 185, 187, 189, 213.
RIED (HANS), 220.
RIVALIN, 47, 229.
Robinsonade, 52, 63.
ROEDIGER, 51.
Roi Rother, 57, 60, 62, 133, 170, 201, 213.
Rois de mer, 2.
Roland (Chanson de), Voyez : CONRAD.
ROLLON, 141.
Romains, 3.
Roman de Bérinus et de son fils Aigres de l'Aimant, 166.

Romances (Théorie de Müllenhoff sur les), 49.
Romarin (Feuilles de) dans les armes des Sept Séelandes, 200.
Rome, 89-90.
Roncevaux, 202.
Rorich, 91.
Rosengarten, 54, 133, 139.
Roses (Jardin des), Voyez : *Rosengarten*.
Rother, 201.
Rother (Roi), Voyez : *Roi Rother*.
Rouen, 141.
Rüdeger, 230.
Rügen, 74, 162, 183.
Rüstringen (Comté de), 91.
Ruodlieb, 47.
Russie, 133.
Rustem, 108.

S

Saekongr, 2.
Saemund, 81, 112, 172, 179.
Saga d'Hedhin et d'Högni, 54, 101-105, 108, 111-113, 123-126, 131.
—— *d'Helgi*, Voyez : *Helga Qvida Hundingsbana*.
—— *d'Herraud et de Bosa*, 153.
—— *d'Olaf Tryggvason*, 73, 78, 88, 101-105, 108, 111-113, 123-124, 126, 131.
Saint-Clair-sur-Epte (Traité de), 91.
Salman et Morolt, 10, 64, 151, 176.
— Strophe, 193-194.
Salmè, 17, 64-66, 190.
Salomon, 151, 176, 203.
Salomon et Morolf, Voyez : *Salman et Morolt*.
Samson, 151, 208.
San Marte (A. Schulz), 225.
Sargasse (Mer de), Voyez : Mer de Sargasse.
Sarrasins, 40, 51, 102, 190.
Sauf-conduit, 20, 206-207.
Saxe, 92.

Saxo Grammaticus, 10, 54, 70, 73-74, 78, 85, 87-88, 92, 97-99, 105-113, 124, 126, 140-145, 153, 155, 172, 179, 183, 192.
Saxons, 2-4.
Scaldes, 100, 115.
Scandinaves, 147.
Scandinavie, 5, 97, 118, 135, 145, 181, 208, 213.
Schleswig, 184, 187.
Schmidt (L.), 225.
Schoenwerth (F.X. von), 124.
Schott (A.), 82-83, 85-86.
Scott (Walter), 11.
Schröer (J.), 180-181.
Seeland, 93.
Séelandais, 40.
Séelande, 28, 30-31, 43, 89, 134, 189. — Séelande danoise, 3, 6, 93, 134, 136, 189 ; Séelande frisonne (Sept Séelandes), 200 ; Séelande hollandaise, 6, 91, 93, 134, 189.
Seewart, 79.
Séguin, 232.
Seine, 91.
Sept, 184, 200.
Serkland, 102, 190.
Serpent blanc, 156.
Shettland (Iles), 164, 178.
Siegfried, (*Gudrun*), 27, 30-32, 34, 36, 40, 42-43, 70, 93, 157, 184, 190-192, 200 ; (*Nibelungen*), 51, 54, 60, 62-63, 127, 228-230.
——, roi danois, 191.
Sifred le Danois, 93, 191.
Sigeband, (*Gudrun*), 14-15, 17-18, 45, 47-48, 53-54, 56-59, 64-66, 196 ; (*Fuite de Dietrich, Mort d'Alphart*), 56 ; (*Bataille de Ravenne*), 56, 64-65, 208.
—— d'Ierland, 56, 64.
—— de Méran, 56.
Sigehère, 56.
Sigelinde, 53.
Sigemund, 53.

Sigrun, 117, 172.
Sigurd, 156.
Siméon Seth, 167.
Simrock (K.), 104, 121, 127, 129, 225.
Sirènes, 152.
Skadhi, 142, 144.
Skemma, 102.
Skidbladnir, 146.
Skirnir, 142, 146.
Skirnisför, 146.
Slaves, 98.
Slavonie, 109.
Snorri, 10, 54, 70, 73-74, 78, 85, 88, 99-100, 105-106, 111-113, 116, 124-125, 128-129, 140, 142, 171-172, 176, 178, 183, 192, 210.
Sörluthattr, Voyez : *Geste de Sörli*.
Sörli. (Geste de), Voyez : *Geste de Sörli*.
Sörli-le-Fort, 103.
Soleil représenté par un cerf, 146.
Solin, 166.
Sommer (E.), 81.
Sorcières, 90, 106, 113.
Souliers d'or et d'argent, 202.
Souris apprivoisées, 174-175, 202.
Spange, 171.
Speight, 135.
Spervogel, 139.
Steenstrup (J.), 93, 191.
Stör, 134, 187.
Stormaren, 134, 187.
Stormarii, 134.
Stormern, 134.
Strabon, 3, 162.
Strasbourg, 72.
Strasbourg (Gotfried de), Voyez : Gotfried de Strasbourg
Stricker, *Charlemagne*, 202.
Strophe de la *Gudrun*, 193-197 ; des *Nibelungen*, 193-197 ; d'Otfrid, 193, 195 ; de *Salman et Morolt*, 193-194.
Studenfuss, 54.
Stürmen, 134, 184, 187.

Sturla, 114.
Sturmi, 134.
Sturmland, 134, 187.
Styrie, 1, 6, 65, 173, 213, 216, 219.
Suède, 135, 180.
Sumburgh Head, 164.
Sund, 135.
Superflus à l'action (Comment le poète se débarrasse de personnages devenus), 18, 47, 57, 66.
Sùryâ = Freya, 131.
Sussex, 3.
Svafurlami, 92.
Svanhvita, sœur de Frodhi Ier, 143.
——, ondine, 157.
Sven Aggon (Histoire de), 142.
Svionie, 134.
Symons (B.), 89, 223.
Syritha, 87.

T

Table de Peutinger, 185.
Table-Ronde (Romans de la), 64.
Tacite, 166.
Tegner (E.), *Saga de Frithiof*, 225.
Télégonos, 108.
Tenelant, 40, 80. — Voyez aussi : Danemark.
Thersite, 102.
Thiassi, géant, 92, 144.
Thidrek af Bern, Voyez : Dietrich de Berne.
Thidrekssaga, 6, 88, 134, 174-177, 181.
Thiodolf Arnorson, 116.
Thôr, 111. — Rapports avec Wate, 138.
Thorkelin, 118.
Thrymheim, 144.
Thulé, 165, 168.
Toit d'or (Princesse du), Voyez : Princesse du Toit d'or.
Tournois, 14, 43, 58, 79.
Traité de Saint-Clair-sur-Epte,

Voyez : Saint-Clair-sur-Epte (Traité de). — Traités entre Anglo-Saxons et Danois, 94.
Trave, 134, 187.
Trésor des Nibelungen, 163, 188, 229 ; trésors cachés sous une montagne, 163.
Trèves, 93.
TRÉVRIZENT, 199.
TRISTAN, 47.
Tristan (Roman français de), 200.
Troie = monde souterrain, 127.
Tyne, 4.
Tyrol, 185, 221.
TYRWHITT, 11.

U

UHLAND (L.), 108, 147.
ULVILDA, 143.
ULYSSE, 108.
Unité (absence d') dans les épopées du moyen âge, 46, 228.
UOTA, 55.
UOTE, 195. — Voyez aussi : UTE.
Upsal, 142-143.
UTE dans la légende héroïque, 55.
UTE I, 14, 48, 53, 55, 57.
UTE II, 14-15, 17-18, 47-48, 56-59, 65.

V

V^DA, (*Vidsith*), 135.
Vagantes, Voyez : Clercs errants.
Vahalis, 199.
Vaisseau merveilleux attribué à Wate et à Wieland, 135, 137, 147 ; à Freyr, 146.
Vâlant, 79, 126.
Valland, 92.
VATTE, nain, 135.
Vecht, 185.
Verberie, 89.
Verden, 134.
Vérone, 74.

Vidsith, Voyez : *Chant du Voyageur*.
Vikingr. 2.
Vineta, 162.
Vinster mer, Voyez : Lebermeer.
VIRGILE, 225.
VITTA, (*Vidsith*), 135.
VITTE, nain, 135.
VITTHON, 92.
VOEÏNEMOEÏNEN, 152.
VÖLUNDR, 157.
VOGT (P.), 225.
Voie lactée, 121.
VOLLMER (A.), 82.
Vorau, 71-72, 213.
VORTIGERN, 3.
Vosges, 177.
Voss (J. H.), *Homère*, 225.
Voyageur (Chant du), Voyez : *Chant du Voyageur*.
Vroneldenstraet, 121.

W

Waal, 187, 199.
WÂCHILT, 11, 134, 156.
WACKERNAGEL (W.), 222.
WADE, Voyez : WATE.
WADO, Voyez : WATE.
Walcheren, 190.
Wâleis, 11, 25-26, 51, 74-76, 93, 183-184, 187, 189, 192, 199, 218.
WALFREYA, 122.
WALGERZS, 177.
Walgerzs et Helgunda (Légende de), Voyez : *Légende de Walgerzs et Helgunda*.
Walhalla, 114, 117, 120, 122-123.
Walkyries, 84-85, 103, 114, 116-118, 120-123, 130. — Leur plumage de cygne, 122.
Waltharius, 75, 126, 177-178, 180-181.
WALTHER, 75.
WALTHER d'Aquitaine, 177. — Voyez aussi : *Waltharius*.

Walther et Hildegonde (Légende de), Voyez : Légende de Walther et Hildegonde.
Wartbourg (Combat de la), Voyez : Combat de la Wartbourg.
WATE, 11, 19-22, 23-27, 30-34, 36-37, 40-42, 51, 71-73, 76-78, 98-99, 132-138, 148, 153, 157-161, 164, 166, 168, 171, 177, 181, 184, 187, 201, 206-207, 210-211, 231-232. — Géant, 132-133, 136, 148 ; Médecin, 11, 26, 133 ; comparé à Thòr, 138 ; à Heimdallr, 138. — (Vidsith), 135, 172. — Geste de Wate, 11 ; Roman ou Romance de Wate, 12.
Wate (Légende de), Voyez : Légende de Wate.
waten, 136-137.
WATO, Voyez : WATE.
WEBER, 11.
Wedmore, 94.
WEINHOLD (K.), 138, 223.
Weinschwelg, 10, 150.
WEITBRECHT (R.), 225,
WELCKER (G.), 164.
Weser, 187.
Wessex, 3.
WIDEK, Voyez : WITTICH.
WIDOLF, 133.
WIELAND le Forgeron, 133-134, 136-137.
WIGALOIS, 199-200, 218.
Wight, 3.
WILKEN (E.), 77, 81, 87-88, 216.
Wilkinasaga, 53, 107, 133, 136-137, 157, 174-177, 202, 213. — Voyez aussi : Thidrekssaga.
WILKINUS, 133, 156.
WILLA, 203-205.
WILMANNS (W.), 89, 216.

WIRNT de Gravenberg, Wigalois, 199-201, 218.
WITTA, 135, 172.
WITTICH, 133-134.
WÔDAN, 5. — Voyez aussi : ODHIN et WUOTAN.
Wolfdietrich, 60, 139.
WOLFHART, 54.
WOLFHËTAN. 112.
WOLFRAM, (Chanson d'Alexandre), 72.
WOLFRAM d'Eschenbach, 47, 199. — Parcival, 47, 199, 229 ; Titurel, 197, 218.
WOLFWIN, 71-73, 76, 181.
Worms, 54, 79, 177.
WOUD, 124.
Wülpen, 190.
Wülpensand, 32-34, 36, 71-73, 75-76, 78, 88, 93, 110, 159, 183, 189-190, 192, 202-203, 214, 232.
Wülpenwert, 71-72, 74-77, 93, 189.
Wulpia, 190.
Wulpingi, 190.
WUOTAN, 5, 121, 128. — Voyez aussi : ODHIN et WÔDAN.

X

Xanthen, 51.

Y

Ynglinga Saga, 142-143.
Yser, 191.

Z

ZIEMANN (A.), 222.
ZINGERLE (I. V.), 185.
ZORAB, 108.

TABLE DES MATIÈRES

	Pages.
Préface	v

INTRODUCTION

Chapitre I. — Le Cycle des légendes de la Mer du Nord....... 1-13
Chap. II. — Analyse du poème de *Gudrun*.................. 14-43

LIVRE I

Recherches sur l'origine et la composition du Poème.

Chapitre I. — Séparation des trois parties ; la première est apocryphe.. 45-52
Chap. II. — Origine orientale et éléments constitutifs de la première partie... 53-67
Chap. III. — Origine des deux dernières parties ; elles ont existé primitivement à l'état indépendant ; la légende d'Hilde est d'origine mythologique, celle de Gudrun d'origine incertaine... 68-81
Chap. IV. — La légende de Gudrun ; ses rapports avec la légende d'Hilde sont purement extérieurs ; elle n'est pas d'origine mythologique ; peut-être est-elle historique. Conclusion : trois parties dans le poème : une apocryphe, une d'origine incertaine, une mythologique, base de tout le poème.......... 82-95

LIVRE II

Les éléments mythologiques dans le poème de Gudrun. Origine de la légende d'Hilde; le Mythe primitif et les légendes qui en sont issues.

Chapitre I. — Diverses formes de la légende d'Hilde ; le récit de Saxo Grammaticus ; l'*Edda* de Snorri : la *Saga d'Olaf Tryggvason* 97-112

Chap. II. — Hilde dans la mythologie du Nord : Hilde Walkyrie, Sorcière, Déesse de la guerre ; Hilde Géante ; Hilde dans la Chasse infernale ; Hilde et Freya ; Freya et le Brisinga Men. Högni et Loki ; Hedhin et Heimdallr. Mythe fondamental contenu dans la légende d'Hilde 113-131

Chap. III. — Les dieux marins dans le Poème de *Gudrun*: Wate, Frute, Horand 132-154
    1. Wate............................ 132-138
    2. Frute............................ 138-148
    3. Horand.......................... 148-154

Chap. IV. — Traces de quelques autres légendes septentrionales utilisées épisodiquement par le poète 155-169
    1. L'oiseau prophétique............ 155-157
    2. L'ensevelissement des morts..... 157-159
    3. Le Conte de la Montagne de Givers...... 159-169

Chap. V. — Transformations et ramifications du mythe ; diverses légendes qui en sont issues ; derniers échos sous forme de ballade et de conte... 170-181

LIVRE III

Étude sur la formation et la transmission du Poème.

Chapitre I. — La Géographie du Poème..................... 183-192
    A. Le royaume d'Hetel................ 184-189
    B. Le royaume d'Herwig............... 189
    C. Le royaume de Ludwig ; le Wülpensand.... 189-190
    D. Le royaume de Siegfried............ 190-192

Chap. II. — La Versification du Poème 193-197

Chap. III. — *Gudrun* et la poésie contemporaine : imitation d'autres poèmes ; poèmes qui l'ont imitée ; allusions historiques ; allusions à des usages féodaux..................... 198-209

Chap. IV. — Introduction et propagation de la légende d'Hilde en Allemagne. Formation, remaniements et transmission du Poème.. 210-220

Chap. V. — Découverte du manuscrit d'Ambras ; éditions du Poème ; travaux critiques ; tentatives de restauration ; traductions ; imitations ; adaptations à la scène............. 221-226

Conclusion. — Valeur littéraire du Poème de *Gudrun*. *Gudrun* et les *Nibelungen*. Plan du Poème. L'action, les caractères, la conclusion. Anachronismes ; influence du christianisme et de la chevalerie... 227-235

APPENDICE

Bibliographie chronologique des ouvrages relatifs au Poème de Gudrun.. 237-260
Index alphabétique des noms d'auteurs cités dans la Bibliographie chronologique..................................... 261-263
Liste des abréviations employées dans la Bibliographie chronologique et dans les notes de l'ouvrage..................... 265-266
Table analytique et alphabétique des matières............... 267-284
Table des matières.. 285-287

ERRATA

	Au lieu de :	Lire :
P. xxv, l. 35.	elle été	elle a été
» 9, l. 12.	Etmüller	Ettmüller
» 59, » 1.	premières, recommandations	premières recommandations
» 82, » 2.	Gudrun	*Gudrun*
» 127, » 12, 15, 21.	Baldur	Baldr
» 142, » 23.	Skirnis	Skirnir
» 162, » 8.	*Gadelin*	*Galedin*
» », » 19.	*North Strandt*	North Strandt

ADDENDA

A LA
BIBLIOGRAPHIE CHRONOLOGIQUE

1858. 84ª. Rieger (Max). — Die Nibelungensage (P. G., III, 165-198).
[Cf. p. 170.]

1891. 270ª. Kuhlmann (H.). — Die Concessivsätze im Nibelungenliede und in der Gudrun, mit Vergleichung der übrigen mittelhochdeutschen Volksepen. — *Leipzig, Fock*, 1891, in-8°.
[Cf. Z. Z., XXIV, 405 sq.]

www.ingramcontent.com/pod-product-compliance
Lightning Source LLC
Chambersburg PA
CBHW070750170426
43200CB00007B/718